Die Haftung im gemeindlichen Konzern

Europäische Hochschulschriften
Publications Universitaires Européennes
European University Studies

Reihe II
Rechtswissenschaft

Série II Series II
Droit
Law

Bd./Vol. 3617

PETER LANG
Frankfurt am Main · Berlin · Bern · Bruxelles · New York · Oxford · Wien

Carsten Schulte

Die Haftung im gemeindlichen Konzern

PETER LANG
Europäischer Verlag der Wissenschaften

Bibliografische Information Der Deutschen Bibliothek
Die Deutsche Bibliothek verzeichnet diese Publikation in der Deutschen Nationalbibliografie; detaillierte bibliografische Daten sind im Internet über <http://dnb.ddb.de> abrufbar.

Zugl.: Osnabrück, Univ., Diss., 2002

D 700
ISSN 0531-7312
ISBN 3-631-50248-6

www.peterlang.de

Vorwort

Die vorliegende Arbeit wurde im Sommersemester 2002 vom Fachbereich Rechtswissenschaften der Universität Osnabrück als Dissertation angenommen. Rechtsprechung und Literatur sind bis August 2002 berücksichtigt.

Herzlich danken möchte ich Herrn Prof. Dr. Jörn Ipsen, der das Thema der Untersuchung angeregt und die Erstbewertung übernommen hat. Herrn Privatdozent Dr. Thorsten Koch danke ich für hilfreiche Hinweise während der Erstellung der Arbeit und für die Anfertigung des Zweitgutachtens. Ebenso danke ich Herrn Prof. Dr. Rainer Hüttemann für die zügige Drittkorrektur.

Besonders bedanken möchte ich mich aber auch bei meinen Freunden, die mich von Beginn der Arbeit an bis zu deren Fertigstellung begleitet und unterstützt haben.

Die Arbeit ist als ein nur kleines Zeichen besonderen Danks meinen Eltern und Großeltern gewidmet, die mich jederzeit sehr großzügig unterstützt haben.

München, im Oktober 2002 Carsten Schulte

Inhaltsverzeichnis

Abkürzungsverzeichnis

a.A.	anderer Ansicht
AbfG	Gesetz über die Vermeidung und Entsorgung von Abfällen (Abfallgesetz)
AFG	Arbeitsförderungsgesetz
AG	Die Aktiengesellschaft
AktG	Aktiengesetz
AnfG	Anfechtungsgesetz
AO	Abgabenordnung
AöR	Archiv des öffentlichen Rechts
AVmG	Altersvermögensgesetz
BAG	Bundesarbeitsgericht
BAGE	Sammlung der Entscheidungen des Bundessozialgerichts
BayGO	Gemeindeordnung für den Freistaat Bayern (Bayerische Gemeindeordnung)
BayVBl	Bayerische Verwaltungsblätter
BB	Betriebs-Berater
BetrAVG	Gesetz zur Verbesserung der betrieblichen Altersversorgung
BGBl	Bundesgesetzblatt
BGH	Bundesgerichtshof
BGHZ	Sammlung der Entscheidungen des Bundesgerichtshofes in Zivilsachen
BHO	Bundeshaushaltsordnung
BSG	Bundessozialgericht
BSGE	Sammlung der Entscheidungen des Bundessozialgerichts
BT-Drucks.	Drucksachen des Deutschen Bundestages (1949 ff.)
BVerfG	Bundesverfassungsgericht
BVerfGE	Sammlung der Entscheidungen des Bundesverfassungsgerichts
BVerwG	Bundesverwaltungsgerichts
BVerwGE	Sammlung der Entscheidungen des Bundesverwaltungsgerichts
BW	Baden-Württemberg
DB	Der Betrieb
DGO	Deutsche Gemeindeordnung
DM-BilG	2. D-Markbilanzgesetz i.d. Bek. vom 18.04.1991
DÖV	Die öffentliche Verwaltung
DVBl.	Deutsches Verwaltungsblatt
DZWiR	Deutsche Zeitschrift für Wirtschafts- und Insolvenzrecht

EGAktG	Einführungsgesetz zum Aktiengesetz vom 6.09.1965 (BGBl I S. 1185)
EGÄndGKO	Einführungsgesetz zu dem Gesetze, betreffend Änderungen der Konkursordnung
EGZPO	Einführungsgesetz zur Zivilprozeßordnung
EigBetrVO	Eigenbetriebsverordnung
EnWG	Energiewirtschaftsgesetz
GenG	Genossenschaftsgesetz
GewArch	Gewerbearchiv
GmbHG	GmbH-Gesetz
GmbHR	GmbH-Rundschau
GO BW	Gemeindeordnung Baden-Württemberg
GO Hess	Hessische Gemeindeordnung
GO LSA	Gemeindeordnung für das Land Sachsen-Anhalt
GO MeckVorp.	Kommunalverfassung für das Land Mecklenburg-Vorpommern
GO NW	Gemeindeordnung für das Land Nordrhein-Westfalen
GO RhPf	Gemeindeordnung Rheinland-Pfalz
GO Schl-H.	Gemeindeordnung Schleswig-Holstein
GVBl	Gesetz- und Verordnungsblatt
HessVGH	Hessischer Verwaltungsgerichtshof
HGrG	Haushaltsgrundsätzegesetz vom 19.08.1969
HkWP	Handbuch der kommunalen Wissenschaft und Praxis
hM	herrschende Meinung
InsO	Insolvenzordnung
JuS	Juristische Schulung
JZ	Juristenzeitung
KG	Kommanditgesellschaft
KGaA	Kommanditgesellschaft auf Aktien
KO	Konkursordnung
KrG	Kreisgericht
KrW-/AbfG	Kreislaufwirtschafts- und Abfallgesetz
KSVG Saarl.	Kommunalselbstverwaltungsgesetz Saarland
KV	Kommunalverfassung
LHO	Landeshaushaltsordnung
LKV	Landes- und Kommunalverwaltung
MDR	Monatsschrift für Deutsches Recht
NdsGVBl.	Niedersächsisches Gesetz- und Verordnungsblatt
NdsVBl.	Niedersächsische Verwaltungsblätter
NGO	Niedersächsische Gemeindeordnung
NJW	Neue Juristische Wochenschrift

NJW-RR	Neue Juristische Wochenschrift – Rechtssprechungs-Report
NSPG	Niedersächsisches Sparkassengesetz
NST-N	Niedersächsischer Städtetag – Nachrichten für Städte, Gemeinden, Samtgemeinden –
NVwZ	Neue Zeitschrift für Verwaltungsrecht
NW	Nordrhein-Westfalen
OHG	Offene Handelsgesellschaft
OVG	Oberverwaltungsgericht
RegE	Regierungsentwurf
RGBl	Reichsgesetzblatt
Sächs.GO	Gemeindeordnung für den Freistaat Sachsen
SGB III	Sozialgesetzbuch: 3. Buch vom 24.03.1997 (BGBl I S. 549)
SpkG	Sparkassengesetz
THG	Treuhandgesetz
ThürKO	Thüringer Gemeinde- und Landkreisordnung
TKG	Telekommunikationsgesetz
UmwBerG	Umwandlungsbereinigungsgesetz
VBlBW	Verwaltungsblätter für Baden-Württemberg
VermRÄndG	Vermögensrechtsänderungsgesetz
VerwArch	Verwaltungsarchiv
VG	Verwaltungsgericht
VGH	Verwaltungsgerichtshof
VVDStRL	Veröffentlichungen der Vereinigung der Deutschen Staatsrechtslehrer
VwVfG	Verwaltungsverfahrensgesetz
WiB	Wirtschaftsrechtliche Beratung
WiR	Wirtschaftsrecht
WiVerw	Wirtschaft und Verwaltung
WM	Wertpapier-Mitteilungen
ZGR	Zeitschrift für Unternehmens- und Gesellschaftsrecht
ZHR	Zeitschrift für das gesamte Handels- und Wirtschaftsrecht
ZIP	Zeitschrift für Wirtschaftsrecht und Insolvenzpraxis
ZögU	Zeitschrift für öffentliche und gemeinwirtschaftliche Unternehmen
ZPO	Zivilprozessordnung

Einleitung

A. Einführung in den Untersuchungsgegenstand und Praxisbezug

In den letzten Jahren ist die wirtschaftliche Betätigung der kommunalen Gebietskörperschaften und damit auch das Gemeindewirtschaftsrecht vermehrt in den Blickpunkt der Kommunalrechtswissenschaft, der öffentlichen Diskussion und insbesondere auch der Rechtsprechung getreten. Eine Vielzahl der Argumente wird dabei in der Diskussion um die rechtlichen Rahmenbedingungen von Privatisierungen öffentlicher Aufgaben im kommunalen Bereich ausgetauscht. Privatisierung, Wettbewerb und Deregulierung werden insbesondere auf kommunaler Ebene vielfach eingefordert, um den innovativen Unternehmergeist der Städte und Gemeinden herauszustellen.

Mit der Privatisierung ist demnach nicht allein die Wahl einer privatrechtlichen Rechtsform kommunaler Unternehmen gemeint. Festzustellen ist vielmehr, dass die Übernahme privatwirtschaftlicher Leitbilder auf kommunaler Ebene auch die Unterschiede zwischen privatrechtlichem und öffentlich-rechtlichem Handeln verschwimmen lassen[1]. Gerade bei dem Begriff der Privatisierung handelt es sich jedoch um ein juristisches Phänomen mit vielen unterschiedlichen Aspekten und Facetten. Ihn im einzelnen nachzuzeichnen würde den Rahmen dieser Arbeit bei weitem überfordern. So beginnt die Reichweite der Beiträge zur Privatisierung bei der rechtlichen Beurteilung sogenannter materieller Privatisierungen[2], das heißt einer Übertragung von öffentlichen Aufgaben auf Privatpersonen, und endet bei einer besonders intensiven Diskussion um den Nutzen von Organisationsprivatisierungen[3]. Hierunter ist die privatrechtliche Organisation öffentlicher Einrichtungen bei fortbestehender Aufgabenverantwortung der kommunalen Gebietskörperschaften zu verstehen, wie sie im Rahmen dieser Untersuchung von besonderer Bedeutung sein wird.

---

[1] Vgl. *F.-L. Knemeyer / B. Kempen*, Kommunales Wirtschaftsrecht, in : Achterberg / Püttner / Würtenberger (Hrsg.), Bes. VerwaltungsR, Bd. II, Rdnrn. 114 ff.

[2] Zu den verschiedenen Privatisierungsbegriffen grundlegend *S. Bauer*, VVDStRL 54 (1994), S. 243 (250 ff.); *D. Ehlers*, DVBl. 1997, S. 137; *S. Harbarth*, Anlegerschutz in öffentlichen Unternehmen, S. 35 ff.; *J. Ipsen*, Allgemeines Verwaltungsrecht, Rdnrn. 267 ff.; *F.-L. Knemeyer*, Der Städtetag 1992, S. 317; *M. Kniesel / W. Scheerbarth*, Der Städtetag 1998, S. 340 (341); *A. Krölls*, GewArch 1995, S. 129 ff.; *G. Landsberg*, Stadt und Gemeinde 1995, S. 203 (204); *F.-J. Peine*, DÖV 1997, S. 353 (354) macht insgesamt neun verschiedene Begriffinhalt der Privatisierung aus; *R. Schmidt*, ZGR 1996, S. 345 (347 f.); *F. Schoch*, DÖV 1993, S. 377 (378); *ders.*, DVBl. 1994, S. 1 (3); *P. Unruh*, DÖV 1997, S. 653 ff.

[3] Vgl. die Nachweise unter Fußnote 2.

Die in der Politik und Öffentlichkeit immer intensiver und auch kontroverser verlaufende Diskussion über die Möglichkeiten und Grenzen kommunalwirtschaftlicher Betätigung hat sich auch in der Gesetzgebung des Gemeindewirtschaftsrechts der einzelnen Länder niedergeschlagen[4]. Beispielhaft hierfür ist die Reformnovelle in Niedersachsen aus dem Jahre 1996, welche die Freiheit in der Formenwahl der kommunalen Gebietskörperschaften für ihre Unternehmen und bestimmte Einrichtungen vergrößert hat[5].

Die vorliegende Arbeit folgt diesem gesteigerten Interesse, indem sie sich mit der Analyse und Einordnung haftungsrechtlicher Fragestellungen im sogenannten „gemeindlichen Konzern" beschäftigt. Kurz skizziert ist unter anderem die Frage aufzuwerfen, inwieweit kommunale Gebietskörperschaften, die ihre wirtschaftliche Betätigung durch Eigengesellschaften ausüben, die kommunalrechtlich erforderliche Haftungsbegrenzung überhaupt erreichen können. Dies ist deshalb bedenkenswert, weil Grund zu der Annahme besteht, dass auf das Verhältnis von Städten und Gemeinden zu ihren Gesellschaften die von der Rechtsprechung des Bundesgerichtshofs entwickelten Grundsätze zur Haftung im faktischen Konzern zu übertragen sind. Herauszustellen und die Ambivalenz der Organisationsprivatisierung unterstreichend wäre in diesem noch eingehend zu untersuchenden Falle, dass die haftungsbeschränkende Wirkung der privaten Rechtsform, die vom Kommunalrecht eingefordert wird, durch konzernrechtliche Haftungstatbestände unterlaufen werden würde.

Dieser Haftungsproblematik wurde jedoch teilweise praktische Relevanz abgesprochen[6] und sie führte wohl deshalb bis auf wenige Ausnahmen ein Schattendasein in der rechtswissenschaftlichen wie verwaltungswissenschaftlichen Diskussion[7]. Überwiegend ging es in den veröffentlichten Beiträgen um die Voraussetzungen, Rahmenbedingungen und die allgemeinen wirtschaftlichen und rechtlichen Folgen der Privatisierung. Insofern erstaunt es nicht weiter, dass bisher – soweit ersichtlich – die sich aus der Organisationsprivatisierung ergebenden haftungsrechtlichen Fragen keine umfassende Behandlung erfahren haben, obwohl hierbei eine Fülle rechtlicher Probleme aufgeworfen werden.

---

[4] Vgl. dazu das Gesetz zur Reform des niedersächsischen Kommunalverfassungsrechts vom 01.04.1996, NdsGVBl. 1996, S. 86 ff.; in Nordrhein-Westfalen sind die Vorschriften des XI. Teils der GO „Wirtschaftliche Betätigung und nichtwirtschaftliche Betätigung" in den zurückliegenden Jahren dreimal grundlegend umgestaltet worden; vgl. dazu *U. Cronauge*, Städte- und Gemeinderat 1994, S. 310 ff.

[5] Vgl. insbesondere § 108 Abs. 4 NGO.

[6] Vgl. z.B. *W. Erbguth / F. Stollmann*, DÖV 1993, S. 807.

[7] Siehe *U. Gundlach*, LKV 2000, S. 58 ff.; *T. Koch*, NdsVBl. 1999, S. 206 ff.; *T. Kuhl / K. Wagner*, ZIP 1995, S. 433 ff.; ein Problemaufriss findet sich bei *J. Ipsen*, DVBl. 1998, S. 801 (803).

Tatsächlich ist die Bedeutung dieser Problematik groß. So lässt ein flüchtiger Blick auf Umfang und Beteiligungen der kommunalen Gebietskörperschaften an Gesellschaften des Privatrechts deutlich werden, dass die privatrechtlich organisierten öffentlichen Unternehmen keine zu vernachlässigende Größe sind. Beispielhaft sei in diesem Zusammenhang an die Vorgängerin der Bundesanstalt für vereinigungsbedingte Sonderfragen[8], die Treuhandanstalt[9], erinnert. Sieht man diese als herrschendes Unternehmen eines qualifizierten faktischen Konzerns an, so wäre die Bundesrepublik Deutschland seinerzeit erheblichen haftungsrechtlichen Risiken ausgesetzt gewesen[10]. Jedoch stellte der Bundesgesetzgeber die Treuhandanstalt durch Einführung des § 28a EGAktG von der allgemeinen Konzernhaftung frei[11], so dass die Vorschriften des Aktiengesetzes über herrschende Unternehmen grundsätzlich nicht anzuwenden sind.

Der gewonnene Eindruck der Relevanz haftungsrechtlicher Fragestellungen wird auch auf kommunaler Ebene bestätigt. Bis vor einigen Jahren hat seit Bestehen der Bundesrepublik Deutschland ein Konkurs- bzw. Insolvenzverfahren über das Vermögen einer kommunalen Eigengesellschaft offensichtlich nicht stattgefunden[12]. Verkürzend gesagt schien dieser Befund mit der Gesellschafterstellung der öffentlichen Hand und mit der Wahrnehmung öffentlicher Aufgaben durch die Eigengesellschaften zusammenzuhängen[13]. Allerdings hat sich in den letzten Jahren eine Kehrtwende abgezeichnet, die durch die noch eingehender zu betrachtende rechtsprechende Praxis vollzogen wurde und deren weitere Entwicklung bis zum heutigen Zeitpunkt nicht abzusehen ist.

Zwischenzeitlich sind Fälle bekannt, in denen über das Vermögen einer Eigengesellschaften ein Konkurs- bzw. Insolvenzverfahren eröffnet wurde und die betroffenen Gemeinden sich weigerten, die Verbindlichkeiten ihrer Eigengesellschaften zu übernehmen. So war in den Jahren 1993 bzw. 1995 die Insolvenz einer kommunalen Kurbetriebs-GmbH und einer Beschäftigungsförderungs-GmbH[14] in Nordrhein-Westfalen zu verzeichnen. Eingehender Betrachtung bedarf der Rechts-

---

[8] Siehe Verordnung über die Umbenennung und die Anpassung von Zuständigkeiten der Treuhandanstalt (TreuUmbenV) vom 10.12.1994, BGBl I S. 3913.

[9] Die Arbeit der Treuhandanstalt endete am 31.12.1994 (Gesetz zur abschließenden Erfüllung der verbleibenden Aufgaben der Treuhandanstalt vom 09.08.1994, BGBl I S. 2062).

[10] Eingehend dazu siehe Seite 145 f.

[11] § 28a EGAktG eingeführt durch Art. 11 § 5 G v. 14.07.1992 (BGBl I S. 1257).

[12] *D. Ehlers*, Verwaltung in Privatrechtsform, S. 323; *W. Erbguth* / F. *Stollmann*, DÖV 1993, S. 798 (807); *W. Hauser*, Die Wahl der Organisationsform kommunaler Einrichtungen, S. 170.

[13] Vgl. *T. Kuhl* / *K. Wagner*, ZIP 1995, S. 433.

[14] OLG Düsseldorf, ZIP 1995, S. 465.

streit über eine in Insolvenz gefallene kommunale Kurbetriebs-Gesellschaft in der niedersächsischen Gemeinde Salzhemmendorf. Bis zum jetzigen Stand der Untersuchung wurde dieser durch das Landgericht Hannover[15] und das OLG Celle[16] entschieden. Die Gerichte hatten sich hier erstmals mit Haftungsfragen bei einer insolventen kommunalen Eigengesellschaft auseinander zu setzen. In casu stellte sich die Frage nach einer Einstandspflicht der Gemeinde für die Verbindlichkeiten ihrer kommunalen Gesellschaft. Dieser Rechtsstreit liegt nunmehr dem Bundesgerichtshof zur Revision vor[17]. Es ist daher demnächst mit weiteren Impulsen aus Karlsruhe zu rechnen, welche auch Auswirkungen auf die Diskussion der Haftungsverfassung im gemeindlichen Konzern haben werden.

Die angesprochenen Fälle dürfen jedoch nicht darüber hinwegtäuschen, dass sich viele bereits bestehende kommunale Gesellschaften im unternehmerischen Sinne bewährt haben. Gleichwohl wirft die Anwendung der Privatrechtsform im gemeindlichen Konzern kommunalrechtliche und gesellschaftsrechtliche Haftungsprobleme auf, die einer Lösung bedürfen. Gegenstand der Darstellung ist deshalb die bewusst allgemein gehaltene Fragestellung nach den Haftungsrisiken kommunaler Gebietskörperschaften im gemeindlichen Konzern. Die Untersuchung der Risiken kommunaler Wirtschaftstätigkeit ist als eine Überprüfung der durch die Organisationsprivatisierung gegebenen Haftungsverfassung zu verstehen. Ein wichtiger Akzent liegt dabei auf der angedeuteten Haftung der Städte und Gemeinde nach konzernrechtlichen Haftungstatbeständen.

[15] Urteil vom 9.03.1999 – 24 O 68/94, abgedruckt in NdsVBl. 1999, S. 221 ff.; vgl. auch die Anm. von *T. Koch*, NdsVBl. 1999, S. 206 ff.

[16] Urteil vom 12.07.2000, abgedruckt in DB 2000, S. 2261 ff.

[17] Das Verfahren wird dort unter dem Aktenzeichen II ZR 250/00 geführt.

B. Die aktuelle Situation der kommunalen Gebietskörperschaften

Die Haftungsproblematik im kommunalen Konzern ist in den Gesamtkomplex der Privatisierung eingebettet und vor dem Hintergrund einer ungebrochenen Tendenz zur Ausgliederung kommunaler Aufgabenbereiche aus der Kommunalverwaltung und deren Verselbständigung in Privatrechtsform zu sehen. Sie erfasst mehr und mehr die öffentlichen Einrichtungen[18] und auch die Hilfs-(Regie)betriebe. Vielerorts werden Schlagworte wie „Konzern Gemeinde", „kommunaler Konzern"[19] oder „Unternehmen Stadt"[20] benutzt, um das Ausmaß der Wirtschaftstätigkeit kommunaler Gebietskörperschaften treffend zu beschreiben.

Herkömmliche Betätigungsfelder sind bekanntlich die Energie- und Wasserversorgung, die Abwasser- und Abfallbeseitigung, die Wohnungs- und auch die Bestattungswirtschaft. Die aktuelle Palette sogenannter neuer Geschäfts- bzw. Betätigungsfelder der kommunalen Gebietskörperschaften ist vielfältig. Zu nennen sind hier unter anderem Dienstleistungen im Bereich des europarechtlich geöffneten Telekommunikationssektors[21], Consulting- und Planungsaufgaben[22], Beschäftigungsförderungsgesellschaften, Technologie- und Existenzgründerzentren, Betrieb von Hotels, Solarien, Reisebüros und sonstigen Tourismusdienstleistungen. Auch im Bereich der Sparkassen werden Privatisierungsforderungen – nicht nur vor dem Hintergrund der Abschaffung von Anstaltslast und Gewährträgerhaftung[23] – artikuliert[24].

---

[18] Vgl. dazu nur § 107 Abs. 2 GO NW; § 108 Abs. 4 NGO.

[19] Der Begriff des „kommunalen Konzerns" wurde von *H. Pagenkopf*, Kommunalrecht, Bd. 2, S. 190 eingeführt, der auch die Gemeinde als „Mutterunternehmen" im Sinne des Aktienrechts ansieht; ebenso *H. Häuselmann*, VBlBW 1983, S. 230 (235); *J. Ipsen*, Nds. Kommunalrecht, Rdnr. 621; *T. Koch*, NdsVBl. 1999, S. 206 (208).

[20] *J. Dieckmann*, Der Gemeindehaushalt 1993, S. 121 f.

[21] Seit der Öffnung des Telekommunikationsmarktes für private Anbieter durch das TKG sind auch kommunale Gebietskörperschaften in der Lage, Telekommunikationsleistungen im Gemeindegebiet zu erbringen; vgl. hierzu *H. Pünder*, DVBl. 1997, S. 1353 ff.

[22] Eine Consulting-Tätigkeit (Beratung) gegenüber Dritten auf Betätigungsfeldern, auf denen die kommunalen Gebietskörperschaften ein besonderes Know-how besitzen, etwa im Bereich öffentlicher Ver- und Entsorgungsbetriebe ist nur dann zulässig, wenn sie sich im Lichte des Art. 28 Abs. 2 GG als „örtliche Angelegenheit" darstellt und ein öffentlicher Zweck diese Tätigkeit rechtfertigt.

[23] Vgl. *U. Immenga / J. Rudo*, Die Beurteilung von Gewährträgerhaftung und Anstaltslast der Sparkassen und Landesbanken nach dem EU-Beihilferecht; zur aktuellen Entwicklung vgl. *H.-G. Henneke*, NdsVBl. 2002, S. 113 ff.

[24] *C.-C. Hedrich*, Die Privatisierung der Sparkassen; *H. Rehm*, WM 1993, S. 133 ff.

Darüber hinaus greifen die Gebietskörperschaften mit ihrer wirtschaftlichen Betätigung häufig Bereiche auf, die wirtschaftlich gesehen nur einen geringen oder gar keinen Ertrag versprechen. Beispielhaft sei nur das Betreiben von Stadthallen und Kongreßzentren genannt, wie es oft in größeren Städten anzutreffen ist. Die schwierige Situation der wirtschaftlichen Betätigung von Städten und Gemeinden tritt vor dem Hintergrund sich gravierend, teilweise dramatisch verändernder kommunalwirtschaftlicher Rahmenbedingungen deutlich hervor[25]. Außerdem müssen sich die Gemeinden und Gemeindeverbände in vielen Bereichen ihrer wirtschaftlichen Betätigung einer Konkurrenzsituation zu anderen Privaten Anbietern stellen und sind damit als Mitbewerber in einer freien Marktwirtschaft zu betrachten.

Das Haftungsrisiko der wirtschaftlichen Betätigung kommunaler Gebietskörperschaften kann aus diesen Gründen relativ hoch eingeschätzt werden. Dies gilt umso mehr, je umfangreicher die Betätigung reicht und je stärker die Konkurrenzsituation auf dem betreffenden Markt ist[26]. Der Untersuchungsausschuss „Kommunale Wirtschaft“ des AK III der Ständigen Konferenz der Innenminister und –senatoren der Länder hat in seinem Bericht „Wirtschaftliche Betätigung der Kommunen in neuen Geschäftsfeldern“ vom 5./6. März 1998 unter anderem folgende Feststellungen getroffen:

> „Die Rahmenbedingungen für kommunales wirtschaftliches Handeln haben sich verschlechtert. sehen sich insoweit mit veränderten Wettbewerbssituationen sowie neuen Ordnungsrahmen konfrontiert. Beispielhaft kann hierzu auf den Bereich der Strom- und Gasversorgung, auf das neue Kreislaufwirtschafts- und Abfallgesetz sowie auf die zu erwartende Entwicklung bei der Wasserversorgung verwiesen werden. Aus diesen und aus weiteren Gründen (z.B. stark angespannte Haushaltssituation, zunehmende Budgetvereinbarungen, Erreichen von Wachstumsgrenzen, Ausdehnung des Absatzmarktes aus Gründen der Wirtschaftlichkeit und der Konkurrenzfähigkeit) entwickeln die Kommunen Strategien, wie sie in diesem dynamischen Änderungsprozess bestehen und die neuen Herausforderungen bewältigen können. Sie orientieren sich hinsichtlich des Kreises ihrer Aufgaben neu und überdenken ihren Standort bei der Teilnahme am Wirtschaftsleben. In diesem Zusammenhang erschließen die Kommunen mit ihren Unternehmen neue Märkte und besetzen neue Geschäftsfelder.“

---

[25] Zur finanziellen Situation der kommunalen Gebietskörperschaften vgl. nur *J. Oebbecke*, Die Verwaltung 1996 (29), S. 323 ff.

[26] Vgl. dazu *J. Ipsen*, Nds. Kommunalrecht, Rdnr. 641.

Diese Stellungnahme führt deutlich vor Augen, dass Ursache und Hintergrund nahezu aller hier zu behandelnder Fragen die sich dramatisch verschlechternde finanzielle Lage der öffentlichen Haushalte, insbesondere der kommunalen Gebietskörperschaften ist und auch in näherer Zukunft sein wird. Zuletzt hat die in der Öffentlichkeit vielseits beachtete Haushaltslage der Stadt München für Aufsehen gesorgt. Das „Diktat der leeren Kassen“ ist im Hinblick auf die eingeschränkten Handlungsmöglichkeiten gerade der kommunalen Gebietskörperschaften wörtlich zu nehmen. Die Privatisierung kommunaler Einrichtungen wird deshalb vielfach als die vermeintliche Zauberformel zur Entlastung der Haushalte angesehen[27].

Mit der Wiederherstellung der staatlichen Einheit Deutschlands entstand auf allen staatlichen Ebenen ein enormer Investitions- und Finanzierungsbedarf, der unter anderem auch die Diskussion über die Privatisierung öffentlicher Einrichtungen neu belebte[28]. Auch zu Beginn des neuen Jahrhunderts ist die Situation der öffentlichen Haushalte durch gravierende Steuerverluste, hohe Haushaltsdefizite, einen dramatischen Verfall der Investitionen und eine harte Konsolidierungspolitik gekennzeichnet.

---

[27] Kritisch hierzu *U. Cronauge*, Der Gemeindehaushalt 1998, S. 131.

[28] Vgl. exemplarisch *S. Bauer*, Der Gemeindehaushalt 1994, S. 128 ff.; *ders.*, VVDStRL 1995 (54), S. 243; *A. v. Hagemeister*, Die Privatisierung öffentlicher Aufgaben; *R. Hofmann*, VBlBW 1994, S. 121 ff.; *F.-L. Knemeyer*, Der Städtetag 1992, S. 317 ff.; *L. Osterloh*, VVDStRL 1995 (54), S. 204 ff.; *R. Schmidt*, ZGR 1996, S. 345; *F. Schoch*, Privatisierung der Abfallentsorgung, S. 23 ff.; *ders.*, DÖV 1993, S. 377 ff.; *ders.*, DVBl. 1994, S. 1 ff.; *ders.*, DVBl. 1994, S. 962 ff.; *W. Spannowsky*, DVBl. 1992, S. 1072.

C. Gang der Untersuchung

Nach einer kurzen Betrachtung des Phänomens „Privatisierung" folgt ein Überblick über Vielfalt und Erscheinungsformen der Konzernstrukturen auf kommunaler Ebene. In diesem ersten Teil der Untersuchung wird der gegenwärtige Stand der Privatisierungsdiskussion beschrieben, um die Zielvorstellungen der kommunalen Gebietskörperschaften bei der Wahl privatrechtlicher Organisationsformen klären zu können[29]. Auf der Grundlage der so gewonnenen lex lata sollen die derzeit rechtlich möglichen Organisationsmodelle dargestellt werden.

In einem nächsten Schritt ist die Frage zu beantworten, ob die kommunalen Gebietskörperschaften für die durch Handlungen der Gesellschaften entstandenen Schäden Dritter nach den Regeln des Staatshaftungsrechts verantwortlich sind[30]. Anschließend rückt die rechtliche Einstandspflicht der kommunalen Gebietskörperschaften insbesondere für ihre insolventen Eigengesellschaften in den Mittelpunkt der Betrachtung. Als Vorfrage gilt es hier, die Insolvenzfähigkeit kommunaler Gesellschaften zu besprechen[31].

In einem besonders umfangreichen Teil der Untersuchung soll die konzernrechtlichen Haftung der kommunalen Gebietskörperschaften geklärt werden[32]. Erste Schwierigkeiten ergeben sich bei der Frage nach dem Verhältnis zwischen öffentlich-rechtlichem Kommunalrecht und zivilrechtlichem Gesellschafts- bzw. Konzernrecht. Hier muss geklärt werden, ob die Konzernhaftung nicht mit der Erwägung abgelehnt werden kann, dass sämtliche kommunalrechtliche Vorschriften eine Haftungsbeschränkung voraussetzen. Nach Klärung dieser wichtigen Vorfrage, müssen die unterschiedlichen konzernrechtlichen Haftungstatbestände in den Blick genommen werden. Bei der Haftung im Recht der verbundenen Unternehmen ist zu differenzieren, ob es sich um faktische, qualifizierte faktische oder Vertragskonzerne handelt. In diesem Zusammenhang gilt es, unter Rückgriff auf die von der Rechtsprechung insbesondere im GmbH-Konzernrecht entwickelten Haftungskriterien deren Anwendung auf die kommunalen Gebietskörperschaften zu überprüfen und hierbei die gegenüber privaten Erwerbsgesellschaften bestehende unterschiedliche Interessenlage in öffentlichen Unternehmen zu berücksichtigen.

---

[29] Erster Teil ab Seite 30 ff.

[30] Zweiter Teil ab Seite 47 ff.

[31] Dritter Teil ab Seite 57 ff.

[32] Vierter Teil ab Seite 62 ff.

Neben der Darstellung haftungsrechtlicher Fragen im (Innen-)Verhältnis der Gebietskörperschaften zu ihren Eigengesellschaften, wird auch die Beziehung der Gläubiger dieser Gesellschaften zu der Trägerkörperschaft beleuchtet[33]. Dieser Strukturierung liegt die Unterscheidung der Rechtsbeziehungen zwischen kommunaler Gebietskörperschaft und Eigengesellschaft einerseits und Gläubigern der Gesellschaft und den Gebietskörperschaften andererseits zugrunde. In den Blick genommen werden müssen dort auch die Fälle, die üblicherweise unter dem Begriff einer sogenannten Durchgriffshaftung diskutiert werden. Hierbei sind Ansprüche der Gläubiger, die sowohl aus öffentlichem Recht als auch unter dem Stichwort einer materiellen Unterkapitalisierung hergeleitet werden zu besprechen. Die Arbeit schließt mit einer kurzen Untersuchung von sonstigen Ansprüchen der Gläubiger kommunaler Gesellschaften gegen die Gebietskörperschaften.

[33] Fünfter Teil ab Seite 235 ff.

Erster Teil: Allgemeine Fragen der Organisationsprivatisierung unter besonderer Berücksichtigung haftungsrechtlicher Fragestellungen

A. Einführung in die Privatisierungsthematik

Die Besprechung der Haftungsverfassung von Städten und Gemeinden im kommunalen Konzern bedarf zunächst eines einleitenden Blickes auf die untrennbar damit zusammenhängende Frage der Privatisierung staatlicher, insbesondere kommunaler Verwaltungsaufgaben.

Die Frage, ob und gegebenenfalls in welchem Umfang staatliche Aufgaben privatisiert werden können bzw. sollen wurde in den vergangenen Jahren und Jahrzehnten in Deutschland umfangreich und intensiv diskutiert[34]. Im Grunde wird eine abstrakte „Privatisierungsdiskussion" im verwaltungsrechtlichen und verwaltungswissenschaftlichen Schrifttum ständig geführt und die Vielzahl von Veröffentlichungen[35] auf diesem Gebiet sind ein Reflex auf diesen überaus weiten und vielfältigen Problemkreis. Von Zeit zu Zeit wird diese Diskussion durch ordnungspolitische Vorstellungen aus dem politischen Raum angereichert und gefördert. Die jüngere Diskussion unterscheidet sich jedoch vor allem darin von ihren Vorgängern, dass sie vor dem Hintergrund der bereits angesprochenen desolaten Haushaltslage der Städte und Gemeinden geführt wird[36].

---

[34] Ein erster Höhepunkt dieser Diskussion wurde Ende der 70er / Anfang der 80er Jahre erreicht; vgl. etwa *H. H. v. Arnim / R. Borell / G. Vogt*, Privatisierung öffentlicher Dienstleistungen; *W. Däubler*, Privatisierung als Rechtsproblem; *H. U. Gallwas*, VVDStRL 29 (1971), S. 211 ff.; *C. Lange*, Privatisierung der Rechtsform; *A. v. Loesch*, Privatisierung öffentlicher Unternehmen; *F. Ossenbühl*, DVBl. 1974, S. 541 ff.; *G. Püttner*, Die öffentlichen Unternehmen, S. 13 ff.; *G. Püttner / B. Losch*, Verwaltung durch Private und in privatrechtlicher Form, in: Jeserich u. a. (Hrsg.), Deutsche Verwaltungsgeschichte, Bd. 5, S. 368 ff.; *H. Scholler / S. Broß*, BayVBl 1978, S. 7 ff. und *R. Stober*, NJW 1984, S. 449 ff.; grundlegend *F. Ossenbühl*, VVDStRL 29 (1971), S. 137 ff.; *J. Wieland*, Besonderheiten der öffentlichen Unternehmen in Deutschland, in: Blaurock (Hrsg.), Recht der Unternehmen in Europa, S. 9 ff.

[35] Vgl. etwa *H. Dreier*, Hierarchische Verwaltung im demokratischen Staat, S. 252 ff.; *D. Ehlers*, DÖV 1986, S. 897 ff.; *ders.*, JZ 1990, S. 1089 ff.; *L. Gramlich*, BB 1990, S. 1493 ff.; *E. Hamer / R. Gebhardt*, Privatisierungspraxis; *W. Hauser*, Die Wahl der Organisationsform kommunaler Einrichtungen; *F. Kirchhartz*, Der Städtetag 1984, S. 365 ff.; *F.-L. Knemeyer*, Der Städtetag 1992, S. 317 ff.; *K. König*, VerwArch 79 (1988), S. 241 ff.; *T. Mayen*, DÖV 2001, S. 110 ff.; *F.-J. Peine*, DÖV 1997, S. 353 (354 ff.).

[36] Vgl. etwa *S. Bauer*, Der Gemeindehaushalt 1994, S. 128 ff.; *U. Cronauge*, Der Gemeindehaushalt 1998, S. 131 ff.; *H. Dreier*, Hierarchische Verwaltung im demokratischen Staat, S. 252 ff.; *A. v. Hagemeister*, Die Privatisierung öffentlicher Aufgaben; *R. Hofmann*, VBlBW 1994, S. 121

Bei den kommunalen Gebietskörperschaften klaffen derzeit Rekordlücken zwischen den Ausgaben und den Einnahmen. So beklagte zuletzt der Städte- und Gemeindebund einen Rückgang des Gewerbesteueraufkommens um gut 16 %. Insgesamt sind demnach die Steuereinnahmen der Städte und Gemeinden im ersten Halbjahr 2001 um 4,2 % und die Gebühreneinnahmen um 3,2 % zurückgegangen[37].

Wohl vor dem Hintergrund des stärker denn je geforderten Bestrebens nach einem effektiveren Wirtschaften, ist auch bei den kommunalen Gebietskörperschaften zu beobachten, dass die öffentliche Verwaltung nicht mehr nur durch eigene Behörden oder die überkommenen und bereitstehenden juristischen Personen des öffentlichen Rechts (Körperschaften, Anstalten und Stiftungen) wahrgenommen wird[38]. Vielmehr bedienen sich die Gemeinden und Gemeindeverbände zur Aufgabenerfüllung auch privatrechtlicher Organisationsformen, wobei sie entweder in eigener Regie oder in Zusammenarbeit mit gleichberechtigten Privatrechtssubjekten juristische Personen des Privatrechts, wie die Aktiengesellschaft oder die Gesellschaft mit beschränkter Haftung, gründen. Nach einigen Literaturstimmen biete die privatrechtliche Organisationsform deutliche Vorteile, weil deren Struktur es erlaube, notwendige unternehmerische Entscheidungen schnell, eigenverantwortlich und frei von sachfremden Erwägungen zu treffen[39]. Im Mittelpunkt stehe dabei immer der wirtschaftliche Erfolg des Unternehmens, wobei insbesondere die GmbH ein geeignetes Korsett darstelle, um eine wirtschaftliche Betriebsführung zu erreichen und auf Marktschwankungen zu reagieren[40].

Ein entscheidendes und im Zusammenhang mit der Organisationsprivatisierung immer wieder vorgetragenes Argument ist jedoch, dass die kommunalen Gebietskörperschaften mit der Gründung einer privaten Rechtsform die Haftung auf das Gesellschaftsvermögen beschränken und damit auch ihr eigenes Risiko reduzieren

---

ff.; *F. Schoch*, Privatisierung der Abfallentsorgung, S. 23 ff.; *ders.*, DÖV 1993, S. 377 ff.; *ders.*, DVBl. 1994, S. 1 ff.; *P. Schoepke*, VBlBW 1994, S. 81 ff.

[37] Vgl. dazu die Stellungnahme des Präsidenten des Deutschen Städtetages Hajo Hoffmann, in: Der Städtetag 2/2001, S. 1. Dazu auch NST-N 4/2001, S. 111.

[38] Vgl. allgemein zu den Gründen der Modernisierung *E. Grömig*, Der Städtetag 3/2001, S. 11 ff.

[39] Vgl. nur *A. Gern*, Kommunalrecht Baden-Württemberg, Rdnr. 407; *R. Hartung*, Der Städtetag 1994, S. 691 (694).

[40] *F. Engellandt*, Die Einflussnahme der Kommunen auf ihre Kapitalgesellschaften über das Anteilseignerorgan, S. 13; *G. Landsberg*, Stadt und Gemeinde 1995, S. 203 (207); *J. Poll*, LKV 1995, S. 176 (177); *S. Süß*, BayVBl 1986, S. 257 (259).

können[41]. Ob das in dieser allgemeingültigen Form zutrifft bzw. welche Auswirkungen die Haftungsbeschränkung auf das Vermögen der kommunalen Gesellschaft auf die Haftungsverfassung des gemeindlichen Konzerns hat, soll im Folgenden untersucht werden.

Zusammenfassend bleibt festzuhalten, dass sich angesichts der ungebrochenen Tendenz zur Privatisierung auch die Anzahl kommunaler Eigen- und Beteiligungsgesellschaften erhöht hat. Gerade im Hinblick auf den tatsächlichen Umfang der Verwaltungstätigkeit der Städte und Gemeinden - die gesamte Kulturarbeit, die Daseinsvorsorge (Nahverkehr, Krankenhäuser[42], Energieversorgung, etc.) und die Abfallentsorgung seien hier nur beispielhaft genannt - ergeben sich vielfältige Berührungspunkte mit dem einzelnen Bürger.

B. Rechtliche Grundlagen für die Gründung kommunaler Gesellschaften

Die Privatisierung auf kommunaler Ebene wird durch das Grundgesetz rechtlich legitimiert[43]. Zu dem verfassungsrechtlich gewährleisteten Schutzbereich der gemeindlichen Selbstverwaltungsgarantie nach Art. 28 Abs. 2 GG gehört neben Finanzhoheit, Gebietshoheit, Planungshoheit, Abgabenhoheit, Rechtsetzungshoheit und Personalhoheit auch die Organisationshoheit. Organisationshoheit bedeutet, dass die kommunalen Gebietskörperschaften im eigenen Wirkungskreis ihre Verwaltungsorganisation selbständig nach ihrem eigenen Ermessen regeln dürfen[44].

---

[41] Vgl. nur *W. Hauser*, Die Wahl der Organisationsform kommunaler Einrichtungen, S. 170 ff.; *F. Ossenbühl*, DÖV 1971, S. 513 (519); *D. Wilke / J. Schachel*, WiVerw 1978, S. 95 (101); a.A. *W. Erbguth / F. Stollmann*, DÖV 1993, S. 798 (807).

[42] Vgl. *W. Breyer*, Der Gemeindehaushalt 1993, S. 272 ff.

[43] Zu den verfassungsrechtlichen und einfachgesetzlichen Schranken siehe *W. Erbguth / F. Stollmann*, DÖV 1993, S. 798 (800).

[44] BVerfGE 8, 256 (258); BVerwG, NJW 1993, S. 2695 (2697 ff.); ebenso BVerwG, NJW 1994, S. 1169 f. mwN; in der Literatur teilen diese hM u.a. *U. Cronauge*, Städte- und Gemeinderat 1993, S. 238 (239); *W. Engel*, Grenzen und Formen der mittelbaren Kommunalverwaltung, S. 207 ff.; *W. Hauser*, Die Wahl der Organisationsform kommunaler Einrichtungen, S. 4 f.; *J. Ipsen*, Nds. Kommunalrecht, Rdnr. 603; *R. Schmidt*, Öffentliches Wirtschaftsrecht, § 10 II (S. 492 f.); *E. Schmidt-Aßmann*, Kommunalrecht, in: I. von Münch / E. Schmidt-Aßmann (Hrsg.), Besonderes Verwaltungsrecht, Rdnr. 13 f.; *R. Scholz / R. Pitschas*, in: G. Püttner (Hrsg.), HkWP Bd. 5, S. 128 ff.; *K. Vogelsang / U. Lübking / H. Jahn*, Kommunale Selbstverwaltung, Rdnr. 727 f.; ablehnend *E. Schmidt-Jortzig*, Kommunale Organisationshoheit, S. 33 ff., 78 ff.; zu den Gründen siehe *P. Unruh*, DÖV 1997, S. 653 (658 f.) mwN.

Die Gebietskörperschaften können daher aufgrund ihrer Organisationsgewalt die Handlungs- und Organisationsformen zur Erfüllung ihrer Aufgaben im Rahmen der Gesetze bestimmen. Neben der Entscheidung über das „Ob“ steht den Gemeinden und Gemeindeverbänden auch die Entscheidung über das „Wie“ der Erledigung kommunaler Aufgaben zu[45].

Im Rahmen der durch Art. 28 Abs. 2 GG geschützten Rechte können die Gebietskörperschaften die für ihre Aufgaben günstigste Organisationsform grundsätzlich[46] frei wählen, unabhängig davon, ob die gewählte Organisationsform dem öffentlichen oder dem privaten Recht angehört[47]. Überall dort, wo keine gesetzliche Aufgabenzuweisung bzw. keine organisationsrechtlichen Festlegungen durch die Rechtsordnung, insbesondere durch die Gemeindeordnung erfolgt sind, können die kommunalen Gebietskörperschaften prinzipiell frei entscheiden, ob und wie sie eine öffentliche Aufgabe in Wahrnehmung ihrer Selbstverwaltungskompetenz erfüllen wollen. Regelungen über die konkrete Art und Weise der wirtschaftlichen Betätigung finden sich in allen Gemeindeordnungen und Kommunalverfassungen. Für das niedersächsische Kommunalrecht ist die Wahlfreiheit bei der Organisationsform in der dem kommunalen Wirtschaftsrecht gewidmeten Bestimmung des § 108 Abs. 2 NGO zu finden[48].

---

[45] *A. Katz*, in: R. Kunze / O. Bronner / A. Katz, GemeindeO für BW, Kommentar, § 102, Rdnr. 6.

[46] Die Grenzen der Wahlfreiheit hält man vor allem dann für erreicht, wenn es sich um staatliche Kernbereichsaufgaben handelt oder wenn die Rechtsordnung der Verwaltung ausdrücklich die Verwendung öffentlich-rechtlicher oder privatrechtlicher Gestaltungsformen vorschreibt (dazu *W. Erbguth / F. Stollmann*, DÖV 1993, S. 798, 800).

[47] BVerfGE 36, 326 (344); BVerwGE 13, S. 47 (54); OVG Lüneburg, NJW 1977, S. 450 f.; HessVGH, NJW 1979, S. 886 (887); BGHZ 37, 1 (27); 38, 49 (51); *W. Erbguth / F. Stollmann*, DÖV 1993, S. 798 (799); *W. Krebs*, Verwaltungsorganisation, in: J. Isensee / P. Kirchhof (Hrsg.), Handbuch des Staatsrechts, Bd. III, S. 567 (570); *H. Maurer*, Allgemeines Verwaltungsrecht, § 3, Rdnr. 9; *F.-J. Peine*, DÖV 1997, S. 353 (356); *R. Scholz / R. Pitschas*, in: G. Püttner (Hrsg.), HkWP, Bd. 5, S. 128 (129 f.).

[48] Siehe auch § 102 Abs. 1 GO BW; Art. 89 Abs. 1 und 2 BayGO; § 121 Abs. 1 GOHess; § 85 Abs. 1 GO RhPf; § 108 Abs. 1 KSVG Saarl.

C. Strukturen und Erscheinungsformen kommunaler Wirtschaftstätigkeit

Die zu besprechenden haftungsrechtlichen Fragen hängen entscheidend von den verschiedenen Strukturen im kommunalen Konzern ab. Ihnen soll im Folgenden nähere Aufmerksamkeit geschenkt werden. Dabei wird weit ausgeholt und zunächst der Begriff der wirtschaftlichen Betätigung betrachtet. Anschließend sollen die Konzernstrukturen anhand einer mittleren deutschen Großstadt erläutert werden. Dies erscheint unerlässlich, um einen groben Überblick über das Ausmaß und die Vielfalt der Organisation öffentlicher „Einrichtungen in Unternehmensform“[49] zu gewinnen.

Insbesondere im Hinblick auf die zu einem späteren Zeitpunkt in den Mittelpunkt der Betrachtung rückenden konzernrechtlichen Haftungstatbestände werden hierbei wichtige Erkenntnisse gewonnen. Diese sind für die Frage der Vergleichbarkeit „privater“ und „öffentlicher“ wirtschaftlicher Betätigung von Bedeutung. Im Anschluss gilt es, den Blick auf die verschiedenen Erscheinungsformen kommunaler Wirtschaftstätigkeit zu richten. An dieser Stelle wird sich deutlich zeigen, dass den kommunalen Gebietskörperschaften ein Kanon unterschiedlicher Organisationsmodelle zur Verfügung gestellt wird. Neben den Eigenbetrieben kommt insbesondere den kommunalen Eigengesellschaften eine Schlüsselposition zu.

I. Der Begriff der „wirtschaftlichen Betätigung“

Die niedersächsische Gemeindeordnung bindet die wirtschaftliche Betätigung der kommunalen Gebietskörperschaften in § 108 Abs. 1 Satz 1 NGO an die Angelegenheiten der örtlichen Gemeinschaft und enthält damit eine generelle Aussage über jegliche wirtschaftliche Betätigung[50]. § 108 Abs. 1 Satz 2 NGO legt fest, unter welchen Voraussetzungen Unternehmen errichtet, übernommen oder wesentlich erweitert werden dürfen. Insbesondere auf die Rechtfertigung des Unternehmens durch einen öffentlichen Zweck wird im weiteren Verlauf noch zurückzukommen sein.

---

[49] Vgl. zu diesem Begriff *J. Ipsen*, Nds. Kommunalrecht, Rdnr. 580. .

[50] *J. Ipsen*, Nds. Kommunalrecht, Rdnr. 576; vgl. auch *F.-L. Knemeyer / B. Kempen*, Kommunales Wirtschaftsrecht, in : Achterberg / Püttner / Würtenberger (Hrsg.), Bes. VerwaltungsR, Bd. II, Rdnr. 37 ff.

Allerdings haben die an sich definitionsfreudigen Gesetzgeber der einzelnen Gemeindeordnungen und Kommunalverfassungen den Begriff der wirtschaftlichen Betätigung ebenso wenig definiert[51], wie früher der Begriff des Wirtschaftsunternehmens definiert war[52]. Ausnahmen ergeben sich nach einigen Gemeindeordnungen, die eine Legaldefinition der wirtschaftlichen Betätigung enthalten[53]. Nach nordrhein-westfälischem Kommunalrecht ist gemäß § 107 Abs. 1 Satz 3 GO NW unter wirtschaftlicher Betätigung der Betrieb von Unternehmen zu verstehen, die als Hersteller, Anbieter oder Verteiler von Gütern oder Dienstleistungen am Markt tätig werden, sofern die Leistung ihrer Art nach auch von einem Privaten mit der Absicht der Gewinnerzielung erbracht werden könnte[54]. Damit entspricht die gewählte Gesetzesformulierung weitgehend einer ökonomischen Begriffsbestimmung für die wirtschaftliche Betätigung in Anlehnung an den Begriff der Wertschöpfung[55].

Die Tatsache, dass sich eine Legaldefinition nicht in allen Gemeindeordnungen findet[56], mag einerseits dem praktischen Bedürfnis entsprechen, der fortschreitenden Entwicklung im Bereich der kommunalen Wirtschaftstätigkeit Raum zu lassen. Andererseits weicht sie auch der ansonsten bestehenden Schwierigkeit einer klaren Begriffsbestimmung aus, welche im Falle einer misslungenen Definition erhebliche Rechtsunsicherheit zur Folge haben würde. Charakterisiert wird der Begriff der wirtschaftlichen Betätigung allerdings formal, und zwar durch die Rechtsformen, welche die Gemeindeordnungen bzw. Kommunalverfassungen der Länder der kommunalen unternehmerischen Tätigkeit außerhalb der allgemeinen Verwaltung zur Verfügung stellen. Damit sind Eigenbetrieb, selbständiges Kommunalunternehmen[57] sowie die Rechtsformen des Privatrechts angesprochen.

---

[51] Vgl. für Niedersachsen: *P. Blum / H. Beckhof / I. Behrens / W. Göke / B. Häusler / A. Menzel / T. Smollich / C. Wefelmeier*, KVR, Vor §§ 108 – 116, Rdnr. 2; *W. Schwirzke / K. Sandfuchs*, Allgemeines Niedersächsisches Kommunalrecht, S. 214 f.

[52] Vgl. *J. Ipsen*, Nds. Kommunalrecht, aaO; *F. Schoch*, DÖV 1993, S. 377 (379); *N. Schulz*, BayVBl 1997, S. 518 ff.

[53] Vgl. § 100 Abs. 1 KV Brandenburg, § 107 GO NW.

[54] Vgl. *J. Oebbecke*, Städte- und Gemeinderat 1995, S. 387 (388); *E. Rehn / U. Cronauge*, GO NW, § 107, Anm. II.

[55] Vgl. dazu *M. Muth / W. Plumbaum / J. Odendahl / U. Jahn u.a.*, Potsdamer Kommentar zur KV Brandenburg, § 100, Anm. 2; krit. hierzu *J. Ipsen*, Nds. Kommunalrecht, Rdnr. 578. Hiernach muss hinzukommen, dass der Gegenstand der wirtschaftlichen Betätigung unverändert bleibt, wenn sich ein Privater seiner unter Marktbedingungen annimmt.

[56] In einigen Gemeindeordnungen wird noch zwischen wirtschaftlichen und nichtwirtschaftlichen Unternehmen unterschieden; vgl. § 108 KSVG Saarl.

[57] Seit dem 01.09.1995 besteht in Bayern für die Kommunen die Möglichkeit, wirtschaftliche (und nichtwirtschaftliche) Betriebe als selbständige Unternehmen in der Rechtsform einer Anstalt des

II. Die Vielfalt der Konzernstrukturen im kommunalen Konzern

Die Vielfalt der Konzernstrukturen in den Städten und Gemeinden kann am besten anhand der wirtschaftlichen Betätigung einer mittleren Großstadt beschrieben werden. Beispielsweise hat eine Stadt für die Bereiche der Energieversorgung und den öffentlichen Personennahverkehr zwei Aktiengesellschaften gegründet. Ihre Anteile gehören einer als GmbH verfassten Holding[58], deren Alleingesellschafterin die Stadt ist. Zwischen der Aktiengesellschaft und der Holding-Gesellschaft werden aus steuerlichen Gründen Beherrschungs- und Gewinnabführungsverträge geschlossen. Die Vorstandsmitglieder bzw. Geschäftsführer aller drei Gesellschaften sind identisch.

Dieser Aufbau der kommunalen Unternehmen dürfte typisch sein für die Organisation, die von vielen Städten bevorzugt wird und sich im Großen und Ganzen bewährt hat. Rechtlich ist sie übersichtlich strukturiert und ziemlich einfach. Unzweifelhaft liegt auch ein Konzern im Sinne des § 18 Abs. 1 AktG vor, auf jeden Fall zwischen der Holding, als herrschendem und den beiden Tochtergesellschaften als beherrschten Unternehmen[59]. Weiter kommt es im kommunalen Konzern vor, dass eine Gesellschaft der Gebietskörperschaft ihrerseits Unterbeteiligungen erwirbt und dadurch eine horizontale und vertikale Verschachtelung herbeiführt[60]. Ob auch die Stadt zum Konzern gehört, hängt von der später noch aufzugreifenden Frage ab, ob sie Unternehmen im konzernrechtlichen Sinn ist[61].

In kleineren Städten können sich einfachere Strukturen finden. Wo es keine örtlichen Verkehrsbetriebe oder Wohnungsgesellschaften gibt, sind oft die Stadtwerke die einzige Eigengesellschaft der Stadt oder Gemeinde. Häufig werden in diesen Fällen die Energieversorgung und der öffentliche Verkehr als Gemeinschaftsunternehmen mehrerer Städte, Gemeinden, Landkreise und Zweckverbände mit gleicher oder verschieden hoher Beteiligung betrieben.

öffentlichen Rechts zu errichten oder bereits bestehende Regie- oder Eigenbetriebe in solche Anstalten umzuwandeln. Diese so genannten Kommunalunternehmen (vgl. die Legaldefinition in Art. 89 Abs. 1 S. 1 BayGO) stellen eine wesentliche Neuerung im kommunalen Wirtschaftsrecht dar; vgl. auch *B. Thode / H. Peres*, BayVBl 1999, S. 6 ff.

[58] Zur Holding siehe Seite 158 ff.; vgl. auch *A. Gern*, Kommunalrecht Baden-Württemberg, Rdnr. 406; *E. T. Kraft*, Eigengesellschaften, in: G. Püttner (Hrsg.), HkWP, Bd. 5, S. 168 (175).

[59] Zu den Einzelheiten vgl. Seite 158.

[60] Vgl. *H. Häuselmann*, VBlBW 1983, S. 230 (235).

[61] Vgl. dazu Seite 151 ff.

Diese Beispiele mögen genügen, ein Bild von den Konzernstrukturen im Bereich der öffentlichen Unternehmen zu vermitteln. Zusammenfassend lassen sich große Gemeinsamkeiten mit der Organisation privatrechtlicher Wirtschaftstätigkeit feststellen.

III. Die Erscheinungsformen kommunaler Wirtschaftstätigkeit

Die kommunalen Gebietskörperschaften betreiben zur Erledigung ihrer Aufgaben eine Vielzahl von Unternehmen. Die Gemeindeordnungen und Kommunalverfassungen halten hierfür einen Kanon unterschiedlicher Organisationsmodelle bereit. Zweckverband, Regiebetrieb, Eigenbetrieb, Eigengesellschaft, Betreiber- und Betriebsführungs- sowie Kooperationsmodell sind nur einige der kursierenden Schlagworte. Städte und Gemeinden können beispielsweise ein Wirtschaftsunternehmen in öffentlich-rechtlicher Form als Eigenbetrieb[62] organisieren oder eine Organisationsprivatisierung vornehmen, indem sie eine Eigengesellschaft in der Form des Privatrechts gründen oder sich an einer Gesellschaft des privaten Rechts beteiligen (Beteiligungsgesellschaft). Dabei muss sich die Darstellung auf den Eigenbetrieb und insbesondere auf die Eigengesellschaft beschränken, da diese Organisationsformen im Hinblick auf die Haftungsverfassung einer eingehenderen Beschäftigung bedürfen.

1. Eigenbetrieb

Will eine Gebietskörperschaft in ihrem Kompetenzbereich eine Aufgabe selbst erfüllen, aber nicht verwaltungsmäßig durch Betriebe der Verwaltung (Regiebetriebe[63]) erledigen, bildet im Gemeindewirtschaftsrecht der öffentlich-rechtlich verfasste Eigenbetrieb eine wichtige Organisationsform für kommunale Wirtschaftsunternehmen. Er ist nach wie vor eine häufige Unternehmensform gerade für gemeindliche Verkehrs- und Versorgungsbetriebe[64].

---

[62] Vgl. nur § 108 Abs. 2 Nr. 1 und 2 NGO.

[63] Der Regiebetrieb ist rechtlich wie organisatorisch Teil der Gemeinde- (Kreis-) Verwaltung. Er besitzt kein ausgegliedertes Betriebsvermögen und verfügt über keinen eigenen Haushalt. Einzelheiten bei *O. Gönnenwein*, Gemeinderecht, S. 480 f.; *J. Ipsen*, Nds. Kommunalrecht, Rdnr. 590; *F.-L. Knemeyer*, Bayerisches Kommunalrecht, Rdnr. 345; *G. Püttner*, Die öffentlichen Unternehmen, S. 59; *O. Sander / W. Weiblen*, Kommunale Wirtschaftsunternehmen, S. 72 f.

[64] Zum Aufbau eines Eigenbetriebes siehe *W. Britsch*, Steuerrechtliche Aspekte bei der Gründung einer Entsorgungs-GmbH, in: J. Bauer / A. Schink, Organisationsformen in der öffentlichen Abfallwirtschaft, Abb. 2, S. 54.

Die organisatorische Grundstruktur des Eigenbetriebs (zunächst erfolgt durch die Eigenbetriebsverordnung vom 21.11.1938, RGBl. I 1650) legen die meisten Gemeindeordnungen fest[65] und überlassen die nähere Ausgestaltung Eigenbetriebsverordnungen[66] oder Eigenbetriebsgesetzen[67]. Eine Betriebssatzung regelt die Zuständigkeiten des Werkausschusses[68], der als gesetzlich vorgeschriebener Ratsausschuss im Sinne der Gemeindeordnung fungiert, sowie die Zusammensetzung und Entscheidungsbefugnisse der Werkleitung, die für die laufende wirtschaftliche Führung der Geschäfte auch im Außenverhältnis verantwortlich ist[69].

Auch wenn Eigenbetriebe keine Rechtspersönlichkeit[70] besitzen und in die Verwaltungshierarchie eingegliedert sind, verfügen sie über einen hohen Grad organisatorischer Selbständigkeit (wie z.B. eine eigene Buchführung) innerhalb der kommunalen Verwaltungsorganisation. Die Eigenbetriebe sind daher gewissermaßen an der „Schnittstelle zwischen kommunaler Verwaltung und selbständigem Unternehmen“[71] angesiedelt. Finanzwirtschaftlich werden sie als gemeindliches Sondervermögen behandelt[72]. Wegen der mangelnden Rechtsfähigkeit können die kommunalen Gebietskörperschaften die Haftung für ihre in der Rechtsform der Eigenbetriebe geführten Unternehmen nicht beschränken. Die Städte und Ge-

---

[65] Vgl. Art. 95 BayGO, § 103 KV Brandenburg, § 127 GO Hess, § 113 NGO, § 114 GO NW, § 92 GO RhPf, § 114 KSVG Saarl., § 106 GO Schl-H., § 76 ThürKO. Dagegen wird der Eigenbetrieb in § 103 GO BW, 69 Abs. 1 Nr. 1 GO MeckVorp., § 95 Nr. 1 Sächs.GO, § 117 Abs. 1 Nr. 1 GO LSA nur erwähnt.

[66] Vgl. zur rechtlichen Ausgestaltung in Niedersachsen § 113 NGO und die niedersächsische Verordnung über Eigenbetriebe und anderer prüfungspflichtige Einrichtungen (Eigenbetriebsverordnung – EigBetrVO) vom 15.08.1989 (GVBl. S 318).

[67] Z.B. Gesetz über Eigenbetriebe der Gemeinden des Landes Baden-Württemberg – Eigenbetriebsgesetz – i.d.F. vom 08.01.1992 (GVBl. S. 22).

[68] Den Werkausschüssen der Eigenbetriebe kann der Rat durch die Betriebssatzung bestimmte Angelegenheiten zur eigenen Entscheidung übertragen. Des weiteren regelt die Betriebssatzung Gegenstand und Namen des Eigenbetriebes.

[69] Vgl. z.B. §§ 3 – 5 NdsEigbetrVO.

[70] So ausdrücklich z.B. in § 127 Abs. 1 GO Hess, § 108 Abs. 2 Nr. 1 NGO; vgl. auch *A. Gern*, Sächsisches Kommunalrecht, Rdnr. 839; *J. Ipsen*, Nds. Kommunalrecht, Rdnr. 590; *F.-L. Knemeyer*, Bayerisches Kommunalrecht, Rdnr. 341 ff.

[71] *F.-L. Knemeyer / B. Kempen*, Kommunales Wirtschaftsrecht, in: Achterberg / Püttner / Würtenberger (Hrsg.), Bes. VerwaltungsR, Bd. II, Rdnr. 70.

[72] Insbesondere sind Haushalts- und Kassenführung, Vermögensverwaltung und Rechnungslegung jedes Eigenbetriebs, für den eine Betriebssatzung nach Maßgabe der Eigenbetriebsverordnung zu erlassen ist, so einzurichten, dass sie eine besondere Betrachtung der Verwaltung und des Ergebnisses ermöglichen; vgl. z.B. § 113 NGO i.V.m. § 6 NdsEigbetrVO.

meinden haften unbeschränkt für alle Verbindlichkeiten des Eigenbetriebes[73], so dass sie insofern für die Untersuchung der Haftungsverfassung der Gebietskörperschaften nicht weiter zu berücksichtigen sind.

2. Eigengesellschaften

Wollen die kommunalen Gebietskörperschaften ihren Unternehmen eigene Rechtspersönlichkeit verleihen, können sie dies nur in einer Form des Gesellschaftsrechts, also mit der Errichtung einer Kapitalgesellschaft, erreichen. Vorauszuschicken ist, dass die kommunalen Eigengesellschaften im weiteren Verlauf der Untersuchung eine Schlüsselposition einnehmen werden. Ohne der Untersuchung vorgreifen zu wollen, hängt dies mit dem „Zusammenspiel" von kommunalrechtlichen Vorgaben, insbesondere der Haftungsbegrenzungspflicht, und konzernrechtlichen Haftungstatbeständen zusammen.

Begrifflich sind kommunale Eigengesellschaften privatrechtlich organisierte Unternehmen im Allein- oder Mehrheitsbesitz von Städten und Gemeinden, die im Rahmen der bereits angesprochenen Organisationsprivatisierung errichtet werden. Sie sind dadurch gekennzeichnet, dass alle Gesellschaftsanteile von der kommunalen Gebietskörperschaft gehalten werden[74]. Die Städte und Gemeinden sind alleinige Aktionäre bzw. Gesellschafter[75]. Die Bezeichnung kommunale Eigengesellschaft wird im Rahmen der vorliegenden Untersuchung aber auch für solche Gesellschaften benutzt, an denen die Gebietskörperschaften entweder mit mehr als 50 % beteiligt sind oder die mehrheitlich von einer kommunalen Holdinggesellschaft gehalten werden. Diese Klarstellung soll dazu benutzt werden, schon an dieser Stelle einige Ausführungen über sogenannte Holdinggesellschaften voranzustellen, da sich hier ein besonderer Bezug zu kommunalen Eigengesellschaften ergeben kann.

---

[73] Vgl. *A. Gern*, Sächsisches Kommunalrecht, Rdnr. 839; *L. Kolbe*, Rechtsformen und Ziele öffentlicher Unternehmen, S. 6; *A. Maußner / P. Kalusche*, Kommunale Unternehmen als Instrument der regionalen Strukturpolitik, S. 26.

[74] *P. Blum / H. Beckhof / I. Behrens / W. Göke / B. Häusler / A. Menzel / T. Smollich / C. Wefelmeier*, KVR, § 108, Rdnr. 7; *A. Gern*, Sächsisches Kommunalrecht, Rdnr. 863; zum Aufbau einer Eigengesellschaft siehe *W. Britsch*, Steuerrechtliche Aspekte bei der Gründung einer Entsorgungs-GmbH, in: J. Bauer / A. Schink, Organisationsformen in der öffentlichen Abfallwirtschaft, Abb. 3, S. 55.

[75] Vgl. *H. Pagenkopf*, Kommunalrecht, Band 2, S. 179; *G. Püttner*, Die öffentlichen Unternehmen, S. 62.

Eine Holdinggesellschaft ist eine Gesellschaft, die Anteile einer oder mehrerer Gesellschaften verwaltet und den Konzern einheitlich leiten soll[76]. Die Holdinggesellschaft wiederum ist eine Eigengesellschaft der Gebietskörperschaft, da diese sämtliche Anteile der Holding besitzt. Sie hält sämtliche Anteile aller anderen zur Holding gehörenden Eigengesellschaften der kommunalen Gebietskörperschaft[77]. Hier wird die zivilrechtliche Organisationsform für die öffentliche Aufgabenerfüllung benutzt, die Aufgabenzuständigkeit aber unberührt belassen. Danach behält der Verwaltungsträger die Alleinzuständigkeit, mithin gehört die Aufgabe weiterhin zum Verantwortungs- und Verwaltungsbereich der kommunalen Gebietskörperschaft. Es versteht sich von selbst, dass klassisch-hoheitliche Aufgaben, zu deren Erfüllung die kommunalen Gebietskörperschaften öffentlich-rechtlicher Befugnisse bedürfen, nicht auf kommunale Eigengesellschaften übertragen werden können. Das Präfix „eigen" bezieht sich also auf den staatlichen Träger, das heißt einen Verwaltungsträger als alleinigen Gesellschafter, Aktionär etc.[78].

3. Beteiligungsgesellschaften

Möglich ist auch die Gründung kommunaler Beteiligungsgesellschaften, bei denen meistens die überwiegende Anzahl der Anteile im Besitz der öffentlichen Hand verbleibt[79]. Anders als bei der Eigengesellschaft befindet sich jedoch der verbleibende Teil des Gesellschaftsvermögens in der Hand von Privatleuten[80]. Gegenüber der Eigengesellschaft besteht die Besonderheit in einer Zusammenarbeit von öffentlichem und privatem Kapital unter einem durch die Rechtsform bestimmten gemeinsamen Dach[81]. Die Beteiligungsgesellschaft wird, je nachdem, wer sich neben der öffentlichen Hand an ihr beteiligt, als gemischt-öffentliches oder gemischt-wirtschaftliches Unternehmen bezeichnet[82].

---

[76] *T. Ahrens*, Die Holding in der Gemeindewirtschaft, S. 1 mwN; vgl. dazu auch unten Seite 200 ff.

[77] Umfassend zur Holdinggesellschaft: *T. Ahrens*, Die Holding in der Gemeindewirtschaft, S. 24 ff.; vgl. auch *A. Gern*, Sächsisches Kommunalrecht, Rdnr. 865.

[78] *V. Emmerich*, Das Wirtschaftsrecht der öffentlichen Unternehmen, S. 39; *G. Nesselmüller*, Rechtliche Einwirkungsmöglichkeiten der Gemeinden auf ihre Eigengesellschaften, S. 25; *G. Püttner*, Die öffentlichen Unternehmen, aaO.

[79] Vgl. dazu *M. Habersack*, ZGR 1996, S. 544 ff.

[80] Statt vieler *V. Emmerich*, Das Wirtschaftsrecht der öffentlichen Unternehmen, S. 39; *E. Schmidt-Aßmann*, BB 1990, Beil. 34, S. 1 (2).

[81] *W. Rüfner*, Formen öffentlicher Verwaltung im Bereich der Wirtschaft, S. 186.

[82] Einen Überblick über die gemischt-wirtschaftlichen Unternehmen unter Beteiligung des Bundes gibt der regelmäßig erscheinende „Bericht über die Beteiligungen des Bundes im Jahre ...".

Von einem gemischt-öffentlichen Unternehmen spricht man, wenn sich mehrere juristische Personen des öffentlichen Rechts das Gesellschaftskapital teilen[83]. Ist ein Verwaltungsträger zusammen mit Privatpersonen Eigentümer des Gesellschaftskapitals, handelt es sich hingegen um ein gemischt-wirtschaftliches Unternehmen[84] oder auch um eine „private public partnership"[85]. Von der Aufgabenstellung gesehen gehören diese Eigengesellschaften rechts-systematisch zum öffentlichen Recht, lediglich ihre Organisationsform bringt sie in Berührung mit dem Gesellschaftsrecht. *F. Ossenbühl* bezeichnet sie aus diesem Grund als Verwaltungsstellen in Privatrechtsform[86].

D. Privatrechtliche Organisationsformen im gemeindlichen Konzern

Die gemeindewirtschaftsrechtlichen Regelungen der Länder räumen den kommunalen Gebietskörperschaften das Recht ein, zur Erfüllung ihrer Aufgaben Unternehmen oder Einrichtungen in einer Rechtsform des privaten Rechts zu führen oder sich daran zu beteiligen. Städte und Gemeinden können im Rahmen ihrer wirtschaftlichen Betätigung grundsätzlich zwischen allen Formen des Gesellschaftsrechts wählen[87]. Eine Schranke bei der Wahl privatrechtlicher Organisationsformen ergibt sich aber unter anderem daraus, dass nach allgemeinem Kommunalrecht, die Haftung der Gebietskörperschaften bei der Beteiligung an einem Unternehmen oder einer Einrichtung auf einen bestimmten Betrag beschränkt bleiben muss[88].

---

[83] Vgl. auch *W. Kluth*, Grenzen kommunaler Wettbewerbsteilnahme, S. 21; *G. Nesselmüller*, Rechtliche Einwirkungsmöglichkeiten der Gemeinde auf ihre Eigengesellschaften, S. 25; *G. Püttner*, Die öffentlichen Unternehmen, S. 26; *R. Stober*, NJW 1984, S. 449 (452).

[84] Vgl. *W. Kluth*, aaO; *R. Stober*, aaO; anders *G. Püttner*, Die öffentlichen Unternehmen, aaO, der insoweit von einem gemischt-wirtschaftlichem Unternehmen spricht.

[85] Nach *M. Habersack*, ZGR 1996, S. 544 (546) ist für die „private public partnership" ein auf dem Gebiet der Daseinsvorsorge, insbesondere der Abfall- und Abwasserentsorgung sowie der Trinkwasser- und Stromversorgung liegender Unternehmensgegenstand kennzeichnend.

[86] So *F. Ossenbühl*, ZGR 1996, S. 504 (506).

[87] *A. Gern*, Sächsisches Kommunalrecht, Rdnr. 860.

[88] § 103 Abs. 1 Nr. 4 GO BW; Art. 92 Abs. 1 Nr. 3 BayGO; § 102 NR. 3 KV Brandenburg; § 122 Abs. 1 Nr. 2 GO Hess; § 69 Abs. 1 Nr. 4 GO MeckVorp.; § 109 Abs. 1 Nr. 2 NGO; § 108 Abs. 1 Nr. 3 GO NW; § 87 Abs. 1 Nr. 4 GO RhPf; § 110 Abs. 1 Nr. 2 KSVG Saarl.; § 96 Abs. 1 Nr. 3 Sächs. GO; § 117 Abs. 1 Nr. 4 GO LSA; § 102 Abs. 1 Nr. 2 GO Schl-H.; § 73 Abs. 1 Nr. 3 ThürKO.

Die Begrenzung der Haftung der Städte und Gemeinden auf einen bestimmten Betrag vermeidet, dass die kommunalen Gebietskörperschaften Verpflichtungen eingehen, deren Folgen für sie nicht übersehbar sind. Sie sollen vor einer nicht mehr verkraftbaren finanziellen Belastung der Haushalte durch eine Haftungsinanspruchnahme geschützt werden, die auch zur Gefährdung der gesetzlichen Aufgabenerfüllung führen könnte[89]. Auf die teilweise unterschiedlichen Formulierungen der Haftungsbegrenzungspflichten in den einzelnen Gemeindeordnungen und Kommunalverfassungen ist im weiteren Verlauf noch einzugehen, wenn es um die Auslegung dieser Vorschriften geht[90].

I. Unternehmensformen mit unbeschränkter Haftung

1. Die Gesellschaft bürgerlichen Rechts (GbR)

Die Gesellschaft bürgerlichen Rechts kann zur Erreichung eines beliebigen Zwecks errichtet werden. Der II. Zivilsenat des Bundesgerichtshofs hat in einem grundlegenden Urteil vom 29.01.2001[91] entschieden, dass eine Gesellschaft bürgerlichen Rechts, die eigene vertragliche Rechte und Pflichten begründet, rechts- und parteifähig ist[92].

Grundsätzlich haften die Gesellschafter nach §§ 714, 427, 431 BGB für die Verbindlichkeiten der Gesellschaft mit ihrem Gesamtvermögen. Zwar kann im Gesellschaftsvertrag die Haftung der Gesellschafter, die keine Befugnis zur Geschäftsführung haben, beschränkt werden. Dies ist allerdings in der kommunalen Praxis nicht sonderlich hilfreich, da die kommunalen Gebietskörperschaften häufig alleinige Gesellschafter und somit zwangsläufig auch nach § 714 BGB zur Geschäftsführung befugt sind. Damit wären sie jedoch zugleich zur unbeschränkten Haftung verpflichtet. Auch der nichtrechtsfähige Verein kommt als Unternehmensform im kommunalen Konzern nicht in Betracht, da nach § 54 Satz 1 BGB die Vorschriften über die BGB-Gesellschaft auch auf den nichtrechtsfähigen Verein Anwendung finden und die Vereinmitglieder mithin ebenfalls unbeschränkt haften.

---

[89] Vgl. dazu Seite 171 f.

[90] Siehe dazu unten Seite 170 ff.

[91] Az.: II ZR 331/00 = NJW 2001, S. 1056

[92] Vgl. dazu *K. Schmidt*, NJW 2001, S. 993 ff.

2. Offene Handelsgesellschaft (OHG) und Kommanditgesellschaft (KG)

Die Rechtslage bei der OHG ist mit der eingangs bei der Gesellschaft bürgerlichen Rechts geschilderten Situation vergleichbar. Auch diese Rechtsform scheidet aus Rechtsgründen aus, da nach § 105 Abs. 1 HGB alle Gesellschafter einer OHG den Gesellschaftsgläubigern unbeschränkt haften.

Die KG unterscheidet sich von der OHG nach § 161 Abs. 1 HGB dadurch, dass bei einem oder einigen Gesellschaftern „die Haftung gegenüber den Gesellschaftsgläubigern auf den Betrag einer bestimmten Vermögenseinlage beschränkt ist". Bei der KG sind also hinsichtlich der Haftung nach § 161 Abs. 1 HGB zwei Arten von Gesellschaftern zu unterscheiden. Hierbei handelt es sich erstens um Komplementäre, die den Gläubigern unbeschränkt haften und zweitens um Kommanditisten, deren Haftung beschränkt ist. Kommunale Gebietskörperschaften können daher keine (persönlich haftenden) Komplementäre einer KG oder Kommanditgesellschaft auf Aktien (KGaA) sein. Die kommunalen Haftungsbegrenzungspflichten stehen demnach einer Beteiligung von Städten und Gemeinden als Kommanditisten nicht entgegen[93]. Diese Beteiligungsform lässt jedoch keine aktive Beeinflussung zu, so dass sie bei den öffentlichen Einrichtungen keine Rolle spielen kann[94]. Hinzu kommt auch hier – wie schon bei der BGB-Gesellschaft –, dass in der kommunalen Praxis die Städte und Gemeinden regelmäßig Alleingesellschafter sind und in vollem Umfang haften würden.

---

[93] Vgl. z.B. das Urteil des OLG Hamburg, MDR 1969, S. 677 ff., bei dem eine öffentliche Einrichtung in Form einer KG verklagt wurde.

[94] Vgl. *H. Gröttrup*, Die kommunale Leistungsverwaltung, S. 181; *H. Pagenkopf*, Kommunalrecht, Band 2, S. 178.

II. Unternehmensformen mit beschränkter Haftung der Gesellschafter

Als hier näher zu untersuchende Unternehmen mit Haftungsbegrenzung kommen im kommunalen Konzern die Aktiengesellschaft und die GmbH, die Erwerbs- und Wirtschaftsgenossenschaft mit beschränkter Haftpflicht[95], die KGaA[96], die GmbH & Co.KG, der Versicherungsverein auf Gegenseitigkeit und der rechtsfähige Verein[97] in Frage. Allerdings scheidet die GmbH & Co.KG[98] wegen des schwierigen gesellschaftsvertraglichen Regelungsbedarfs regelmäßig aus, da zwei Gesellschaften ineinander verschachtelt werden müssen[99].

Von den übrigen Gesellschaftsformen haben in der Praxis nur die Aktiengesellschaft und die GmbH Bedeutung erlangt. Auf die Darstellung der hierbei bedeutsamen haftungsrechtlichen Fragestellungen soll sich die nachfolgende Untersuchung beschränken. Zwischen den beiden Gesellschaftsformen der Aktiengesellschaft und GmbH bestehen keine prinzipiellen Unterschiede[100]. Sie unterliegen in wesentlichen Punkten vergleichbaren Regelungen. Aktiengesellschaft und GmbH

---

[95] Die Genossenschaft ist eine Gesellschaft ohne geschlossene Mitgliederzahl, welche die Förderung des Erwerbs oder der Wirtschaft ihrer Mitglieder mittels gemeinschaftlichen Geschäftsbetriebs bezweckt (§ 1 Abs. 1 GenG). Für ihre Verbindlichkeiten haftet den Gläubigern nur das Vermögen der Genossenschaft (§§ 2, 23 Abs. 1 GenG); die Genossen sind jedoch verpflichtet, bei Eintritt der Illiquidität zur Abwendung einer Insolvenz oder im Falle einer Insolvenz Nachschüsse in das Gesellschaftsvermögen zu leisten (§§ 87a Abs. 1 und 2, 105 GenG). Da die kommunalen Gebietskörperschaften sich an Gesellschaften nur beteiligen dürfen, wenn die Haftung auf einen bestimmten Betrag fixiert ist, muss die Nachschusspflicht durch das Statut der Genossenschaft gem. § 6 Nr. 3 GenG ausgeschlossen oder auf einen bestimmten Betrag begrenzt werden, damit die Gebietskörperschaft in die Genossenschaft eintreten kann.

[96] Die KGaA ist eine rechtsfähige KG, bei welcher die Einlagen der Kommanditisten als Aktienvermögen ausgestaltet sind und bei welcher den Gläubigern neben dem Vermögen der juristischen Person der oder die Komplementäre unbeschränkt haften, während die an dem Aktienvermögen beteiligten Kommanditaktionäre von den Verbindlichkeiten der Gesellschaft nicht betroffen werden (§ 278 Abs. 1 und Abs. 2 AktG).

[97] Der rechtsfähige wirtschaftliche Verein hat bisher in der kommunalen Praxis keine Rolle gespielt; vgl. dazu *R. Oster*, in: M. Gabler / B. Höhlein / W. Klöckner / H. Lukas u.a., KVR Rheinland-Pfalz, Kommentar, § 87, Anm. 2.4.2.1.

[98] Statt mit einer natürlichen Person als Komplementär ist es möglich, die öffentlichen Einrichtungen in Form einer GmbH und Co.KG zu betreiben. Die GmbH und Co.KG ist eine Kommanditgesellschaft, deren einziger Komplementär eine GmbH ist. Die Gebietskörperschaft wäre dann Kommanditist der KG und Alleingesellschafter der GmbH.

[99] Vgl. *M. Beckmann*, Rechtsfragen bei der Gründung einer Entsorgungs-GmbH, in: J. Bauer / A. Schink, Organisationsformen in der öffentlichen Abfallwirtschaft, S. 38 ff., 45.

[100] Vgl. *H. Gröttrup*, Die kommunale Leistungsverwaltung, S. 182; *G. Püttner*, Das Recht der kommunalen Energieversorgung, S. 54.

unterscheiden sich allerdings dadurch, dass das GmbH-Recht weniger zwingende Regelungen vorsieht und in weit größerem Umfang als das Aktienrecht dispositiv ausgestaltet ist. So gibt das Aktiengesetz die Kompetenzverteilung auf die drei Unternehmensorgane – Vorstand, Aufsichtsrat und Hauptversammlung – weitestgehend verbindlich vor und weist der Hauptversammlung nur eng begrenzte Kompetenzen zu[101]. Demgegenüber bietet das GmbH-Gesetz den Gesellschaftern in größerem Maße die Möglichkeit, die Rechtsverhältnisse der Gesellschaft und damit auch ihre Einflussrechte fakultativ und individuell im Gesellschaftsvertrag zu regeln. Das erlaubt eine den jeweiligen Bedürfnissen entsprechende Führungsorganisation.

Welche Form im Einzelfall geeigneter ist, hängt wesentlich auch von der Größe des Unternehmens ab. Bei größeren Einrichtungen überwiegt die Form der Aktiengesellschaft, bei kleineren scheidet sie wegen der Kompliziertheit und des erforderlichen Mindestkapitals in den meisten Fällen aus[102]. Durch eine kleine Aktienrechtsreform im Jahr 1994 könnte sich hier jedoch ein Wandel abzeichnen, da diese gewisse Erleichterungen für nicht börsennotierte Aktiengesellschaften geschaffen hat[103]. Neu ist danach, dass die sogenannte Ein-Personen-Gründung, das heißt die Einmanngesellschaft, zugelassen ist. Außerdem kann die Hauptversammlung brieflich einberufen werden und bei Anwesenheit aller Aktionäre ist jede Verfahrensförmlichkeit entbehrlich. Herauszugreifen ist weiter, dass die Einschaltung eines Notars zur Beurkundung von Beschlüssen nicht mehr stets erforderlich ist.

Diese Entwicklungen sind für die Gebietskörperschaften überaus interessant, ermöglichen sie doch einen raschen Zugang zur Aktiengesellschaft und vor allem eine weniger aufwendige Verwaltung der Aktienbeteiligung. Da die kommunalen Eigengesellschaften nur einen Aktionär bzw. Gesellschafter hat, ist sie zugleich eine Einmanngesellschaft. Die Besonderheit der kommunalen Eigengesellschaft liegt jedoch darin, dass bei ihr, im Gegensatz zur Einmanngesellschaft, alleiniger Gesellschafter nicht ein einzelner Aktionär, sondern eine juristische Person ist. Diese juristische Person weist ihrerseits eine Vielzahl von Mitgliedern auf, so dass eine Beteiligung mehrerer letztlich vorhanden ist und die Intention des Gesell-

---

[101] *W. Zöllner*, in: A. Baumbach / G. Hueck, GmbHG, § 35, Vorbem. 1; *G. Hueck*, Gesellschaftsrecht, § 23 I.

[102] Vgl. *H. Gröttrup*, Die kommunale Leistungsverwaltung, aaO; *G. Püttner*, Das Recht der kommunalen Energieversorgung, aaO.

[103] Gesetz für kleine Aktiengesellschaften und zur Deregulierung des Aktienrechts vom 02.08.1994 (BGBl I. S. 1961); dazu *C. Claussen*, AG 1995, S. 163 (168 ff.); *M. Hoffmann-Becking*, ZIP 1995, S. 1 ff.

schaftsrechts gewahrt bleibt[104]. Auf die Einmann- bzw. Eigengesellschaft finden grundsätzlich alle Vorschriften des Gesellschaftsrechts Anwendung. So kann auf Vorstand, Aufsichtsrat und Hauptversammlung nicht verzichtet werden[105]. Abschließend bleibt anzumerken, dass als Gesellschaftsformen in der kommunalen Praxis nur die Aktiengesellschaft und die GmbH von Bedeutung sind.

E. Zusammenfassung

Ausgangspunkt für die Untersuchung der Haftungsverfassung im kommunalen Konzern ist die unverändert bestehende und in ihren ursprünglich beabsichtigten Wirkungen sicherlich zweifelhafte Tendenz zur Organisationsprivatisierung. Damit bezwecken die Städte und Gemeinden letztlich eine Ausgliederung von Verwaltungsaufgaben und deren Übertragung auf kommunale Eigengesellschaften in Privatrechtsform.

Im Mittelpunkt der Arbeit steht folglich die wirtschaftliche Betätigung durch Eigengesellschaften der Städte und Gemeinden. Ein kurzer Blick auf die kommunale Wirtschaftstätigkeit hat weiter gezeigt, dass sich die Konzernstrukturen öffentlicher Unternehmen nicht grundlegend von privaten Konzernen unterscheiden. Hinsichtlich der nach den einzelnen Vorgaben des Gemeindewirtschaftsrechts zu wählenden privaten Rechtsform mit der Möglichkeit einer Haftungsbeschränkung haben sich die Aktiengesellschaft und die GmbH als einzig relevante Organisationsformen in der kommunalen Praxis erwiesen.

[104] *G. Püttner*, Das Recht der kommunalen Energieversorgung, S. 81.

[105] BVerfG, NJW 1979, S. 699 ff.; BGHZ 21, 378 (383 f.); *A. Katz*, in: R. Kunze / O. Bronner / A. Katz, GemeindeO für BW, Kommentar, § 105, Rdnr. 4; *G. Hueck*, Gesellschaftsrecht, § 31 I 4.

Zweiter Teil: Die Anwendbarkeit geltenden Staatshaftungsrechts im kommunalen Konzern

In diesem Teil der Arbeit ist der Frage nachzugehen, ob den dargestellten organisationsrechtlichen Erscheinungsformen kommunaler Wirtschaftstätigkeit das Staatshaftungsrecht entgegensteht oder anders formuliert, ob das Staatshaftungsrecht den Haftungsmaßstab der wirtschaftlichen Betätigung von Städten und Gemeinden bestimmt. Ziel der Untersuchung ist es festzustellen, ob eine Einstandspflicht der kommunalen Gebietskörperschaften für die Verbindlichkeiten kommunaler öffentlicher Unternehmen aus dem Staatshaftungsrecht hergeleitet werden kann. Bei dieser Untersuchung sind zunächst die unproblematischen Konstellationen der öffentlich-rechtlichen bzw. materiell-privatrechtlichen Erfüllung kommunaler Verwaltungsaufgaben gedanklich von dem umstrittenen Fall ihrer formal-privatrechtlichen Erfüllung zu trennen[106].

A. Öffentlich-rechtliche und materiell-privatrechtliche Erfüllung kommunaler Verwaltungsaufgaben

Für die weitere Untersuchung der Haftungsverfassung im gemeindlichen Konzern können die Fälle vernachlässigt werden, in denen die kommunalen Gebietskörperschaften ihre Verwaltungsaufgaben in öffentlich-rechtlicher Organisationsform erfüllen. Hier ist die Wahrnehmung der kommunalen Verwaltungsaufgaben nicht „privatisiert"[107], so dass sich die Haftung gegenüber geschädigten Bürgern eindeutig nach den Amtshaftungsgrundsätzen gemäß Art. 34 Satz 1 GG, § 839 BGB richtet. Für die Verbindlichkeiten von Einrichtungen in der Form des Regiebetriebes[108] und des Eigenbetriebes[109] haftet somit ausschließlich die jeweilige Trägerkommune mit ihrem Vermögen. Beide Organisationsformen sind nicht rechtsfähig[110], so dass ihre Schulden rechtlich als Schulden der Trägerkommune anzusehen sind[111]. Haftungsrechtliche Besonderheiten bestehen mithin in diesen Fällen nicht. Die Begrenzung der Amtshaftungsnormen auf die öffentlich-rechtliche

---

[106] Zu den einzelnen Privatisierungsmöglichkeiten vgl. *J. Ipsen*, Allgemeines Verwaltungsrecht, Rdnrn. 266 ff.

[107] Vgl. *H.-J. Papier*, Staatshaftung, in: J. Isensee / P. Kirchhof (Hrsg.), Handbuch des Staatsrechts, Bd. VI, S. 1353 (1364), Rdnr. 24.

[108] Siehe dazu Fußnote 63.

[109] Siehe oben Seite 37 f.

[110] Siehe dazu Fußnote 70.

[111] *O. Dubber*, ZögU 1983, S. 228 (237).

Funktionswahrnehmung rechtfertigt sich daraus, dass eine Sonderhaftung des Staates nur dann in Betracht kommen sollte, wenn der Staat von seinem Sonderrecht, also von den öffentlich-rechtlichen Handlungsformen, Gebrauch macht[112].

Unstreitig im Hinblick auf die nicht mögliche Anwendung von Staatshaftungsrecht sind auch die Fälle, in denen kommunale Verwaltungsaufgaben durch Private erfüllt werden, in denen also eine materielle Privatisierung vorgenommen wurde. Hier gelten statt des Art. 34 GG ausschließlich die Zurechnungsvorschriften des Bürgerlichen Rechts. Danach richtet sich die Haftung dieser Privaten gegenüber durch ihre Handlungen geschädigten Dritten ausschließlich nach den verschuldensabhängigen Bestimmungen des Vertrags- und Deliktsrechts, den §§ 31, 89, 278, 823 und 831 BGB[113]. Ansprüche aus Delikt gegen den privaten Unternehmer stoßen wegen der Exkulpationsmöglichkeit nach § 831 Abs. 1 Satz 2 BGB oft ins Leere. Eine – auch nur subsidiäre – Haftung der kommunalen Gebietskörperschaften, die dem jeweiligen Privaten die Erfüllung einer kommunalen Verwaltungsaufgabe überlassen hat, findet nicht statt.

B. Funktionelle Privatisierung kommunaler Verwaltungsaufgaben

Kennzeichnend für die funktionelle Privatisierung – auch Erfüllungsprivatisierung genannt[114] – ist, dass kommunale Gebietskörperschaft und Privater im Rahmen eines Kombinationsmodells bei der Erfüllung kommunaler Pflichtaufgaben zusammenwirken[115]. Es wird mithin gerade keine Beleihung vorgenommen, bei der einem Privatrechtssubjekt hoheitliche Aufgaben übertragen werden und für die eine ausdrückliche gesetzliche Ermächtigung erforderlich wäre[116]. Da die Aufgabe im Auftrag und nach den Vorgaben der Körperschaft vorgenommen wird[117], ist die

---

[112] Vgl. statt vieler *H. J. Papier*, Staatshaftung, in: J. Isensee / P. Kirchhof (Hrsg.), Handbuch des Staatsrechts, Bd. VI, S. 1353 (1364), Rdnr. 25.

[113] Vgl. nur *H. Maurer*, Allgemeines Verwaltungsrecht, § 25, Rdnr. 55; und *H.-J. Papier*, Staatshaftung, in: J. Isensee / P. Kirchhof (Hrsg.), Handbuch des Staatsrechts, Bd. VI, S. 1353 (1364), Rdnr. 24.

[114] Vgl. *J. Ipsen*, Allgemeines Verwaltungsrecht, Rdnr. 274.

[115] So z.B. beim sog. Betreibermodell, welches im Bereich der Entsorgungswirtschaft ebenso Anwendung findet wie auch bei der Betriebsführung durch Privatunternehmen in kommunalen Eigenbetrieben; vgl. dazu *D. Sterzel*, Der Personalrat 1997, S. 380 (384).

[116] Vgl. *H. Maurer*, Allgemeines Verwaltungsrecht, § 23, Rdnr. 58.

[117] Typische Beispiele hierfür sind die Abfallentsorgung und die Abwasserbeseitigung.

eingeschaltete Privatperson verwaltungsrechtlich als Verwaltungshelfer anzusehen, so dass deren Handeln ohne weiteres der beauftragenden Behörde zuzuordnen ist[118]. Aus dem Blickwinkel des Bürgers betrachtet, handelt der Private für die Behörde, der Bürger tritt zum Privaten nicht in eine Rechtsbeziehung[119]. Bei einer fehlerhaften Erfüllung der entsprechenden kommunalen Aufgabe greift folglich die Staatshaftung, so dass auch die funktionelle Privatisierung aus der weiteren Untersuchung auszuklammern ist.

C. Organisationsprivatisierung und Anwendung von Staatshaftungsrecht

Für den Fall der im Mittelpunkt der Arbeit stehenden Haftung der kommunalen Gebietskörperschaften für ihre Eigengesellschaften ist die Frage der Anwendbarkeit von Staatshaftungsrecht umstritten. Rechtssystematisch betrachtet bewegt sich die Problematik der Anwendung von Staatshaftungsrecht auf zwei unterschiedlichen gedanklichen Ebenen.

Zum einen ist nach einer Einstandspflicht der kommunalen Gebietskörperschaften für durch Handlungen ihrer Eigengesellschaften verursachten Schäden zu fragen. Bei Bestehen einer solchen Einstandspflicht wäre eine Haftung der Städte und Gemeinden auch für Verbindlichkeiten der Gesellschaft gegenüber Dritten begründet. Zum anderen ist zu klären, ob bei einem Totalausfall der Forderungen der Gläubiger der Eigengesellschaft – beispielsweise in einem Insolvenzverfahren – dogmatisch überhaupt Staatshaftungsrecht zur Anwendung kommen kann. Dies kann nur dann der Fall sein, wenn die Insolvenz der Eigengesellschaft aufgrund einer Verletzung öffentlich-rechtlicher Obliegenheiten zurückzuführen ist und die kommunale Gebietskörperschaft ihre öffentlich-rechtliche Einwirkungspflicht durch ihre Vertreter in den Unternehmen nicht ausgeübt hat.

---

[118] Vgl. *H. Maurer*, Allgemeines Verwaltungsrecht, § 23, Rdnr. 60.

[119] *F. Ossenbühl*, VVDStRL 29 (1971), S. 137 ff.; *F.-J. Peine*, DÖV 1997, S. 353 (357).

I. Ansicht der herrschenden Lehre

Die herrschende Lehre[120] nimmt für diesen, herkömmlich als Verwaltungsprivatrecht[121] bezeichneten Bereich des Verwaltungshandelns an, dass das Staatshaftungsrecht nicht zur Anwendung kommen kann. Die Haftung solcher in privatrechtlicher Form von Städten und Gemeinden gegründeten Eigengesellschaften solle sich ausschließlich nach den einschlägigen Vorschriften des Privatrechts bemessen. Aus den gesellschaftsrechtlichen Vorschriften – insbesondere aus dem Trennungsprinzip der §§ 13 Abs. 2 GmbHG und 1 Abs. 1 Satz 2 AktG ergebe sich demnach, dass den Gläubigern nur das Vermögen der Eigengesellschaft hafte. Zwischen den Gläubigern der kommunalen Eigengesellschaft und der Trägerkörperschaft sollten keine Rechtsbeziehungen bestehen.

Ausschlaggebend für diese Auffassung ist die Rechtsform der durch die Gebietskörperschaften ausgeübten öffentlichen Verwaltung. Dies wird damit begründet, dass eine Sonderhaftung des Staates nur in Betracht komme, wenn der Staat von seinem Sonderrecht, das heißt von der öffentlich-rechtlichen Handlungsform Gebrauch mache[122]. Mit anderen Worten folgt daraus, dass wenn der öffentlichen Hand die Wahlfreiheit bezüglich der Rechtsform ihres Handelns zugestanden werde, auch die sich daraus ergebenden haftungsrechtlichen Folgen hinzunehmen seien. Nur bei der Ausübung öffentlicher Gewalt nehme der Staat oder eine sonstige juristische Person des öffentlichen Rechts eine rechtliche Überlegenheit ein, der eine Subordination des Bürgers und damit auch seine besondere haftungsrechtliche Schutzbedürftigkeit entspräche[123].

---

[120] Vgl. BGH, NJW 1973, S. 1650 f. mit weiteren Rechtsprechungshinweisen; *B. Bender*, Staatshaftungsrecht, Rdnr. 93; *J. Grabbe*, Verfassungsrechtliche Grenzen der Privatisierung kommunaler Aufgaben, S. 114; *B. Gromoll*, Rechtliche Grenzen der Privatisierung öffentlicher Aufgaben, S. 181 f. jeweils mwN; *K. Hurst*, in: H. Peters (Hrsg.), HkWP, Bd. II, S. 833 (853); *J. Ipsen*, Allgemeines Verwaltungsrecht, Rdnr. 273; *H. Maurer*, Allgemeines Verwaltungsrecht, § 25, Rdnr. 56; *H.-J. Papier*, Staatshaftung, in: J. Isensee / P. Kirchhof (Hrsg.), Handbuch des Staatsrechts, Bd. VI, S. 1353 (1364 f.); *W. Siebert*, Privatrecht im Bereich öffentlicher Verwaltung, in: Festschrift für H. Niedermeyer, S. 215 (243); *H. Thomas*, in: O. Palandt, BGB, § 839, Rdnr. 15; *H. J. Wolff / O. Bachof / R. Stober*, Verwaltungsrecht I, § 23, Rdnr. 35.

[121] Bei dem Begriff „Verwaltungsprivatrecht" handelt es sich um eine von *H. J. Wolff*, in: H. J. Wolff / O. Bachof / R. Stober, Verwaltungsrecht I, 6. Aufl., § 23 II 3 (b) eingeführte Formulierung.

[122] So ausdrücklich *H.-J. Papier*, Staatshaftung, in: J. Isensee / P. Kirchhof (Hrsg.), Handbuch des Staatsrechts, Bd. VI, S. 1353 (1364), Rdnr. 25 und *ders.*, in: Maunz / Dürig, GG, Art. 34, Rdnrn. 102 und 124.

[123] Vgl. Bundesminister der Justiz / Bundesminister des Innern (Hrsg.), Reform des Staatshaftungsrechts, Kommissionsbericht 1973, S. 56.

Durch die Übertragung öffentlicher Aufgaben auf Eigengesellschaften kann es nach der herrschenden Meinung zu haftungsrechtlichen Nachteilen für den einzelnen Bürger kommen. Besonders deutlich zeigt sich dies bei der GmbH. Hier kann durch Gesellschaftsvertrag die Haftung der kommunalen Gebietskörperschaft durch Beschränkung der Nachschusspflicht auf einen bestimmten Betrag begrenzt werden, wie es zum Beispiel in § 109 Abs. 1 Nr. 2 NGO[124] vorgeschrieben ist.

II. Kritik an der herrschenden Lehre

Die herrschende Meinung sieht sich kritischen Stimmen ausgesetzt, die eine Verschlechterung des Individualrechtsschutzes hinsichtlich der Staatshaftung beklagen. Für den hier zu beobachtenden Fall spiegelt sich diese in der erwähnten Haftungsbeschränkung von kommunaler Aktiengesellschaft oder GmbH und deren Auswirkungen auf die Gläubiger dieser Gesellschaften wieder. Kritisiert wird insbesondere, dass sich die kommunalen Gebietskörperschaften nicht durch eine „Flucht in das Privatrecht“[125] – richtiger: „Verwaltungsprivatrecht“ – der öffentlich-rechtlichen Haftung entziehen dürften.

Eine abweichende Meinung will aus diesen Gründen die Staatshaftungsgrundsätze nicht nur bei Ausübung hoheitlicher Tätigkeit in öffentlich-rechtlichen Formen anwenden, sondern auch dort, wo hoheitliche Aufgaben zulässigerweise in privatrechtlicher Gestaltung wahrgenommen werden[126]. Während die Staatshaftung beim Einsatz öffentlich-rechtlicher Mittel ohne die Möglichkeit zur Exkulpation bestehe, werde dem Bürger als Folge der Privatisierung ein Privater als wenig solventer potentieller Schuldner eines möglichen Schadensersatzanspruches präsentiert[127].

---

[124] Vgl. die einzelnen landesrechtlichen Vorschriften in Fußnote 88.

[125] Der Ausdruck stammt ursprünglich von *F. Fleiner*, Institutionen des Verwaltungsrechts, S. 326. In neuerer Zeit wird zudem von einem Ausweichen vor den Normen des öffentlichen Rechts gesprochen, vgl. *G. Haverkate*, VVDStRL 46 (1988), S. 217 (224).

[126] *F. Giese / E. Schunck*, GG für die Bundesrepublik Deutschland, Kommentar, Art. 34, Anm. 3; *T. Maunz*, in: Maunz / Dürig, GG, 4. Aufl., Stand: Januar 1976, Art. 34 Rdnr. 17; vgl. dazu jetzt *H.-J. Papier*, in Maunz / Dürig, GG, Art. 34 Rdnr. 17; *F. Ossenbühl*, Staatshaftungsrecht, S. 26, der den Begriff des öffentlichen Amtes funktionell und nicht nach der Rechtsform des Handelns bestimmen will; *W. Rüfner*, Formen öffentlicher Verwaltung im Bereich der Wirtschaft, S. 385, stellt den Ausschluß der Amtshaftung für das Verwaltungsprivatrecht in Frage.

[127] *W. Däubler*, Privatisierung als Rechtsproblem, S. 79; Deutscher Städtetag, Möglichkeiten und Grenzen der Privatisierung öffentlicher Aufgaben, S. 21; *F.-L. Knemeyer*, WiVerw 1978, S. 65 ff. (75 f.); *B. Gromoll*, Rechtliche Grenzen der Privatisierung öffentlicher Aufgaben, S. 181 ff.; vgl. *W. Thiele*, GewArch 1980, S. 105 (108).

Zusätzlich könne der privatrechtlich organisierten Gesellschaft durch die Gestaltung der allgemeinen Geschäftsbedingungen auch der Weg einer Haftungseinschränkung zugute kommen[128].

Dogmatischer Ansatzpunkt der Kritik an der herrschenden Lehre ist ein funktionelles Verständnis des Amtsbegriffs im Staatshaftungsrecht[129]. Deshalb sei es nur folgerichtig, auch das Verwaltungshandeln in Privatrechtsform nach Staatshaftungsgrundsätzen zu beurteilen. Zwar bestehe in der Praxis die Schwierigkeit, staatliche Aufgaben von öffentlichen Aufgaben zuverlässig abzugrenzen, andererseits sei dieses Vorgehen aber sachgerechter. Ebenso wenig wie sich die öffentliche Hand durch die sogenannte „Flucht ins Privatrecht" ihrer Grundrechtsbindung aus Art. 1 Abs. 3 GG entziehen könne, sollte es ihr möglich sein, die öffentlich-rechtliche Haftung abzuschütteln[130]. Sinn und Zweck der Amtshaftung sei nämlich, Schäden zu kompensieren, die ein Amtswalter in Erfüllung staatlicher Aufgaben einem Dritten zufüge. Da der Charakter als staatliche Aufgabe aber nicht verloren gehe, wenn sich die Verwaltung der Handlungsmittel und Formen des Privatrechts bediene, müsse sie auch im Bereich des Verwaltungsprivatrechts nach Staatshaftungsgrundsätzen einstehen.

III. Beurteilung der Kritik an der herrschenden Lehre

Im Ergebnis vermag die Kritik an der herrschenden Meinung nicht zu überzeugen. Zwar würde dem geschädigten Gläubiger einer kommunalen Eigengesellschaft bei der Anwendung des Staatshaftungsrechts immer ein „solventer Schuldner" zur Verfügung stehen[131]. Dieser Aspekt des Gläubigerschutzes darf jedoch nicht den Blick darauf verstellen, dass durchschlagende Argumente gegen die Anwendung des Staatshaftungsrechts sprechen. Entscheidend ist vielmehr, dass nicht gleichermaßen gewichtige rechtliche Gründe für eine Bindung der kommunalen Gebietskörperschaften an das öffentlich-rechtliche Haftungsrecht wie für ihre Bindung an die Grundrechte auch im Bereich des Verwaltungsprivatrechts sprechen.

---

128 *J. Grabbe*, Verfassungsrechtliche Grenzen der Privatisierung kommunaler Aufgaben, S. 113 f.; *B. Tiemann*, BayVBl 1976, S. 261 (267); *E. Pappermann*, Der Städtetag 1984, S. 246 (251).

129 Vgl. vor allem *F. Ossenbühl*, Staatshaftungsrecht, S. 26 f.

130 Kritisch dazu: *H. Maurer*, Allgemeines Verwaltungsrecht, § 25, Rdnr. 56.

131 Siehe *J. Grabbe*, Verfassungsrechtliche Grenzen der Privatisierung kommunaler Aufgaben, S. 114; *H.-J. Papier*, Staatshaftung, in: J. Isensee / P. Kirchhof (Hrsg.), Handbuch des Staatsrechts, Bd. VI, S. 1353 (1358), Rdnr. 12; *W. Schulte*, Zulässigkeit allgemeiner Haftungsregelungen bei der Benutzung öffentlicher Einrichtungen, S. 98.

Zunächst ist festzuhalten, dass es keinen grundrechtlichen Anspruch bzw. ein sonstiges mit der Verfassungsbeschwerde durchsetzbares grundrechtsgleiches Recht des Bürgers auf Staatshaftung gibt[132]. Die Vorschrift des Art. 1 Abs. 3 GG findet, anders als bezüglich der Grundrechtsbindung der öffentlichen Hand im Verwaltungsprivatrecht, keine Anwendung. Weiter beruht die verfassungsrechtliche Notwendigkeit des Staatshaftungsrechts richtigerweise auf dem Rechtsstaatsgebot[133]. Die Entschädigung eines im Namen der öffentlichen Hand dem Bürger zugefügten Unrechts ist eine rechtsstaatliche, auf dem Grundsatz der Gesetzmäßigkeit der Ausübung öffentlicher Gewalt beruhende Aufgabe des Staates. Dies bedeutet jedoch im Umkehrschluss, dass immer dann, wenn das Rechtstaatsprinzip einer Organisationsprivatisierung staatlicher und somit auch kommunaler Verwaltungsaufgaben nicht entgegensteht, es auch keine rechtsstaatliche Notwendigkeit gibt, öffentlich-rechtliches Haftungsrecht anzuwenden. Schließlich spricht für die Auffassung der herrschenden Lehre auch das Argument der Rechtssicherheit. Das Kriterium der öffentlich-rechtlichen bzw. privatrechtlichen Handlungsform ist klarer definiert als das von den Gegnern dieser Auffassung verwendete Kriterium der staatlichen Aufgabe und lässt keine Unklarheiten über die Anwendung von Staatshaftungsrecht aufkommen[134].

Der Vollständigkeit halber sei angemerkt, dass auch das letztlich wegen der mangelnden Gesetzgebungskompetenz des Bundes vor dem Bundesverfassungsgericht[135] gescheiterte Staatshaftungsgesetz vom 26. Juni 1981 gemäß seinem § 17 Abs. 1 für die Haftungsfrage entscheidend auf die Rechtsform des Verwaltungshandelns abstellte[136]. Begründet wurde dies insbesondere mit dem Gebot der Rechtsklarheit und dem Interesse des betroffenen Bürgers. Dieser sollte aus der Rechtsform des Verwaltungshandelns sicher auf das geltende Haftungsrecht schließen können[137].

---

[132] So zu Recht *H. J. Papier*, Staatshaftung, in: J. Isensee / P. Kirchhof (Hrsg.), Handbuch des Staatsrechts, Bd. VI, S. 1353 (1359) Rdnr. 14; *S. Pfab*, Staatshaftung in Deutschland, S. 67 ff.; BVerfGE 2, 336 (338).

[133] *H. Maurer*, Allgemeines Verwaltungsrecht, § 25, Rdnr. 6; *H. J. Papier*, Staatshaftung, in: J. Isensee / P. Kirchhof (Hrsg.), Handbuch des Staatsrechts, Bd. VI S. 1353 (1358), Rdnr. 12.

[134] So *H. Maurer*, Allgemeines Verwaltungsrecht, § 25, Rdnr. 56.

[135] BVerfGE 61, 149.

[136] Vgl. dazu *B. Bender*, Staatshaftungsrecht, Rdnr. 839.

[137] Vgl. *R. Jacobs*, Staatshaftungsrecht, Rdnr. 91.

D. Kritik an der geltenden Rechtslage

Im Ergebnis schließt die Organisationsprivatisierung, wie sie gerade im kommunalen Konzern durch die Gründung privatrechtlich organisierter Gesellschaften vorgenommen wird, eine Anwendung des Staatshaftungsrechts aus. Dies scheint der Konstruktion des geltenden Staatshaftungsrechts als einer befreienden Schuldübernahme zu Lasten des Staates (und zugunsten des pflichtwidrig handelnden Amtsträgers) zu widersprechen, die ihren Sinn in erster Linie im Schutz des geschädigten Bürgers hat, dem in jedem Fall ein „leistungsfähiger Schuldner zur Verfügung stehen sollte“[138]. Besonders deutlich tritt dies bei der Organisationsprivatisierung hervor, wo die privatrechtlich organisierte kommunale Einrichtung, also etwa die jeweilige GmbH oder Aktiengesellschaft, entsprechend den gesellschaftsrechtlichen Vorschriften der §§ 5 Abs. 1 GmbHG bzw. 7 AktG nur mit ihrem Gesellschaftsvermögen haftet[139].

Hinzu kommt ferner, dass die Haftung der kommunalen Gebietskörperschaften in der Tradition des § 67 DGO in den Fällen, in denen sie sich zur Erfüllung ihrer Aufgaben privatrechtlicher Organisationsformen bedienen, auf einen ihrer Leistungsfähigkeit angemessenen Betrag zu begrenzen ist. Für Niedersachsen ergibt sich dies aus den Regelungen des § 109 Abs. 1 Nr. 2 und Nr. 4 NGO. Danach dürfen Städte und Gemeinden ein Unternehmen nur dann in der Rechtsform des Privatrechts gründen oder sich daran beteiligen, wenn unter anderem die Haftung auf einen bestimmten Betrag begrenzt ist und die Gebietskörperschaft sich nicht zur Übernahme von Verlusten in unbestimmter oder unangemessener Höhe verpflichtet. Entsprechende Regelungen finden sich in sämtlichen Gemeindeordnungen und Kommunalverfassungen der Länder[140]. Da es den kommunalen Gebietskörperschaften jedoch in bestimmten Bereichen ihrer Aufgabenerfüllung nach dem Gemeindewirtschaftsrecht freisteht, sich hierzu privatrechtlicher Organisationsformen zu bedienen, muss auch diese mögliche Schlechterstellung eines geschädigten Gläubigers in Kauf genommen werden, der im Bereich privatrechtlicher Rechtsbeziehungen eben keinen Rechtsanspruch auf einen „solventen Schuldner“ hat.

---

[138] Vgl. nur *H. Maurer*, Allgemeines Verwaltungsrecht, § 25, Rdnr. 5; *H. J. Papier*, Staatshaftung, in: J. Isensee / P. Kirchhof (Hrsg.), Handbuch des Staatsrechts, Bd. VI, S. 1353 (1358).

[139] Vgl. das in § 13 Abs. 2 GmbHG bzw. § 1 Abs. 1 Satz 2 AktG niedergelegte sog. Trennungsprinzip.

[140] Vgl. dazu die anderen landesrechtlichen Regelungen in Fußnote 88.

E. Zusammenfassung und Ausblick auf den weiteren Verlauf der Arbeit

Das Staatshaftungsrecht ist für die von kommunalen Eigengesellschaften verursachten Schäden der Gläubiger, die im Falle einer Insolvenz der Gesellschaft in einem Ausfall der Forderungen bestehen können, nicht anwendbar. Im Hinblick auf den weiteren Verlauf der Arbeit ist bei der Wahrnehmung von Verwaltungsaufgaben durch kommunale Eigengesellschaften darauf hinzuweisen, dass diese Einrichtungen häufig monopolartigen Charakter haben, der Bürger bzw. Gläubiger also vielfach nicht auf einen „solventer" erscheinenden Vertragspartner ausweichen kann. Daher sind an die Qualität der Kontrolle der Aufgabenerfüllung solcher privatrechtlich organisierter kommunaler Unternehmen durch die in ihre Aufsichtsgremien entsandten Vertreter besonders hohe Anforderungen zu stellen.

Unproblematisch gestaltet sich dies bei einer kommunalen Eigengesellschaft in der Rechtsform einer GmbH. Hier ermöglicht § 45 GmbHG jederzeit durch entsprechende Ausgestaltung des Gesellschaftsvertrages eine i.S. des § 111 Abs. 1 NGO[141] ausreichende Durchsetzung des kommunalen Weisungsrechts auf ihre in die Gesellschafterversammlung entsandten Vertreter[142]. Bei Existenz einer kommunalen Eigengesellschaft in der Form einer Aktiengesellschaft ist die Kontrolle der Aufgabenerfüllung erheblich schwieriger, da der vom Aufsichtsrat bestellte Vorstand (vgl. §§ 84, 111 AktG) die Gesellschaft gemäß § 76 Abs. 1 AktG unter eigener Verantwortung leitet, sich also ein Recht zu weisungsfreier Geschäftsführung ergibt[143]. Auch der von der Hauptversammlung zu bestellende Aufsichtsrat, dessen Vertreter bei der kommunalen Eigengesellschaft nach den Grundsätzen des § 111 NGO berufen werden, ist nicht an Weisungen der Gebietskörperschaft gebunden, da er gemäß § 111 Abs. 3 AktG grundsätzlich allein dem Wohl der Gesellschaft verpflichtet ist[144]. Dieses sich aus der Rechtsform der Aktiengesellschaft ergebende Einflußnahmedefizit wird von der herrschenden Meinung[145] mit dem Hinweis auf den Vorrang des Gesellschaftsrechts und die regelmäßige Identität der Ziele der Gesellschaftsführung mit den zu verfolgenden öffentlichen Zwecken hingenommen.

---

[141] Vgl. dazu nur § 104 Abs. 1 GO BW; Art. 93 BayGO; § 104 KV Brandenburg; § 125 GO Hess; *H. Häuselmann*, VBlBW 1983, S. 230 (234 f.).

[142] *A. Gern*, Kommunalrecht Baden-Württemberg, Rdnr. 408.

[143] Vgl. zum folgenden *A. Gern*, Kommunalrecht Baden-Württemberg, aaO; *U. Cronauge*, Kommunale Unternehmen, Rdnr. 314 f.

[144] Zu den anderen kommunalrechtlichen Vorschriften vgl. nur Fußnote 141.

[145] Vgl. nur *G. Püttner*, DVBl. 1986, S. 748 (751); *H. P. Schwintowski*, NJW 1990, S. 1009 (1015).

Selbst wenn der herrschenden Meinung nicht gefolgt wird, könnte durch einen später noch darzustellenden Rückgriff auf konzernrechtliche Regelungen eine umfassende Einflussnahme der kommunalen Gebietskörperschaften auf ihre in Form einer Aktiengesellschaft oder GmbH organisierte Eigengesellschaft ermöglicht werden[146]. Danach könnten Städte und Gemeinde entweder als „herrschende Unternehmen" i.S. der §§ 15, 17, 291 AktG angesehen werden[147] oder die Gebietskörperschaften wären zur Gründung einer Holding-Gesellschaft in Form einer GmbH zu verpflichten. Mit Hilfe eines Beherrschungsvertrages könnten sie dann das volle Einwirkungsrecht der Obergesellschaft auf ihre Töchter bzw. deren Organe sichern[148]. Verletzt nun das Unternehmen seine öffentlich-rechtlichen Obliegenheiten, besteht für den hierdurch geschädigten Bürger ein Anspruch gegenüber der Trägerkörperschaft, durch ihre Vertreter in den Unternehmen in Erfüllung einer öffentlich-rechtlichen Einwirkungspflicht darauf hinzuwirken, dass solche Pflichtverletzungen nicht eintreten[149]. In dem Unterlassen einer solchen Einwirkung der kommunalen Gebietskörperschaft könnte eine Verletzung einer gerade auch gegenüber den betroffenen Bürgern bestehenden Amtspflicht zu sehen sein. In solchen Fällen würde gegebenenfalls ein im Staatshaftungsrecht wurzelnder Schadensersatzanspruch gegenüber der einwirkungsverpflichteten Gebietskörperschaft entstehen. Daneben könnte in weiteren noch zu besprechenden Ausnahmefällen ein Durchgriff auf die Städte und Gemeinde nach den allgemeinen gesellschaftsrechtlichen Durchgriffsregelungen bestehen[150].

---

[146] So *A. Gern*, Kommunalrecht Baden-Württemberg, S. 403.

[147] Vgl. hierzu *T. Koch*, DVBl. 1994, S. 667 (668 f.); *E. T. Kraft*, Eigengesellschaften, in: G. Püttner (Hrsg.), HkWP, Bd. 5, S. 168 (182).

[148] *E. T. Kraft*, Eigengesellschaften, in: G. Püttner (Hrsg.), HkWP, Bd. 5, S. 168 (175).

[149] Vgl. *A. Gern*, Kommunalrecht Baden-Württemberg, Rdnr. 409 und OVG Münster, NVwZ 1986, S. 1045 (1046).

[150] Vgl. dazu den Fünften Teil ab Seite 235 ff.

Dritter Teil: Die Insolvenzfähigkeit kommunaler Eigengesellschaften

Die Untersuchung einer Einstandspflicht der kommunalen Gebietskörperschaften für ihre Eigengesellschaften steht in engem Zusammenhang mit der Frage, ob über das Vermögen dieser juristischen Personen überhaupt ein Insolvenzverfahren zulässig ist. Aufgrund der Bedeutung dieser Frage soll der Insolvenzfähigkeit kommunaler Eigengesellschaften ein eigener, vorangestellter Abschnitt gewidmet werden. Da es sich hierbei auch um eine Vorfrage anderer Sachfragen handelt, soll sie zudem vorweg behandelt werden, um den Argumentationsaufwand an anderer Stelle zu entlasten. Nicht auszuschließen ist, dass die Insolvenzfähigkeit kommunaler Eigengesellschaften aufgrund der alleinigen Gesellschafterstellung der kommunalen Gebietskörperschaften ausgeschlossen sein könnte. Zur Klärung dieser Frage ist die Insolvenzfähigkeit der öffentlichen Hand, also von Bund, Länder und Gemeinden sowie Körperschaften des öffentlichen Rechts in den Blick zu nehmen.

A. Die Insolvenzfähigkeit des Staates

Der Staat, das heißt der Bund und die Länder, wird überwiegend als nicht insolvenzfähig angesehen[151]. Dies schließt allerdings – wie aus der Geschichte nachweisbar – einen „Staatsbankrott" nicht aus[152]. Es entspricht jedoch allgemeiner Ansicht, dass im Hinblick auf die Funktionsfähigkeit von Bund und Ländern das Insolvenzrecht für den Staatsbankrott weder gedacht noch geeignet ist[153]. Mit den Worten des Bundesverfassungsgerichts kann es bei der Abwicklung eines Staatsbankrotts nicht um die Abrechnung mit der Vergangenheit gehen, sondern muss eine Grundlage für die Zukunft geschaffen werden[154]. Hier gilt also das Sanierungsprinzip, für das die Insolvenzordnung keine geeigneten Regelungen bereit-

---

[151] Vgl. BVerfGE 15, 126 (135); *F. Baur / R. Stürner*, Zwangsvollstreckungs-, Konkurs- und Vergleichsrecht, Band 2, S. 72 (Rdnr. 6.38); *W. Blomeyer / K. Otto*, BetrAVG, Kommentar, § 17, Rdnr. 148; *D. Ehlers*, Verwaltung in Privatrechtsform, S. 316 mwN; *A. Herdt*, BB 1977, S. 1357 (1358); *O. Jauernig*, Zwangsvollstreckungs- und Insolvenzrecht, S. 184; *J. Lehmann*, Die Konkursfähigkeit juristischer Personen des öffentlichen Rechts, S. 86.

[152] Siehe *H. Kratzmann*, JZ 1982, S. 319 ff.; Einzelheiten bei *J. Lehmann*, Die Konkursfähigkeit juristischer Personen des öffentlichen Rechts, S. 61 ff.; zum Staatsbankrott lesenswert BVerfGE 15, 126 (135 f., 140 f.); 45, 83 (100 f.); 53, 164 (176 f.).

[153] So BVerfGE 15, 126 (135); *D. Eickmann / A. Flessner / F. Irschlinger u.a.*, Insolvenzordnung, § 12, Rdnr. 2; *T. Kuhl / K. Wagner*, ZIP 1995, S. 433 (434).

[154] Vgl. BVerfGE 15, 126 (136, 141); 19, 150 (159,163); 41, 126 (151).

hält[155]. Als weitere Gründe der Insolvenzunfähigkeit des Staates werden überdies der Mangel an übergeordneter Zwangsgewalt sowie geeigneter Verfahrensvorschriften genannt[156]. Umstritten ist ein weiteres Argument, welches hier nicht weiter verfolgt werden kann. Danach verbiete bereits der öffentlich-rechtliche Aufgabenbereich die Insolvenzfähigkeit des Staates[157]. Diese bisherige allgemeine Auffassung findet seit der Einführung der Insolvenzordnung zum 1.01.1999 auch eine gesetzliche Grundlage[158]. Nach § 12 Abs. 1 Nr. 1 InsO ist ein Insolvenzverfahren über das Vermögen des Bundes oder eines Landes unzulässig.

B. Die Insolvenzfähigkeit der Städte, Gemeinden und Gemeindeverbände

Nach der alten Konkursordnung blieb es gemäß Art. IV EGÄndGKO[159] i.V.m. § 15 Nr. 3 EGZPO i.d.F. vom 17.05.1898[160] dem Landesrecht vorbehalten, die Zulässigkeit des Konkurses zu beschränken oder auszuschließen. Aufgrund dieses Vorbehalts ist der Konkurs für die Gemeinden und Gemeindeverbände ausgeschlossen worden[161].

Mit Inkrafttreten der Insolvenzordnung legt § 11 InsO nunmehr fest, dass ein Insolvenzverfahren über das Vermögen jeder natürlichen oder juristischen Person eröffnet werden kann. Eine Ausnahme ist jedoch in § 12 Abs. 1 InsO geregelt, wonach die Insolvenzfähigkeit derjenigen juristischen Personen des öffentlichen Rechts ausgeschlossen ist, die der Landesaufsicht unterstehen und für die das Landesrecht eine entsprechende Regelung trifft. § 12 Abs. 1 Nr. 2 InsO übernimmt damit inhaltlich Art. IV EGÄndGKO i.V.m. § 15 Nr. 3 EGZPO[162]. Die Landesge-

---

155 BVerfGE 15, aaO; 41 aaO.

156 *J. Kilger / K. Schmidt*, KO, § 213, Anm. 1.

157 So *J. Kilger / K. Schmidt*, aaO; *D. Ehlers*, Verwaltung in Privatrechtsform, S. 316; a.A. *H. Hess*, Kommentar zur KO, § 213, Rdnr. 5.

158 Vgl. dazu *H. Hess*, Kommentar zur InsO, Bd. 1, § 12, Rdnr. 1.

159 Einführungsgesetz zu dem Gesetz betreffend Änderungen der Konkursordnung vom 17.05.1898 (RGBl. I S. 248).

160 Vgl. dazu *W. Miedtank*, Die Zwangsvollstreckung gegen Bund, Länder und Gemeinden und andere Personen des öffentlichen Rechts, S. 22 ff.; *O. Jauernig*, Zwangsvollstreckungs- und Insolvenzrecht, aaO.

161 *U. Gundlach*, DÖV 1999, S. 815 (816 f.).

162 Näher dazu *U. Grundlach*, DÖV 1999, S. 815 (822 f.); *B. Kübler / H. Prütting* (Hrsg.), Kommentar zu InsO, § 12, Rdnr. 1 f.

setzgeber haben durchweg von der Möglichkeit, die Zulässigkeit des Insolvenzverfahrens für juristische Personen auszuschließen, Gebrauch gemacht[163]. So enthalten sämtliche Gemeindeordnungen bzw. Kommunalverfassungen der Länder einen dem § 116 Abs. 2 DGO entsprechenden Ausschluss des Insolvenzverfahrens über das Vermögen einer Gemeinde[164]. Dasselbe gilt für die Gemeindeverbände[165], entweder kraft ausdrücklicher Regelung in den Landkreisordnungen oder in entsprechender Anwendung der Bestimmungen über die Gemeinden[166].

C. Die Insolvenzfähigkeit der Körperschaften, Anstalten und Stiftungen des öffentlichen Rechts

Für die Körperschaften, Anstalten und Stiftungen des öffentlichen Rechts war früher § 213 KO Ausgangspunkt der Überlegungen. Danach fanden die Vorschriften der §§ 207, 208 KO, die Bestimmungen für das Konkursverfahren in bezug auf Aktiengesellschaften enthielten, auf das Konkursverfahren über das Vermögen einer juristischen Person entsprechende Anwendung[167]. Seit Einführung der Insolvenzordnung sind gemäß § 11 Abs. 1 Satz 1 InsO sämtliche juristische Personen grundsätzlich insolvenzfähig[168]. Eine Unterscheidung nach privat- und öffentlichrechtlicher Organisation und nach privater oder öffentlicher Trägerschaft findet nicht statt[169]. Dieser Grundsatz wird in weiteren Gesetzesvorschriften bestätigt. So spricht § 89 Abs. 2 BGB von der grundsätzlichen Zulässigkeit eines Insolvenzverfahrens der Körperschaften, Stiftungen und Anstalten des öffentlichen Rechts[170].

---

[163] Vgl. dazu *L. Häsemeyer*, Insolvenzrecht, Rdnr. 30.04; *B. Kübler / H. Prütting* (Hrsg.), Kommentar zur InsO, § 12, Rdnr. 4.

[164] Art. 77 Abs. 3 BayGO; § 129 Abs. 2 KV Brandenburg; § 146 Abs. 2 GO Hess; §§ 62 Abs. 2, 120 Abs. 1 GO MeckVorp.; § 136 Abs. 2 NGO; § 125 Abs. 2 GO NW; §§ 138 Abs. 2, 192, 217 KSVG Saarl.; § 122 Abs. 4 Sächs.GO; § 131 Abs. 2 GO Schl-H.; §§ 69 Abs. 3, 114 ThürKO; für Sachsen-Anhalt vgl. § 1 Gesetz über die Gesamtvollstreckungsunfähigkeit juristischer Personen des öffentlichen Rechts.

[165] *W. Blomeyer / K. Otto*, BetrAVG, Kommentar, § 17, Rdnr. 149.

[166] Vgl. die einzelnen Nachweise bei *D. Eickmann / A. Flessner / F. Irschlinger u.a.*, Insolvenzordnung, § 12, Rdnr. 3.

[167] Einzelheiten bei *H. Hess*, Kommentar zur KO, § 213, Rdnr. 9; *T. Kuhl / K. Wagner*, ZIP 1995, S. 433 (434).

[168] Vgl. hierzu BVerwG, ZIP 1987, S. 381 (382) *und F. Baur / R. Stürner*, Zwangsvollstreckungs-, Konkurs- und Vergleichsrecht, Bd. 2, S. 72 (Rdnr. 6.38); *O. Jauernig*, Zwangsvollstreckungs- und Insolvenzrecht, aaO.

[169] *H. Hess*, Kommentar zur KO, § 213, Rdnr. 4.

[170] Nur der Fiskus ist ausgenommen, wie der Vergleich mit Abs. 1 der Vorschrift zeigt.

Auch die Regelungen über den Umfang der Zwangsvollstreckung in § 882a Abs. 3 ZPO, und über die Beitragspflichten zur Insolvenzsicherung der betrieblichen Altersversorgung in § 17 Abs. 2 BetrAVG und zur Konkursausfallgeldversicherung in § 186c Abs. 2 Satz 2 AFG[171] gehen von ihrer grundsätzlichen Insolvenzfähigkeit aus. Von diesem Grundsatz sind allerdings Ausnahmen zu verzeichnen. So ist die Insolvenzfähigkeit für zahlreiche Körperschaften, Anstalten und Stiftungen des öffentlichen Rechts durch Gesetz ausgeschlossen[172].

D. Die Insolvenzfähigkeit der kommunalen Eigengesellschaften

Zusammenfassend ergibt sich aus den bisherigen Ausführungen, dass die Insolvenzfähigkeit der juristischen Personen des öffentlichen Rechts nur durch Gesetzes- oder Verfassungsrecht ausgeschlossen werden kann. In der Insolvenzordnung ist dies für Bund und Länder geregelt worden[173]. Hinsichtlich der Frage der Insolvenzfähigkeit privatrechtlich organisierter kommunalen Eigengesellschaften muss daraus geschlossen werden, dass auch hier die Gesellschafterstellung der kommunalen Gebietskörperschaften allein keinesfalls von der Insolvenzfähigkeit befreien kann.

Der privatrechtlicher Charakter kommunaler Eigengesellschaften ändert sich durch die Eigentumsverhältnisse nicht[174]. Daraus ergibt sich auch ihre Insolvenzfähigkeit, denn die kommunalen Anteilseigner sind zumindest rechtlich nicht verpflichtet, die Zahlungsfähigkeit unter allen Umständen zu gewährleisten[175]. Allenfalls aus Gesetz oder Verfassungsrecht könnte also eine Insolvenzunfähigkeit der kommunalen Eigengesellschaften herrühren. Entsprechende Vorschriften bestehen

---

[171] Einzelheiten dazu bei *K.-H. Everhardt / H. Gaul*, BB 1976, S. 467 ff.

[172] Vgl. etwa für Hamburg das Gesetz über die Konkursunfähigkeit juristischer Personen des öffentlichen Rechts vom 25.4.1988 (GVBl. I, S. 49); siehe auch *A. Herdt*, BB 1977, S. 1357 (1359). Es entspricht der Rechtsprechung des BVerfG, dass der einfache Gesetzgeber auch für andere juristische Personen des öffentlichen Rechts die Konkursfähigkeit ausschließen kann; siehe dazu: BVerfGE 60, 135 ff. (Bayern); 65, 359 ff. (Hessen); beide Entscheidungen widmen sich dabei vor allem der Frage, ob § 15 Nr. 3 EGZPO und Art. IV des Einführungsgesetzes zum Konkursrechtsänderungsgesetz 1898 den Ländern die Kompetenz zur entsprechenden Regelung für juristische Personen des Länderrechts belassen haben.

[173] Vgl. auch *K.-H. Everhardt / H. Gaul*, BB 1976, S. 467.

[174] *R. Höfer / O. Abt*, BetrAVG, § 17, Rdnr. 107; *R. Loeser*, in: Wieczorek / Schütze, ZPO, § 882a, Rdnr. 12.

[175] *W. Blomeyer / K. Otto*, BetrAVG, Kommentar, § 17, Rdnr. 151; *A. Herdt*, BB 1977, S. 1357 (1360).

jedoch nicht. Somit sind die kommunalen Eigengesellschaften insolvenzfähig[176]. Über das Vermögen der Eigengesellschaft – ob GmbH oder Aktiengesellschaft – kann gemäß § 11 Abs. 1 InsO wie bei jeder anderen publizistischen Privatrechtsvereinigung ein Insolvenzverfahren eröffnet werden.

[176] Vgl. *W. Blomeyer / K. Otto*, BetrAVG, Kommentar, § 17, aaO; *D. Eickmann / A. Flessner / F. Irschlinger u.a.*, Insolvenzordnung, § 12, Rdnr. 7. Davon geht auch OVG Bremen, BB 1989, S. 370, für eine Hafenbetriebs-AG aus; siehe auch *T. Kuhl / K. Wagner*, ZIP 1995, S. 433 (434).

Vierter Teil: Die Einstandspflicht der kommunalen Gebietskörperschaften gegenüber ihren Eigengesellschaften

Bei der Untersuchung einer rechtlichen Einstandspflicht der kommunalen Gebietskörperschaften hinsichtlich ihrer Eigengesellschaften sind gedanklich die Fälle, in welchen die Gebietskörperschaft – abgesehen von der Leistung der Stammeinlage nach § 5 Abs. 1 GmbHG bzw. des Mindestnennbetrag des Grundkapitals nach § 7 AktG – gegenüber ihrer Eigengesellschaft zahlungsverpflichtet ist, von den Fällen zu trennen, in denen ein direkter Zugriff der Gläubiger kommunaler Gesellschaften auf die Gebietskörperschaft möglich ist.

Dieser Strukturierung folgend sind zunächst Fragen der Haftungsverfassung im kommunalen Konzern, die ausschließlich das Verhältnis der kommunalen Gebietskörperschaften zu ihren Eigengesellschaften betreffen, zu besprechen. In einem sich anschließenden Teil ist mit der Haftung der kommunalen Gebietskörperschaften gegenüber den Gläubigern kommunaler Gesellschaften auf den zweiten wichtigen Bereich dieser Untersuchung einzugehen. Dort ist der Blick auf die Durchsetzbarkeit von Ansprüchen der Gläubiger auf die „hinter" einer Eigengesellschaft stehende Trägerkommune zu fokussieren[177]. Hier wird zu überprüfen sein, ob sich kommunale Gebietskörperschaften durch ein „privatrechtliches Gewand" jeglicher Haftung entziehen können oder ob ein sogenannter Haftungsdurchgriff auf die Trägerkörperschaft anzunehmen ist.

Zum leichteren Verständnis der haftungsrechtlichen Problematik im kommunalen Konzern ist erneut auf das bereits angesprochene Trennungsprinzip[178] der §§ 13 Abs. 2 GmbHG und 1 Abs. 1 Satz 2 AktG hinzuweisen. Ausgangspunkt der Überlegungen ist die im Falle einer Insolvenz der Eigengesellschaft bestehende grundsätzliche Haftungsbeschränkung der kommunalen Gebietskörperschaft auf das Stammkapital der Gesellschaft, sprich auf die von ihr geleistete Einlage in Höhe von 25.000 € (§ 5 Abs. 1 GmbHG) bzw. 50.000 € (§ 7 AktG). Auch die Gläubiger einer Eigengesellschaft in Form der Einmann-GmbH können sich grundsätzlich nur an das Gesellschaftsvermögen und nicht an den alleinigen Gesellschafter halten. Die GmbH bleibt, auch wenn sich alle Gesellschaftsanteile durch Abtretung in einer Hand vereinen juristische Person und nicht ist mit ihrem alleinigen Gesellschafter identisch[179].

---

[177] Vgl. hierzu den Fünften Teil ab Seite 235 ff.

[178] Das Trennungsprinzip wurde bereits auf Seite 50 angesprochen.

[179] Vgl. BGHZ 22, 226 (229); weitere Nachweise bei *H.-J. Mertens*, in: M. Hachenburg, Kommentar zum GmbHG, Anh § 13 Anh, Rdnr. 2.

Diese haftungsmäßige Trennung von Gemeindevermögen und Vermögen ihrer Gesellschaften kann gerade im Falle der Insolvenz einer Eigengesellschaft zu einem problematischen Spannungsverhältnis führen. Einerseits ermöglicht die verfassungsrechtlich durch Art. 28 Abs. 2 GG abgesicherte Selbstverwaltungsgarantie den kommunalen Gebietskörperschaften, Angelegenheiten der örtlichen Gemeinschaft aufzugreifen und zu der Befriedigung des öffentlichen Bedarfs auch wirtschaftlich mit der Möglichkeit der Gewinnerzielung tätig zu werden. Das Bundesverfassungsgericht[180] hat hierzu in einem obiter dictum aber einschränkend klargestellt, dass den Gemeinden rein erwerbswirtschaftlich-fiskalische Tätigkeiten untersagt sind. Ein kommunales Unternehmen müsse nach Ansicht des Bundesverfassungsgerichts unmittelbar durch seine Leistung, nicht nur mittelbar durch seine Erträge dem Wohl der Gemeindeeinwohner dienen.

Im geltenden Wirtschaftsrecht der Gemeindeordnungen und Kommunalverfassungen der Länder spiegelt sich die rechtliche Umsetzung dieser Vorgaben für die wirtschaftliche Betätigung der Gemeinden und Gemeindeverbände wieder. Andererseits muss jedoch auch die Funktionsfähigkeit der kommunalen Gebietskörperschaften auf Dauer gesichert werden. Deshalb halten die Gesetzesformulierungen der einzelnen Gemeindeordnungen und Kommunalverfassungen Städte und Gemeinden dazu an, sich nur an solchen privatrechtlichen Vereinigungen zu beteiligen, bei denen die Einzahlungsverpflichtung begrenzt ist. Hier gilt es die bereits aufgeworfene Frage zu beantworten, ob die kommunalrechtlich erforderliche Haftungsbegrenzung für die Gebietskörperschaften überhaupt erreichbar ist.

In den folgenden Abschnitten ist der Strukturierung der Untersuchung folgend der Frage nach einer rechtlichen Einstandspflicht der kommunalen Gebietskörperschaften für ihre Unternehmen nachzugehen. Zunächst ist in einem einleitenden Abschnitt eine Insolvenzabwendungspflicht der kommunalen Gebietskörperschaften hinsichtlich ihrer Eigengesellschaften zu überprüfen. In der sich anschließenden Untersuchung sind die Grundsätze der eigenkapitalersetzenden Gesellschafterleistungen und ihre Anwendbarkeit auf die öffentliche Hand darzustellen. Es folgt ein abschließender Abschnitt, der sich intensiv mit der Haftung der kommunalen Gebietskörperschaften nach konzernrechtlichen Bestimmungen und deren Geltung im Bereich ihrer wirtschaftlichen Betätigung auseinandersetzt. Ein besonderes Augenmerk ist hier auf das Spannungsverhältnis zwischen Gemeindewirtschaftsrecht und zivilrechtlichem Gesellschaftsrecht bzw. Konzernrecht zu richten. Gerade die klassische Zweiteilung der Rechtsordnung in Privatrecht und öffentliches Recht erschwert hier die Rechtsfindung, da die wirtschaftliche Betätigung der kommunalen Gebietskörperschaften sowohl eine gesellschaftsrechtliche

[180] BVerfG, NJW 1982, S. 2173 (2175).

als auch eine verwaltungsrechtliche Komponente aufweist. Aktuellen Bezug erhalten diese Ausführungen durch den eingangs skizzierten Fall der niedersächsischen Gemeinde Salzhemmendorf. Außerdem kann dort auf die neueste Rechtsprechung des Bundesgerichtshofs zum qualifizierten faktischen Konzern eingegangen werden. Diese gesellschaftsrechtliche Problematik ist von größer Brisanz in der zivilistischen Praxis. Sie gilt es auf den kommunalen Konzern zu projizieren.

Erster Abschnitt: Die Insolvenzabwendungspflicht von Städten und Gemeinden nach öffentlichem Recht

Der Herleitung einer Insolvenzabwendungspflicht für die Eigengesellschaften der kommunalen Gebietskörperschaften aus öffentlichem Recht muss die Feststellung vorausgeschickt werden, dass es eine allgemeine finanzielle Instandhaltungs- bzw. Finanzierungsverpflichtung[181] der öffentlichen Hand für ihre Privatrechtsvereinigungen schon deshalb nicht geben kann, weil selbst juristische Personen des öffentlichen Rechts im Hinblick auf § 11 InsO prinzipiell insolvenzfähig sind[182]. Angedacht wurde eine Instandhaltungspflicht als Unterfall der sogenannten Anstaltspflicht im sparkassenrechtlichen Schrifttum[183]. Unabhängig von der äußerst umstrittenen Frage, ob eine solche Rechtspflicht überhaupt anzunehmen ist[184], kann der Gedanke der Anstaltspflicht jedenfalls nicht sinngemäß auf die Rechtsbeziehungen der kommunalen Gebietskörperschaften zu ihren Eigengesellschaften übertragen werden[185]. Im Hinblick darauf, dass Anstalts- und Gewährträgerhaftung gegen gemeinschaftsrechtliche Beihilfevorschriften verstoßen und daher abzuschaffen sind, ist dieser Begründungsansatz zudem obsolet.

Im rechtswissenschaftlichen Schrifttum wurde immer wieder in Zweifel gezogen, ob die haftungsbeschränkende Wirkung der Errichtung von Eigengesellschaften der öffentlichen Hand und insbesondere den kommunalen Gebietskörperschaften überhaupt zugute kommen kann. Ein dogmatischer Ansatzpunkt zur Begründung dieser Auffassung ist die Verpflichtung des kommunalen Gesellschafters zur Abwendung einer Insolvenz der Eigengesellschaft. In der Literatur wird dies unter dem Stichwort einer Insolvenzabwendungspflicht der kommunalen Gesellschafter äußerst kontrovers diskutiert. Gemeint ist mit einer solchen Insolvenzabwendungspflicht die Verpflichtung des kommunalen Trägers der Eigengesellschaft, immer für eine ausreichende Kapitaldeckung und folglich auch für eine ausreichende finanzielle Ausstattung der Eigengesellschaft zu sorgen. Damit sind alle

---

[181] Im sparkassenrechtlichen Schrifttum bildet die Instandhaltungspflicht zusammen mit der Bilanzausgleichspflicht Unterfälle der sog. Anstaltslast. Hierunter wird die Verpflichtung des Trägers einer Sparkasse verstanden, diese während ihres Bestehens zur Erfüllung ihrer Aufgaben instand zu halten und eine etwaige Unterbilanz auszugleichen. Eingehend dazu *J. Oebbecke*, Rechtsfragen der Eigenkapitalausstattung der kommunalen Sparkassen, S. 23 ff. mwN.

[182] Siehe oben Seite 58.

[183] Vgl. die Nachweise in Fußnote 181.

[184] Im Ergebnis lehnt *J. Oebbecke* jedoch das Bestehen einer Anstaltspflicht als Rechtspflicht ab; vgl. *ders.*, DVBl. 1981, S. 960 ff.; *W. Hoppe*, DVBl. 1982, S. 45 (49); auch *T. Darsow / S. Geuter / K.-M. Glaser / H. Meyer*, Kommunalverfassung Mecklenburg-Vorpommern, § 69, Rdnr. 11 verneinen eine Finanzierungspflicht.

[185] Vgl. im Ergebnis auch *D. Ehlers*, Verwaltung in Privatrechtsform, S. 321 f.

Fälle angesprochen, die über die Leistung der Stammeinlage hinaus eine Zahlungsverpflichtung begründen. An dieser Stelle ist der Frage nachzugehen, ob die kommunalen Träger nicht aufgrund öffentlich-rechtlicher Normen, Institute oder Prinzipien verpflichtet sind, bereits die Voraussetzungen, die zu einer Einleitung eines Insolvenzverfahrens über das Vermögen ihrer Gesellschaften führen, abzuwenden.

Nicht zu verwechseln ist die angesprochene Insolvenzabwendungspflicht mit der den kommunalen Gebietskörperschaften obliegenden sogenannten Ingerenzpflicht[186], das heißt mit der Rechtspflicht, einen, wie die einschlägigen Gemeindeordnungen und Kommunalverfassungen formulieren[187], „angemessenen Einfluss" auf ihre Unternehmen auszuüben. Diese Ingerenzpflicht besteht, weil mit öffentlichen Einrichtungen stets öffentliche Zwecke verfolgt werden, deren Erfüllung sicherzustellen ist[188]. Kurz gesprochen ist unter der Ingerenzpflicht die Pflicht des jeweiligen Muttergemeinwesens zu verstehen, sich gegenüber seinen „Tochtergesellschaften" im Rahmen privatrechtlicher Möglichkeiten Einwirkungs- und Kontrollrechte zu sichern, um so zu gewährleisten, dass die ausgelagerten Organisationen die ihnen zukommenden Aufgaben im Sinne des Mutterwesens erfüllen[189].

Rechtlich hat die Untersuchung einer Insolvenzabwendungspflicht zwar einen anderen Ansatzpunkt als die bereits festgestellte Insolvenzfähigkeit der kommunalen Eigengesellschaft, da das Bestehen einer solchen Rechtspflicht die Insolvenzfähigkeit der Eigengesellschaft logisch voraussetzt. Sie kommt jedoch im Ergebnis einer Insolvenzunfähigkeit der Eigengesellschaft gleich, wenn sie die Durchführung eines Insolvenzverfahrens über das Vermögen der Gesellschaft rechtlich verhindern würde.

---

[186] Siehe *K. Waechter*, Kommunalrecht, Rdnr. 551 ff.

[187] § 103 Abs. 1 Nr. 3 GO BW; § 102 Nr. 2 KV Brandenburg; § 122 Abs. 1 Nr. 3 GO Hess; § 69 Abs. 1 Nr. 3 GO MeckVorp.; § 109 Abs. 1 Nr. 6 NGO; § 108 Abs. 1 Nr. 6 GO NW; § 109 Abs. 1 Nr. 3 KSVG Saarl.; § 96 Abs. 1 Nr. 2 Sächs. GO; § 117 Abs. 1 Nr. 3 GO LSA; § 102 Abs. 1 Nr. 3 GO Schl-H. An einfachgesetzlichen gemeinderechtlichen Regelungen fehlt es in Bayern, Rheinland-Pfalz und Thüringen.

[188] Zu den verschiedenen Möglichkeiten der Einflussnahme vgl. *H.-P. Schwintowski*, NJW 1995, S. 1316 ff.

[189] *H. Dreier*, Hierarchische Verwaltung im demokratischen Staat, S. 258 f.; *K. Waechter*, Kommunalrecht, Rdnr. 538.

A. Argumente für eine Insolvenzabwendungspflicht

In der rechtswissenschaftlichen Literatur werden verschiedene Ansätze für die Herleitung einer Insolvenzabwendungspflicht diskutiert. Im Rahmen dieser Arbeit soll Argumenten nachgegangen werden, die sich zur Begründung einer Insolvenzabwendungspflicht der kommunalen Gesellschafter auf rechts- und sozialstaatliche Prinzipien sowie auf allgemeine Grundsätze des Gemeindewirtschaftsrechts berufen.

I. Herleitung einer Insolvenzabwendungspflicht aus dem Rechts- und Sozialstaatsprinzip

W. Alfuß hat sich bereits Mitte der siebziger Jahre mit der staatlichen Haftungsbeschränkung bei der Inanspruchnahme privatrechtlicher Organisationsformen beschäftigt[190]. Eingehend hat er das Bestehen einer Insolvenzabwendungspflicht der öffentlichen Hand aus den verfassungsrechtlichen Prinzipien des Rechts- und Sozialstaates untersucht. Für ihn basiert die Bereitschaft des einzelnen Bürgers, insbesondere mit der kommunalen Eigengesellschaft Rechtsbeziehungen anzuknüpfen, weitgehend darauf, dass das damit verbundene Risiko einer Fehldisposition als sehr gering erachtet werde[191]. Dieses schutzwürdige Vertrauen begründe sich durch die als sicher vorausgesetzte Liquidität des öffentlich-rechtlichen Trägers der privatrechtlichen Organisation. Im Falle einer Krisensituation werde deshalb der kommunale Gesellschafter für eine ständige Liquidität der von ihm getragenen Organisationen sorgen[192].

Aus dem Sozial- und dem Rechtsstaatsprinzip folgert *W. Alfuß* die Verpflichtung der öffentlichen Hand zum Erhalt institutionalisierter Träger. Nach seiner Auffassung beinhalte diese Pflicht auch, die notwendigen finanziellen Mittel zur Verhinderung oder Abwendung einer auftretenden Illiquidität oder Insuffizienz der Kapitalgesellschaft bereitzustellen[193]. Die Nichtabwendung dieser Pflicht wäre damit ein Verstoß gegen Art. 20 Abs. 1 und Art. 28 Abs. 1 Satz 1 GG.

---

[190] *W. Alfuß*, Staatliche Haftungsbeschränkung durch Inanspruchnahme privatrechtlicher Organisationsformen, S. 100 - 125.

[191] *W. Alfuß*, Staatliche Haftungsbeschränkung durch Inanspruchnahme privatrechtlicher Organisationsformen, S. 113 (125).

[192] *W. Alfuß*, Staatliche Haftungsbeschränkung durch Inanspruchnahme privatrechtlicher Organisationsformen, S. 113; so auch *K. Oettle*, in: K. Oettle, Grundfragen öffentlicher Betriebe II, S. 121 (141); *ders.*, in: K. Oettle, Grundfragen öffentlicher Betriebe II, S. 9 (25).

[193] *W. Alfuß*, Staatliche Haftungsbeschränkung durch Inanspruchnahme privatrechtlicher Organisationsformen, S. 126.

Mitte der achtziger Jahre stimmte *D. Ehlers*[194] der von *W. Alfuß* vorgenommenen Herleitung einer Insolvenzabwendungspflicht aus dem Sozial- und Rechtsstaatsprinzip zu. Er betonte die Verantwortung der öffentlichen Hand und auch des kommunalen Gesellschafters für die instrumentalisierten privatrechtlichen Institutionen. Danach verpflichte das Sozialstaatsprinzip die öffentliche Hand, die negativen Folgen sozialgestaltender Aktivitäten zu tragen. Aus dem Rechtsstaatsprinzip folge zudem die Verlässlichkeit und Berechenbarkeit exekutiven Verhaltens[195]. Auch *D. Ehlers* führt den bereits von *W. Alfuß* entwickelten Ansatz eines durch die Gesellschafterstellung begründeten Vertrauenstatbestandes fort, von dem sich die öffentliche Hand nicht durch ersatzloses Wegfallenlassen des privatrechtlichen Schuldners distanzieren kann[196]. Ergänzend erwähnt er jedoch, dass die Einwirkungspflicht zusätzlich dem aus Art. 3 GG folgenden Prinzip der Lastengleichheit folge. Deshalb sei es unzulässig, die jeweiligen Gläubiger, die im Zusammenhang mit der Erfüllung von Verwaltungsaufgaben entstehenden Verluste tragen zu lassen. Diese müssten vielmehr von der Gesamtheit der Steuerpflichtigen und nicht von einigen Gläubiger der kommunalen Eigengesellschaft getragen werden[197].

D. Ehlers stellt aber im Gegensatz zu *W. Alfuß* nur die grundsätzliche haftungsrechtliche Verantwortlichkeit des kommunalen Trägers für die Eigengesellschaft als solche fest. Wie die öffentliche Hand dieser Verantwortung im Falle einer finanziellen Krise der Eigengesellschaft letztlich nachkomme – ob durch eine Abwendung der Insolvenz oder durch eine Haftungsübernahme im Anschluss an das Insolvenzverfahren[198] – sei ihr zu überlassen.

---

194 *D. Ehlers*, Verwaltung in Privatrechtsform, S. 321.

195 *D. Ehlers*, Verwaltung in Privatrechtsform, aaO.

196 Siehe *D. Ehlers*, Verwaltung in Privatrechtsform, aaO.

197 Zustimmend *N. Achterberg*, JA 1985, S. 503 (505); *W. Erbguth / F. Stollmann*, DÖV 1993, S. 798 (807); ablehnend, allerdings ohne Begründung, *J. Breuer*, Umwandlung kommunaler Eigenbetriebe und nichtwirtschaftlicher Unternehmen i.S. der Gemeindeordnung NW in Gesellschaften, S. 213 (214) Fußn. 12.

198 Für eine Haftungsübernahme sprechen sich auch *W. Erbguth / F. Stollmann*, DÖV 1993, S. 798 (807) aus.

II. Herleitung einer Insolvenzabwendungspflicht aus den Grundsätzen des Gemeindewirtschaftsrechts

Einfach-gesetzliche Konkretisierungen des angesprochenen Sozialstaatsprinzips finden sich einigen Auffassungen in der Literatur zufolge aber auch im Gemeindewirtschaftsrecht der einzelnen Länder. Der Verband kommunaler Unternehmen e.V. vertritt die Auffassung, dass sich aus den Grundsätzen des Gemeindewirtschaftsrechts eine Verlustausgleichspflicht und damit eine Insolvenzabwendungspflicht ergibt[199]. Hierfür könne beispielsweise auf §§ 109 Abs. 1 Nr. 5, 114 NGO[200] abgestellt werden. Danach müsse der öffentliche Zweck des Unternehmens erfüllt und ein Ertrag für den Haushalt der Gemeinden abgeworfen werden, soweit dieses mit der Aufgabe der Erfüllung öffentlicher Bedürfnisse in Einklang stehe[201]. Im Hinblick auf das Sozialstaatsprinzip seien diese Normen des Gemeindewirtschaftsrechts so auszulegen, dass die kommunalen Gebietskörperschaften vor allem den öffentlichen Zweck, der die Errichtung der Eigengesellschaft z.B. gemäß § 108 Abs. 1 Nr. 1 i.V.m. §107 Abs. 1 Nr. 1 GO NW[202] erst legitimiere, zu beachten und zu erfüllen haben[203]. Damit werden die gemeindlichen Wirtschaftstätigkeiten vorrangig auf die nachhaltige Sicherung der Aufgabenerfüllung verpflichtet und Ertragsgesichtspunkte in die zweite Reihe verwiesen[204].

Teilweise wird aus diesen Bestimmungen des Gemeindewirtschaftsrechts eine Ausgleichspflicht der öffentlichen Hand für den Eintritt von Verlusten hergeleitet, ohne dass sich diese auf eine mögliche Übernahme der Aufgabenerfüllung durch Dritte berufen könne[205]. Begründet wird diese Auffassung mit der Annahme, dass sich die kommunale Gebietskörperschaft der Aufgabenerfüllung regelmäßig nicht selbst hätte annehmen müssen. Will sie das Haftungsrisiko ausschließen, stünden

---

[199] Vgl. hierzu die Stellungnahme des Verbands kommunaler Unternehmen e.V. aufgrund einer Anfrage von *T. Kuhl / K. Wagner*, ZIP 1995, S. 433 (435).

[200] Vgl. *R. Thiele*, NGO, § 109, S. 368.

[201] In § 127a Hess GO oder 109 GO NW heißt es beispielsweise: "Unternehmen und Einrichtungen sind so zu führen, dass der öffentliche Zweck nachhaltig erfüllt wird. Unternehmen sollen einen Ertrag für den Haushalt der Gemeinde abwerfen, soweit dadurch die Erfüllung des öffentlichen Zwecks nicht beeinträchtigt wird." Ähnliche Regelungen finden sich in den meisten Kommunalverfassungen bzw. Gemeindeordnungen. Vgl. z.B. § 102 Abs. 2 GO BW; Art. 95 BayGO; § 107 KV Brandenburg; § 85 Abs. 2 GO RhPf; § 116 KSVG Saarl.; § 97 Abs. 3 Sächs.GO; § 107 GO Schl-H.; § 75 ThürKO.

[202] So auch § 100 Abs. 2 Nr. 1 der KV Brandenburg; § 97 Abs. 1 Nr. 1 Sächs. GO.

[203] Vgl. *E. Rehn / U. Cronauge*, GO NW, § 107, Anm. III und OLG Hamm, JZ 1998, S. 576.

[204] Vgl. *T. Kuhl / K. Wagner*, ZIP 1995, S. 433 (436); so auch *A. v. Mutius / H. Rentsch*, Kommunalverfassungsrecht Schleswig-Holstein, § 107, Rdnr. 1.

[205] So *T. Kuhl / K. Wagner*, ZIP 1995, S. 433 (437).

ihr die Möglichkeiten der Aufgabenprivatisierung zur Verfügung[206]. Das Gemeindewirtschaftsrecht hält die kommunalen Gebietskörperschaften dieser Auffassung folgend an der getroffenen Entscheidung für die eigene Aufgabenerfüllung fest.

B. Kritische Überprüfung der Argumente zur Begründung einer Insolvenzabwendungspflicht

I. Erforderlichkeit einer Insolvenzabwendungspflicht im Hinblick auf einen möglichen Haftungsdurchgriff

In rechtsdogmatischer Hinsicht würde ein später zu besprechender Haftungsdurchgriff des Gläubigers auf die jeweilige Gebietskörperschaft, das heißt eine Übernahme der Haftung durch den kommunalen Gesellschafter im Anschluss an das durchgeführte Insolvenzverfahren, aus Rechtsgründen ausreichen[207]. Hierdurch wären die Gläubiger kommunaler Eigengesellschaften ausreichend vor Forderungsausfällen geschützt. Die Einleitung eines Insolvenzverfahrens gegen die Eigengesellschaft wäre nicht erforderlich, da die Gläubiger einzeln und selbständig gegen die haftende kommunale Gebietskörperschaft vorgehen könnten.

Zudem würde eine Insolvenzabwendungspflicht der öffentlichen Hand die wirtschaftliche Dispositionsfreiheit von Städten und Gemeinden als Gesellschafter stark einschränken, so dass sich im Vergleich zur Haftungsübernahme kein zwingendes Argument für eine Insolvenzabwendungspflicht herleiten lässt. Deutlich wird dies im Falle einer finanziellen Krise der Eigengesellschaft, also bei Zahlungsunfähigkeit, drohender Zahlungsunfähigkeit oder Überschuldung nach §§ 17 ff InsO. In einer solchen Situation kann sich jeder Gesellschafter auf die Haftungsbegrenzung der §§ 13 Abs. 2 GmbHG, 1 Abs. 1 Satz 2 AktG berufen. Ihm bleibt es überlassen, die Gesellschaft in Insolvenz fallen zu lassen oder weiteres Eigenkapital zuzuführen und damit die Insolvenz abzuwenden. Mit der Annahme einer Insolvenzabwendungspflicht würde der Gebietskörperschaft aber die Möglichkeit, sich von einer unrentablen Gesellschaft durch die Einleitung eines Insolvenzverfahrens zu „trennen", genommen werden. Außerdem käme die Insolvenzabwendungspflicht der kommunalen Gesellschafter gegenüber ihren Eigengesellschaften tatsächlich der Insolvenzunfähigkeit dieser juristischen Personen gleich. Denn mit der Annahme einer Insolvenzabwendungspflicht kann die Eigengesell-

[206] *T. Kuhl / K. Wagner*, ZIP 1995, aaO.

[207] Siehe unten Seite 235 ff.

schaft letztlich nicht in Insolvenz fallen, da die kommunalen Gebietskörperschaften im Falle einer finanziellen Krise zur Abwendung des drohenden Insolvenzverfahrens verpflichtet wären.

Diese Schlussfolgerung wird jedoch durch insolvenz- und sozialrechtliche Bestimmungen konterkariert. So brauchen juristische Personen, denen gegenüber eine Insolvenzabwendungspflicht der öffentlichen Hand besteht, gemäß § 17 Abs. 2 BetrAVG[208] keine Beiträge zum Insolvenzgeld zahlen. Weiterhin müssen sie gemäß §§ 359 Nr. 2, 360 Nr. 1 SGB III keine Abführungen nach dem Betriebsrentengesetz leisten[209]. Für kommunale Eigengesellschaften in Form der GmbH oder Aktiengesellschaft werden diese gesetzlichen Abgabepflichten jedoch nicht vertreten. Daraus kann nur folgen, dass die Eigengesellschaften diesen Umlagen unterliegen[210]. Überzeugende Argumente für das Bestehen einer Insolvenzabwendungspflicht der kommunalen Gebietskörperschaften für ihre Eigengesellschaften bestehen bis zum jetzigen Zeitpunkt der Untersuchung nicht[211]..

II. Argument der Verpflichtung zum Erhalt institutionalisierter Träger von Aufgaben der Daseinsvorsorge

Näherer Betrachtung bedarf jedoch noch die von *W. Alfuß*[212] vertretene These der Verpflichtung zum Erhalt der institutionalisierten Träger von Aufgaben der sogenannten Daseinsvorsorge. Im Folgenden ist ausgehend vom Sozialstaatsprinzip zu untersuchen, ob aus dem gedanklichen Ansatz „Verpflichtung zur Aufgabenstellung" eine Insolvenzabwendungspflicht der kommunalen Gebietskörperschaften überzeugend begründet werden kann. Zur Beantwortung dieser Frage bedarf es zunächst eines Blicks auf den Inhalt des Sozialstaatsprinzips. Über die Frage des Bedeutungsgehalts des in Art. 20 Abs. 1 GG („sozialer Bundesstaat") und Art. 28 Abs. 1 GG („sozialer Rechtsstaat") verankerten Sozialstaatsprinzips findet sich bis heute keine gesicherte Antwort[213]. Spezielle Konkretisierungen finden sich ledig-

---

[208] Gesetz zur Verbesserung der betrieblichen Altersvorsorge vom 19.12.1974 (BGBl I, S. 3610) i.d.F. des Art. 7 AVmG vom 11.05.2001.

[209] § 17 Abs. 2 BetrAVG, §§ 359 Abs. 2, 369 Abs. 1 SGB III.

[210] Vgl. im Ergebnis auch *U. Gundlach*, LKV 2000, S. 58 (59).

[211] Zutreffend insoweit auch *T. Kuhl / K. Wagner*, ZIP 1995, S. 433 (435) und *U. Gundlach*, LKV 2000, aaO.

[212] Vgl. Fußnote 190.

[213] Vgl. *R. Gröscher*, in: Dreier (Hrsg.), Grundgesetz-Kommentar, Bd. 2, Art. 20, Rdnr. 9; *K. Hesse*, Verfassungsrecht, Rdnr. 208 mwN; *R. Herzog*, in: Maunz / Dürig, GG, Art. 20 VIII, Rdnr. 1.

lich in Art. 33 Abs. 5 GG[214] und Art. 6 Abs. 4[215] und Abs. 5[216] GG. Klarheit besteht aber darüber, dass das Sozialstaatsprinzip mehr als ein bloßer Programmsatz ohne rechtliche Verbindlichkeit[217], sondern eine echte, unmittelbar geltende Staatsleitlinie ist[218]. Insofern ändert der Umstand, dass das Sozialstaatsprinzip in Art. 20 Abs. 1 und Art. 28 Abs. 1 GG nur als Adjektiv erscheint nichts an seiner grundlegenden Bedeutung[219]. Andererseits wird seine Tragweite überzogen, wenn es als grundgesetzlicher Imperativ zur Verwirklichung aller möglichen sozial- und gesellschaftspolitischen Forderungen reklamiert wird[220]. Vielmehr enthält das Sozialstaatsprinzip nach Auffassung des Bundesverfassungsgerichts „infolge seiner Weite und Unbestimmtheit regelmäßig keine unmittelbaren Handlungsanweisungen, die durch die Gerichte ohne gesetzliche Grundlage in einfaches Recht umgesetzt werden könnten“ [221].

Allgemeiner Ansicht entspricht aus diesen Gründen eine restriktive Auslegung des Sozialstaatsprinzips[222]. Um die Gestaltung der Sozialpolitik den politischen Entscheidungsorganen offen zuhalten, wird es als in hohem Maße der konkretisierenden Ausgestaltung fähig und bedürftig bezeichnet[223], und für den Gesetzgeber aber auch für die Exekutive ein erheblicher Gestaltungsspielraum eröffnet[224]. Das Sozialstaatsprinzip legt zwar das Ziel im Sinne einer Staatszielbestimmung fest, nicht aber die Methoden, mit denen dieses Ziel zu erreichen ist. Dementsprechend führt das Bundesverfassungsgericht plastisch aus, das Sozialstaatsprinzip lege nur die Ziele – das „was“ – fest, lasse aber für deren Verwirklichung – das „wie“ – alle Wege offen[225].

---

[214] *B. Pieroth*, in: H. D. Jarass / B. Pieroth, GG, Art. 33, Rdnr. 33.

[215] Vgl. BVerfGE 32, 273 (279).

[216] *B. Pieroth*, in: H. D. Jarass / B. Pieroth, GG, Art. 6, Rdnr. 48.

[217] Vgl. *J. Ipsen*, Staatsrecht I, Rdnr. 858; *M. Sachs*, GG, Kommentar, Art. 20, Rdnr. 47.

[218] Vgl. statt aller *R. Herzog*, in: Maunz / Dürig, GG, Art. 20 VIII, Rdnr. 6; *K.-M. Sommermann*, in: Mangold / Klein / Starck, GG, Bd. 2, Art. 20, Rdnr. 97 mwN; BVerfGE 9, 124 (131).

[219] *R. Herzog*, in: Maunz / Dürig, GG, Art. 20 VIII, Rdnr. 2 spricht daher auch von sprachlichen bzw. sprachästhetischen Gründen; siehe auch *K.-M. Sommermann*, in: Mangold / Klein / Starck, GG, Bd. 2, Art. 20, Rdnr. 92.

[220] Vgl. dazu *K. Hesse*, Verfassungsrecht, Rdnr. 215.

[221] Vgl. BVerfGE 65, 182 (193).

[222] *R. Herzog*, in: Maunz / Dürig, GG, Art. 20 VIII, Rdnr. 24.

[223] BVerfGE 65, 182 (193); 71, 66 (80); *F. E. Schnapp*, in: v. Münch / Kunig, GG, Bd. 1, Art. 20 Rdnr. 16; *R. Herzog*, in: Maunz / Dürig, GG, Art. 20 VIII, Rdnr. 22.

[224] *K.-M. Sommermann*, in: Mangold / Klein / Starck, GG, Bd. 2, Art. 20, Rdnr. 110.

[225] BVerfGE 22, 180 (204); 59, 231 (263).

1. Das Sozialstaatsprinzip bei der Daseinsvorsorge

Den deskriptiven Begriff der Daseinsvorsorge hat *E. Forsthoff* [226] vor nunmehr über 60 Jahren umschrieben als Typus von Verwaltungshandeln, bei dem „alles, von Seiten der Verwaltung geschieht, um die Allgemeinheit oder nach objektiven Merkmalen bestimmte Personenkreise in den Genuss nützlicher Leistungen zu versetzen". Der Daseinsvorsorge werden deshalb alle Leistungen der Verwaltung an die Bürger zugerechnet[227]. *W. Rüfner*[228] schränkt diese Definition ein und zählt zur Daseinsvorsorge im engeren Sinne nur die von der Kommune selbst dem Bürger unmittelbar zugewendeten Leistungen, die wichtige – das heißt nach dem jeweiligen Stand für allgemein wichtig gehaltene - Bedürfnisse der Bürger befriedigen soll.

a) Kommunale Aufgaben im Bereich der Ver- und Entsorgung

Die Bereiche der Ver- und Entsorgung, in denen kommunale Eigengesellschaften für die Aufgabenerledigung tätig sind, müssen nach der eingangs geschilderten Definition als Leistungen der Daseinsvorsorge angesehen werden[229]. Der Bürger ist nämlich auf die Wahrnehmung dieser Aufgaben beispielsweise im Bereich der Versorgung mit Energie und Wasser zur Führung eines menschenwürdigen und sozial erträglichen Lebens angewiesen. Daraus folgt nach der gebotenen restriktiven Auslegung zunächst nur, dass die öffentliche Hand aus dem Sozialstaatsprinzip verpflichtet ist, die Erfüllung dieser Aufgaben sicherzustellen[230]. Insoweit kann

---

[226] *E. Forsthoff*, Die Verwaltung als Leistungsträger, S. 6.

[227] Eindrücklich beschrieben bei *P. Badura*, DÖV 1966, S. 624 ff.; vgl. auch *J. Ipsen*, Nds. Kommunalrecht, Rdnr. 558 ff.; *H. J. Wolff / O. Bachof*, Verwaltungsrecht III, § 137, Rdnr. 1 ff.

[228] Vgl. *W. Rüfner*, Daseinsvorsorge und soziale Sicherheit, in: J. Isensee / P. Kirchhof (Hrsg.), Handbuch des Staatsrechts, Bd. III, S. 1044.

[229] Vgl. *R. Herzog*, Ziele, Vorbehalte und Grenzen der Staatstätigkeit, in: J. Isensee / P. Kirchhof (Hrsg.), Handbuch des Staatsrechts, Bd. III, S. 111 ff.; *J. Ipsen*, Nds. Kommunalrecht, aaO; *W. Rüfner*, Daseinsvorsorge und soziale Sicherheit, in: J. Isensee / P. Kirchhof (Hrsg.), Handbuch des Staatsrechts, Bd. III, aaO; umfassend dazu *M. Matthiesen*, Die staatliche Einwirkung zur Sicherung der Energieversorgung und ihre Grenzen, S. 24 ff.

[230] So *W. Büchner*, Die rechtliche Gestaltung kommunaler öffentlicher Unternehmen, S. 59; dies folgt als Minus wohl auch aus dem Ansatz von *W. Alfuß*. Ausdrücklich in diesem Sinne etwa § 3 Abs. 2 KV Brandenburg. Vgl. § 3 AbfG, der grundsätzlich den nach Landesrecht zuständigen Körperschaften des öffentlichen Rechts die Abfallentsorgung zuweist, sowie die Präambel des EnWG, die von dem „notwendigen öffentlichen Einfluss in allen Fragen der Energieversorgung" spricht.

die Daseinsvorsorge als Staatsaufgabe bezeichnet werden[231]. Niedergelegt ist dies zum Beispiel in § 3 Abs. 2 der brandenburgischen Kommunalverfassung. Danach gehören zu den Selbstverwaltungsaufgaben der Gemeinde auch die Gewährleistung des öffentlichen Verkehrs, die Versorgung mit Energie und Wasser und die schadlose Abwasserableitung und -behandlung[232]. Die Art und Weise der Erfüllung, insbesondere ob sie durch private oder öffentliche Einrichtungen geschehen soll, ist aber der gesetzlichen Gestaltung und dem Ermessen der Exekutive überlassen.

Im Folgenden sollen beispielhaft die Bereiche der Energieversorgung und der Abfallentsorgung herausgegriffen und anhand dieser Rechtsgebiete die Tragfähigkeit der Argumente erörtert werden, die eine Verpflichtung der kommunalen Gebietskörperschaften zum Erhalt institutionalisierter Träger annehmen.

b) Sozialstaatsprinzip und Energieversorgung

Für die Energieversorgung ergab sich aus den gesetzlichen Regelungen des bis zum 29.04.1998 geltenden Energiewirtschaftsgesetzes (EnWG 1935), dass der Gesetzgeber eine grundsätzlich privat durchgeführte Versorgung gewährte. Dieser standen jedoch starke öffentliche Überwachungs- und Eingriffskompetenzen gegenüber[233]. Betrachtet man zudem die Entstehungsgeschichte des Energiewirtschaftsgesetzes[234], so zeigt sich sehr deutlich, dass das Gesetz ausdrücklich Trägerschaftsfragen nicht aufgegriffen, sondern ganz bewusst und gewollt die damals bestehende Struktur der Energiewirtschaft übernommen und darauf verzichtet hat, die Elektrizitätsversorgung als staatliche oder gemeindlich zu erfüllende Aufgabe auszuweisen[235].

---

231 So *W. Rüfner*, Daseinsvorsorge und soziale Sicherheit, in: J. Isensee / P. Kirchhof (Hrsg.), Handbuch des Staatsrechts, Bd. III, aaO.

232 Vgl. auch § 4 NGO i.V.m. § 149 Abs. 1 Satz 2 NWG.

233 Vgl. *H.-U. Evers*, Das Recht der Energieversorgung zwischen Staat, Gemeinde und Wirtschaft, S. 69; *H. Fischerhof*, DÖV 1957, S. 305 (311 ff.); *W. Löwer*, Energieversorgung zwischen Staat, Gemeinde und Wirtschaft, S. 191 ff.; *T. Maunz*, VerwArch 50 (1959), S. 323 ff.; *K. Stern*, AöR 1959, S. 137 (175 ff.); eingehend dazu: *C. Kermel*, Steuerungsmöglichkeiten der öffentlichen Hand bei Beteiligung an Aktiengesellschaften der Energieversorgung, S. 91 ff.

234 Vgl. zur Geschichte des Energiewirtschaftsgesetzes *W. Löwer*, Energieversorgung zwischen Staat, Gemeinde und Wirtschaft, S. 86 ff.

235 Vgl. *H.-U. Evers*, Entstehungsgeschichte, Ziele, Konzeption, Grundsätze und Änderungen des EnWG, in: Das Energiewirtschaftsgesetz im Wandel von 5 Jahrzehnten, S. 15 (27 f.); *W. Löwer*, Energieversorgung zwischen Staats, Gemeinde und Wirtschaft, S. 191 f.

Nach dieser Gesetzeslage konnte eine Existenzgarantie der Eigengesellschaften in der Energieversorgung aus der Verfassung in Verbindung mit den spezialgesetzlichen Regelungen des Energiewirtschaftsgesetzes nicht hergeleitet werden[236]. Lediglich im Hinblick auf die als sogenannte „Abmeierungsnorm“[237] bezeichnete Regelung des § 8 Abs. 1 a.F. EnWG ist ein gewisser Bestandsschutz für kommunale Eigengesellschaften und eine daraus folgende Insolvenzabwendungspflicht diskutiert worden[238]. Nach § 8 Abs. 1 Satz 1 a.F. EnWG war die Energieaufsichtsbehörde bis Anfang 1998 befugt, nicht leistungsfähigen Energieversorgungsunternehmen die Fortsetzung der Versorgungstätigkeit ganz oder teilweise zu untersagen. § 8 Abs. 1 Satz 2 a.F. EnWG ermächtigte die Energieaufsichtsbehörde, ein anderes Energieversorgungsunternehmen mit der Übernahme der Versorgungsaufgaben zu beauftragen. Die Notwendigkeit der Untersagung ergab sich aus der Bedeutung einer ordnungsgemäßen Energieversorgung für die Gesamtheit der Kunden eines Energieversorgungsunternehmens, die infolge der zum damaligen Zeitpunkt noch geschlossenen Versorgungsgebiete der Energieversorgungsunternehmen nicht auf das Angebot eines Konkurrenten überwechseln konnten[239]. Zeigte sich das Energieversorgungsunternehmen außerstande, den Anforderungen gerecht zu werden, so konnten ihm als letztes Mittel, unter Wahrung des Verhältnismäßigkeitsgrundsatzes, die Rechte eines Energieversorgungsunternehmens entzogen werden, um die berechtigten Interessen der auf einen ungestörten Energiebezug angewiesenen Verbraucher zu wahren.

Diese Untersagung stellte sich jedoch als eine letzte Intensitätssteigerung der Aufsichtsmittel dar. In erster Linie war die Aufsichtsbehörde gehalten, das Unternehmen bei der Behebung seiner finanziellen Probleme zu unterstützen[240]. Dies konnte in aller Regel über die Preisaufsichtsbefugnisse in § 7 Abs. 1 a.F. EnWG und die darin zum Ausdruck kommende wirtschaftliche Preisgestaltung effektiv geleistet werden[241]. Auch aus der Regelung des § 8 Abs. 1 a.F. EnWG konnte deshalb keine Insolvenzabwendungspflicht der kommunalen Gebietskörperschaften für das kommunale Energieversorgungsunternehmen begründet werden. Immerhin führten die Aufsichtsmittel des § 7 Abs. 1 a.F. EnWG jedoch zu einer erheblichen

---

236 Vgl. *T. Kuhl / K. Wagner*, ZIP 1995, S. 433 (436).

237 Vgl. *U. Büdenbender*, Energierecht, Rdnr. 218; *W. Löwer*, Energieversorgung zwischen Staat, Gemeinde und Wirtschaft, S. 193.

238 *T. Kuhl / K. Wagner*, ZIP 1995, aaO.

239 Vgl. *U. Büdenbender*, Energierecht, Rdnr. 219; *W. Tegethoff*, in: Tegethoff / Büdendender / Klinger, EnWG, § 8, Rdnr. 3.

240 So noch *W. Danner*, in: Obernolte / Danner, Energiewirtschaftsrecht, Stand: Juli 1992, § 8 Anm. 1 d, 4 b aa.

241 Darauf weist auch *U. Büdenbender*, Energierecht, Rdnr. 229, hin.

Verringerung des Insolvenzrisikos[242]. Nach Darstellung der bis zum Anfang des Jahres 1998 geltenden Rechtslage bleibt festzuhalten, dass eine Insolvenzabwendungspflicht aus der Verpflichtung zum Erhalt der Träger von Aufgaben der Daseinsvorsorge nicht bestand.

Nunmehr hat jedoch das Gesetz zur Neuregelung des Energiewirtschaftsrechts vom 24.04.1998 den ordnungspolitischen Rahmen der Elektrizitäts- und Gaswirtschaft im Sinne einer weitreichenden Liberalisierung grundlegend verändert. Aufgrund der weitgehend neuen Struktur des energierechtlichen Ordnungsrahmens und der Komplexität einiger Vorschriften sowie der Einführung neuer unbestimmter Rechtsbegriffe soll an dieser Stelle nur ein kurzer Überblick erfolgen[243]. In den Kernpunkten der Novellierung kommt der Deregulierungsgedanke zum Ausdruck, der sich in der Einführung brancheninternen Wettbewerbs durch die Abschaffung der kartellrechtlichen Freistellung für Energieversorgungsunternehmen im Gesetz gegen Wettbewerbsbeschränkungen (GWB) und dem damit verbundenen Wegfall von geschlossenen Versorgungsgebieten wiederspiegelt[244]. Flankiert werden diese Regelungen durch eine Deregulierung der Energieaufsicht und durch Vorschriften der Rechnungslegung der Elektrizitätsversorgungsunternehmen. Da der Gesetzgeber durch das neue Energiewirtschaftsgesetz nicht die Genehmigungspflichten ausweiten wollte – dies stünde konträr zum Deregulierungsgedanken – sind die bei der Darstellung der alten Rechtslage erwähnten öffentlichen Überwachungs- und Eingriffskompetenzen gelockert worden[245]. Aus diesen Gründen kann auch heute nicht von einer grundsätzlichen Existenzgarantie der Eigengesellschaften aus der Verfassung und aus den energierechtlichen Spezialvorschriften des EnWG gesprochen werden. Zwar stellt § 2 Abs. 3 EnWG klar, dass Energieversorgungsunternehmen sowohl privatrechtlich organisierte Unternehmen, als auch öffentlich-rechtlich organisierte Eigenbetriebe sein können[246]. Dies lässt allerdings nicht den Schluss auf eine grundsätzliche Existenzgarantie von kommunalen Eigengesellschaften zu.

---

[242] *W. Tegethoff*, in: Tegethoff / Büdenbender / Klinger, EnWG, § 7, Rdnr. 35.

[243] Eingehend zum neuen EnWG: EnWG 1998, Erläuterungen.

[244] Vgl. hierzu die Darstellung der alten Rechtslage bei *A. Krebs*, Rechtliche Grundlagen und Grenzen kommunaler Elektrizitätsversorgung, S. 191 ff.

[245] Vgl. *W. Schneider*, in: EnWG 1998, S. 59 mwN.

[246] *W. Danner*, in: Obernolte / Danner, Bd. 1, EnWG, B § 2, Rdnr. 17; *W. Schneider*, in: EnWG 1998, S. 47.

In diesem Zusammenhang ist des weiteren ein von *T. Kuhl / K. Wagner*[247] entwickelter Ansatz zu bedenken. Danach könne grundsätzlich eine Insolvenzabwendungspflicht als Reflex einer sozialstaatlichen Versorgungspflicht im Bereich der Energiewirtschaft in den Fällen bestehen, in denen sich zu der von der Insolvenz bedrohten kommunalen Eigengesellschaft keine Versorgungsalternative anböte. *T. Kuhl / K. Wagner* selbst stellen jedoch zutreffend fest, dass dies ein rein theoretischer Ansatz bleiben muss, da die Energieversorgung regelmäßig von einem privaten Energieversorgungsunternehmen oder den Versorgungsunternehmen einer Nachbargemeinde übernommen werden könnte.

Abschließend sei angemerkt, dass die kommunalen Gebietskörperschaften selbst im Falle der Insolvenz des Energieversorgungsunternehmens nicht daran gehindert sind, eine weitere Eigengesellschaft zu gründen um ihr die Aufgaben des insolventen Betriebes zu übertragen. Die Insolvenzordnung bietet mit §§ 148 ff InsO die notwendigen rechtlichen Instrumente, damit der Insolvenzverwalter die zur Energieversorgung notwendigen Einrichtungen und Anlagen auf die Nachfolgegesellschaft übertragen kann. Nach alledem lässt sich eine Insolvenzabwendungspflicht der kommunalen Gebietskörperschaften aus der Verpflichtung zum Erhalt der Eigengesellschaft als Träger von Aufgaben der Daseinsvorsorge im Bereich des Energiewirtschaftsrechts nicht überzeugend vertreten.

c) Sozialstaatsprinzip und Abfallentsorgung

Auch der Bereich der Abfallentsorgung ist von einer grundlegenden Änderung der rechtlichen Rahmenbedingungen in den vergangenen Jahren gekennzeichnet. Nach der bis zum 01.01.1996 geltenden Rechtslage waren Abfälle gemäß § 3 AbfG dem Entsorgungspflichtigen zu überlassen. Als Entsorgungspflichtige bestimmte § 3 Abs. 2 AbfG die nach „Landesrecht zuständigen Körperschaften des öffentlichen Rechts“. Aufgrund dieser Regelung wies § 3 AbfG die Abfallentsorgung in erster Linie der öffentlichen Hand zu und machte sie zur Aufgabe der Daseinsvorsorge[248]. Allerdings war es der entsorgungspflichtigen Körperschaft gemäß § 3 Abs. 2 Satz 2 AbfG überlassen, ob sie die Entsorgung ganz oder teilweise mit eigenen sachlichen Mitteln durchführen oder aber sich zur Erfüllung dieser Pflicht Dritter bedienen wollte. Dritte konnten dabei Privatpersonen einschließlich kommunaler Eigengesellschaften, aber auch juristische Personen des öffentlichen

---

[247] *T. Kuhl / K. Wagner*, ZIP 1995, S. 433 (436).

[248] BVerwG, DVBl. 1990, S. 589; *E. Emmert*, BayVBl 1973, S. 290; vgl. auch *C. Kermel*, Steuerungsmöglichkeiten der öffentlichen Hand bei Beteiligung an Aktiengesellschaften der Energieversorgung, S. 15.

Rechts sein[249]. Damit war es den kommunalen Gebietskörperschaften auch im Bereich der Abfallentsorgung nicht verwehrt, sich auf eine Sicherstellung der Aufgabenwahrnehmung durch Dritte zu berufen und sich damit von dem Erhalt der Eigengesellschaft freizustellen. Nach der alten Rechtslage ergab sich demnach kein zwingendes Argument für eine Insolvenzabwendungspflicht, zumal für den Bereich der Abfallentsorgung – ebenso wie bei der Energieversorgung – gilt, dass eine Insolvenz nicht zwangsläufig zu Störungen der Aufgabenerfüllung führen muss. Auch hier konnte die Aufgabenerfüllung durch eine von der entsorgungspflichtigen Gemeinde gegründeten Nachfolgegesellschaft übernommen werden.

Das eingangs geschilderte Abfallrecht ist zum Teil mit neuen Prinzipien in dem am 01.01.1996 in Kraft getretenen Gesetz zur Förderung der Kreislaufwirtschaft und Sicherung der umweltverträglichen Beseitigung von Abfällen – Kreislaufwirtschafts- und Abfallgesetz, KrW-/AbfG vom 27.09.1994[250] – auf eine neue gesetzliche Grundlage gestellt worden[251]. Die Entsorgungsverantwortung ist in Fortführung von § 3 Abs. 1 AbfG nunmehr in § 13 Abs. 1 KrW-/AbfG geregelt. § 13 Abs. 1 Satz 1 KrW-/AbfG verpflichtet die Erzeuger oder Besitzer von Abfällen aus privaten Haushaltungen abweichend von § 5 Abs. 2 und § 11 Abs. 1 KrW-/AbfG, diese den öffentlich-rechtlichen Entsorgungsträgern zu überlassen, soweit die Erzeuger/Besitzer zu einer Verwertung nicht in der Lage sind oder diese nicht beabsichtigen. Für die Beseitigung von Abfällen stellt § 11 Abs. 1 KrW-/AbfG eindeutig klar, dass die Beseitigungspflicht des Abfallerzeugers oder -besitzers verdrängt wird durch die Überlassungspflicht des § 13 Abs. 1 Satz 1 KrW-/AbfG. Für die Beseitigung von Abfällen aus privaten Haushaltungen verbleibt es auch nach der neuen Gesetzeslage bei der „Globalzuständigkeit"[252] der öffentlich-rechtlichen Entsorgungsträger[253]. Damit besteht für Abfälle aus privaten Haushaltungen nach wie vor[254] eine originäre Entsorgungsverantwortung[255] und ein weitgehendes Ent-

---

249 Vgl. *P. Kunig*, in: Kunig / Schwermer / Versteyl, AbfallG, § 3, Rdnr. 2.

250 BGBl I 2705.

251 Vgl. zur Entstehungsgeschichte des KrW-/AbfG: *A. Bree*, Die Privatisierung der Abfallwirtschaft nach dem KrW-/AbfG, S. 65 f.

252 *L.-A. Versteyl*, in: Kunig / Paetow / Versteyl, KrW-/AbfG, Einleitung, Rdnr. 99.

253 Zur umfassenden Überlassungspflicht bei Abfällen zur Beseitigung: *W. Frenz*, KrW-/AbfG, § 13, Rdnr. 4; siehe auch *H.-W. Arndt / C. Walter*, WiVerw 1997, S. 183 (195).

254 Das Festhalten an der originären Entsorgungsverantwortung der öffentlichen Hand für Abfälle aus privaten Haushalten war schon im Gesetzentwurf der Bundesregierung für ein „Gesetz zur Vermeidung von Rückständen, Verwertung von Sekundärrohstoffen und Entsorgung von Abfällen" vom 15.09.1993 vorgesehen. In der amtlichen Begründung heißt es dazu (BT-Drucks. 12/5672, S. 44): „Die Besitzer von Rückständen (=Abfällen) aus Haushaltungen unterliegen grundsätzlich wie bisher dem Anschluss und Benutzungszwang im Hinblick auf kommunale Einrichtungen".

sorgungsmonopol der öffentlich-rechtlichen Entsorgungsträger[256]. Hierzu hat der VGH Baden-Württemberg[257] mit Recht betont, dass die Entsorgungspflicht der öffentlich-rechtlichen Entsorgungsträger „gleichwertig" und damit gleichrangig neben den in § 5 Abs. 2 und § 11 Abs. 1 KrW-/AbfG genannten Grundpflichten der Abfallerzeuger und Abfallbesitzer steht.

Auch nach der neuen Rechtslage kann sich die kommunale Gebietskörperschaft auf eine Sicherstellung der Aufgabenwahrnehmung berufen, so dass sich aus dem Sozialstaatsprinzip in Verbindung mit den Regelungen des Kreislaufwirtschafts- und Abfallgesetzes keine Insolvenzabwendungspflicht für den kommunalen Träger ergibt.

2. Zwischenergebnis

Die Literaturstimmen, die eine Insolvenzabwendungspflicht aus dem Sozialstaatsprinzip in Verbindung mit den einfach gesetzlichen Regelungen im Energiewirtschaftsgesetz und im Kreislaufwirtschafts- und Abfallgesetz herleiten, können im Ergebnis nicht überzeugen. Letztlich steht der kommunalen Gebietskörperschaft immer die Möglichkeit der Gründung einer Nachfolgegesellschaft offen, welche die Aufgaben der insolventen Eigengesellschaft übernehmen und weiterführen kann. Auch hilft für den Bereich der Energieversorgung die Verpflichtung der Energieaufsichtsbehörde, dem Energieversorgungsunternehmen bei der Behebung wirtschaftlicher Schwierigkeiten zu helfen, nicht weiter. Dies bedeutet aber immerhin eine Reduzierung des Insolvenzrisikos.

III. Grundsätze des Gemeindewirtschaftsrechts

Auch der gedankliche Ansatz, eine Insolvenzabwendungspflicht aus den Grundsätzen des Gemeindewirtschaftsrechts herzuleiten, kann im Ergebnis keine Einstandspflicht der kommunalen Gebietskörperschaften gegenüber ihren Eigengesellschaften begründen. Mit der Ablehnung einer solchen Einstandspflicht ist jedoch eine intensive Beschäftigung mit dem Begriff des „öffentlichen Zwecks" und dessen Bedeutung für die kommunale Wirtschaftstätigkeit verbunden. Traditionell findet sich dieser in den Gemeindeordnungen und Kommunalverfassungen im

---

[255] So *C. Weidemann*, in: Brandt / Ruchay / Weidemann, KrW-/AbfG, § 13, Rdnr. 44.

[256] VGH Baden-Württemberg, NVwZ 1998, S. 1200 (1201); *S. Paetow*, in: Kunig / Paetow / Versteyl, KrW-/AbfG, § 11, Rdnr. 3.

[257] VGH Baden-Württemberg, NVwZ 1998, aaO.

Abschnitt über die wirtschaftliche Betätigung der kommunalen Gebietskörperschaften. Nach den – teilweise recht unterschiedlich ausgestalteten – Anforderungen des Kommunalrechts dürfen sich die Gemeinden und Gemeindeverbände unter anderem nur dann wirtschaftlich betätigen, wenn dies ein öffentlicher Zweck erfordert[258].

1. Der öffentliche Zweck als Legitimationsgrundlage der wirtschaftlichen Betätigung kommunaler Eigengesellschaften

Mit der Förderung eines „öffentlichen Zwecks" ist zugleich die wichtigste Voraussetzung für die wirtschaftliche Betätigung der kommunalen Gebietskörperschaften erwähnt[259]. Damit ist die Frage angesprochen, was sich hinter dem Begriff des öffentlichen Zwecks verbirgt, wie er inhaltlich konkretisiert werden kann. Zwar ist die Tätigkeit der Eigengesellschaften ihrer Rechtsform nach privatrechtlicher Natur, es handelt sich jedoch gleichwohl um Staatstätigkeit, weil die Trägerschaft bei den kommunalen Gebietskörperschaften liegt.

Aus dem geltenden Wirtschaftsrecht der Gemeinden und Gemeindeverbände ergibt sich deshalb, dass die kommunalen Eigengesellschaften durch Notwendigkeiten des Gemeinwohls gerechtfertigt sein müssen[260]. Die kommunalen Gebietskörperschaften können Eigengesellschaften nicht nach Belieben errichten. Vielmehr ist die Errichtung, Übernahme oder wesentliche Erweiterung der Gesellschaft nur gerechtfertigt, wenn eine kompetentielle Rechtfertigung in Form des angesprochenen „öffentlichen Zwecks" vorliegt[261]. Daneben haben die Gebietskörperschaften jedoch auch in den Gemeindeordnungen und Kommunalverfassungen verankerte kommunalrechtliche Wirtschaftlichkeitsgrundsätze zu beachten.

---

[258] Vgl. auch *A. v. Mutius / H. Rentsch*, Kommunalverfassungsrecht Schleswig-Holstein, § 101, Rdnr. 7.

[259] Die Entscheidung darüber, ob die Errichtung, Übernahme oder Erweiterung eines Unternehmens durch einen öffentlichen Zweck gefordert wird, ist eine Frage sachgerechter Kommunalpolitik, die – wie jedes sinnvolle wirtschaftliche Handeln – in starkem Maße von Zweckmäßigkeitsüberlegungen bestimmt wird; vgl. BVerwGE 39, 329 (334). Der Gemeinde steht daher – als kommunalpolitische Einschätzungsprärogative – insoweit ein Beurteilungsspielraum zu, der durch die Kommunalaufsicht und Verwaltungsgerichtsbarkeit nur eingeschränkt überprüfbar ist.

[260] Vgl. z.B. § 1 Abs. 2 GO BW; § 1 Abs. 2 Satz 1 KV Brandenburg; § 1 Abs. 1 Satz 2 NGO; § 1 Abs. 1 GO NW.

[261] Vgl. *A. Gern*, GO Baden-Württemberg, Rdnr. 392.

a) Nähere Konkretisierung des Begriffs „öffentlicher Zweck“

Angesichts der bestehenden Weite und Unschärfe des „öffentlichen Zwecks“ erscheint es zweifelhaft, ob der Begriff überhaupt irgendwie greifbar und somit als juristisches Kriterium verwendbar gemacht werden kann. *V. Emmerich*[262] verweist beispielsweise darauf, dass bisher jeder Versuch der Definition des öffentlichen Zwecks gescheitert sei und habe scheitern müssen, weil der öffentliche Zweck ständig wechsele, nirgends fixiert sei und deshalb beliebig von Fall zu Fall umformuliert werden könne. Zuzugeben ist dieser Auffassung, dass der unbestimmte Rechtsbegriff des öffentlichen Zwecks unkonturierte Züge aufweist. Wenn man indes die Bedeutung und Funktion bedenkt, die dem Kriterium des öffentlichen Zwecks zukommt – nämlich als Legitimationsgrundlage kommunaler Wirtschaftstätigkeit, aber auch für staatliches Handeln insgesamt –, dann überrascht dies angesichts des breiten Spektrums kommunalen Wirtschaftstätigkeit und der diesem Begriff in der Folge zukommenden Abstraktionshöhe jedoch nicht.

Der Versuch einer Definition muss deshalb bei der Feststellung ansetzen, dass den kommunalen Gebietskörperschaften ein erheblicher Einschätzungsspielraum bei der näheren Bestimmung eines öffentlichen Zwecks zukommt[263]. Aus dieser Befugnis der Gebietskörperschaften, den öffentlichen Zweck zu konkretisieren, folgt seine Wandelbarkeit[264]. Was heute als öffentliches Interesse gilt, braucht nicht dauerhaft ein solches zu bleiben, wobei im Gegenzug auch neue öffentliche Interessen entstehen können[265].

---

[262] *J. Burmeister*, DÖV 1975, S. 695 (703); *V. Emmerich*, AG 1976, S. 225 (226); *ders.*, Das Wirtschaftsrecht der öffentlichen Unternehmen, S. 156 ff.

[263] *J. Ipsen*, Nds. Kommunalrecht, Rdnr. 631; *J. Oebbecke*, Städte- und Gemeinderat 1995, S. 387 (388); *R. Thiele*, NGO, § 108, S. 361; *B. Wiegand / M. Grimberg*, Gemeindeordnung LSA, § 116, Rdnr. 5. Das BVerwG (BVerwGE 39, S. 329, 334) hat dazu festgestellt: „Worin die Gemeinde eine Förderung des allgemeinen Wohls erblickt, ist hauptsächlich den Anschauungen und Entschließungen ihrer maßgeblichen Organe überlassen und hängt von den örtlichen Verhältnissen, finanziellen Möglichkeiten der Gemeinde, Bedürfnissen der Einwohnerschaft und anderen Faktoren ab. Die Beurteilung des öffentlichen Zwecks für die Errichtung und Fortführung eines Gemeindeunternehmens ist daher der Beurteilung durch den Richter weitgehend entzogen. Im Grunde handelt es sich um eine Frage sachgerechter Kommunalpolitik, die – wie jedes sinnvolle wirtschaftliche Handeln – in starkem Maße von Zweckmäßigkeitsüberlegungen bestimmt wird.“

[264] Vgl. *A. Gern*, Kommunalrecht Baden-Württemberg, Rdnr. 392; *ders.*, Sächsisches Kommunalrecht, Rdnr. 822; *E. Rehn / U. Cronauge*, GO NW, § 107, Anm. III 1.

[265] *R. Becker*, Die Erfüllung öffentlicher Aufgaben durch gemischtwirtschaftliche Unternehmen, S. 19 f.

Für die kommunalen Eigengesellschaften stellt sich die Frage, ob sämtliche oder nur bestimmte unternehmerische Zwecke die kommunale Wirtschaftstätigkeit zu legitimieren vermögen. Die kommunale Wirtschaftstätigkeit kann grundsätzlich – insofern bestehen keine Unterschiede zu der auf Bundes- oder Landesebene anzutreffender staatlicher Wirtschaftstätigkeit – sozial- oder erwerbswirtschaftlich motiviert sein. Von einer sozialwirtschaftlichen Motivation lässt sich sprechen, wenn die Leistungen und Lieferungen der Eigengesellschaft im Aufgabenbereich der Gemeinde liegen und eine im öffentlichen Interesse gebotene Versorgung der Einwohner zum Ziel haben, es sich daher um eine für sozial erforderlich oder nützlich gehaltene Aufgabenerfüllung handelt[266]. Eine erwerbswirtschaftliche Zielsetzung liegt hingegen vor, wenn es der kommunalen Gebietskörperschaft primär oder ausschließlich um Gewinnerzielung geht[267].

Die sozialwirtschaftliche Tätigkeit der kommunalen Gebietskörperschaften ist in der Regel durch einen öffentlichen Zweck legitimiert, weil es sich hierbei um die Wahrnehmung einer sozial-, gemeinwohl- und damit einwohnernützigen Aufgabe handelt[268]. Kernpunkt der Definition ist aber, dass der von der Gesellschaft verfolgte Zweck am Gemeinwohl orientiert sein muss[269]. Strittig ist hingegen, ob auch die sogenannte erwerbswirtschaftliche – also gewinnorientierte – Betätigung der öffentlichen Hand als durch einen öffentlichen Zweck gerechtfertigt angesehen werden kann[270]. So kennt beispielsweise das Grundgesetz – an dessen Maßstäben selbstverständlich auch die kommunale Wirtschaftstätigkeit zu messen ist – bestimmte Fälle, in denen staatliches Handeln zum ausschließlichen Zweck der Gewinnerzielung zulässig ist[271]. Dies sind aber nur Ausnahmen vom grundsätzlichen Verbot der ausschließlich erwerbswirtschaftlich motivierten Betätigung, weil dem Grundgesetz die Vorstellung eines durch Steuern finanzierten Staates zugrunde liegt[272].

---

[266] Vgl. § 1 Abs. 1 Satz 2 NGO; BVerwGE 39, 329 (334).

[267] *D. Ehlers*, Verwaltung in Privatrechtsform, S. 89 f.; vgl. dazu BVerwGE 39, aaO.

[268] Vgl. § 2 Abs. 1 Satz 2 NGO.

[269] Vgl. *R. Thiele*, NGO, § 108, S. 361; *M. Muth / W. Plumbaum / J. Odendahl* u.a., Potsdamer Kommentar zur Kommunalverfassung des Landes Brandenburg, § 100, Anm. 6b.

[270] Die Zulässigkeit wird u.a. bejaht von *V. Emmerich*, Das Wirtschaftsrecht der öffentlichen Unternehmen, S. 86 ff.; *J. Hidien*, Gemeindliche Betätigungen rein erwerbswirtschaftlicher Art und „öffentlicher Zweck“ kommunaler wirtschaftlicher Unternehmen, S. 131 ff.; *H. H. Klein*, Die Teilnahme des Staates am wirtschaftlichen Wettbewerb, S. 142; *J. Plagemann*, Die erwerbswirtschaftliche Betätigung der Deutschen Bundespost durch Eigengesellschaften, S. 106; *W. Rüfner*, Formen öffentlicher Verwaltung, S. 271 ff.; *R. Stober*, NJW 1984, S. 449 (453).

[271] Z. B. bei bestimmten Finanzmonopolen; vgl. Art. 105 Abs. 1, 106 Abs. 1, 108 Abs. 1 GG.

[272] So auch *D. Ehlers*, Verwaltung in Privatrechtsform, S. 92 f.; *A. Gern*, Sächsisches Kommunalrecht, Rdnr. 822; *J. Isensee*, in: Festschrift für H. P. Ipsen, S. 409 ff.

Ebenso liegt es im Bereich kommunaler wirtschaftlicher Betätigung, wonach es für die Annahme eines öffentlichen Zwecks nicht ausreichend ist, wenn die Eigengesellschaft Gewinne abwirft und diese dem Gemeindehaushalt zufließen[273]. An der Zulässigkeit einer angemessenen Gewinnerzielung als Nebenziel ändert dies jedoch nichts, verboten ist nur eine Wirtschaftstätigkeit, deren alleiniger und ausschließlicher Zweck ohne Berücksichtigung des öffentlichen Wohles in der Absicht der Gewinnerzielung liegt[274].

b) Vorrang des öffentlichen Zwecks

Bei Betrachtung der kommunalrechtlichen Regelungen über die Förderung eines öffentlichen Zwecks stellt sich die Frage, ob von einem Vorrang der öffentlichen Zweckerfüllung vor wirtschaftlichen Gesichtspunkten gesprochen werden darf. Zunächst ergeben sich rechtliche Verhaltensregeln der Gebietskörperschaften aus den kommunalen Wirtschaftsgrundsätzen der einzelnen Gemeindeordnungen und Kommunalverfassungen. § 109 Abs. 1 Satz 2 GO NW und § 114 Abs. 1 NGO bestimmen in ähnlicher Form, dass kommunale Unternehmen einen Ertrag für den Haushalt abwerfen sollen, soweit dadurch die Erfüllung des öffentlichen Zwecks nicht beeinträchtigt wird. Nach § 109 Abs. 2 GO NW soll dieser Gewinn so hoch sein, dass außer den für die technische und wirtschaftliche Entwicklung des Unternehmens notwendigen Rücklagen mindestens eine marktübliche Verzinsung des Eigenkapitals erwirtschaftet wird. Dies hat zwar unter Wahrung der öffentlichen Zwecksetzung zu geschehen, jedoch folgt daraus nicht, dass der Ertragsgrundsatz den Belangen des öffentlichen Wohles im Regelfall untergeordnet werden darf[275]. Eine generelle Befugnis der kommunalen Gebietskörperschaften zur Außerachtlassung des Rentabilitätsgebotes aufgrund der gemeinwohlorientierten Zwecksetzung folgt auch nicht aus dem Umstand, dass beispielsweise § 108 Abs. 1 Nr. 7 GO NW und § 109 Abs. 1 Nr. 5 NGO die Ausrichtung der Gesellschaft auf den öffentlichen Zweck zwingend vorschreiben, während das Gebot der Erwirtschaftung eines angemessenen Gewinns in § 109 Abs. 1 Satz 2 und Abs. 2 GO NW, § 114 NGO lediglich als eine Soll-Vorschrift ausgestaltet ist.

---

[273] *T. Darsow / S. Geuter / K.-M. Glaser / H. Meyer*, Kommunalverfassung Mecklenburg-Vorpommern, § 68, Rdnr. 2; *G. Püttner*, DÖV 1983, S. 697 (700).

[274] Vgl. *U. Cronauge*, Kommunale Unternehmen, Rdnr. 769l; *A. Gern*, Kommunalrecht Baden-Württemberg, Rdnr. 392; *E. Rehn / U. Cronauge*, GO NW, § 107, Anm. III 1.

[275] So auch *F. Engellandt*, Die Einflussnahme der Kommunen auf ihre Kapitalgesellschaften über das Anteilseignerorgan, S. 33; *A. Galette / E. Laux / K. F. v. Scheliha*, Gemeindeordnung Schleswig-Holstein, § 107, Anm. 2 (S. 622e).

Dabei ist zu bedenken, dass die grundsätzliche Anordnung der Gewinnerzielung sinnlos wäre, wenn die kommunale Gebietskörperschaft sie aus Gründen des öffentlichen Wohls stets ignorieren dürfte. Das Zusammenspiel kommunaler Wirtschaftsgrundsätze mit dem Erfordernis der Förderung eines öffentlichen Zwecks zeigt vielmehr, dass kommunale Eigengesellschaften im Regelfall rentabel arbeiten müssen. Ausnahmsweise darf davon abgewichen werden, wenn dies aus Gründen des öffentlichen Wohles unvermeidbar ist[276]. Die Ertragserwirtschaftung ist mithin eine nachrangige Zielsetzung (Nebenzweck)[277]. Im Ergebnis kann von einem zwar nicht grundsätzlichen, aber in der Regel bestehenden Vorrang der Zweckerfüllung vor wirtschaftlichen Gesichtspunkten gesprochen werden[278].

c) Annahme einer Einstandspflicht aus dem Vorrang des öffentlichen Zwecks

Aus diesem grundsätzlichen Vorrang der Zweckerfüllung kann jedoch keine Verlustausgleichspflicht bzw. eine Verpflichtung der kommunalen Gebietskörperschaft, eine Insolvenz ihrer Eigengesellschaft abzuwenden, hergeleitet werden. Vielmehr folgt aus dem Vorrang der öffentlichen Zweckerfüllung, dass die Durchsetzung von Forderungen der Gläubiger kommunaler Eigengesellschaften gegenüber der Erfüllung des öffentlichen Zwecks zurückstehen müssen. Erreicht wird dieses Ziel mit der strikten Trennung der Vermögensmassen von kommunaler Gebietskörperschaft und Eigengesellschaft nach § 13 Abs. 2 GmbHG bzw. § 1 Abs. 1 Satz 2 AktG, die ab Eintragung der Eigengesellschaft in das Handelsregister gilt.

Der öffentliche Zweck ist ohnehin Ansatzpunkt und die bereits angesprochene zentrale Legitimationsgrundlage der wirtschaftlichen Betätigung der kommunalen Gebietskörperschaften. Dass er gegenüber wirtschaftlichen Gesichtspunkten des kommunalen Wirtschaftens – also insbesondere der auf Gewinnerzielung gerichteten Tätigkeiten der Städte und Gemeinden – vorrangig ist, sollte mithin selbstverständlich sein[279]. Dies bedeutet jedoch nicht, dass die kommunalen Gebietskörperschaften durch das Gemeindewirtschaftsrecht in die Lage versetzt werden, Grundsätze wirtschaftlichen Handelns und haftungsrechtliche Gesichtspunkte völlig au-

---

[276] Ähnlich *F. Engellandt*, Die Einflussnahme der Kommunen auf ihre Kapitalgesellschaften über das Anteilseignerorgan, S. 35.

[277] Vgl. *K. A. Klang / U. Gundlach*, GO und LKO für LSA, § 116, Rdnr. 6.

[278] *K. A. Klang / U. Gundlach*, GO und LKO für LSA, § 116, aaO.; *T. Kuhl / K. Wagner*, ZIP 1995, S. 433 (437) mwN.

[279] Vgl. *T. Darsow / S. Geuter / K.-M. Glaser / H. Meyer*, Kommunalverfassung Mecklenburg-Vorpommern, § 68, Rdnr. 2; *A. v. Mutius / H. Rentsch*, Kommunalverfassungsrecht Schleswig-Holstein, § 101, Rdnr. 7.

ßer Acht zu lassen. Zwar dürfen durch die wirtschaftliche Betätigung auch Erträge erwirtschaftet werden und ist es auch zulässig, die Eigengesellschaft unter ein Gewinnerzielungsgebot zu stellen[280]. Demgegenüber gibt das Gemeindewirtschaftsrecht jedoch regelmäßig vor, dass die Haushaltswirtschaft „sparsam und wirtschaftlich" zu führen ist[281], womit der Grundsatz der Rentabilität gemeindlicher Wirtschaft[282] verwirklicht werden soll. Schon gar nicht berechtigt das Gemeindewirtschaftsrecht die Eigengesellschaft, den öffentlichen Zweck „ohne Rücksicht auf Verluste" anzustreben[283]. Die vielfach eingeführten Wirtschaftlichkeitsklauseln, die z.B. nach § 108 Abs. 1 Nr. 2 NGO ein „angemessenes Verhältnis" von Unternehmen und Leistungsfähigkeit der Gemeinde voraussetzen, sollen deshalb die kommunalen Gebietskörperschaften vor unübersehbaren finanziellen Risiken bewahren[284]. Allerdings handelt es sich bei dieser Klausel um eine Prämisse, der in tatsächlicher Hinsicht von vielen Gemeinden und Gemeindeverbänden wohl nicht ausreichend Rechnung getragen wird. Nicht zuletzt deshalb spricht eine große Wahrscheinlichkeit für ein in Zukunft häufigeres Auftreten von Fällen, bei denen die wirtschaftliche Betätigung nicht an der Verwaltungs- und Finanzkraft der Gemeinde ausgerichtet ist. Beispielhaft sei hier erneut an die Insolvenz einer kommunalen Eigengesellschaft in der Gemeinde Salzhemmendorf erinnert. Dort hatte die Gemeinde als Eigentümerin einer Thermalquelle eine Kurbetriebs-Gesellschaft gegründet, die dann umfangreiche Investitionen für ein Kurmittelhaus und ein Kurhotel tätigte. Da sich die erhofften Einnahmen für den Unterhalt der kostenintensiven Einrichtungen als nicht kostendeckend erwiesen, fiel die Gesellschaft später in Konkurs.

Die Gemeindeordnungen und Kommunalverfassungen der Länder sehen weiterhin vor, dass die kommunalen Gebietskörperschaften ihr Haftungsrisiko begrenzen müssen, wenn sie sich privatrechtlicher Organisationsformen bedienen. Dabei weichen die Formulierungen in den gesetzlichen Bestimmungen der einzelnen Länder teilweise voneinander ab. Während § 109 Abs. 1 Nr. 2 NGO und § 108 Abs. 1 Nr. 3 GO NW eine Haftungsbegrenzung auf eine bestimmten Betrag fordern, sehen beispielsweise § 96 Abs. 1 Nr. 3 SächsGO und § 102 Nr. 3 KV Brandenburg eine Haftungsbeschränkung der Gemeinde auf einen ihrer Leistungsfähigkeit angemessenen Betrag vor. Diese Gesetzesbestimmungen können wegen

---

[280] Vgl. nur *A. v. Mutius / H. Rentsch*, Kommunalverfassungsrecht Schleswig-Holstein, § 107, Rdnr. 2.

[281] Z.B. §§ 75 GO NW, 90 Abs. 2 GO LSA; *K. A. Klang / U. Gundlach*, GO und LKO für LSA, § 90, Rdnr. 4.

[282] Vgl. § 109 Abs. 1 GO NW.

[283] So *U. Gundlach*, LKV 2000, S. 58 (59).

[284] Vgl. dazu *J. Ipsen*, Nds. Kommunalrecht, Rdnr. 641.

der Eindeutigkeit des Gesetzeswortlautes schlechterdings nicht dahin umgedeutet werden, dass aus ihnen eine umfassende Verlustausgleichs- bzw. Insolvenzabwendungsberechtigung der Eigengesellschaften hergeleitet werden kann.

Nach dem Zweck dieser kommunalrechtlich erforderlichen Haftungsbegrenzungen soll das wirtschaftliche Risiko, welches sich für kommunale Gebietskörperschaften aus der Gründung selbständiger Gesellschaften ergibt, eingegrenzt werden[285]. Dieses Ziel kann aber dann nicht erreicht werden, wenn die Gebietskörperschaften trotz der sich aus den Gemeindeordnungen bzw. Kommunalverfassungen ergebenden Haftungsbeschränkungen für Verbindlichkeiten der Eigengesellschaft in voller Höhe einstehen muss[286]. In einem solchen Fall würde die Haftungsbeschränkung durch die Pflicht zur Übernahme der Verbindlichkeiten der Eigengesellschaft konterkariert werden und letztlich leer laufen. Selbst *T. Kuhl* und *K. Wagner* räumen ein, dass es zweifelhaft ist, ob die Eigengesellschaft subjektive Ansprüche auf Verlustdeckung gegen den kommunalen Träger aus der Insolvenzabwendungspflicht geltend machen kann. Die Fassung dieser Vorschriften lege eher das Verständnis nahe, dass hier lediglich objektives Recht normiert sei, aus dem subjektiv-rechtliche Ansprüche gegen die kommunale Gebietskörperschaft nicht folgten. Damit erweist sich diese Auffassung jedoch als rechtlich inkonsequent, da sie zwar eine Insolvenzabwendungspflicht der kommunalen Gebietskörperschaften annimmt, aber eine rechtliche Durchsetzbarkeit dieses Anspruchs in Frage stellt und der Eigengesellschaft keinen subjektivrechtlichen Anspruch zubilligt.

2. Zwischenergebnis

Aus dem Gemeindewirtschaftsrecht lässt sich keine Insolvenzabwendungspflicht der kommunalen Gebietskörperschaften gegenüber ihrer Eigengesellschaften begründen. Die Literaturstimmen, die sich für eine Insolvenzabwendungspflicht aussprechen, liefern im Ergebnis keine überzeugenden Argumente, warum das Trennungsprinzip für die öffentliche Hand und insbesondere für die kommunalen Gebietskörperschaften außer Kraft gesetzt werden sollte. Eine Aufhebung des Trennungsprinzips ist weder begründbar noch ist es sachgerecht. Damit verbleibt es bei der von der Privatrechtsordnung festgelegten Trennung zwischen Vermögen der Eigengesellschaft und Vermögen der kommunalen Gebietskörperschaft.

---

[285] Vgl. *E. Rehn / U. Cronauge*, GO NW, § 108, Anm. IV.1.

[286] *W. Hauser*, Die Wahl der Organisationsform kommunaler Einrichtungen, S. 172.

C. Ergebnis der Untersuchung einer Insolvenzabwendungspflicht

Der erste Abschnitt der Untersuchung einer Einstandspflicht der kommunalen Gebietskörperschaften für ihre öffentlichen Unternehmen hat gezeigt, dass die für eine Insolvenzabwendungspflicht vorgetragenen Ansichten einer Überprüfung ihrer Überzeugungskraft nicht standhalten. Zwar haben sich Argumente aus dem Sozialstaatsprinzip aufzeigen lassen, die für die Annahme einer Insolvenzabwendungspflicht sprechen, jedoch liefern diese Ansätze kein überzeugendes Argument für eine rechtliche Einstandspflicht.

Auch eine Herleitung aus den Grundsätzen des Gemeindewirtschaftsrechts stößt auf rechtliche Bedenken. Danach besteht kein Grund und auch keine Notwendigkeit, das gesellschaftsrechtliche Trennungsprinzip des § 13 Abs. 2 GmbHG bzw. § 1 Abs. 1 Satz 2 AktG aufzuheben. Verneint man eine Pflicht der kommunalen Gebietskörperschaften zur Abwendung eines Insolvenzverfahrens über das Vermögen ihrer Eigengesellschaften, so tritt die mit der Organisationsprivatisierung bezweckte Haftungsbeschränkung grundsätzlich bereits mit der Gründung der kommunalen GmbH oder Aktiengesellschaft ein.

Zweiter Abschnitt: Die Haftungsfolgen der eigenkapitalersetzenden Gesellschafterleistungen

Aus der skizzierten Problematik der durch eine finanzielle Krise zur Insolvenz führenden Kapitalverminderung einer kommunalen Gesellschaft konnte eine Insolvenzabwendungspflicht der Gemeinden und Gemeindeverbände nicht hergeleitet werden. Dies darf aber nicht den Blick darauf verstellen, dass die Beteiligung bzw. Gründung einer kommunalen Kapitalgesellschaft auch in anderer Hinsicht zu unerwarteten finanziellen Konsequenzen für die kommunalen Gebietskörperschaften führen kann.

Um diesen Aspekt zu durchdringen, muss der Blick auf die entgegengesetzte Seite der zur Insolvenz führenden Kapitalverminderung, genauer gesagt auf die Kapitalaufbringung und der Kapitalerhaltung, gerichtet werden. Hierbei ist von großer Bedeutung, dass die öffentliche Hand und insbesondere auch die kommunalen Gebietskörperschaften ihre Kapitalgesellschaften vielfach durch das Gewähren von Darlehen und Bürgschaften finanziell unterstützen. Aus haushaltsrechtlichen Gründen geschieht dies meist über zwischengeschaltete Gesellschaften oder der Gebietskörperschaft nahestehende Kreditinstitute wie Landesbanken oder Sparkassen. Eine bislang kaum erkannte Gefahrenquelle ergibt sich, wenn eine Haftung nach den von der Rechtsprechung entwickelten Grundsätzen zum Kapitalersatzrecht in Frage kommt.

Die gesetzlichen Bestimmungen über die Kapitalerhaltung, die sich vor allem aus §§ 30, 31 GmbHG ergeben, haben durch die Grundsätze der eigenkapitalersetzenden Gesellschafterleistungen eine besondere Ausprägung erfahren. Das Eigenkapitalersatzrecht führt zwar nicht zu einer persönlichen Haftung der Gesellschafter. Es erzielt aber einen ähnlichen Effekt, indem es zumindest die vom Gesellschafter der Gesellschaft während der Krise zur Verfügung gestellten Gegenstände in der Insolvenz dem Zugriff der Gläubiger überlässt. Aufgrund dieser Rechtsfolge ist in dem folgenden Abschnitt das Augenmerk auf die Voraussetzungen der sogenannten eigenkapitalersetzenden Gesellschafterleistungen zu richten. Im Rahmen dieser Arbeit kann jedoch lediglich ein kurzer Überblick über die Grundsätze des Eigenkapitalersatzrechts geleistet werden. Es gilt die Relevanz für die Haftungsverfassung der kommunalen Gebietskörperschaften herauszuarbeiten.

A. Die Grundsätze der eigenkapitalersetzenden Gesellschafterleistungen[287]

Für jeden Gesellschafter einer GmbH oder Aktiengesellschaft besteht aus Gründen des Gläubigerschutzes die Verpflichtung, dass Stammkapital für die gegründete Gesellschaft zu leisten und zu erhalten. Hierfür sind die §§ 19, 24, 26, 27 GmbHG und §§ 36, 54 AktG die einschlägigen Normen. Bei einer GmbH sind Auszahlungen, die eine Unterbilanz herstellen oder verschärfen nach § 30 GmbHG verboten. Nach dem Aktiengesetz besteht bei einer Aktiengesellschaft eine starre Kapitalsicherung dahingehend, dass eine Einlagenrückgewähr ohne Kapitalherabsetzung strikt verboten und nur die Auszahlung von Bilanzgewinnen erlaubt ist, §§ 57 ff. AktG.

Auch die kommunalen Gebietskörperschaften als Gesellschafter treffen diese Pflichten, da es keinen Unterschied macht, ob die Gesellschaft von einer Privatperson oder von einer Körperschaft des öffentlichen Rechts gegründet bzw. unterhalten wird. Dies ergibt sich daraus, dass die genannten Vorschriften des GmbH- und des Aktien-Gesetzes überwiegend dem Gläubigerschutz dienen und es aus Sicht der Gläubiger unerheblich ist, ob Gesellschafter eine juristische Person des öffentlichen Rechts oder eine natürliche Person ist. Gerät die Gesellschaft – gleich ob GmbH oder Aktiengesellschaft – in eine finanzielle Krise, das heißt liegen Zahlungsunfähigkeit oder drohende Zahlungsunfähigkeit nach §§ 17, 18 InsO oder Überschuldung nach § 19 InsO vor, so bestehen grundsätzlich zwei Reaktionsmöglichkeiten für den Gesellschafter.

Zum einen kann der Gesellschafter auf der Haftungsbegrenzung des § 13 Abs. 2 GmbHG bzw. § 1 Abs. 1 Satz 2 AktG beharren und das Unternehmen in die Insolvenz fallen und liquidieren lassen. Diese Möglichkeit steht jedem Gesellschafter offen, da er grundsätzlich nicht verpflichtet ist, der Gesellschaft weiteres – über das Stammkapital nach § 5 GmbHG bzw. über den Mindestnennbetrag des Grundkapitals nach § 7 AktG hinausgehendes – Eigenkapital zuzuführen. Im kommunalen Konzern bedeutet dies, dass es im Falle der Liquidierung der Eigengesellschaft mit dem Verlust der von der kommunalen Gebietskörperschaft gezahlten Einlage sein Bewenden hat. Bei Eintreten einer finanziellen Krise der kommunalen Eigengesellschaft liegt hier eine Verhaltensmöglichkeit der Gebietskörperschaften. Durch die haftungsmäßige Trennung von Gemeindevermögen und

[287] Einzelheiten bei *V. Emmerich / M. Habersack*, Aktien- und GmbH-Konzernrecht, § 311, Rdnr. 84 mwN; *H. v. Gerkan*, ZGR 1997, S. 173 ff.; *W. Goette*, Die GmbH nach der BGH-Rechtsprechung, § 4; *ders.*, ZHR 162 (1998), S. 223 ff.; *M. Habersack*, ZHR 162, S. 201 ff.; *U. Hüffer*, AktG, § 57, Rdnrn. 16 f.; *H. Rowedder*, in: H. Rowedder, GmbHG, § 32a, Rdnrn. 1 ff.; *K. Schmidt*, Gesellschaftsrecht, S. 529 ff., 1149 ff.

Vermögen der Eigengesellschaft erweist sich diese Handlungsmöglichkeit der Gebietskörperschaften bis zum jetzigen Stand der Untersuchung als haftungsrechtlich unproblematisch[288]. Für die Verbindlichkeiten der Gesellschaft haftet demzufolge nur das Gesellschaftsvermögen. Ein Rückgriff auf die quasi „hinter" der Eigengesellschaft stehende kommunale Gebietskörperschaft scheidet aus.

Auf der anderen Seite bleibt es den kommunalen Gesellschaftern natürlich unbelassen, die Gesellschaft unter Zuführung neuen Eigenkapitals fortzuführen. Die finanziellen Mittel für dieses Vorgehen müssen jedoch aus dem Gemeindehaushalt zugeführt werden und stellen eine zusätzliche Belastung der ohnehin schwierigen Haushaltslage der meisten kommunalen Gebietskörperschaften dar. Jede Gemeinde wird deshalb einen Kapitalnachschuss für eine verlustträchtige Gesellschaft schon aus den von ihr zu beachtenden kommunalrechtlichen Wirtschaftlichkeitsgesichtspunkten besonders sorgfältig zu prüfen haben.

Mit dem angesprochenen möglichen Kapitalnachschuss ist an dieser Stelle auf Gesellschaftsverträge einzugehen, in denen sich die kommunale Gebietskörperschaft zu einer unbeschränkten Nachschusspflicht im Sinne der §§ 26 ff. GmbHG verpflichtet hat. Nachschüsse sind Geldeinlagen, die Gesellschafter neben den Stammeinlagen in das Vermögen der Gesellschaft leisten[289]. Sie können bei einem vorübergehenden Kapitalbedarf die Liquidität der Gesellschaft auf Zeit verstärken[290]. Vielfach dienen sie auch dazu, die Eigenkapitalausstattung nach Verlustjahren wiederherzustellen. Nach § 26 Abs. 1 GmbHG kann im Gesellschaftsvertrag bestimmt werden, dass die Gesellschafter über den Betrag der Stammeinlagen hinaus die Einforderung von Nachschüssen beschließen können. Aus §§ 26 Abs. 3, 27 Abs. 1 GmbHG ergibt sich, dass die Höhe der nachzufordernden Beträge eingeschränkt werden kann. Ein Anspruch der Gesellschaft auf Nachschüsse entsteht nach § 26 Abs. 1 GmbHG allerdings nicht allein durch eine entsprechende Satzungsbestimmung, sondern erst mit dem Gesellschafterbeschluss[291]. Hierbei handelt es sich um eine zwingende Bestimmung[292]. Zum Erhalt der Eigenkapitalausstattung einer GmbH mit kommunaler Beteiligung ist also eine Bestimmung im Gesellschaftsvertrag denkbar, nach der die Gebietskörperschaft als Gesell-

[288] Vgl. zum Trennungsprinzip bereits Seite 50.

[289] *L. Ammon / M. Burkert / S. Götz / C. Wagner*, Die GmbH, S. 87; *W. Müller*, in: M. Hachenburg, Kommentar zum GmbHG, § 26, Rdnr. 12 f.

[290] *V. Emmerich*, in: Scholz, GmbH-Gesetz, § 26, Rdnr. 1.

[291] OLG Frankfurt, GmbHR 1992, S. 665; *W. Zöllner*, in: A. Baumbach / G. Hueck, GmbHG, § 26, Rdnr. 7; *M. Lutter / P. Hommelhoff*, GmbHG, § 26, Rdnr. 6; *V. Emmerich*, in: Scholz, GmbH-Gesetz, § 26, Rdnr. 14.

[292] *V. Emmerich*, in: Scholz, GmbH-Gesetz, § 26, aaO.

schafter beim Eintritt eines erhöhten Kapitalbedarfs oder nach Verlustjahren aufgrund eines Beschlusses der Gesellschafterversammlung verpflichtet ist, die zur Liquiditätssicherung erforderlichen Geldmittel[293] in unbeschränkter Höhe einzuzahlen.

Eine solche Vertragsbestimmung stößt aber in zweierlei Hinsicht auf Bedenken. Zum einen ist die unbeschränkte Nachschusspflicht gesellschaftsrechtlich nicht erforderlich und zum anderen ist sie kommunalrechtlich unzulässig. Dass die Vereinbarung von Nachschusspflichten nach dem GmbH-Gesetz fakultativ ist, folgt aus § 26 Abs. 1 GmbHG, wonach der Gesellschaftsvertrag eine entsprechende Vorschrift enthalten kann[294]. Die kommunalrechtliche Unzulässigkeit der Vereinbarung unbeschränkter Nachschusspflichten ergibt sich nach einer in der Literatur vertretenen Ansicht bereits aus den bestehenden Haftungsbegrenzungspflichten der kommunalen Gebietskörperschaften[295]. Ob dieser Ansicht zu folgen ist, kann an dieser Stelle dahinstehen, da die Neufassung vieler Gemeindeordnungen das Problem ausdrücklich regelt. In Niedersachsen, Nordrhein-Westfalen, Rheinland-Pfalz und Sachsen-Anhalt bestimmen die entsprechenden Vorschriften, dass die kommunale Gebietskörperschaft sich nicht zur Übernahme von Verlusten in unbeschränkter Höhe verpflichten darf[296]. Diese Bestimmungen bezwecken gerade die Vermeidung von Vereinbarungen über unbegrenzte Nachschusspflichten in den Gesellschaftsverträgen kommunaler Gesellschaften[297]. Unbeschränkte Nachschusspflichten sind somit nicht nur nachteilig im Hinblick auf den Privatisierungszweck „Haftungsbeschränkung", sondern darüber hinaus kommunalrechtlich unzulässig, da sie faktisch eine unbeschränkte Haftung darstellen.

Der entscheidende haftungsrechtliche Nachteil des Kapitalnachschusses liegt jedoch darin begründet, dass der Nachschuss in einem Insolvenzverfahren über das Vermögen der kommunalen Gesellschaft als Eigenkapital der Gesellschaft angesehen wird und damit in den Haftungsverband fällt.

---

[293] *V. Emmerich*, in: Scholz, GmbH-Gesetz, § 26, Rdnr. 23.

[294] Vgl. *W. Zöllner*, in: A. Baumbach / G. Hueck, GmbHG, § 26, Rdnr. 1; *V. Emmerich*, in: Scholz, GmbH-Gesetz, § 26, Rdnr. 1; *G. Hueck*, Gesellschaftsrecht, § 35 I 2b.

[295] *H.-F. Hörr*, Der Gemeindehaushalt 1984, S. 282 (283); *E. Rehn / U. Cronauge*, GO NW, § 108, Anm. IV 1. und 4.

[296] Vgl. § 109 Abs. 1 Nr. 4 NGO; § 108 Abs. 1 Nr. 5 GO NW; § 87 Abs. 1 Nr. 6 GO RhPf; § 117 Abs. 1 Nr. 6 GO LSA.

[297] *W. Held / E. Becker / H. Decker / R. Kirchhof / F. Krämer / R. Wansleben*, KVR NW, § 108 GO, Anm. 4.3; *E. Rehn / U. Cronauge*, GO NW, § 108, Anm. IV. 4.

Um dieser Haftung zu entgehen, wählen kommunale als auch private Gesellschafter häufig eine Alternative[298]. Danach wird die Gesellschaft zwar fortgeführt, die erforderlichen Finanzmittel werden aber nicht als Eigenkapital, sondern als Darlehen oder sonstige Hilfe[299] zur Verfügung gestellt. Die Besonderheit dieser Situation besteht darin, dass zwischen Gesellschafter und Gesellschaft eine Rechtsbeziehung geschaffen wird, wie sie zwischen der Gesellschaft und einem hinsichtlich der Eigenkapitalaufbringung unbeteiligten Dritten bestehen würde. Letztlich versucht der Gesellschafter damit, seiner Verpflichtung zur ordnungsgemäßen Unternehmensfinanzierung zu entgehen, um sich im Hinblick auf ein mögliches Insolvenzverfahren über das Vermögen der Gesellschaft Vorteile gegenüber den Gläubigern der GmbH zu sichern.

Nach den zunächst von der Rechtsprechung[300] für die GmbH entwickelten Grundsätzen zum Eigenkapitalersatzrecht ist dies in Zeiten einer finanziellen Krise des Unternehmens aus Gründen des Gläubigerschutzes unzulässig. Durch Anwendung dieser Rechtsgrundsätze soll verhindert werden, dass die gesetzlichen Kapitalschutzvorschriften ihrem Zweck nach durch die Hingabe eigenkapitalersetzender Leistungen anstelle fehlenden Eigenkapitals unterlaufen werden. Dieser Rechtsprechung liegt der Gedanke zugrunde, dass der Gesellschafter für eine ordnungsgemäße Unternehmensfinanzierung verantwortlich ist, die ihn in der finanziellen Krise zwar nicht positiv verpflichtet, fehlendes Kapital aus seinem Vermögen nachzuschießen, der er sich aber nicht in der Weise zum Nachteil der Gläubiger entziehen kann, dass er bei einer tatsächlich beabsichtigten Finanzhilfe, anstatt sie durch objektiv gebotene Einbringung haftenden Kapitals zu leisten, auf eine andere, ihm weniger riskant erscheinende Finanzierungsform ausweicht. Da der Gesellschafter selber nicht die notwendigen Mittel einsetzt, um das wirtschaftliche Überleben der GmbH zu sichern, gegenüber den Gläubigern der Gesellschaft aber den Anschein erweckt, dass diese über ausreichende finanzielle Mittel verfüge, muss er sich gefallen lassen, dass er so gestellt wird, als ob er mit der Hilfsmaßnahme der Gesellschaft Eigenkapital zugeführt hätte[301]. Die Drittleistung aus der Gesellschafterhand wird aus diesen Gründen wie eine Einlageleistung behandelt. Es kann auch von einer Umwidmung des zugeführten Fremdkapitals in Eigenkapital gesprochen werden.

---

[298] *W. Goette*, Die GmbH nach der BGH-Rechtsprechung, § 4, Rdnr. 2.

[299] *W. Goette*, Die GmbH nach der BGH-Rechtsprechung, § 4, Rdnr. 6.

[300] Grundlegend dazu BGHZ 31, 258 (263 ff.); 67, (171, 174 ff.); 75, 334 (336 ff.); 76, 326 (328 ff.); 81, 252; 81, 311 (314 ff.); 81, 365.

[301] *W. Goette*, Die GmbH nach der BGH-Rechtsprechung, § 4, Rdnr. 1 spricht in diesem Zusammenhang auch von „funktionalem Eigenkapital".

Diese vom Bundesgerichtshof entwickelten Grundsätze gelten uneingeschränkt für die GmbH. Des weiteren herrscht heute weitgehend Einigkeit darüber, dass die Regeln über eigenkapitalersetzende Gesellschafterhilfen auch für Aktiengesellschaften gelten[302]. Allerdings sind bei der Einstufung insbesondere von Gesellschafterdarlehen als haftendes Kapital bei der Aktiengesellschaft allgemein schärfere Anforderungen zu stellen als bei der GmbH[303]. Die Grundsätze über die Behandlung kapitalersetzender Gesellschafterdarlehen sind dann sinngemäß anzuwenden, wenn der Gläubiger an der Aktiengesellschaft unternehmerisch beteiligt ist, das heißt wenn ihm eine sogenannte Finanzierungsverantwortung zukommt. Davon ist nach Ansicht des Bundesgerichtshofs regelmäßig bei einem Aktienbesitz als Sperrminorität von 25% des Grundkapitals auszugehen[304]. Bei einer darunter liegenden Beteiligung[305] kann ein Aktionärsdarlehen als haftendes Kapital einzustufen sein, wenn die Beteiligung in Verbindung mit weiteren Umständen dem Gläubiger Einfluss auf die Unternehmensleitung sichert und er ein entsprechendes unternehmerisches Interesse erkennen lässt[306].

Bei einer kommunalen Eigengesellschaft in der Rechtsform der Aktiengesellschaft stellt sich diese Problematik nicht, da der Aktienbesitz in diesem Fall zu 100 % in Händen der kommunalen Gebietskörperschaft liegt.

---

[302] BGHZ 90, 381 (385 ff.); OLG Düsseldorf AG 1987, S. 181 (183); *v. Gerkan / P. Hommelhoff*, Kapitalersatz im Gesellschafts- und Insolvenzrecht, S. 213 ff.; *M Habersack*, ZHR 1998, S. 201 (215) mwN; *U. Hüffer*, AktG, § 57, Rdnr. 16 ff.; *K. Schmidt*, in: Scholz, GmbH-Gesetz, § 32a, 32b, Rdnr. 21.

[303] BGHZ 90, 380 (389).

[304] BGHZ 90, 380 (390, 391); zustimmend *U. Hüffer*, AktG, § 57, Rdnr. 18; Weitergehende Anforderungen (OLG Düsseldorf, NJW 1983, S. 2887; zur Kapitalerhöhung genügende Mehrheit) sind überholt.

[305] Eine unbeträchtliche Beteiligung begründet nach dem II. Zivilsenat des BGH (vgl. BGHZ 90, 380 ff.) dagegen in keinem Fall die Anwendung der Rechtsprechungsregeln über den Eigenkapitalersatz.

[306] Zu dem Urteil BGHZ 90, 380 ff. eingehend *C. P. Claussen*, AG 1985, S. 173 ff.; *P. Ulmer*, ZIP 1984, S. 1163; siehe auch OLG Düsseldorf, NJW-RR 1987, S. 362 (365).

B. Die Anwendbarkeit des Eigenkapitalrechts auf kommunale Eigengesellschaften

Die Frage der Anwendbarkeit des Eigenkapitalrechts auf Gesellschaften, die allgemein zum Zweck der Erfüllung öffentlicher Aufgaben tätig werden, ist durch die Rechsprechung geklärt worden. Damit sind die dargestellten Grundsätze zum Eigenkapitalersatzrecht auch auf die kommunalen Eigengesellschaften der Gemeinden und Gemeindeverbände anzuwenden. In einer Entscheidung aus dem Jahre 1988 stellte der Bundesgerichtshof zu Recht fest, dass die Eigenkapitalersatzregeln unabhängig von der subjektiven Zielrichtung des Gesellschafters allein wegen der Gesellschafterstellung Anwendung finden[307]. Auch das OLG Düsseldorf geht von einer Anwendung des Eigenkapitalrechts aus und ergänzt, dass dies auch für kommunale Gebietskörperschaften gilt, die sich zur Erfüllung ihrer öffentlichen Aufgaben einer GmbH bedienen[308].

C. Rechtsfolgen und Ergebnis

Im Ergebnis unterliegen die kommunalen Gebietskörperschaften als Gesellschafter ihrer Unternehmen den Eigenkapitalersatzregeln. Eigenkapitalersetzende Leistungen werden wie Stammkapital behandelt, für sie gelten mithin die Kapitalerhaltungsvorschriften. Hieraus wiederum können sich im Falle der Insolvenz einer kommunalen Eigengesellschaft nachteilige Rechtsfolgen für die Städte und Gemeinden als Gesellschafter ergeben. Wird beispielsweise der Eigengesellschaft in einer Krisensituation von der kommunalen Gebietskörperschaft ein Darlehen gewährt oder „stehen gelassen“[309], wird eine Kreditsicherheit gestellt, werden Gegenstände zum Gebrauch überlassen oder werden auf sonstige Weise mit anderen Maßnahmen der Gesellschaft Vorteile verschafft, so muss die Gebietskörperschaft im anschließenden Insolvenzverfahren damit rechnen, dass diese Kredite wie haftendes Kapital im Vermögen der Eigengesellschaft verbleiben. Damit werden die von der Gebietskörperschaft während der Krise zur Verfügung gestellten Gegenstände in der Insolvenz der Eigengesellschaft dem Zugriff der Gläubiger überlassen. Wurde der Gegenstand oder die Leistung bereits der Gebietskörperschaft zu-

---

307 BGHZ 105, 168 (176 ff.).

308 OLG Düsseldorf, ZIP 1995, S. 465 (466). Im entschiedenen Fall handelte es sich um eine von der Gemeinde gegründete Gesellschaft zur Wiedereingliederung von Langzeitarbeitslosen.

309 Unter „Stehenlassen“ eines Darlehens ist zu verstehen, dass soweit die Gesellschafterleistung nicht schon bei der Gewährung eigenkapitalersetzenden Charakter hat, sie von einer normalen „Drittleistung“ in funktionales Eigenkapital umqualifiziert werden kann, wenn die Krisensituation sich erst später entwickelt.

rückgewährt, so kann der Insolvenzverwalter eine Rückgabe an die Masse verlangen[310]. Die demnach mögliche Inanspruchnahme des kommunalen Gesellschafters wegen einer Rückzahlung des Gesellschafterdarlehens oder wegen Befreiung von einer kapitalersetzenden Sicherheit ist speziell in §§ 135 InsO, 6 AnfG, 32 GmbHG geregelt. Die kommunale Gebietskörperschaft muss die Geldleistungen erstatten, wenn innerhalb einer Jahresfrist nach dem Rückfluss des Gesellschafterdarlehens bzw. nach der Befreiung die Eröffnung des Insolvenzverfahrens beantragt oder die Rückzahlung angefochten wird. Außerdem darf im Insolvenzverfahren über das Vermögen der Gesellschaft die Forderung aus einem kapitalersetzenden Gesellschafterdarlehen nur als nachrangige Forderung geltend gemacht werden (§ 32a Abs. 1 Satz 1 GmbHG)[311]. Ebenso wenig kann die kommunale Gebietskörperschaft, die aus einer kapitalersetzenden Sicherheit von einem dritten Kreditgeber in Anspruch genommen wurde, mit ihrem Regressanspruch – z.B. als Bürge nach § 774 BGB – im Insolvenzverfahren mit den Gläubigern der Eigengesellschaft konkurrieren[312].

Ergänzend ist im Bereich der kapitalersetzenden Gesellschafterleistungen auf ein weiteres haftungsrechtliches Problem für kommunale Gebietskörperschaften hinzuweisen. Dieses liegt in der Rechtsnatur der vielfach als sogenannte Risikodarlehen oder auch Finanzplankredite bezeichneten einlagegleichen Gesellschafterleistungen begründet[313]. Es ist anzumerken, dass dieses Institut als neben dem Eigenkapitalersatzrecht eigenständige Form angesehen werden muss[314]. Hierbei handelt es sich um Gesellschafterleistungen, die fernab von einer finanziellen Krise der Gesellschaft dieser tatsächlich gewährt oder versprochen wurden oder die während einer bestehenden oder bevorstehenden Gesellschaftskrise versprochen, aber der Gesellschaft noch nicht (wie beim Eigenkapitalersatz erforderlich) tatsächlich ge-

---

310 Vgl. dazu den vom OLG Düsseldorf, ZIP 1995, S. 465 f. entschiedenen Fall.

311 Mit dieser Einbeziehung hat der InsO-Gesetzgeber nicht die Rechtsposition des Gesellschafters beim eigenkapitalersetzenden Gesellschafterdarlehen verbessern wollen; dazu *K. Schmidt*, GmbHR 1999, S. 9 (11).

312 So noch ausdrücklich § 32a IV 1 RegE 1977.

313 In der Literatur hat sich für diese Leistungen der Terminus „Finanzplankredite und -nutzungen" eingebürgert. Nach *M. Lutter / P. Hommelhoff*, GmbHG, § 32a/b, Rdnr. 169, sollte bei diesen einlagegleichen Gesellschafterleistungen jedoch besser von Risikodarlehen und -nutzungen bzw. Quasikapital gesprochen werden. Risikodarlehen und -nutzungen sind trotz ihres Ausweises als Fremdkapital durch ihre materielle Eigenkapitalfunktion gekennzeichnet. Danach betrachten und behandeln die Beteiligten selbst die Gesellschafterleistung wie eine Einlage (BHGZ 104, 38 ff.; Kammergericht, GmbHR 1999, S. 128, 129).

314 *H. v. Gerkan*, ZGR 1997, S. 173 (193); *M. Habersack*, ZHR 1997, S. 457 ff.

währt worden sind[315]. Im zuerst genannten Fall kann die kommunale Gebietskörperschaft eine solche Gesellschafterleistung nach ihrer Erbringung weder kündigen noch im Einvernehmen zwischen ihr und der Eigengesellschaft zurückerlangen[316]. In der anderen, haftungsrechtlich interessanteren Situation, in der ein Risikodarlehen von der kommunalen Gebietskörperschaft verbindlich zugesagt, aber der Eigengesellschaft noch nicht gewährt worden ist, können die Gesellschaft bzw. der Insolvenzverwalter bei einer Krise, Insolvenz oder Liquidierung der Gesellschaft die versprochene Gesellschafterleistung (sogar oberhalb der Stammkapitalziffer) einfordern, soweit sie benötigt wird, um die vorrangigen Gläubiger der Eigengesellschaft zu befriedigen[317]. Dieser Ausschluss der privatautonomen Disposition über die Gesellschafterleistung kann zu einer haftungsrechtlichen Einstandspflicht der kommunalen Gebietskörperschaft führen, da sie letztlich eine Zahlungsverpflichtung begründet.

Den Gemeinden und Gemeindeverbänden ist nach alledem im Ergebnis anzuraten, ihren Eigengesellschaften keine sogenannten Risikodarlehen als Beitrag zu deren sanierender Überwindung einer finanziellen Krise zu versprechen, um nicht haftungsrechtlichen Ansprüchen ausgesetzt zu sein.

---

315 Vgl. dazu *M. Habersack*, ZHR 1998, S. 201 (211); *M. Lutter / P. Hommelhoff*, GmbHG, § 32 a/b, Rdnr. 168 ff.

316 Ein Widerruf der Darlehenszusage gemäß § 610 BGB bei Kriseneintritt kommt daher nicht in Betracht; vgl. Kammergericht, GmbHR 1999, aaO mwN.

317 Vgl. BGH, GmbHR 1997, S. 498 (499); OLG Frankfurt, GmbHR 1997, S. 892 (893); *H. Wiedemann / M. Hermanns*, ZIP 1994, S. 997 (1001).

Dritter Abschnitt: Die Haftung der kommunalen Gebietskörperschaften nach Konzernrecht

Einleitung

Die Beziehungen der kommunalen Gebietskörperschaften zu ihren Eigengesellschaften sind durch die öffentlich-rechtlichen Bestimmungen des kommunalen Haushalts- bzw. Wirtschaftsrechts geprägt. Insbesondere ist die Verwendung privatrechtlicher Organisationsformen für die kommunale Wirtschaftstätigkeit nach dem Gemeindewirtschaftsrecht der Länder an bestimmte Voraussetzungen gebunden. In allen Gemeindeordnungen und Kommunalverfassungen finden sich Abschnitte, die sich der kommunalen Wirtschaftstätigkeit widmen und diese auf eine rechtliche Grundlage stellen. So hängt die Zulässigkeit einer Beteiligung zunächst davon ab, dass ein wichtiges Interesse der kommunalen Gebietskörperschaft ihr wirtschaftliches Handeln rechtfertigt[318] und der mit der Beteiligung angestrebte Zweck nicht ebenso gut auf andere Art und Weise erfüllt werden kann[319]. Ferner werden ein gesicherter Einfluss auf die privatrechtliche Organisationsform[320] sowie – und dies im Unterschied zur Rechtslage nach den Haushaltsordnungen des Bundes und der Länder[321] – eine Begrenzung der haftungsrechtlichen Risiken der kommunalen Gebietskörperschaft vorausgesetzt.

Die Wirtschaftstätigkeit der kommunalen Eigengesellschaften kann aber auch den Regelungsgrundsätzen des Konzernrechts, also des Rechts der verbundenen Unternehmen unterstellt werden. Hierbei handelt es sich um eine äußerst komplexe und im Flusse befindliche Rechtsmaterie, die besonderen Voraussetzungen unterliegt und die einer eingehenden Beschäftigung bedarf. So greifen im Konzernrecht besondere Schutzvorkehrungen zugunsten von vorhandenen Minderheitsgesellschaftern und Gläubigern der Gesellschaft, die auf die Gefahr reagieren, dass der Mehrheits- oder Alleingesellschafter seine beherrschende Stellung ausnutzt, um gesellschaftsfremde Partikularinteressen durchzusetzen[322].

---

[318] § 108 Abs. 1 Nr. 1 NGO; § 107 Abs. 1 Nr. 1 GO NW.

[319] § 108 Abs. 1 Nr. 3 NGO; § 107 Abs. 1 Nr. 3 GO NW.

[320] § 109 Abs. 1 Nr. 6 NGO; § 108 Abs. 1 Nr. 6 GO NW.

[321] Beispielsweise sieht § 65 Abs. 1 Ziff. 2 BHO nur eine Begrenzung der Einzahlungspflicht des Bundes vor. Die gleiche Regelung findet sich für Niedersachsen in der landesrechtlichen Vorschrift des § 65 Abs. 1 Nr. 2 LHO.

[322] Vgl. *U. Hüffer*, AktG, § 15, Rdnr. 3 mwN.

Vor dem Hintergrund der Haftungstatbestände des Konzernrechts weisen auch die Vertreter der vorzugswürdigen Literaturansicht, die eine Insolvenzabwendungspflicht der kommunalen Gebietskörperschaften gegenüber ihren Eigengesellschaften ablehnen[323], darauf hin, dass die Effektivität der gesellschaftsrechtlichen Haftungsbeschränkungen von GmbH und Aktiengesellschaft sich unter Umständen infolge einer konzernrechtlichen Ausgleichspflicht der Gebietskörperschaft für Verluste ihrer Gesellschaft verringern kann[324].

In der berühmten und vieldiskutierten *VEBA/Gelsenberg*-Entscheidung hat der II. Zivilsenat des Bundesgerichtshofs[325] im Jahre 1977 die Unternehmenseigenschaft der Bundesrepublik Deutschland im Sinne des Aktienkonzernrechts anerkannt und damit die Anwendbarkeit des Rechts der verbundenen Unternehmen auf das Verhältnis des Bundes zu seinen Beteiligungsunternehmen grundsätzlich angenommen. Nachdem der Bundesgerichtshof insbesondere in den Entscheidungen *„ITT“*[326], *„Autokran“*[327], *„Tiefbau“*[328], *„Video“*[329], *„TBB“*[330], *„EDV“*[331], *„Fertighaus II“*[332], *„Architekten“*[333] und *„Betriebsfortführung“*[334] das GmbH-Konzernrecht rechtsfortbildend entwickelt hat, stellt sich für den gemeindlichen Konzern die Frage, ob und inwiefern die Beziehungen der kommunalen Gebietskörperschaften zu ihren Eigengesellschaften durch das Konzernrecht beeinflusst werden.

Bevor wir uns jedoch den Rechtsfolgen des Konzernrechts zuwenden, bedarf es der Klärung der wichtigen Vorfrage, ob das zum Kreis des Privatrechts zählende Recht der verbundenen Unternehmen überhaupt in dem Beziehungsgeflecht zwischen den Gebietskörperschaften und ihren Eigengesellschaften anwendbar ist. Denkbar wäre auch, diese Rechtsbeziehung dem öffentlichen Recht zu unterstellen bzw. Modifikationen des Gesellschaftsrechts durch das öffentliche Recht vorzunehmen.

---

[323] Siehe Seite 62 ff.

[324] *U. Noack*, Städte- und Gemeinderat 1995, S. 379 (381 ff.).

[325] BGHZ 69, 334 ff.

[326] BGHZ 65, 15 ff.

[327] BGHZ 95, 330 ff.

[328] BGHZ 107, 7 ff.

[329] BGHZ 115, 187 ff.

[330] BGHZ 122, 123 ff.

[331] BGH, NJW 1994, S. 446 ff.

[332] BGH, NJW 1994, S. 3288 ff.

[333] BGH, BB 1995, S. 997 ff.

[334] BGH, NJW 1996, S. 1283 ff.

Damit ist der „Dualismus" zwischen öffentlichem und privatem Recht angesprochen, der zu den Grundbestandteilen der verwaltungsrechtlichen Systematik gehört[335].

Anschließend sind die Rechtsfolgen des Gesellschaftsrechts, insbesondere die Anwendung und Wirkung konzernrechtlicher Haftungstatbestände im gemeindlichen Konzern einer näheren Untersuchung zu unterziehen. Anzusprechen sind die Haftungsfolgen im sogenannten Vertragskonzern, faktischen Konzern sowie im qualifizierten faktischen Konzern. Erschwert wird die Rechtsfindung allerdings dadurch, dass es sich bei dieser Rechtsmaterie bekanntlich um nicht kodifizierte zivilrechtliche Haftungstatbestände handelt. Schon jetzt sei vorausgeschickt, dass sich die Beschäftigung mit diesen Haftungstatbeständen und deren Anwendung auf die Wirtschaftstätigkeit der kommunalen Gebietskörperschaften als die zentrale Problematik der Untersuchung der Haftungsverfassung im gemeindlichen Konzern darstellen wird. Ihr wird besondere Aufmerksamkeit zu schenken sein.

Bevor jedoch der Blick auf die Anwendbarkeit des Konzernrechts zu richten ist, sind einige einleitende Bemerkungen über das Verhältnis von (Bundes-) Gesellschafts- und Landesrecht, insbesondere Kommunalrecht voranzustellen. Bedienen sich die kommunalen Gebietskörperschaften zur Erfüllung der ihnen obliegenden Aufgaben Eigengesellschaften, so stützen sich die geschaffenen privatrechtlichen Organisationseinheiten auf breitgefächerte Rechtsgrundlagen, die zudem unterschiedlichen Kompetenzträgern – nämlich Bundes- und Landesgesetzgeber – zugeordnet sind. So wird beispielsweise die Gründung oder Beteiligung der angesprochenen Erwerbsgesellschaften in den kommunalrechtlichen Vorschriften des Gemeindewirtschaftsrechts[336] und des Haushaltsrechts[337] der Länder und auch in den gesellschaftsrechtlichen Bestimmungen des bundesgesetzlichen Gesellschaftsrechts[338] geregelt. Es kann durchaus von einer Gemengelage konzernrechtlicher und gemeindewirtschaftsrechtlicher Regelungen gesprochen werden. Vor dem Hintergrund dieses durch die wirtschaftliche Betätigung der kommunalen Gebietskörperschaften bestehenden Verhältnisses und der Wechselwirkung zwischen öffentlich-rechtlichem Gemeindewirtschaftsrecht und privatrechtlichem Gesellschafts-, insbesondere Konzernrecht, rückt die sich stellende Frage des Verhältnisses dieser Rechtsgebiete zueinander in den Blickpunkt des Interesses.

---

[335] Vgl. *E. Schmidt-Aßmann*, in: W. Hoffmann-Riem / E. Schmidt-Aßmann (Hrsg.), Öffentliches Recht und Privatrecht als wechselseitige Auffangordnungen, S. 7 (8).

[336] Vgl. die Vorschriften der Länder zum Gemeindewirtschaftrecht in Fußnote 88 und 259.

[337] Z.B. § 65 LHO für das Land Niedersachsen.

[338] §§ 1 ff. GmbHG; §§ 23 ff. AktG.

Das Gesellschaftsrecht stellt den einzelnen Wirtschaftssubjekten eine Vielzahl und Vielfalt von Rechtsformen zur Verfügung, die den Gesellschaftern eine angemessene Organisation ihres wirtschaftlichen Handelns unter den Bedingungen privatautonomer Willensbildung im Rahmen der vorhandenen marktwirtschaftlichen Ordnung ermöglichen[339]. Die inhaltliche Gestaltung dieser Beziehungen dagegen bleibt grundsätzlich der Privatautonomie überlassen und bedarf keiner besonderen Rechtfertigung. Das Gesellschaftsrecht bietet folglich einen Organisations- und Handlungsrahmen für die Durchsetzung partikularer Interessen – in erster Linie den Interessen der Erwerbsgesellschaften an einer Gewinnerzielung – und gewährleistet privatautonome Entscheidungen der einzelnen gleichgeordneten Wirtschaftssubjekte. Demgegenüber ist das wirtschaftliche Handeln der kommunalen Gebietskörperschaften gerade bei der Verfolgung ideeller oder sozialer Zwecke, wie dies besonders im Rahmen der Daseinsvorsorge der Fall ist, auf die eigengestalterische Veränderung bestehender Lebensverhältnisse gerichtet. Hier ist der Zweck des kommunalen Unternehmens nicht zwangsläufig auf das alleinige Interesse an einer Gewinnerzielung festgelegt[340]. Es steht nicht die Erhaltung und Mehrung des Eigenkapitals im Vordergrund, wie dies üblicherweise das gesetzliche Bild der privatrechtlichen Kapitalgesellschaft widerspiegelt. Im Mittelpunkt steht vielmehr die Verwendung des Eigenkapitals der kommunalen Eigengesellschaft für eine öffentliche Aufgabe. Kurz gesprochen ist das Handeln kommunaler Gebietskörperschaften in erster Linie durch seine Aufgabenorientierung und Bewirkungsfunktion, mithin durch die Verwirklichung bestimmter Zielvorgaben gekennzeichnet[341].

Aus den genannten Gründen liegt auf der Hand, dass sich das Gesellschaftsrecht nicht immer in Einklang mit den am Gemeinwohl orientierten kommunalrechtlichen Bestimmungen des Gemeindewirtschaftsrechts bringen lässt[342]. Es herrscht also ein Reibungs- oder Spannungsverhältnis zwischen den Rechtsgebieten, da sie von verschiedenen Prämissen ausgehen und wesensmäßig von divergierenden Zielen geprägt sind[343]. Die Annahme eines gar natürlichen Spannungsverhältnisses

---

[339] Vgl. BVerfGE 50, 290 (355 f.).

[340] Vgl. dazu bereits Seite 82 f.

[341] Vgl. *F. Ossenbühl*, in: Erichsen / Martens (Hrsg.), Allgemeines Verwaltungsrecht, § 9, Rdnr. 2.

[342] Vgl. *W. Büchner*, Die rechtliche Gestaltung kommunaler öffentlicher Unternehmen, S. 139 ff.; *F. Engellandt*, Die Einflussnahme der Kommunen auf ihre Kapitalgesellschaften über das Anteilseignerorgan, S. 24 ff.; *H.-U. Erichsen*, Die Vertretung der Kommunen in den Mitgliederorganen von juristischen Personen des Privatrechts, S. 12; *G. Nesselmüller*, Rechtliche Einwirkungsmöglichkeiten der Gemeinden auf ihre Eigengesellschaften, S. 1 f.; *R. Scholz / R. Pitschas*, Gemeindewirtschaft zwischen Verwaltungs- und Unternehmensstruktur, S. 17 f.

[343] Vgl. *T. v. Danwitz* AöR 1995, S. 595 (598); *R. Scholz / R. Pitschas*, in: G. Püttner (Hrsg.), HkWP, Bd. 5, S. 128 (150).

zwischen der Gemeinwohlverpflichtung kommunaler Gewährträger und Rentabilitätsüberlegungen der Gesellschaft, also zwischen öffentlichen und unternehmerischen Interessen, erweist sich jedoch als in der Form übertrieben[344]. Vielmehr verbergen sich hinter beiden Begriffen komplexe Zielvorstellungen, die sich teilweise ergänzen und teilweise ausschließen[345]. Zu Recht betont *H. Gersdorf*[346], dass sich öffentliche Ziele und unternehmerisches Gewinnstreben der Erwerbsgesellschaften in bestimmten Fällen, so insbesondere bei der erwerbswirtschaftlichen Betätigung der kommunalen Eigengesellschaften, decken können. Festzuhalten bleibt jedoch, dass dann, wenn öffentliche Unternehmen Aufgaben der Daseinsvorsorge wahrnehmen, das auf umfassende und gleichmäßige Versorgung der Bevölkerung mit öffentlichen Leistungen gerichtete Ziel mit den unternehmerischen Interessen der Eigengesellschaft kollidieren kann[347].

In einem einleitenden Problemaufriss ist aus diesen Gründen auf das Aufeinandertreffen der Rechtsfolgen des Konzernrechts und der in den Gemeindeordnungen und Kommunalverfassungen niedergelegten Haftungsbegrenzungspflicht einzugehen[348]. Anschließend ist die Anwendbarkeit des Gesellschafts- bzw. Konzernrechts auf die wirtschaftliche Betätigung der kommunalen Gebietskörperschaften und das problematische und vieldiskutierte Verhältnis von Konzernrecht und Gemeindewirtschaftsrecht zu erörtern[349]. Es schließt sich eine komplexe Darstellung der konzernrechtlichen Haftungstatbestände und deren Übertragbarkeit auf die kommunalen Gesellschaften an, bei der die Rechtsprechung zum Konzernrecht besonders zu berücksichtigen sein wird[350]. Flankiert werden diese Ausführungen von einer kurzen Darstellung der Unternehmenseigenschaft kommunaler Gebietskörperschaften, welche die Anwendung des Konzernrechts voraussetzt. Sodann sind die sich im Vertragskonzern sowie bei faktischer und qualifiziert faktischer Konzernierung ergebenden Haftungsfolgen zu untersuchen[351].

---

[344] Vgl. aber *W. Spannowsky*, DVBl. 1992, S. 1072 (1074); *ders.*, ZGR 1996, S. 400 (421); *H. Wiedemann / K. P. Martens*, AG 1976, S. 232 (236); *E. Schmidt-Aßmann*, AöR 1991, S. 329 (385 f.); *H. Würdinger*, DB 1976, S. 613 (615).

[345] Vgl. BGH, NJW 1978, S. 105; *F. M. Hohrmann*, Der Staat als Konzernunternehmer, S. 57 f.; *A. v. Mutius / G. Nesselmüller*, NJW 1976, S. 1879.

[346] *H. Gersdorf*, Öffentliche Unternehmen im Spannungsfeld zwischen Demokratie und Wirtschaftlichkeitsprinzip, S. 255; vgl. dazu auch *T. v. Danwitz*, AöR 1995, S. 595 (612).

[347] So auch *T. v. Danwitz*, AöR 1995, aaO.

[348] Siehe dazu A, Seite 102 ff.

[349] Siehe dazu B, Seite 104 ff.

[350] Siehe dazu C und D, Seite 132 ff.

[351] Siehe dazu E, Seite 163 ff.

A. Das Konzernrecht und die gemeindewirtschaftrechtlichen Haftungsbegrenzungspflichten

Allgemein gilt, dass Unternehmensverbindungen spezifische Gefährdungslagen für eventuell vorhandene Minderheitsgesellschafter und für die Gesellschaftsgläubiger schaffen, die im schlimmsten Fall mit einem Ausfall ihrer Forderungen im einem Insolvenzverfahren über das Vermögen der Gesellschaft rechnen müssen[352]. Der für den Unterordnungskonzern typische Interessenkonflikt begründet die Befürchtung, das beherrschende Unternehmen werde seinen gesellschaftsrechtlichen Einfluss im Interesse anderweitiger Wirtschaftsinteressen zu Lasten der abhängigen Gesellschaft und deren Gläubiger und Minderheitsgesellschafter ausüben[353]. Davor müssen die Minderheit und auch die Gläubiger der Gesellschaft geschützt werden. Darauf reagieren die Normen des Gesellschafts- und insbesondere des Konzernrechts[354], also in erster Linie die Schutzvorschriften des Dritten Buches des AktG 1965[355].

Bund, Länder und die kommunalen Gebietskörperschaften sind an zahlreichen privatrechtlichen Unternehmen beteiligt. Besonders auf kommunaler Ebene stellt sich die Frage, ob die Beziehungen der kommunalen Gesellschafter zu ihren Eigengesellschaften dem Konzernrecht und dessen haftungsrechtlichen Normen unterstellt werden können. Eine Besonderheit ergibt sich für die kommunale Wirtschaftstätigkeit, weil die bereits angesprochene Wechselwirkung zwischen Gemeindewirtschaftsrecht und Konzernrecht besteht. Dieser Wechselwirkung soll im Folgenden nachgegangen werden.

Das Konzernrecht lässt die Verantwortungs- und Leitungsmacht im Konzernverbund von dem abhängigen auf das herrschende Unternehmen übergehen. Insbesondere ist das herrschende Unternehmen im Vertragskonzern berechtigt, dem Vorstand der abhängigen Gesellschaft Weisungen zu erteilen (§ 308 Abs. 1 AktG) und auf diese Weise in der Lage, ihre Unternehmenspolitik sehr genau zu steuern.

---

352 Ein wesentlicher, hier nicht weiter zu verfolgender Teil der Konzerngestaltungen ist jedoch ausschließlich steuerlich motiviert, denn man will damit dem beherrschenden Unternehmen einen Großteil des Gewinns des beherrschten Unternehmens zurechnen, so dass der Gewinn vom herrschenden Unternehmen versteuert wird; sog. (steuerliche) Organschaft.

353 *V. Emmerich*, in: Scholz, GmbH-Gesetz, Anh. Konzernrecht, Rdnr. 28; *G. Krieger*, in: Münchener Handbuch des Gesellschaftsrechts, Bd. 4, § 68, Rdnr. 6; BGHZ 69, 334 (337); 74, 359 (365); 80, 69 (72); 95, 330 (337); OLG Köln, DB 1990, S. 1399.

354 Der Begriff „Konzernrecht" soll im Folgenden für das materielle Konzernrecht der Aktiengesellschaft und der GmbH in Abgrenzung zum Konzernbilanzrecht verwendet werden.

355 Vgl. die Begründung zum Regierungsentwurf des AktG, Vorbemerkungen zum Dritten Buch, abgedruckt bei *B. Kropff*, Aktiengesetz, S. 373 f.

Diesem Zuwachs an Steuerungskraft korrespondiert indes die Verpflichtung des herrschenden Unternehmens zur Übernahme des gesamten Geschäftsrisikos der abhängigen Gesellschaft[356]. Die Kehrseite des Gewinns an Steuerungsmöglichkeiten ist die Verpflichtung des herrschenden Unternehmens, die (jährlichen) Verluste des abhängigen Unternehmens auszugleichen (§§ 302 Abs. 1, 317 Abs. 1 AktG). Fraglich ist jedoch, ob diese zwingende gesetzliche Verpflichtung zur Verlustübernahme mit den einfachgesetzlichen Vorschriften des Gemeindewirtschaftsrechts der Gemeindeordnungen und Kommunalverfassungen in Einklang steht. Die gemeindewirtschaftsrechtlichen Bestimmungen der Länder sehen nämlich regelmäßig vor, dass sich die kommunalen Gebietskörperschaften an privatrechtlichen Gesellschaften nur dann beteiligen dürfen, wenn sie für die Verbindlichkeiten der Eigengesellschaft nicht unbegrenzt haften[357]. Diese landesrechtlichen Nachfolgebestimmungen zu § 69 Abs. 1 DGO 1935 zielen allesamt darauf ab, das mit der Beteiligung an Gesellschaften des privaten Rechts verbundene wirtschaftliche Risiko für die Gebietskörperschaften zu begrenzen[358].

Die Verlustübernahme im Konzernrecht steht daher dem Erfordernis einer Haftungsbeschränkung diametral und scheinbar unüberwindbar gegenüber. Schon an dieser Stelle sei angemerkt, dass eine Kernfrage des Konzernrechts kommunaler Gesellschaften ist, wie Ingerenzpflicht und Haftungsbegrenzungspflicht miteinander in Einklang zu bringen sind. Die Wechselwirkungen zwischen Konzernrecht und Kommunalrecht sollen abschließend anhand der Einflussnahme der kommunalen Gebietskörperschaften auf ihre Unternehmen verdeutlicht werden.

Die Regelungen des Gemeindewirtschaftsrechts der Gemeindeordnungen und Kommunalverfassungen verlangen, dass die kommunalen Gebietskörperschaften sich eine Einflussnahme auf die Eigengesellschaft sichern, wenn sie sich dieser zur Erfüllung ihrer öffentlichen Aufgaben bedienen. Demgegenüber nutzt das Konzernrecht gerade den Maßstab der Einflussnahme, um besondere Haftungstatbestände zu definieren und sieht in Fallgestaltungen, in denen eine besonders starke Einflussnahme möglich ist bzw. ausgeübt wird, eine besonders umfangreiche

---

[356] *T. Koch*, Der rechtliche Status kommunaler Unternehmen in Privatrechtsform, S. 176; *ders.*, DVBl. 1994, S. 667 (671); *M. Lutter*, AG 1990, S. 179 (182); *A. Pfeifer*, Möglichkeiten und Grenzen der Steuerung kommunaler Aktiengesellschaften durch ihre Gebietskörperschaften, S. 133.

[357] Vgl. § 103 Abs. 1 Nr. 4 GO BW; Art. 92 Abs. 1 Nr. 3 BayGO; § 102 Nr. 3 KV Brandenburg; § 122 Abs. 1 Nr. 2 GO Hess; § 69 Abs. 1 Nr. 4 GO MeckVorp.; § 109 Abs. 1 Nr. 2 NGO; § 108 Abs. 1 Nr. 3 GO NW; § 87 Abs. 1 Nr. 4 GO RhPf; § 110 Abs. 1 Nr. 2 KSVG Saarl.; § 96 Abs. 1 Nr. 3 Sächs.GO; § 117 Abs. 1 Nr. 4 GO LSA; § 102 Abs. 1 Nr. 2 GO Schl-H.; § 73 Abs. 1 Nr. 3 ThürKO.

[358] Einzelheiten dazu auf Seite 172 f. für den Beherrschungsvertrag.

Haftung der Konzernmutter vor. Da das auf Privatautonomie, sprich individueller Handlungsfreiheit ausgerichtete Privatrecht anderen Ordnungsprinzipien als die dem Gemeinwohl verpflichtete kommunale Gebietskörperschaft folgt, trifft die Einwirkungspflicht zwangsläufig mit den angesprochenen Regelungen des Konzernrechts aufeinander. Es kann von einer Kollision gemeinderechtlicher und gesellschaftsrechtlicher Vorschriften gesprochen werden[359]. Schon diese wenigen Gesichtspunkte zeigen, dass die kommunalen Gebietskörperschaften mit der Errichtung einer GmbH oder Aktiengesellschaft in eine schwierige Gemengelage verschiedener Rechtssysteme geraten. Festzuhalten bleibt, dass die Beteiligung der kommunalen Gebietskörperschaften an einer GmbH oder Aktiengesellschaft durch verschiedene Normenkomplexe geregelt wird, die obendrein noch verschiedenen Rechtsgebieten – einerseits dem zivilrechtlichen Gesellschaftsrecht, andererseits dem öffentlich-rechtlichem Gemeindewirtschaftsrecht – zugehörig sind.

Erschwerend tritt im Hinblick auf sich daraus ergebende haftungsrechtliche Folgen hinzu, dass sich die Rechtsprechung zur Konzernhaftung noch in der Entwicklung befindet und zur Rechtsfindung nicht auf eine gefestigte rechtsanwendende Praxis zurückgegriffen werden kann[360]. Damit ist der Ausgangspunkt der Untersuchung näher umrissen, ihm soll im Folgenden nachgegangen werden.

B. Das Verhältnis von öffentlich-rechtlichem Kommunalrecht und privatrechtlichem Gesellschaftsrecht

Da das Aktienkonzernrecht und das GmbH-Konzernrecht jeweils Spezialbereiche des Gesellschaftsrechts sind[361], setzt die Geltung dieser Regelungen für die wirtschaftliche Betätigung der kommunalen Gebietskörperschaften die grundsätzliche Anwendbarkeit des Gesellschaftsrechts logisch voraus. Es stellt sich die Frage nach dem Verhältnis von öffentlichem Recht, insbesondere dem Gemeindewirtschaftsrecht, dessen Vorgaben die Gebietskörperschaften nach den jeweiligen landesrechtlichen Bestimmungen der Gemeindeordnungen und Kommunalverfassungen beachten müssen, und dem Gesellschaftsrecht.

---

[359] Vgl. *R. Schmidt*, ZGR 1996, S. 345 (350).

[360] Vgl. nur die neueste Rechtsprechung des BGH, NJW 2001, S. 3622 und die Anm. von *H. Altmeppen*, ZIP 2001, S. 1837 ff.; *G. Bitter*, WM 2001, S. 2133 ff.; *K. Schmidt*, NJW 2001, S. 3577 ff.; *P. Ulmer*, ZIP 2001, S. 2021 ff.

[361] Vgl. *V. Emmerich / J. Sonnenschein*, Konzernrecht, § 1 I.

Bei der Betrachtung dieser Fragestellung ist vorab festzustellen, dass Sonderregelungen im Bereich des Gesellschaftsrechts zugunsten der öffentlichen Hand weitgehend fehlen[362]. Hervorzuheben sind lediglich die §§ 394 und 395 AktG, die Sonderregeln über die Verschwiegenheitspflicht der Aufsichtsratsmitglieder der öffentlichen Hand enthalten[363], weiter §§ 53 ff. des Haushaltsgrundsätzegesetzes (HGrG), durch die zusätzliche Prüfungsrechte der öffentlichen Hand gegenüber ihren Beteiligungsunternehmen begründet werden, sowie die §§ 65 f. der Bundeshaushaltsordnung (BHO), nach denen sich Bund und Länder an Unternehmen in der Rechtsform des Privatrechts nur beteiligen sollen, wenn ein wichtiges Interesse des Bundes oder des Landes vorliegt[364]. Vergleichbare Bestimmungen enthalten auch noch die meisten Gemeindeordnungen und Kommunalverfassungen der Länder[365]. Gerade die Tatsache, dass bei der Novellierung des Aktienrechts im Jahre 1965 mit den §§ 394 und 395 AktG überhaupt Sonderregelungen für kommunale Gebietskörperschaften geschaffen wurden, hat die Rechtsprechung und herrschende Literaturauffassung dazu gebracht, das Gesellschaftsrecht für die Fälle einer Beteiligung der öffentlichen Hand als abschließende und ausschließliche Regelungsmaterie zu betrachten[366]. Auf den daraus folgenden Vorrang des Gesellschaftsrechts ist im Laufe der Untersuchung noch zurückzukommen.

Die bereits angesprochene Kollision von öffentlich-rechtlicher Ingerenz- und Haftungsbegrenzungspflicht mit den maßgeblich von der Rechtsprechung entwickelten konzernrechtlichen Haftungstatbeständen verdeutlicht, dass bei der Besprechung haftungsrechtlicher Fragen im gemeindlichen Konzern öffentliches Recht und Privatrecht, insbesondere Aktienkonzernrecht und GmbH-Konzernrecht aufeinandertreffen. Es handelt sich mithin um eine Nahtstelle zwischen öffentlichem Recht und Privatrecht, welche die Frage nach einer zu untersuchenden Normenkollision aufwirft.

---

[362] Vgl. *W. Schön*, ZGR 1996, S. 429 mwN.

[363] Dazu *V. Emmerich*, Das Wirtschaftsrecht der öffentlichen Unternehmen, S. 164 ff.; *G. Püttner*, Die öffentlichen Unternehmen, S. 320 ff. und 376 ff.; *E. Schmidt-Aßmann / P. Ulmer*, BB 1988, Beil. 13; *H. Würdinger*, DB 1976, 615; *ders.*, Aktienrecht und das Recht der verbundenen Unternehmen, § 75 I 1 b (S. 357).

[364] Siehe dazu z.B. *V. Emmerich*, Das Wirtschaftsrecht der öffentlichen Unternehmen, S. 246 ff.; *M. Lutter / B. Grunewald*, WM 1984, S. 385; *W. Schön*, ZGR 1996, S. 429.

[365] Vgl. nur § 108 Abs. 1 NGO.

[366] Zur These des Vorrangs des Gesellschaftsrechts: BGHZ 69, 334 (340); *F. Engellandt*, Die Einflussnahme der Kommunen auf ihre Kapitalgesellschaften über das Anteilseignerorgan, S. 23 ff.; *R. Fischer*, AG 1982, S. 85 (90 f.); *G. Püttner*, Die öffentlichen Unternehmen, S. 275 f.; *R. Schmidt*, ZGR 1996, S. 345 (350); *M. Habersack*, ZGR 1996, S. 544 (555).

I. Kollision von gemeindewirtschaftsrechtlichen Vorgaben mit dem Gesellschaftsrecht

Die kommunalen Gebietskörperschaften sind öffentlich-rechtlichen Bindungen unterworfen, wenn sie sich zu ihrer Aufgabenerfüllung einer Eigengesellschaft bedienen oder sich an einer privatrechtlichen Gesellschaftsform beteiligen. Diese ergeben sich sowohl aus dem Verfassungsrecht[367], aber insbesondere auch aus den einfach-gesetzlichen Bestimmungen des kommunalen Gemeindewirtschaftsrechts.

Das Aufeinandertreffen von öffentlichem Recht und Gesellschaftsrecht wurde in der rechtswissenschaftlichen Literatur bisher des öfteren bei der Kollision öffentlich-rechtlicher Ingerenzpflichten mit gesellschaftsrechtlichen Bestimmungen diskutiert[368]. Gegenstand dieser Untersuchung sind jedoch die von den kommunalen Gebietskörperschaften im Rahmen ihrer wirtschaftlichen Betätigung zu beachtenden Haftungsbeschränkungen, die alle Gemeindeordnungen und Kommunalverfassungen – wenngleich in verschiedenen tatbestandlichen Fassungen – festlegen[369]. Damit stellt sich die Kollision öffentlich-rechtlicher und privatrechtlicher Vorschriften hier in einem anderen Zusammenhang, wenngleich die ausgetauschten Argumente deckungsgleich sind und zumindest teilweise auf diesen Fall übertragen werden können. Üblicherweise wird diese Problematik aus der Sicht der öffentlichen Hand behandelt[370]. Es geht es um die Frage, ob die Vorgaben des Kommunalrechts das Gesellschaftsrecht in der Weise überlagern, dass der kommunalen Gebietskörperschaft als Gesellschafter das Instrumentarium zusteht, des-

[367] Das Grundgesetz enthält insoweit eine allgemeine Kompetenzbegrenzung, als es der öffentlichen Hand ein Tätigwerden nur zur Verfolgung öffentlicher Zwecke gestattet. Maßgebliche Bedeutung kommt dabei dem Rechtsstaatsprinzip zu, welches nicht nur einen formalen Regelungsgehalt, sondern daneben auch materielle Grundsätze enthält. Darunter fällt auch die Beschränkung der staatlichen Tätigkeit auf das Gemeinwohl als Staatszweck (vgl. *D. Ehlers*, JZ 1990, S. 1089 (1091); *K. Grupp*, ZHR 140 (1976), S. 367 (381); *G. Püttner*, Die öffentlichen Unternehmen, S. 128; *ders.*, ZGR 1977, S. 482 (485); allgemein dazu: *A. Pfeifer*, Möglichkeiten und Grenzen der Steuerung kommunaler Aktiengesellschaften durch ihre Gebietskörperschaften, S. 12 ff.

[368] Vgl. z.B. die Untersuchungen bei *H. Gersdorf*, Öffentliche Unternehmen im Spannungsfeld zwischen Demokratie und Wirtschaftlichkeitsprinzip, S. 254 ff. und *S. Harbarth*, Anlegerschutz in öffentlichen Unternehmen, S. 102 ff.

[369] Vgl. dazu die einzelnen landesrechtlichen Regelungen in Fußnote 357.

[370] Vgl. *V. Emmerich*, Das Wirtschaftsrecht der öffentlichen Unternehmen, S. 202 f.; *M. Klein*, Die Betätigung der öffentlichen Hand als Aktionärin, S. 55; *R. Schmidt*, ZGR 1996, S. 345 (349 f.); *C. Schnaudigel*, Der Betrieb nichtwirtschaftlicher kommunaler Unternehmen in Rechtsformen des Privatrechts, S. 37; *W. Spannowsky*, DVBl. 1992, S. 1072 (1074); *ders.*, ZGR 1996, S. 400 (421 ff.); *J. v. Trott zu Solz*, Die staatlich beeinflusste Aktiengesellschaft als Instrument der öffentlichen Verwaltung, S. 106 ff.

sen sie bedarf, um den öffentlich-rechtlichen Anforderungen des Gemeindewirtschaftsrechts gerecht zu werden. In einem zweiten Schritt kann dann geklärt werden, inwieweit von den Gestaltungsmöglichkeiten des Gesellschaftsrechts Gebrauch gemacht werden muss, um den kommunalrechtlichen Vorgaben zu entsprechen.

Für die kommunalen Gebietskörperschaften ist die Frage einer Überlagerung des Gesellschafts- bzw. Konzernrechts durch die öffentlich-rechtlichen Vorgaben des Gemeindewirtschaftsrechts von großer Bedeutung, weil eine solche ihr die Umsetzung ihrer öffentlich-rechtlichen Bindungen auch auf gesellschaftsrechtlicher Ebene erheblich erleichtern würde. Aber auch unter dem Gesichtspunkt des Schutzes von Gläubigern kommunaler Eigengesellschaften bedarf die Frage des Verhältnisses von Gemeindewirtschaftsrecht und Gesellschaftsrecht der Klärung. Wenn die Haftungsverfassung der kommunalen Gesellschafter in einer GmbH oder Aktiengesellschaft maßgeblich von den kommunalrechtlichen Regelungen des Gemeindewirtschaftsrechts bestimmt werden sollte, hätte dies unmittelbare Auswirkungen auch auf die Gläubiger der kommunalen Gesellschaft. Eine auf die Verfolgung öffentlicher Zwecke und strikte Einhaltung der haftungsrechtlichen Anforderungen abzielende Vorgabe des Gemeindewirtschaftsrechts könnte, wenn sie auch verbandsrechtlich Verbindlichkeit beanspruchen würde, die haftungsrechtliche Position der Gesellschaftsgläubiger verschlechtern. In diesem Fall, besteht Grund zu der Annahme, dass die Haftungstatbestände des Konzernrechts durch die den Gebietskörperschaften kommunalrechtlich vorgeschriebene Haftungsbeschränkung gegenstandslos sind.

Aufgrund der gemeindewirtschaftsrechtlichen Vorgaben soll der Frage nachgegangen werden, ob die kommunalen Gebietskörperschaften in ihrer Stellung als Gesellschafter einer GmbH oder Aktiengesellschaft den Regelungen des Gesellschaftsrechts unterliegen. Mit anderen Worten, ob sie sich vorbehaltlich etwaiger gesellschaftsrechtlicher, im Hinblick auf §§ 394, 395 AktG insbesondere aktienrechtlicher Spezialregelungen in der gleichen verbandsrechtlichen Position befinden wie auch der private Gesellschafter. Mit dieser Untersuchung geht die Fragestellung einher, ob eine Modifizierung des Gesellschaftsrechts für die Gebietskörperschaften der Gestalt vorgenommen werden muss, dass ihr in der gesellschaftsrechtlichen Beteiligung die Rechte zustehen, die sie zur Verfolgung der durch das Kommunalrecht vorgegebenen öffentlich-rechtlichen Bindungen benötigt. Diese Ausführungen gelten dabei gleichermaßen für GmbH und Aktiengesellschaft, wenngleich festzuhalten ist, dass das GmbH-Gesetz im Gegensatz zu den aktienrechtlichen Bestimmungen der §§ 394 f. AktG keine Regelungen für die Wirtschaftstätigkeit der öffentliche Hand kennt.

1. Ansicht der herrschenden Auffassung

Nach der einhelligen Meinung im gesellschaftsrechtlichen und der wohl überwiegenden Meinung im verwaltungsrechtlichen Schrifttum gelten die allgemeinen Regeln des Gesellschaftsrechts auch für die privatrechtlich organisierten kommunalen Eigengesellschaften grundsätzlich uneingeschränkt[371]. Damit wird im Verhältnis von Kommunalrecht und Gesellschaftsrecht von einem Vorrang des bundesgesetzlichen Gesellschaftsrechts ausgegangen[372].

Hinsichtlich der dogmatischen Begründung verweist ein Teil der Stimmen des Schrifttums auf Art. 31 GG und räumt dem Gesellschaftsrecht als Bundesrecht Vorrang gegenüber den landesrechtlichen, insbesondere den kommunalrechtlichen Bestimmungen des Gemeindewirtschaftsrechts ein[373]. Ein anderer Teil wiederum vertritt die Auffassung, es komme angesichts der unterschiedlichen Regelungsgegenstände des Gesellschaftsrechts einerseits und des Kommunalrechts andererseits überhaupt nicht zu einer, die Anwendbarkeit des Art. 31 GG voraussetzenden

---

[371] BGHZ 36, 296 (306 ff.); 69, 334 (340); *M. Adamska*, Rechtsformen der Organisation kommunaler Interessen in gemischt-wirtschaftlichen Unternehmen, S. 94; *D. Ehlers*, Verwaltung in Privatrechtsform, S. 136 ff.; *ders.*, DVBl. 1997, S. 137 (139); *V. Emmerich*, Das Wirtschaftsrecht der öffentlichen Unternehmen, S. 161; *F. Engellandt*, Die Einflussnahme der Kommunen auf ihre Eigengesellschaften über das Anteilseignerorgan, S. 23 ff.; *H.-U. Erichsen*, Die Vertretung der Kommunen in den Mitgliederorganen von juristischen Personen des Privatrechts, S. 12 ff.; *R. Fischer*, AG 1982, S. 85 (90 ff.); *M. Habersack*, ZGR 1996, S. 544 (555 f.); *V. Hassel*, Der Gemeindehaushalt 1992, S. 77 (79); *U. Hüffer*, AktG, § 394, Rdnr. 2; *M. Klein*, Die Betätigung der öffentlichen Hand als Aktionärin, S. 56 ff.; *T. Koch*, Der rechtliche Status kommunaler Unternehmen in Privatrechtsform, S. 159 f.; *ders.*, DVBl. 1994, S. 667 (668); *ders.*, NdsVBl. 1999, S. 206 (208); *M. Lutter / B. Grunewald*, WM 1984, S. 385; *M. Lutter / W. Timm*, BB 1978, S. 836 (840 f.); *M. Paschke*, ZHR 1988 (152), S. 263 (269) ff.; *A. Pfeifer*, Die Möglichkeiten der Steuerung kommunaler Aktiengesellschaften durch ihre Gebietskörperschaften, S. 99 ff.; *G. Püttner*, Die öffentlichen Unternehmen, S. 282 f.; *ders.*, DVBl. 1986, S. 748 (751); *T. Raiser*, ZGR 1978, S. 391 ff.; *ders.*, ZGR 1996, S. 458 (462); *U. Reichert*, Die besondere Stellung der Vertreter der öffentlichen Hand im Aufsichtsrat einer GmbH, S. 87 ff.; *R. Schmidt*, ZGR 1996, S. 345 (350 f.); *E. Schmidt-Aßmann / P. Ulmer*, BB 1988, Beil. 13, S. 13 und 15; *H.-P. Schwintowski*, NJW 1990, S. 1009 (1013); *ders.*, NJW 1995, S. 1316 (1318); *P. Sina*, AG 1991, S. 1 (5); *W. Spannowsky*, DVBl. 1992, S. 1072 (1074); *ders.*, ZGR 1996, S. 400 (422 f.).

[372] Vgl. BGHZ 36, 296 (305 ff.); 69, 334 (339); *J. Grabbe*, Verfassungsrechtliche Grenzen der Privatisierung kommunaler Aufgaben, S. 29; *G. Püttner*, Recht der kommunalen Energieversorgung, S. 80; *ders.*, DVBl. 1986, S. 748 (751).

[373] BGHZ 69, 334 (340); vgl. statt vieler aus dem Schrifttum *F. Engellandt*, Die Einflussnahme der Kommunen auf ihre Eigengesellschaften über das Anteilseignerorgan, S. 23: „Soweit das Gesellschaftsrecht abschließende Aussagen trifft, verdrängen diese gemäß Art. 31 GG entgegenstehende Normierungen des Kommunalrechts.“; *M. Klein*, Die Betätigung der öffentlichen Hand als Aktionärin, S. 59; *H.-P. Schwintowski*, NJW 1995, S. 1316 (1317).

Normenkollision[374]. Im Ergebnis bedeutet die Ansicht der herrschenden Auffassung für die wirtschaftlich tätigen kommunalen Gebietskörperschaften, dass sie wie beliebige andere Privatrechtssubjekte zu behandeln sind. Die Landesgesetzgeber, die für das kommunale Gemeindewirtschaftsrecht zuständig sind, können mithin in diesen Bereich nicht eindringen. Vielfach wird auch festgestellt, dass wenn sich eine Gebietskörperschaft einer privatrechtlichen Rechtsform bediene, sie sich dann auch voll und ganz dem privatrechtlichen Gesellschaftsrecht zu unterwerfen habe[375]. Postuliert wird damit die umfassende und modifikationslose Geltung der Vorschriften des Gesellschaftsrechts, wobei das Aktienrecht seit der Reform von 1965 als geschlossene Regelung zu verstehen sei[376].

2. Auffassung vom Vorrang des öffentlichen Rechts

Insbesondere nach einigen Auffassungen im älteren Schrifttum könne bei einer Kollision von öffentlichem Recht und Gesellschaftsrecht stets von einem Vorrang des öffentlichen Rechts gesprochen werden[377]. So hat *H. P. Ipsen*[378] anlässlich der hier nicht weiter zu verfolgenden Kontroverse zur Unabhängigkeit des aktienrechtlichen Abschlussprüfers nach § 137 Abs. 2 AktG 1937 bei Prüfungsgesellschaften der öffentlichen Hand aus den §§ 67 ff. DGO 1935 und den Bestimmungen des Haushaltsrechts eine Indienstnahme der öffentlichen Unternehmen für öffentliche Aufgaben abgeleitet. Durch die Tatsache der öffentlichen Kapitalbeteiligung werde die Handelsgesellschaft trotz des bestehenden äußeren zivilrechtlichen Organisationsstatus und Funktionsverhältnisses zum Bürger im Kern ihrer Aufgabenstellung gewandelt. Zur Sicherstellung der öffentlichen Zweckverfolgung gebiete die öffentliche Ordnung dem öffentlichen Verwaltungsträger in Ergänzung und Überhöhung der ihm aus der Kapitalbeteiligung zustehenden zivilrechtlichen Rechtsposition weitere, nunmehr jedoch öffentlich-rechtliche Einwir-

---

[374] Vgl. *G. Püttner*, DVBl. 1986, S. 748 (751).

[375] Vgl. *G. Püttner*, Das Recht der kommunalen Energieversorgung, aaO; *ders.*, DVBl. 1986, aaO; *T. Raiser*, ZGR 1996, aaO; *H.-P. Schwintowski*, NJW 1990, aaO.

[376] Siehe BGHZ 69, 334 (340): die öffentliche Hand „unterliegt voll den Vorschriften des Aktienrechts"; ausdrücklich *R. Fischer*, AG 1982, S. 85 (90); *G. Nesselmüller*, Rechtliche Einwirkungsmöglichkeiten der Gemeinden auf ihre Eigengesellschaften, S. 75 f.; *E. Schmidt-Aßmann / P. Ulmer*, BB 1988, Beilage 13, S. 15.

[377] *W. E. Alfuß*, Staatliche Haftungsbeschränkung durch Inanspruchnahme privatrechtlicher Organisationsformen, S. 14 ff.; *K. Ballerstedt*, DÖV 1951, S. 449 (452); *J. Berkemann*, Die staatliche Kapitalbeteiligung an Aktiengesellschaften, S. 209 ff.; *H. P. Ipsen*, JZ 1955, S. 593 (598 f.); *K. Vogel*, Öffentliche Wirtschaftseinheiten in privater Hand, S. 171 f.; *H. Wiedemann / K. P. Martens*, AG 1976, S. 197 (232); *W. Zöllner*, ZGR 1976, S. 1 (23 ff.); *ders.*, AG 1978, S. 40.

[378] *H.P. Ipsen*, JZ 1955, aaO.

kungsmöglichkeiten zuzugestehen[379]. Der Vorrang des öffentlichen Rechts vor dem Privatrecht, der sich auch aus § 70 Abs. 1 DGO ergebe sei gerechtfertigt, weil das Anliegen der öffentlichen Verwaltungsträger, im inneren Organisationsleben der Gesellschaft öffentlich-rechtliche Mitwirkungsrechte innezuhaben, die sich nicht bereits aktienrechtlich aus der Mitbeteiligung selbst ergeben würden, durchaus legitim sei[380]. Begründet wird diese Ansicht weiterhin damit, dass die kommunalen Gebietskörperschaften, wenn sie sich an Unternehmen beteiligen oder diese errichten, nicht unternehmerisch handeln, sondern ausschließlich öffentliche Zwecke verfolgen[381]. In der Konsequenz dieser Auffassung geht es darum, – unabhängig von zwingenden Vorgaben des Gesellschaftsrechts – eine aus Sicht der Beteiligten und insbesondere auch aus Sicht des öffentlichen Rechts „optimale" Gestaltung zu finden.

3. Überlagerung des Gesellschaftsrechts durch das öffentliche Recht nach der Lehre vom „Verwaltungsgesellschaftsrecht"

In der vergangenen Zeit gibt es unter Wiederbelebung der angesprochenen alten Streitfrage namentlich im öffentlich-rechtlichen Schrifttum vereinzelte Stimmen, die dem Gesellschaftsrecht keine abschließende Wirkung beimessen und eine Kollision von öffentlichem Recht und Gesellschaftsrecht stets im Sinne eines Vorrangs der öffentlich-rechtlichen Normen lösen[382]. Danach bleibe die privatrechtlich organisierte Wirtschaftstätigkeit Teil der öffentlichen Hand, die ihre demokratische, rechtsstaatliche und finanzwirtschaftliche Verantwortung auch gegenüber ihren Tochtergesellschaften realisieren können muss, weil nicht Privat-, sondern Gemeinwohlinteressen verfolgt, nicht Privat-, sondern Steuergelder verwaltet würden[383]. Diese Ansätze gelangen unter Bezugnahme auf verfassungsrechtliche

---

[379] *H.P. Ipsen*, JZ 1955, aaO; *ders.*, NJW 1963, S. 2102 ff.

[380] *H.P. Ipsen*, JZ 1955, aaO; *ders.*, NJW 1963, S. 2102 (2107).

[381] So *W. Alfuß*, Staatliche Haftungsbeschränkung durch Inanspruchnahme privatrechtlicher Organisationsformen, S. 127; *J. Borggräfe*, DB 1978, S. 1433; *E. T. Kraft*, Das Verwaltungsgesellschaftsrecht, S. 189; *H.-F. Luchterhandt*, ZHR 132, S. 149 (156 ff.); *F. Rittner*, in: Festschrift für F. Flume Bd. II, S. 241; *H. Wiedemann / K.-P. Martens*, AG 1976, aaO; *W. Zöllner*, ZGR 1976, aaO; *ders.*, AG 1978, S. 40; zurückhaltend auch *E. Gessler / W. Hefermehl*, AktG, § 15, Rdnrn. 53 ff.; *B. Kropff*, ZHR 144 (1980), S. 75; in der Tendenz übereinstimmend *W. Brohm*, NJW 1994, S. 281; *ders.*, in: Mestmäcker (Hrsg.), Kommunikation ohne Monopole II, S. 253 ff.; *F. G. Schuppert*, Die Erfüllung öffentlicher Aufgaben durch verselbständigte Verwaltungseinheiten.

[382] So ausdrücklich *E. T. Kraft*, Verwaltungsgesellschaftsrecht, S. 231.

[383] Vgl. *R. Stober*, NJW 1984, S. 449 (455); *E. T. Kraft*, Verwaltungsgesellschaftsrecht, S. 159 ff, 231 ff.

Vorgaben zu einer Modifikation des Gesellschaftsrechts durch die spezifischen Erfordernisse des öffentlichen Rechts, wobei insbesondere eine Modifikation durch das Kommunalrecht von Bedeutung ist. Die grundlegende Aussage der zusammengefassten, im einzelnen aber noch uneinheitlichen Lehre ist, dass das private Gesellschaftsrecht durch öffentlich-rechtliche Einwirkungsrechte überlagert werde[384]. Ausgangspunkt für diese These der Überlagerung des Gesellschaftsrechts ist die Annahme, dass den gesellschaftsrechtlichen Vorschriften keine erschöpfende Wirkung zukomme, diese vielmehr eine ergänzende und modifizierende Auslegung erforderten[385].

Nach *E. T. Kraft* sieht das „Verwaltungsgesellschaftsrecht" zwar Modifikationen vor, eine völlige Umgestaltung oder Auflösung der privatrechtlichen Organisationsform ist jedoch nicht beabsichtigt[386]. Öffentliches Recht und Gesellschaftsrecht sollen zu einem modifizierten Privatrecht verschmelzen. Unter der Bezeichnung „Verwaltungsgesellschaftsrecht" solle ein Sonderprivatrecht für Hoheitsträger geschaffen werden[387]. Insofern verlängert diese Auffassung die Lehre vom Verwaltungsprivatrecht in das Gesellschaftsrecht hinein zu einem „Verwaltungsgesellschaftsrecht". Auch *F. G. Schuppert* sieht das Gesellschaftsrecht zwar als „federführendes Rechtsregime" an, das sich aber „solche Modifikationen und Akzentverschiebungen gefallen lassen" muss, die im Interesse des öffentlichen Rechts unverzichtbar erscheinen[388].

Einschränkend legt diese Lehre den Anwendungsbereich des „Verwaltungsgesellschaftsrechts" nicht auf die gesamte wirtschaftliche Tätigkeit der öffentlichen Hand fest, sondern lediglich auf Eigengesellschaften, die „Versorgungsfunktionen mit der spezifischen Begünstigungstendenz erfüllen"[389]. Mithin soll das Anwendungsfeld des „Verwaltungsgesellschaftsrechts" auf die den kommunalen Gebietskörperschaften im Bereich der Daseinsvorsorge erwachsenden Aufgaben beschränkt werden. Demgegenüber soll die schlichte erwerbswirtschaftliche Tätig-

---

384 *T. v. Danwitz*, AöR 1995, S. 595 (621), der jedoch eine Modifikation des Gesellschaftsrechts solange ablehnt, wie das gesellschaftsrechtliche Instrumentarium eine Verwirklichung der öffentlichen Bindungen ermöglicht; *G. Haverkate*, VVDStRL 1988 (46), S. 217 (226); *E.T. Kraft*, Verwaltungsgesellschaftsrecht, S. 231 ff.; *W. Krebs*, Die Verwaltung 1996 (29), S. 309 (320); *F. Ossenbühl*, ZGR 1996, S. 504 (510 ff.); *R. Stober*, NJW 1984, aaO; *R. Wahl*, S. 301 (329 ff.) und *W. Krebs*, S. 339 ff., beide in: E. Schmidt-Aßmann (Hrsg.) Verwaltungsorganisationsrecht als Steuerungsressource.

385 So ausdrücklich *T. v. Danwitz*, AöR 1995, S. 595 (617 f., 621).

386 *E.T. Kraft*, Das Verwaltungsgesellschaftsrecht, S. 255.

387 Vgl. dazu *E. T. Kraft*, Das Verwaltungsgesellschaftsrecht, S. 252 ff.

388 *G. F. Schuppert*, ZGR 1992, S. 454 (468).

389 *E. T. Kraft*, Das Verwaltungsgesellschaftsrecht, S. 255.

keit der kommunalen Gebietskörperschaften nicht der Direktionskraft des Verfassungsrechts unterfallen und das Gesellschaftsrecht im Rahmen der zur Verfügung stehenden Spielräume modifizieren[390].

4. Stellungnahme

Die dargestellten Meinungen haben grundlegend verschiedene Auffassungen über das Ausmaß der Verzahnung von öffentlichem Recht und Privatrecht erkennen lassen. Nach der Lehre vom Vorrang des öffentlichen Rechts kämen die aus dem Aktienkonzernrecht und dem GmbH-Konzernrecht von der Rechtsprechung entwickelten Haftungstatbestände im Hinblick auf die Wirtschaftstätigkeit der kommunalen Gebietskörperschaften nicht zur Anwendung. Die Haftungsverfassung der kommunalen Eigengesellschaften beurteilte sich mithin nur nach dem Gemeindewirtschaftsrecht.

Ein ähnliches Bild ergäbe sich auch bei einer Modifikation des Konzernrechts durch die gemeindewirtschaftsrechtliche Verpflichtung zur Begrenzung der Haftungsrisiken, wie sie die als Lehre vom „Verwaltungsgesellschaftsrecht" zusammengefassten Meinungen vorsehen. Einzig nach der herrschenden Meinung ist von einer uneingeschränkten Geltung des Gesellschaftsrecht und damit auch einer möglichen Anwendung konzernrechtlicher Haftungsfolgen auszugehen. Aufgrund dieser unterschiedlichen Rechtsfolgen ist die Stichhaltigkeit der angeführten Argumentationen sowie deren dogmatische Schlüssigkeit zu überprüfen und zu bewerten.

---

[390] So ausdrücklich *E. T. Kraft*, Das Verwaltungsgesellschaftsrecht, aaO.

a) Kritik am Vorrang des öffentlichen Rechts vor dem Gesellschaftsrecht

Ersten Bedenken sieht sich die Auffassung vom Vorrang des öffentlichen Rechts mit der Annahme ausgesetzt, die öffentliche Hand und insbesondere die kommunalen Gebietskörperschaften verfolgten mit ihrer wirtschaftlichen Tätigkeit ausschließlich öffentliche Zwecke. Da dies bereits in Frage gestellt worden ist[391], mag ein kurzer Hinweis auf die von den kommunalen Gebietskörperschaften zu beachtenden wirtschaftlichen Grundsätze des Gemeindewirtschaftsrecht der Gemeindeordnungen und Kommunalverfassungen genügen. Selbst wenn man die Behauptung, die kommunalen Gebietskörperschaften verfolgten mit ihrer wirtschaftlichen Betätigung stets irgendwelche öffentlichen Zwecke als richtig unterstellt, rechtfertigt dies nicht die von dieser Auffassung beabsichtigte Durchbrechung zwingender gesellschaftsrechtlicher Vorschriften[392].

Genau das steht jedoch hinter der Auffassung, die einen Vorrang des öffentlichen Rechts vor dem Privatrecht postuliert, und zur Verfolgung öffentlicher Zwecke letztlich beliebige Durchbrechungen des Privatrechts gestattet[393]. Ein solcher Vorrang des öffentlichen Rechts vor dem Privatrecht[394] kann jedoch nicht auf eine sachgerechte Begründung zurückgeführt werden. Erst recht kann es keine Befugnis des Staates geben, sich bei der Verfolgung öffentlicher Interessen in beliebiger Weise über die von ihm selbst gesetzte, für alle – natürliche wie juristische Personen – geltende Rechtsordnung hinwegzusetzen[395]. Richtiger Ansicht nach handelt es sich demzufolge bei öffentlichem Recht und Privatrecht um verschiedene Rechtsgebiete bzw. Rechtssysteme unserer dualistischen Rechtsordnung[396]. Sie stellen rechtstechnisch und rechtstheoretisch voneinander abgrenzbare Regelungsbereiche[397] dar, wobei jedoch zahlreiche Berührungspunkte bestehen[398].

---

[391] Siehe oben Seite 81 ff.

[392] Vgl. *V. Emmerich*, AG 1976, S. 227; *H. Wiedemann / K.- P. Martens*, AG 1976, S. 233.

[393] Ausdrücklich in diesem Sinne zuletzt *W. Brohm*, NJW 1994, S. 281 (285); *G. F. Schuppert*, ZGR 1992, S. 454 ff.

[394] Vgl. BGHZ 69, 334 (335, 339); a.A. *H.-F. Luchterhandt*, ZHR 133 (1969), S. 168 ff.; *H. Wiedemann / K.-P. Martens* AG 1976, S. 232 ff.; *H. Würdinger*, DB 1976, S. 613 (615).

[395] Vgl. *C. Kermel*, Steuerungsmöglichkeiten der öffentlichen Hand bei Beteiligung an AG der Energieversorgung, S. 137.

[396] Ausführlich dazu *D. Ehlers*, Verwaltung in Privatrechtsform, S. 30 ff.; *W. Hoffmann-Riem*, in: W. Hoffmann-Riem / E. Schmidt-Aßmann, Öffentliches Recht und wechselseitige Auffangordnungen, S. 261 ff.

[397] Die Einteilung unserer Rechtsordnung in öffentliches Recht und Privatrecht ist nicht apriorisch, sondern historisch; vgl. *J. Ipsen*, Allgemeines Verwaltungsrecht, Rdnr. 2.

[398] Vgl. auch *G. Püttner*, DVBl. 1986, S. 748 (751).

Während die Bestimmungen des öffentlichen Rechts mittels staatlicher Hoheitsbefugnisse dem Gemeinwohl gegenüber partikularen Interessen Geltung verschaffen und die Beziehungen des einzelnen zum Staat oder zu anderen Trägern hoheitlicher Gewalt sowie das Verhältnis der Hoheitsträger und ihrer Organe zueinander regeln, steht auf der anderen Seite das Zivilrecht. Dieses baut auf der Privatautonomie und der Eigendynamik einer freien Wirtschaftsordnung auf, stellt aber andererseits auch keine private, selbstgenügsame oder staatsferne Privatrechtsordnung dar[399]. Herkunft und Wirkung der beiden Rechtssysteme sind also grundlegend verschieden, dennoch sind öffentliches Recht und Privatrecht unter dem Dach einer „einheitlichen Rechtsordnung"[400], der Gesamtheit aller Rechtsnormen, zusammengefügt. Aus diesen Gründen stehen sie grundsätzlich gleichberechtigt und gleichwertig nebeneinander, so dass nicht von einem Vorrang des einen Rechtsgebiets vor dem anderen gesprochen werden kann. Soweit die öffentliche Hand – und hiermit sind in erster Linie der Bundes- und die Landesgesetzgeber angesprochen – eine Durchbrechung des privatrechtlichen Gesellschaftsrechts für erforderlich hält, bedarf diese einer gesetzlichen Regelung. Da mit der Errichtung oder Beteiligung an privaten Kapitalgesellschaften verbundene besondere Rechte der öffentlichen Hand nur bestehen, als sie im Gesetz ausdrücklich formuliert sind[401], der Gesetzgeber solche Sonderrechte nur in den §§ 394, 395 AktG und §§ 53 f. HGrG statuiert hat, bleibt es im übrigen bei der Geltung des allgemeinen Gesellschaftsrechts auch für die Beteiligung von kommunalen Gebietskörperschaften an Gesellschaften des Privatrechts.

Zu berücksichtigen ist ferner, dass ein Großteil der Literaturauffassungen, die von einem Vorrang des öffentlichen Rechts sprechen vor Inkrafttreten des Aktiengesetzes 1965 vertreten worden sind und die zum damaligen Zeitpunkt neu geschaffene Rechtslage nicht berücksichtigen konnten. Insofern können die von einigen Autoren im überwiegend älteren Schrifttum vorgetragenen Ansichten heute als überholt gelten[402].

[399] *D. Schwab*, Einführung in das Zivilrecht, Rdnr. 83.

[400] Dazu grundlegend *K. Engisch*, Die Einheit der Rechtsordnung, 1935.

[401] So die allgemeine Meinung; vgl. *V. Emmerich*, Das Wirtschaftsrecht der öffentlichen Unternehmen, S. 210; *R. Fischer*, AG 1982, S. 90 ff.; *R. V. Godin / H. Wilhelmi*, AktG, § 395, Anm. 2; *H. Würdinger*, Aktienrecht und das Recht der verbundenen Unternehmen, S. 357 f.; *M. Lutter / B. Grunewald*, WM 1984, S. 385.

[402] Vgl. dazu *T. Koch*, Der rechtliche Status kommunaler Unternehmen in Privatrechtsform, S. 159; deutlich in die Richtung eines Vorrangs jedoch *G. Haverkate*, VVDStRL 1988 (46), S. 226 ff.

b) Bewertung der Lehre vom „Verwaltungsgesellschaftsrecht"

Auch die Lehre vom „Verwaltungsgesellschaftsrecht", die ein auf die wirtschaftliche Betätigung der öffentlichen Hand bzw. der kommunalen Gebietskörperschaften zugeschnittenes gesellschaftsrechtliches Sonderrecht zu entwickeln versucht, sieht sich erheblichen Einwänden ausgesetzt. In formaler Hinsicht wird die Beschränkung des „Verwaltungsgesellschaftsrechts" auf den Bereich der Daseinsvorsorge kritisiert[403].

aa) Gesellschaftsrecht als abgeschlossenes Rechtssystem ?

Weiterer Ansatzpunkt der Kritik an der Lehre vom „Verwaltungsgesellschaftsrecht" ist die Annahme, das Gesellschaftsrecht stelle kein in sich abgeschlossenes Rechtssystem dar, sondern sei einer Überlagerung und schließlich auch einer Modifizierung zugänglich[404]. Dies stößt bei der ganz herrschenden Meinung zu Recht auf Widerspruch und Ablehnung, wobei im Folgenden eine Beschränkung auf die wesentlichen Argumente erfolgen muss.

Entscheidend ist demnach, dass das System des Gesellschaftsrechts von dem Prinzip der Normativbestimmungen[405] geprägt wird. Mit der Einführung des Begriffs der Normativbestimmungen soll die Frage geklärt werden, unter welchen Voraussetzungen eine Gesellschaft Rechtsfähigkeit erlangt. Die Gründung einer Gesellschaft wird nur noch von der Erfüllung bestimmter, gesetzlich vorgeschriebener Voraussetzungen abhängig gemacht, die in sogenannten Normativbestimmungen festgelegt werden. Mit anderen Worten ist die Gründung und Betätigung von privatrechtlichen Gesellschaften nur auf der Grundlage und nach Maßgabe des vom Gesetzgeber zur Verfügung gestellten gesellschaftsrechtlichen Regelungen des Aktiengesetzes und des GmbH-Gesetzes erlaubt[406]. Nur dieser vorgegebene rechtliche Rahmen steht den kommunalen Gebietskörperschaften bei der Gründung oder Beteiligung an privatrechtlichen Gesellschaften zur Verfügung. Einer ergänzenden Auslegung anhand öffentlich-rechtlicher Sondervorschriften ist das Gesellschaftsrecht nicht mehr zugänglich. Außer den in §§ 394, 395 AktG geregelten

---

[403] Zur Kritik vgl. vor allem *H. Gersdorf*, Öffentliche Unternehmen im Spannungsfeld zwischen Demokratie und Wirtschaftlichkeitsprinzip, S. 260.

[404] Zu den weiteren Ansatzpunkten der Kritik ausführlich *H. Gersdorf*, Öffentliche Unternehmen im Spannungsfeld zwischen Demokratie und Wirtschaftlichkeitsprinzip, S. 260 ff.

[405] Vgl. *G. Hueck*, Gesellschaftsrecht, § 20 II, Anm. 3; *K. Schmidt*, Gesellschaftsrecht, S. 201.

[406] Vgl. zum System der Normativbestimmungen *K. Schmidt*, Gesellschaftsrecht, S. 199 ff., 302 f., 1000 ff. mwN.

Ausnahmen stehen den Gebietskörperschaften folglich nach dem Aktienkonzernrecht im Bereich der kommunalen Wirtschaftsbetätigung keine weiteren gesellschaftsrechtlichen Privilegien zu[407]. Vielmehr lassen diese Vorschriften gerade die gesetzgeberische Vorstellung erkennen, den Gebietskörperschaften hinsichtlich ihrer Beteiligung an privatrechtlichen Organisationsformen über die vorgesehenen Regelungen hinaus keine Sonderstellung zuerkennen zu wollen.

Zusätzlich ist anzunehmen, dass dem Bundesjustizministerium und dem Bundestag bei Erarbeitung und Beschlussfassung des AktG 1965 die gemeindewirtschaftsrechtliche Problematik aufgrund der in der Literatur zum damaligen Zeitpunkt bereits geführten Diskussion bekannt war. Beispielsweise wurden in den parlamentarischen Beratungen im Wirtschafts- und Rechtsausschuss weitergehende Sonderrechte für die öffentliche Hand ausdrücklich abgelehnt, weil sie unter anderem dem für das Gesellschaftsrecht wesentlichen Grundsatz der Gleichbehandlung widersprächen[408]. Dieser, das Gesellschaftsrecht prägende Grundsatz der Gleichbehandlung sämtlicher Kapitaleigner, hat im Recht der Aktiengesellschaft in § 53a AktG eine gesetzliche Ausprägung erfahren und ist auch im GmbH-Recht entsprechend anzuwenden[409]. Für das GmbH-Konzernrecht gilt die Annahme dieses Fehlens einer Sonderstellung der öffentlichen Hand in Ermangelung kodifizierter Rechtssätze zwar nicht in gleicher Weise. Da aber die Gefährdungslage, die sich für die Gesellschaft und ihre Gläubiger im Abhängigkeitsverhältnis ergibt, unabhängig von der gewählten Rechtsform der Aktiengesellschaft oder GmbH besteht, hat die Rechtsprechung über das Aktienkonzernrecht hinaus diese als Grundlage rechtlicher Schutzregeln angenommen[410]. Teilweise wird aufgrund dieser Wertentscheidung des Aktienkonzernrechts gegen eine Sonderbehandlung der Wirtschaftstätigkeit der öffentlichen Hand eine Schranke für die Rechtsfortbildung im GmbH-Konzernrecht gesehen[411].

---

[407] Mit der Einführung der §§ 394, 395 AktG im Jahre 1965 hat sich der lange Zeit geführte Streit über die Fortgeltung des § 70 DGO und damit über die besonderen Weisungsrechte kommunaler Gebietskörperschaften erledigt; vgl. *F. Engellandt*, Die Einflussnahme der Kommunen auf ihre Kapitalgesellschaften über das Anteilseignerorgan, S. 23, Fußn. 93; *H.-U. Erichsen*, Die Vertretung der Kommunen in den Mitgliederorganen von juristischen Personen des Privatrechts, S. 13, Fußn. 7; *H.-P. Schwintowski*, NJW 1995, S. 1316 (1317).

[408] Vgl. Protokoll der 121. Sitzung des Wirtschaftsausschusses des Deutschen Bundestages vom 25.2.1965, S. 14 und der 127. Sitzung des Rechtsausschusses des Deutschen Bundestages vom 2.4.1965, S. 12 ff.

[409] Vgl. statt vieler *K. Schmidt*, Gesellschaftsrecht, S. 468 f., 806.

[410] Vgl. BGHZ 65, 15 ff.; 80, 69 ff.; 95, 330 ff.

[411] So *M. Paschke*, ZHR 152 (1988), S. 263 (271).

Auch der dogmatische Ansatz von einem nicht abschließenden Charakter des Gesellschaftsrechts vermag nicht zu überzeugen. Insbesondere *T. von Danwitz* vertritt innerhalb der Lehre vom „Verwaltungsgesellschaftsrecht" die These, die Regelungen des Aktiengesetzes sind aufgrund ihrer Entstehungsgeschichte lediglich im Hinblick auf Minderheitsbeteiligungen als geschlossenes System anzusehen[412]. Ein abschließender Charakter könne aber hinsichtlich solcher Aktiengesellschaften nicht angenommen werden, die sich ausschließlich oder mehrheitlich in öffentlicher Trägerschaft befänden[413].

Die Argumente, die *T. von Danwitz* für seine Auffassung anführt, sind jedoch nicht stichhaltig. Ansatzpunkt seiner These ist der Umstand, dass das Aktiengesetz im ersten Teil des fünften Buches nur „Sondervorschriften bei Beteiligung von Gebietskörperschaften" enthalte, aber keineswegs Sonderregelungen über die Gründung und die Führung von Gesellschaften in alleiniger Trägerschaft der öffentlichen Hand[414]. Hieraus folgert er, das Aktiengesetz sei auch nach der Reform von 1965 sehr wohl noch einer ergänzenden Auslegung durch öffentlich-rechtliche Sondervorschriften zugänglich. Dem lässt sich jedoch entgegenhalten, dass im Aktiengesetz für Differenzierungen nach der Person des Gesellschafters kein Raum ist. Das Aktiengesetz gilt grundsätzlich für sämtliche Arten von Gesellschaftern und zwar unabhängig davon, ob es sich dabei um Privatpersonen oder kommunale Gebietskörperschaften handelt. Für Beteiligungen der öffentlichen Hand normieren die §§ 394 ff. AktG Spezialregelungen bzw. Sondervorschriften. Sie lassen sich nicht dahingehend verstehen, dass für öffentliche Unternehmen weitere Sonderbestimmungen möglich seien. Vielmehr sprechen sie gerade dafür, dass der Gesetzgeber darüber hinaus der öffentlichen Hand keine Sonderstellung einräumen, sondern sie auf das allgemeine Aktienrecht verweisen wollte[415].

---

[412] *T. v. Danwitz*, AöR 1995, S. 595 (618).

[413] Vgl. *v. Danwitz*, AöR 1995, S. 595 (618 ff.). Die ganz hM betrachtet das Aktiengesetz demgegenüber als eine abschließende Kodifikation; vgl. nur *R. Fischer*, AG 1982, S. 85 (90 f.); *H. Gersdorf*, Öffentlichen Unternehmen im Spannungsfeld zwischen Demokratie und Wirtschaftlichkeitsprinzip, S. 257; *T. Koch*, Der rechtliche Status kommunaler Unternehmen in Privatrechtsform, S. 157; *G. Nesselmüller*, Rechtliche Einwirkungsmöglichkeiten der Gemeinde auf ihre Eigengesellschaften, S. 75 f.; *E. Schmidt-Aßmann / P. Ulmer*, BB 1988, Beilage 13, S. 15.

[414] Vgl. *T. v. Danwitz*, AöR 1995, S. 595 (617).

[415] *G. Püttner*, DVBl. 1986, S. 748 (751).

Bestätigt wird dies durch die parlamentarischen Beratungen im Wirtschafts- und Rechtsausschuss des Deutschen Bundestages, die zu einer nachträglichen Einfügung dieser Bestimmungen in das Aktiengesetz geführt haben[416]. Insoweit muss dem Aktienrecht ein abschließender Charakter zugesprochen werden. Auch eine Beschränkung des Geltungsbereichs der §§ 394 f. AktG auf solche Gesellschaften, die nicht in alleiniger Trägerschaft der öffentlichen Hand stehen, also auf sogenannte Minderheitsbeteiligungen, dürfte kaum der Intention des Aktiengesetzes entsprechen. Weitergedachte Konsequenz dieser Auffassung wäre, dass bei solchen Gesellschaften, deren Anteile die kommunale Gebietskörperschaft vollständig hält, die im Interesse der öffentlichen Hand liegenden §§ 394 ff. AktG nur dann eingreifen würden, wenn der jeweilige Landesgesetzgeber dies anordnet. Demgegenüber fänden sie bei einer Minderheitsbeteiligung der öffentlichen Hand stets Anwendung. Eine solche Ungleichbehandlung lässt sich jedoch schwerlich begründen[417].

Zusätzlich würde die von *T. v. Danwitz* vertretene Ungleichbehandlung von Minder- und Mehrheitsbeteiligungen auch aus haftungsrechtlicher Sicht zu einem bedenklichen Ergebnis führen. Nach seiner Ansicht kommt dem Aktiengesetz nur bei Minderheitsbeteiligungen, nicht aber bei Mehrheitsbeteiligungen der öffentlichen Hand ein abschließender Charakter zu. Gerade bei einer Mehrheitsbeteiligung der öffentlichen Hand treten jedoch Anlegerschutzgesichtspunkte in den Vordergrund. Tatsache ist, dass ein höherer Gesellschaftsanteil der öffentlichen Hand aufgrund einer damit einhergehenden Zunahme der gesellschaftsrechtlichen Einflussmöglichkeiten gleichzeitig ein erhöhtes Gefährdungspotential für die Interessen des privaten Aktionärs bedeuten kann. Wenn *T. von Danwitz* den abschließenden Charakter des Aktiengesetzes auch bei solchen privatrechtlichen Gesellschaften verneint, die mehrheitlich von der öffentlichen Hand getragen werden, ergibt sich die Unrichtigkeit seiner Auffassung auch aus einem anderen Gesichtspunkt.

---

[416] Die gesetzliche Überschrift über den genannten Bestimmungen „Sondervorschriften bei Beteiligung von Gebietskörperschaften" ist nach einer besonderen Beratung im Rechtsausschuss und aufgrund einer besonders angeforderten Formulierungshilfe des Bundesjustizministeriums von dem Rechtsausschuss beschlossen worden; vgl. Protokoll der 127. Sitzung des Rechtsausschusses des Deutschen Bundestages vom 2.4.1965, S. 17 und Protokoll der 128. Sitzung vom 7.4.1965, S. 11.

[417] Vgl. im Ergebnis *S. Harbarth*, Anlegerschutz in öffentlichen Unternehmen, S. 107.

Das Aktiengesetz wird maßgeblich von kapitalmarktlichen Funktionsbezügen geprägt, damit die Aktiengesellschaft ihrer „Kapitalsammelfunktion"[418] gerecht werden kann. So erklärt sich die weitgehende Satzungsfestigkeit des Aktiengesetzes auch aus dem Ziel des Anlegerschutzes. Eine Sichtweise, wonach dem Aktiengesetz kein abschließender Charakter zukäme, wäre damit nicht vereinbar. Könnte der jeweilige Landesgesetzgeber das Aktiengesetz ergänzen und damit verändern, würde dies zu einer vergleichbaren Gefährdung der Kapitalanleger führen wie die weitreichenden Möglichkeiten der Satzungsgestaltung, weil die verbandsrechtliche Position des Anlegers vom jeweiligen Landesgesetzgeber abhinge. Insgesamt sprechen daher die besseren Argumente dafür, dass das Gesellschaftsrecht keiner Modifizierung durch öffentlich-rechtliche Bestimmungen zugänglich ist, mithin ein abschließender Charakter des Aktiengesetzes anzunehmen ist. Der Gesetzgeber hat demzufolge mit dem Aktiengesetz ein abschließendes Regelungswerk geschaffen.

bb) Parallele zum Verwaltungsprivatrecht ?

Untersucht werden soll weiterhin die von der Lehre vom „Verwaltungsgesellschaftsrecht" aufgezeigte Parallele zum angeblich normativ auf gleicher Ebene angesiedelten Verwaltungsprivatrecht[419]. Auch diese Herleitung, auf der die dogmatische Begründung des „Verwaltungsgesellschaftsrechts" weitgehend beruht, vermag jedoch nicht zu überzeugen. Zur Begründung dieser Annahme sind jedoch zunächst einige Ausführungen über den Begriff des Verwaltungsprivatrechts erforderlich.

Mit dem von *H. J. Wolff* geprägten Begriff des „Verwaltungsprivatrechts"[420] wird eine privatrechtliche Tätigkeit der öffentlichen Hand bezeichnet, die öffentlich-rechtlichen Bindungen unterliegt[421]. Bedient sich die öffentliche Hand privatrechtlicher Organisationsformen, so ist sie stets an Grundrechte gebunden und wird hiervon nicht dispensiert[422].

---

[418] Dazu näher *P. O. Mülberg*, Aktiengesellschaft, Unternehmensgruppe und Kapitalmarkt, S. 78 ff., 97 ff.

[419] Vgl. *T. v. Danwitz*, AöR 1995, S. 595 (617).

[420] *H. J. Wolff*, Verwaltungsrecht I, 6. Auflage 1965, § 23 II 3 b.

[421] Vgl. auch BGHZ 52, 325 (328); 65, 284 (287); 91, 84 (96 f.); *H. P. Bull*, Allgemeines Verwaltungsrecht, Rdnr. 330; *D. Ehlers*, in: Erichsen, Allgemeines Verwaltungsrecht, § 2, Rdnr. 70 ff.; *H. C. Röhl*, VerwArch 1995, S. 531 ff. mwN.

[422] Vgl. *J. Ipsen*, Allgemeines Verwaltungsrecht, Rdnr. 199.

Verhindert werden soll mit der Lehre vom Verwaltungsprivatrecht in erster Linie eine „Flucht ins Privatrecht"[423]. Daraus ergibt sich, dass die öffentliche Hand die Pflichten des Privatrechts so zu nehmen hat, wie sie sind[424]. Demgegenüber ist Regelungsintention des „Verwaltungsgesellschaftsrechts", dass die öffentliche Hand nicht den Bindungen der von ihr gewählten privatrechtlichen Organisationsform unterlegen ist, sondern sich vielmehr die durch eine Modifikation des Gesellschaftsrechts zu einem Sonderprivatrecht für Hoheitsträger geschaffenen Regelungen zunutze macht. Damit wird zwingendes Gesellschaftsrecht außer Geltung gesetzt, um den öffentlich-rechtlichen Vorgaben zu genügen. Die Lehre vom „Verwaltungsgesellschaftsrecht" begründet daher umgekehrt gerade eine „Flucht aus dem Privatrecht", das die öffentliche Hand als Organisationsform für ihre wirtschaftliche Betätigung gewählt hat[425]. Der von diesen Autoren formulierte gedankliche Ansatzpunkt einer Parallele von Verwaltungsprivatrecht und „Verwaltungsgesellschaftsrecht" ist aus diesen Gründen nicht überzeugend. Da das „Verwaltungsgesellschaftsrecht" ein Sonderprivatrecht für die Wirtschaftstätigkeit der öffentlichen Hand begründet, während das Verwaltungsprivatrecht gerade eine Bindung der privatrechtlichen Organisationsformen der öffentlichen Hand bewirken soll, ist vielmehr von einer entgegengesetzten Zweckrichtung auszugehen, so dass insofern auch keine Vergleichbarkeit besteht.

cc) Zusammenfassung

Aus den dargelegten Gründen hält die Lehre vom „Verwaltungsgesellschaftsrecht" insgesamt einer kritischen Überprüfung ihrer Argumente nicht stand. Eine Modifizierung des Gesellschaftsrechts mit der Folge der Schaffung eines besonderen gesellschaftsrechtlichen Status von kommunalen Eigengesellschaften ist danach abzulehnen. Für die von dieser Lehre beabsichtigte Freistellung der kommunalen Gebietskörperschaften von den konzernrechtlichen Schutzvorkehrungen in Form von Haftungstatbeständen fehlt damit eine tragfähige Rechtsgrundlage. Eine derartige Schlechterstellung außenstehender Gesellschafter oder Gläubiger der Eigengesellschaften erfordert vielmehr eine normative Rechtfertigung, die de lege lata nicht existiert[426].

---

[423] Vgl. *H. Maurer*, Allgemeines Verwaltungsrecht, § 3, Rdnr. 9 und § 25, Rdnr. 56.

[424] Vgl. *G. Püttner*, Die öffentlichen Unternehmen, S. 82, 275.

[425] Ähnlich *D. Ehlers*, DVBl. 1997, S. 137 (139) und *M. Möstl*, Grundrechtsbindung öffentlicher Wirtschaftstätigkeit, S. 28.

[426] Vgl. *G. Püttner*, Die öffentlichen Unternehmen, S. 234.

c) Lösung eines Teils der herrschenden Auffassung über Art. 31 GG ?

Nach Ansicht einiger Autoren innerhalb der herrschenden Auffassung sind bei der Beantwortung der Frage, ob das Gesellschaftsrecht durch die kommunalverfassungsrechtlichen Bindungen des Gemeindewirtschaftsrechts überlagert wird, verfassungsrechtliche Maßstäbe, also insbesondere Art. 31 GG zu beachten[427].

Nach *F. Engellandt* verdrängt das Gesellschaftsrecht gemäß Art. 31 GG entgegenstehende Normierungen des Kommunalrechts, soweit es abschließende Aussagen trifft[428]. Demgegenüber hält ein anderer Teil innerhalb der herrschenden Meinung einen Rückgriff auf Art. 31 GG für überflüssig[429]. Aufgrund der unterschiedlichen Regelungsgegenstände des Gesellschaftsrechts einerseits und des Kommunalrechts andererseits könne es überhaupt nicht zu einer Normenkollision kommen, eine solche sei jedoch Voraussetzung für die Anwendbarkeit des Art. 31 GG. Diese verschiedenen Argumente innerhalb der herrschenden Auffassung gilt es in einem kurzen Abriss zu bewerten.

aa) Art. 31 GG als anwendbare Kollisionsnorm[430]

Art. 31 GG kommt nach allgemeiner Auffassung zur Anwendung, wenn dieselbe Rechtsfrage sowohl durch Bundes- als auch durch Landesrecht geregelt ist und zwischen beiden Normen eine Kollision besteht[431]. Diese Kollision wird dann zugunsten des Vorrangs des Bundesrechts aufgelöst.

---

[427] So vor allem *V. Emmerich / M. Habersack*, Aktien- und GmbH-Konzernrecht, § 15, Rdnr. 27; *F. Engellandt*, Die Einflussnahme der Kommune auf ihre Kapitalgesellschaften über das Anteilseignerorgan, S. 23; *G. Püttner*, DVBl. 1986, S. 748 (751); *W. Spannowsky*, DVBl. 1992, S. 1072 (1074). Kritisch hierzu insbesondere *H. Gersdorf*, Öffentliche Unternehmen im Spannungsfeld zwischen Demokratie und Wirtschaftlichkeitsprinzip, S. 256.

[428] *F. Engellandt*, Die Einflussnahme der Kommunen auf ihre Kapitalgesellschaften über das Anteilseignerorgan, aaO.

[429] *H.-U. Erichsen*, Die Vertretung der Kommunen in den Mitgliederorganen von juristischen Personen des Privatrechts, S. 13 Fußn. 6; *G. Püttner*, DVBl. 1986, aaO.

[430] Nach heute ganz hM erweist sich die Vorschrift als Kollisionsnorm, nicht als Kompetenznorm; vgl. BVerfGE 26, 116 (135); 36, 342 (363); BVerfG (3. Kammer des Zweiten Senats), NJW 1996, S. 2497 (2498); *H. Dreier*, in: H. Dreier (Hrsg.), Grundgesetz-Kommentar, Bd. 2, Art. 31, Rdnr. 19; *P. M. Huber*, in: Sachs, GG, Art. 31, Rdnr. 2.

[431] *H. Dreier*, in: H. Dreier (Hrsg.), Grundgesetz-Kommentar, Bd. 2, Art. 31, Rdnr. 36; *W. März*, in: v. Mangoldt / Klein / Starck, GG, Bd. 2, Art. 31, Rdnr. 40; *B. Pieroth*, in: H. D. Jarass / B. Pieroth, Kommentar zum Grundgesetz, Art. 31, Rdnr. 3 und 4.

Tatbestandsvoraussetzungen des Art. 31 GG sind zum einen die Gültigkeit der jeweiligen Kollisionsnormen[432] und zum anderen, dass sich diese auf denselben Sachverhalt beziehen, mithin denselben Regelungsgegenstand enthalten[433]. Das GmbH-Gesetz und das Aktiengesetz, aus dessen Vorschriften sich das Konzernrecht herleitet, sind in Ausfüllung der konkurrierenden Gesetzgebungskompetenz gemäß Art. 74 Abs. 1 Nr. 11 GG[434] zustande gekommene Bundesgesetze. Sie stimmen formell mit höherrangigem Recht überein. Für eine materielle Verfassungswidrigkeit bestehen keinerlei Anhaltspunkte[435], so dass es sich beim GmbH-Gesetz und Aktiengesetz um gültiges Bundesrecht handelt.

Weiterhin müsste es sich bei den kommunalrechtlichen Haftungsbegrenzungspflichten bei der Wahl einer privaten Rechtsformen um gültiges Landesrecht handeln. Die Länder müssten also die Gesetzgebungskompetenz zum Erlass dieser Regelungen haben. Dabei soll sich die Darstellung der Einfachheit halber auf die Regelung der Haftungsbegrenzungspflicht nach dem niedersächsischen Gemeindewirtschaftsrecht beschränken. Diese Beschränkung führt zudem nicht zwangsläufig zu einer Verkürzung der Untersuchung, da sich die folgenden Ausführungen sinngemäß auf die meisten Regelungen der anderen Gemeindeordnungen und Kommunalverfassungen übertragen lassen. Auf die teilweise unterschiedlichen Gesetzesformulierungen der Haftungsbegrenzungspflicht ist im weiteren Verlauf der Arbeit bei der Abhandlung von Beherrschungsverträgen und den daraus ent-

---

432 *P. M. Huber*, in: Sachs, GG, Art. 31, Rdnr. 5, 7; *J. Ipsen*, Staatsrecht I, Rdnr. 625; *B. Pieroth*, in: H. D. Jarass / B. Pieroth, Kommentar zum Grundgesetz, Art. 31, Rdnr. 3.

433 Vgl. BVerfGE 26, 116 (135 f.); 36, 342 (363); BVerfG, NVwZ 1990, S. 356 (357); *P. M. Huber*, in: Sachs, GG, Art. 31, Rdnr. 10; *W. März*, in: v. Mangoldt / Klein / Starck, GG, Bd. 2, Art. 31, Rdnr. 40, 41; *B. Pieroth*, in: H. D. Jarass / B. Pieroth, Kommentar zum Grundgesetz, Art. 31, Rdnr. 4.

434 So *T. Maunz*, in: Maunz / Dürig, GG, Art. 74, Rdnr. 54, der das AktG und das GmbHG als Ergänzungsgesetze oder Nebengesetze zum HGB ansieht; a.A. *R. Fischer*, AG 1982, S. 85 (90); *W. Schön*, ZGR 1996, S. 429 (432), die Art. 74 Abs. 1 Nr. 1 GG als Kompetenzgrundlage ansehen.

435 Eine Verfassungswidrigkeit des AktG könnte sich allenfalls im Hinblick auf die verfassungsrechtliche Pflicht der öffentlichen Hand ergeben, auf die Gesellschaft einzuwirken. Indem das AktG dem Vorstand eine starke und weisungsunabhängige Position im Organisationsgefüge der AG zuweist und davon auch im Bereich öffentlicher Unternehmen keine Ausnahme macht, erschwert es die Steuerung der Geschäftsführungstätigkeit. Man könnte deshalb erwägen, ob das AktG dadurch verfassungsrechtliche Vorgaben missachtet und deshalb im Bereich öffentlicher Unternehmen als verfassungswidrig einzustufen ist. Überzeugend wäre dieser Einwand allerdings nicht, weil den verfassungsrechtlichen Vorgaben auch durch eine dahingehende Einschränkung der Freiheit der Rechtsformwahl entsprochen werden kann, dass die öffentliche Hand die AG nicht einsetzen dürfte, wenn sie die verfassungsrechtlich gebotene Einwirkung nach dem AktG nicht vornehmen kann.

stehenden Haftungsfolgen im Vertragskonzern einzugehen[436]. Im Mittelpunkt der Betrachtung steht die kommunalrechtliche Bestimmung des § 109 Abs. 1 Nr. 2 NGO, die als Zulässigkeitsvoraussetzung für die Errichtung bzw. Beteiligung der kommunalen Gebietskörperschaften an einer privatrechtlichen Organisationsform die Wahl einer Rechtsform bestimmt, die eine Haftungsbegrenzung auf einen bestimmten Betrag vorsieht. Entsprechende, in einigen Fällen sogar gleichlautende Regelungen[437] finden sich in den Gemeindeordnungen und Kommunalverfassungen der übrigen Bundesländer[438]. Zur genaueren Bestimmung des Regelungsgehalts von § 109 Abs. 1 Nr. 2 NGO bieten sich grundsätzlich zwei verschiedene Interpretationsmöglichkeiten an, auf die im Folgenden näher einzugehen ist.

bb) Interpretation von § 109 Abs. 1 Nr. 2 NGO als eine sogenannte kommunalinterne Regelung

Zunächst ist es möglich in § 109 Abs. 1 Nr. 2 NGO eine kommunalinterne Regelung zu sehen. Regelungsgegenstand wäre, dass die zuständigen Organe der kommunalen Gebietskörperschaften intern nur dann zur Errichtung bzw. Beteiligung an einer privatrechtlichen Gesellschaft befugt sind, wenn eine privatrechtliche Organisationsform gewählt wird, durch die eine Haftungsbeschränkung auf einen bestimmten Betrag – wie dies insbesondere bei einer Aktiengesellschaft oder GmbH der Fall ist – erreicht wird.

Bei einem solchen Verständnis, für das auch der gewählte Gesetzeswortlaut spricht[439], wäre § 109 Abs. 1 Nr. 2 NGO als eine rein kommunalrechtliche Norm, die, – da das Grundgesetz die Gesetzgebungskompetenz auf dem Gebiet des Kommunalrechts bzw. Gemeindewirtschaftsrechts den Ländern zuweist – kompetenzmäßig erlassen worden wäre. Bei dieser Interpretation lägen sowohl gültiges Bundesrecht als auch gültiges Landesrecht vor. Eine Kollision zwischen Bundes- und Landesrecht – und eine solche Kollision setzt Art. 31 GG voraus[440] – wäre dann jedoch gar nicht gegeben.

---

[436] Siehe Seite 169 ff.

[437] Vgl. z.B. § 108 Abs. 1 Nr. 2 GO NW; § 87 Abs. 1 Nr. 4 GO RhPf; § 73 Abs. 1 Nr. 3 ThürKO.

[438] Vgl. Fußnote 88.

[439] § 109 Abs. 1 Nr. 2 NGO lautet: „Die Gemeinden dürfen Unternehmen und Einrichtung in einer Rechtsform des Privatrecht nur gründen oder sich daran beteiligen, wenn eine Rechtsform gewählt wird, die die Haftung der Gemeinde auf einen bestimmten Betrag beschränkt."

[440] *B. Pieroth*, in: H. D. Jarass / B. Pieroth, Kommentar zum Grundgesetz, Art. 31, Rdnr. 4.

Eine Kollision kann begriffsnotwendig nur vorliegen, wenn beide Gesetzgeber denselben Regelungsgegenstand, dieselbe Rechtsfrage mit verschiedenen Ergebnissen geregelt haben[441]. Demnach findet Art. 31 GG keine Anwendung auf das Zusammentreffen von inhaltsgleichem Bundesrecht und Landesrecht, deren Normaussagen beim Adressaten zum selben Ergebnis führen. Die Annahme einer solchen Normenkollision gilt es hier zu überprüfen.

§ 109 Abs. 1 Nr. 2 NGO und die weiteren kommunalrechtlichen Bestimmungen der Länder über die Haftungsbegrenzung sind in Zusammenhang mit § 69 Abs. 1 DGO 1935 zu sehen, da alle landesrechtlichen Nachfolgebestimmungen auf dieser Vorschrift fußen und die Tradition des § 69 Abs. 1 DGO fortführen[442]. Der Sinngehalt der in den Ländern geltenden Haftungsbeschränkungen ist demnach auch im Lichte der spezifischen Zielsetzung des § 69 Abs. 1 DGO 1935 zu ermitteln. § 69 Abs. 1 DGO 1935 verfolgte das Ziel, die kommunalen Gebietskörperschaften vor nicht kalkulierbaren wirtschaftlichen Risiken, insbesondere hieraus erwachsenden Haftungsrisiken zu schützen, die sich daraus ergeben konnten, dass einem Verwaltungsträger keine umfassenden Steuerungsmöglichkeiten gegenüber den rechtlich verselbständigten privatrechtlichen Unternehmen zur Verfügung standen[443]. Für den damaligen Gesetzgeber stand im Vordergrund der Überlegungen, dass eine kommunale Gebietskörperschaft im Falle einer Beteiligung an einem privatrechtlichen Unternehmen „die Wirtschaftsführung des Unternehmens aber günstigstenfalls nur mittelbar beeinflussen" könne und „sie nicht selbst ausschließlich" bestimme und deshalb in solchen Beteiligungen auch „besondere Gefahren" liegen könnten[444].

Auch die Neuregelung des niedersächsischen Gemeindewirtschaftsrechts durch das Gesetz zur Reform des niedersächsischen Kommunalverfassungsrechts[445] vom 01.04.1996 bezweckt eine Begrenzung finanzieller Risiken für Städte und Gemeinden. § 109 Abs. 1 Nr. 2 NGO entspricht dem allgemeinen Grundsatz, dass jede wirtschaftliche Betätigung der kommunalen Gebietskörperschaft sich in den Grenzen halten muss, die ihrer Leistungsfähigkeit gezogen sind. Erforderlich ist demzufolge eine angemessene Relation zwischen der allgemeinen Leistungsfähig-

---

[441] BVerfGE 26, 116 (135); 36, 342 (363).

[442] § 69 Abs. 1 DGO 1935 lautete: „Die Gemeinde darf sich an einem wirtschaftlichen Unternehmen nur beteiligen, wenn die Voraussetzungen des § 67 vorliegen und wenn für die Beteiligung eine Form gewählt wird, die die Haftung der Gemeinde auf einen bestimmten Betrag begrenzt."

[443] Vgl. die Amtliche Begründung, abgedruckt bei *F.-K. Surén / W. Loschelder*, DGO, § 69, Anm. 1 und *K. Fess / E. Jäckle / E. Brunner*, DGO, S. 78.

[444] Vgl. Fußnote 443.

[445] Vgl. NdsGVBl. 1996, S. 81 ff.

keit der Gebietskörperschaft einerseits und der konkreten (finanziellen) Beteiligung an einem Unternehmen andererseits[446]. Bei Berücksichtigung dieser Zielsetzung relativiert sich ein auf den ersten Blick ins Auge springender Gegensatz zwischen gemeinderechtlichen Haftungsbegrenzungspflichten und finanziellen Risiken, die sich aus der Anwendung konzernrechtlicher Haftungstatbeständen ergeben können. Es ist keineswegs zwingend davon auszugehen, dass die Anwendung des Konzernrechts zu unvorhersehbaren und unbeherrschbaren Haftungsrisiken für die kommunalen Gebietskörperschaften führen muss, die durch Vorschriften des Gemeindewirtschaftsrechts verhindert werden sollen. Wenn die Gebietskörperschaft, wie dies im Falle des Bestehens eines Beherrschungsvertrages mit der Eigengesellschaft im Sinne des § 291 AktG besonders deutlich wird, die Unternehmenspolitik der abhängigen Gesellschaft steuert, kann sie auch die wirtschaftlichen Risiken entsprechender Entscheidungen abschätzen, für die sie aufgrund konzernrechtlicher Haftungstatbestände eintreten muss. Durch den Übergang der Verantwortungs- und Leitungsmacht auf die kommunale Gebietskörperschaft im Rahmen des konzernrechtlichen Verbundes kommt der abhängigen Gesellschaft daher eine dem Eigenbetrieb vergleichbare Rechtsstellung zu[447]. Ebenso wenig wie im öffentlich-rechtlichen Gemeindewirtschaftsrecht können deshalb bei einer Konzernierung unbeherrschbare Haftungsrisiken für die kommunalen Gebietskörperschaften entstehen[448].

Dieser kurze Begründungsaufwand mag an dieser Stelle der Untersuchung genügen, detailliert ist auf diese Problematik bei der Frage einzugehen, ob die kommunalen Gebietskörperschaften Beherrschungsverträge mit ihren Gesellschaften abschließen dürfen oder ob ihnen diese Steuerungsmöglichkeiten aus rechtlichen Gründen versagt werden müssen[449]. Hintergrund der dort anzusprechenden Streitfrage ist, dass mit dem Gewinn an Steuerungsmöglichkeiten die Verpflichtung des herrschenden Unternehmens einhergeht, die (jährlichen) Verluste des abhängigen Unternehmens auszugleichen (§§ 302 Abs. 1, 317 Abs. 1 AktG).

Nach alledem steht die Verpflichtung zur Haftungsbegrenzung nach § 109 Abs. 1 Nr. 2 NGO und den synonymen kommunalrechtlichen Vorschriften der Länder ihrem Sinn und Zweck nach der Anwendbarkeit des Konzernrechts und sich hier-

---

[446] Vgl. *U. Cronauge*, Kommunale Unternehmen, Rdnr. 484.

[447] *A. Pfeifer*, Möglichkeiten und Grenzen der Steuerung kommunaler Aktiengesellschaften durch ihre Gebietskörperschaften, S. 138.

[448] *T. Koch*, Der rechtliche Status kommunaler Unternehmen in Privatrechtsform, S. 176 f.; *ders.*, DVBl. 1994, S. 667 (671); *A. Pfeifer*, Möglichkeiten und Grenzen der Steuerung kommunaler Aktiengesellschaften durch ihre Gebietskörperschaften, S. 136 ff.

[449] Siehe Seite 168 ff.

aus ergebender möglicher Haftungsübernahmen durch die kommunalen Gebietskörperschaften nicht entgegen. Nach dieser Interpretationsmöglichkeit läge somit überhaupt kein Normenkonflikt vor, so dass Art. 31 GG schon tatbestandlich gar nicht einschlägig wäre.

cc) Interpretation des § 109 Abs. 1 Nr. 2 NGO als eine das Gesellschaftsrecht überlagernde Regelung

Will man § 109 Abs. 1 Nr. 2 NGO hingegen nicht als rein intrakommunale Regelung auffassen, sondern sieht man in ihr eine Regelung, die das GmbH-Gesetz bzw. Aktiengesetz bei Beteiligung einer kommunalen Gebietskörperschaft überlagern soll, stellt sich die Frage, ob der Landesgesetzgeber nach der Kompetenzordnung des Grundgesetzes hierzu überhaupt befugt wäre.

Mit dem Erlass von GmbH- und auch Aktiengesetz hat der Bund von der konkurrierenden Gesetzgebungskompetenz des Art. 74 Abs. 1 Nr. 11 GG Gebrauch gemacht. Art. 72 Abs. 1 GG trifft für diesen Fall die klare Aussage, dass sobald der Bund von seiner konkurrierenden Befugnis Gebrauch gemacht hat, und in dem Umfang, in dem er Gebrauch gemacht hat, die Länder ihre Gesetzgebungskompetenz verloren haben[450]. Damit ist eine sogenannte Sperrwirkung ausgelöst, die zu einem Verlust der Zuständigkeit der Länder führt. Für die Existenz der Gesetzgebungskompetenz des Landes kommt es deshalb darauf an, ob dem Gesetz durch „Gesamtwürdigung des betreffenden Normbereichs" zu entnehmen ist, dass es eine erschöpfende Regelung einer bestimmten Materie darstellt[451]. Nur falls der erschöpfende Charakter der Regelung zu verneinen ist, verbleibt dem Landesgesetzgeber ein eigener Regelungsbereich. In diesem Zusammenhang kann auf die Darstellung des zugunsten der herrschenden Auffassung entschiedenen Meinungsstreits hinsichtlich des Verhältnisses von Gemeindewirtschaftsrecht und Gesellschaftsrecht erwiesen werden[452]. Ohne weiteren Begründungsaufwand soll an dieser Stelle mit der herrschenden Auffassung von einem abschließenden Charakter des Gesellschaftsrechts ausgegangen werden.

---

[450] *J. Ipsen*, Staatsorganisationsrecht, Rdnr. 464 ff.; *B. Pieroth*, in: H. D. Jarass / B. Pieroth, GG, Art. 72, Rdnr. 5 ff.; *S. Oeter*, in: v. Mangoldt / Klein / Starck, GG, Bd. 2, Art. 72, Rdnr. 54.

[451] BVerfGE 7, 342 (347); 49, 343 (358); 67, 299 (324); *L. Diederichsen*, in: R. Schmidt, Kompendium öffentliches Wirtschaftsrecht, § 3, Rdnr. 6; *B. Pieroth*, in: H. D. Jarass / B. Pieroth, GG, Art. 72, Rdnr. 2.

[452] Siehe oben Seite 104 ff.

Würde man § 109 Abs. 1 Nr. 2 NGO als eine über den intrakommunalen Bereich hinausgehende Regelung ansehen, fehlte ihm die erforderliche Kompetenzgrundlage. Diese Regelung wäre damit unter kompetenziellen Gesichtspunkten ungültig. Auf die Kollisionsregel des Art. 31 GG für kompetenzmäßig ergangenes Bundes- und Landesrecht käme es somit nicht an[453], da entsprechende Regelungsansprüche der Landesgesetzgeber vor Art. 72 Abs. 1 GG keinen Bestand hätten.

dd) Erforderlichkeit einer verfassungskonformen Auslegung und Auswirkungen auf die Interpretationsmöglichkeiten

Nach der zuletzt angesprochenen Auslegungsmöglichkeit eines intrakommunalen Regelungsgehalts ergibt sich eine Verfassungswidrigkeit des § 109 Abs. 1 Nr. 2 NGO wegen mangelnder Gesetzeskompetenz des Landesgesetzgebers. Demgegenüber besteht bei der zuerst untersuchten Interpretation schon tatbestandlich kein Anwendungsfall des Art. 31 GG, da kein über den Vorrang des Bundesrechts zu lösender Normenkonflikt vorliegt. Es fragt sich, welcher der beiden Interpretationsmöglichkeiten der Vorzug zu geben ist.

Für die Klärung ist die allgemeine Zielbestimmung zu beachten, dass eine Auslegung von Gesetzen die „Einheit des Rechts" wahren soll[454]. Vor diesem Hintergrund ist eine Lösung zu suchen, die widerspruchsfrei mit dem übrigen Recht, bzw. zumindest mit den gleich- und höherrangigen Normen vereinbar ist. Mit anderen Worten bedeutet dies, dass wenn ein Gesetz nach Wortlaut, Entstehungsgeschichte, Gesamtzusammenhang der einschlägigen Normen und nach deren Sinn und Zweck mehrere Auslegungsmöglichkeiten zulässt, derjenigen der Vorzug zu geben ist, die mit dem Grundgesetz vereinbar ist[455]. Nach der umfangreichen Rechtsprechung des Bundesverfassungsgerichts[456] ist eine Auslegung, die den Ver-

---

[453] Die im Staatsrecht vertretene Meinung, auch hier handele es sich um einen Fall des Art. 31 GG, falls die landesrechtliche Regelung bereits bestanden habe, bevor der Bundesgesetzgeber von seiner Gesetzgebungsbefugnis Gebrauch gemacht habe (so BVerwGE 65, 174, 178; 68, 143, 147, kann nicht überzeugen, weil die in Art. 70 ff. GG enthaltenen Rechtsfolgen für das Landesrecht als leges speciales anzusehen sind (vgl. *B. Pieroth*, in: H. D. Jarass / B. Pieroth, GG, Art. 31, Rdnr. 3). Differenzierend *J. Ipsen*, Staatsrecht I, Rdnr. 627, wonach hauptsächlicher Anwendungsfall des Art. 31 GG die Wahrnehmung einer konkurrierenden Gesetzgebungskompetenz durch den Bund sei, nachdem zunächst die Länder den betreffenden Gegenstand geregelt haben.

[454] *R. Zippelius*, Juristische Methodenlehre, S. 49.

[455] Vgl. *W. Brugger*, AöR 1994, S. 1 ff.; *R. Zippelius*, Juristische Methodenlehre, aaO.

[456] BVerfGE 2, 266 (282); 8, 28 (32); 9, 194 (197 ff.); 12, 45 (49 ff.); 14, 56 (73); 16, 306 (329); 17, 306 (318); 18, 18 (34); 19, 1 (5); 21, 292 (305); 33, 52 (65); 48, 40 (45); 49, 148 (157); 69, 1 (55); 85, 69 (74 f.); 86, 288 (320 ff.); 88, 145 (166 ff.); 88, 203 (331ff.).

fassungsprinzipien nicht widerspricht, jeder anderen Auslegung vorzuziehen, bei der die Bestimmung verfassungswidrig sein würde. Damit stellt die „Verfassungskonformität" ein Auslegungskriterium dar[457]. Die äußerste Grenze einer verfassungskonformen Gesetzesauslegung wird jedoch durch den Wortlaut und den klar erkennbaren Willen des Gesetzgebers bestimmt[458]. Danach sprechen der Wortlaut und die Verfassungswidrigkeit des § 109 Abs. 1 Nr. 2 NGO im Falle einer Auslegung als intrakommunale Vorschrift für die erste Interpretationsmöglichkeit. Nach alledem ist § 109 Abs. 1 Nr. 2 NGO als rein innergemeindlich wirkende Vorschrift anzusehen, die das Aktiengesetz und das GmbH-Gesetz unberührt lässt. Die von einigen Stimmen in der Literatur angenommene Anwendung von Art. 31 GG ist letztlich nicht erforderlich. Es liegt keine Kollision von Gesellschaftsrecht und Kommunalrecht vor.

5. Kritik am pauschalen Vorrang des Gesellschaftsrechts und eigener Standpunkt

Zur Auflösung des Spannungsverhältnisses zwischen Gesellschafts- bzw. Konzernrecht und Kommunalrecht geht der überwiegende Teil innerhalb der herrschenden Meinung von einem kategorischen Vorrang des Gesellschaftsrechts aus. Diese These des absoluten Vorrangs will Klarheit und feste Konturen der Rechtsanwendung schaffen, sie ist jedoch in ihrem Anspruch auf allgemeine Gültigkeit kritisch zu überprüfen, da postulierte Unbedingtheiten nicht gleichzeitig ein Zeichen einer überzeugenden Beschreibung sein müssen. So ist zu fragen, ob im Hinblick darauf, dass der jeweilige Landesgesetzgeber den kommunalen Gebietskörperschaften die Gründung privatrechtlicher Organisationsformen ermöglicht, und damit öffentlich-rechtlich geprägten Sachverhalten den Weg in das Gesellschaftsrecht eröffnet, überhaupt von einem pauschalen Vorrang des Gesellschaftsrechts gesprochen werden sollte. Besser scheint es zu sein, von zwei Teilrechtsbereichen zu sprechen, die aneinandergrenzen und durch Auslegung in ihrem Verhältnis zueinander effektuiert werden müssen.

Eigentlich geht es bei der Beurteilung der hier gegenständlichen Nahtstelle zwischen öffentlichem Recht und Privatrecht nicht so sehr um den Vorrang des einen Rechtsgebiets vor dem anderen, als vielmehr um die Frage, wie weitreichend der kommunalrechtliche Verweis auf das Gesellschaftsrecht zu verstehen ist. Mit anderen Worten steht die Reichweite dieses Verweises auf das Gesellschaftsrecht im Vordergrund und nicht die Frage, ob das Gesellschaftsrecht das Kommunalrecht

[457] Vgl. *H. Spanner*, AöR 1966, S. 503 (507 ff.).

[458] BVerfGE 71, 81 (105); *H. D. Jarass*, in: H. D. Jarass / B. Pieroth, GG, Art. 20, Rdnr. 34.

verdrängt[459]. In Konsequenz dieser Erkenntnis ist im Interesse der dogmatischen Konsistenz einer „Teilrechtsordnung"[460], ebenso wie im Interesse der Gebietskörperschaften und der Gläubiger kommunaler Gesellschaften, die auf das ihnen bekannte Recht vertrauen, davon auszugehen, dass das vom Landesgesetzgeber für anwendbar erklärte Gesellschaftsrecht möglichst vollständig und in unveränderter Form zur Anwendung gelangt[461]. Modifikationen bzw. Einschränkungen durch das Kommunalrecht sind schon aus diesen Gründen abzulehnen. Damit sind selbstredend auch die aus dem Gesellschaftsrecht entwickelten konzernrechtlichen Haftungstatbestände angesprochen, deren Geltung nicht durch einen nur eingeschränkten Verweis auf das Gesellschaftsrecht unterlaufen werden kann.

Ein Blick auf die von einigen Gemeindeordnungen getroffene Ausnahmeregelung der Haftungsbegrenzungspflicht bestätigt diese unveränderte Anwendung des Gesellschaftsrechts. In Bayern, Hessen, Nordrhein-Westfalen[462] und Schleswig-Holstein finden sich Bestimmungen, die Abweichungen von der Haftungsbeschränkungspflicht im Einzelfall und nach vorheriger Überprüfung und Zustimmung durch die Rechtsaufsichtsbehörde zulassen[463]. Aus diesen gesetzlichen Regelungen kann nur der Schluss gezogen werden, dass der Landesgesetzgeber in bestimmten Einzelfällen eine unbeschränkte Haftung der Eigengesellschaften billigt, wenn das finanzielle Risiko zuvor von der Aufsichtsbehörde überprüft worden ist. Hieraus wird auch die von dem Gesetzgeber getroffene Systematik ersichtlich: Mit der Normierung einer Haftungsbegrenzungspflicht erfolgt ein unbedingter Verweis auf die nach dem Gesellschaftsrecht zu wählende privatrechtliche Organisationsform, dessen Reichweite auch nicht durch Haftungstatbestände des Konzernrechts eingeschränkt werden kann. Allerdings setzt die geschlossene Geltung des Gesellschaftsrechts voraus, dass der Anwendungsbereich nicht von vornherein auf Gesellschaften mit rein privatem Gesellschafterkreis beschränkt ist. Dann nämlich hätten die Landesgesetzgeber durch die Gemeindeordnungen zwar die Wahl der im Gesellschaftsrecht vorgesehenen Gesellschaftstypen eröffnen, sich aber zugleich die nähere Ausgestaltung dieser Rechtsformen vorbehalten können[464].

---

[459] Vgl. *E. Schmidt-Aßmann*, in: W. Hoffmann-Riem / E. Schmidt-Aßmann (Hrsg.), Öffentliches Recht und Privatrecht als wechselseitige Auffangordnungen, S. 9 (15 ff.).

[460] Vgl. *H.-H. Trute*, in: W. Hoffmann-Riem / E. Schmidt-Aßmann (Hrsg.), Öffentliches Recht und Privatrecht als wechselseitige Auffangordnungen, S. 167 (179).

[461] Vgl. *S. Harbarth*, ZGR 1998, S. 810 (817); *M. Lutter / W. Timm*, BB 1978, S. 836 (838).

[462] Vgl. dazu *E. Rehn / U. Cronauge*, GO NW, § 108, Anm. IV 4 a.E.

[463] Art. 92 Abs. 1 Nr. 3 2. HS BayGO; § 122 Abs. 1 GO Hess; § 108 Abs. 1 GO NW; § 102 Abs. 1 GO Schl-H.

[464] *F. Engellandt*, Die Einflussnahme der Kommunen auf ihre Eigengesellschaften über das Anteilseignerorgan, S. 23; *F. Janitschek*, Verwaltungsrundschau 1993, S. 115 (117); *A. Pfeifer*,

Diese Auffassung ist jedoch in den meisten Fällen schon nicht mit den Formulierungen der Gemeindeordnungen und Kommunalverfassungen, jedenfalls aber nicht mit der Aufnahme der §§ 394, 395 in das Aktiengesetz vereinbar. Die Sonderregeln für Vertreter der öffentlichen Hand im Aufsichtsrat einer Aktiengesellschaft zeigen, dass dem Bundesgesetzgeber die Möglichkeit einer öffentlichen Beteiligung an privatrechtlichen Gesellschaften bewusst war und er diese grundsätzlich mit den Regeln des allgemeinen Aktienrechts erfassen wollte. Zugleich enthält das Aktiengesetz die Entscheidung des Gesetzgebers, bis auf die genannten Vorschriften zur Verschwiegenheitspflicht keine Sonderregelungen zugunsten der öffentlichen Gesellschafter einzuführen.

II. Ergebnis und weiterer Ausblick auf die Arbeit

Die bisherigen Ausführungen haben gezeigt, dass es nicht generell, aber gerade im Zusammenhang mit Haftungsfragen zu Konflikten im Beziehungsgeflecht zwischen kommunalen Gebietskörperschaften und ihren Eigengesellschaften und den dieses Verhältnis bestimmenden gesellschaftsrechtlichen wie kommunalrechtlichen Bindungen kommen kann. Für die Lösung dieser Konfliktsituation erweist sich der von der herrschenden Auffassung im gesellschaftsrechtlichen wie öffentlich-rechtlichen Schrifttum angebotene Lösungsweg gegenüber der Lehre vom „Verwaltungsgesellschaftsrecht" als vorzugswürdig. Danach ist das Gesellschaftsrecht als ein abschließendes Regelungssystem anzusehen, das einer Modifizierung nicht zugänglich ist. Innerhalb der herrschenden Auffassung ist der Literaturmeinung zu folgen, die angesichts der unterschiedlichen Regelungsgegenstände des Gesellschaftsrechts einerseits und des Kommunalrechts andererseits eine Anwendung der Kollisionsnorm des Art. 31 GG ablehnt.

Festzuhalten ist im zum jetzigen Stand der Untersuchung, dass den kommunalen Gebietskörperschaften im Rahmen ihrer wirtschaftlichen Betätigung in der Privatrechtsordnung keine Sonderstellung zukommt. Es darf ihnen nicht möglich sein, im Hinblick auf eine „kommunalrechtliche Rosinentheorie"[465] einseitig die Vorteile dieser privatrechtlichen Rechtsformen für sich in Anspruch zu nehmen. Wenn sie ihren gemeindewirtschaftsrechtlichen Vorgaben nicht genügen können, so führt dies nicht zu einer Änderung des Gesellschaftsrechts, sondern vielmehr zu einer nur noch eingeschränkten „Freiheit" der Rechtsformenwahl.

Möglichkeiten und Grenzen der Steuerung kommunaler Aktiengesellschaften durch ihre Gebietskörperschaften, S. 99 ff.; *G. Püttner*, DVBl. 1986, S. 751; *H.-P. Schwintowski*, NJW 1990, S. 1009 (1013); *W. Weiblen / P. May*, Der Gemeindehaushalt 1987, S. 169.

[465] Zum Begriff vgl. *W. Weiblen / P. May*, Der Gemeindehaushalt 1987, aaO.

Jedoch bleibt es dem Bundesgesetzgeber unbenommen, das Gesellschaftsrecht im Interesse der öffentlichen Hand zu modifizieren und Sondervorschriften für die öffentliche Hand zu normieren. Besonders deutlich wird der öffentliche Charakter einer gesellschaftsrechtlichen Norm, wenn ausschließlich der öffentlichen Hand eine „mitgliedschaftliche Vorzugsstellung" eingeräumt wird[466], wie dies bei § 394 AktG der Fall ist[467].

Als Handlungsalternative stellt sich für die Gebietskörperschaften ein unbedingter Verzicht der Aufgabenerfüllung durch die privatrechtlichen Organisationsform der Eigengesellschaft dar. In dieser Situation ist ein Rückgriff auf die von den Gemeindeordnungen und Kommunalverfassungen bereitgestellten öffentlich-rechtlichen Organisationsformen möglich. Zuzustimmen ist der von *T. Raiser*[468] getroffenen Feststellung, dass es der öffentlichen Hand zwar grundsätzlich freistehe, ihre Unternehmen in die eleganten Kleider des Privatrecht zu kleiden, nicht aber, diese dabei zurechtzuschneidern oder zu zerreißen. Damit ist der Weg für eine Untersuchung der konzernrechtlichen Haftungstatbestände im gemeindlichen Konzern geebnet, sie sollen im Folgenden beschrieben werden. Handelt es sich hierbei um gesellschaftsrechtliche Rechtsfolgen und wurde festgestellt, dass das Gesellschaftsrecht grundsätzlich keiner Modifizierung durch das öffentliche Recht unterliegt, so muss dennoch immer wieder die besondere Situation der öffentlichen Gesellschafter kommunaler Eigengesellschaften im Blick gehalten werden.

---

466 *B. Kropff*, in: Festschrift für Hefermehl, S. 327 ff.

467 § 394 AktG hebt die Verschwiegenheitspflicht der Vertreter öffentlicher Gebietskörperschaften im Aufsichtsrat für Zwecke der Berichterstattung auf; vgl. dazu *E. Schmidt-Aßmann / P. Ulmer*, BB 1988, Beil. 13.

468 *T. Raiser*, ZGR 1996, S. 458 (462) ; vgl. auch *F. Engellandt*, Die Einflussnahme der Kommunen auf ihre Kapitalgesellschaften über das Anteilseignerorgan, S. 27.

C. Die Konzernhaftung für kommunale Eigengesellschaften in Form der Aktiengesellschaft und GmbH

Nachdem die grundsätzliche Anwendbarkeit der konzernrechtlichen Vorschriften auf das Beziehungsgeflecht zwischen kommunalen Gebietskörperschaften und ihren Eigengesellschaften geklärt worden ist, gilt es auf die Haftung unter konzernrechtlichen Gesichtspunkten einzugehen. Es soll bei der Untersuchung versucht werden, neben den für das Verständnis der Konzernhaftung notwendigen und erforderlichen gesellschaftsrechtlichen Ausführungen sogleich einen Bezug zum öffentlichen Recht herzustellen. Schließlich gilt es immer wieder, die Anwendung der Vorschriften des Konzernrechts auch auf dem Gebiet des öffentlichen Rechts zu überprüfen und dabei kommunalrechtliche Vorgaben und insbesondere die Haftungsbegrenzungspflichten nicht aus dem Blick zu verlieren. Außerdem sollen die unterschiedlichen Interessenlagen in öffentlichen Unternehmen und privaten Erwerbsgesellschaften herausgearbeitet werden.

Allgemein betrifft die Konzernhaftung die bereits angerissene Haftung mehrerer zwar rechtlich selbständiger, auf der Grundlage bestimmter gesellschaftsrechtlicher Instrumentarien aber miteinander verbundener Unternehmen. Regelungsgegenstand des Konzernrechts sind also Rechtsbeziehungen zwischen privatrechtlich organisierten Unternehmen. Es ist von Rechtsprechung und Literatur insbesondere für die Aktiengesellschaft entwickelt worden[469]. Hintergrund der Regelungen des Konzernrechts ist die Gefahr, dass das herrschende Unternehmen durch einen Beherrschungsvertrag oder auf Grund eines faktischen Beherrschungsverhältnisses das Eigeninteresse der beherrschten Gesellschaft von mit ihm nicht gleichlaufenden Partikularinteressen überlagert und in Frage stellt[470]. Dies kann dazu führen, dass sich die Geschäftsführung der abhängigen Gesellschaft nicht mehr an den Interessen der Gesellschaft, sondern an denen des herrschenden Unternehmens ausrichtet. So kann beispielsweise den Gläubigern der Gesellschaft die Gefahr drohen, dass das haftende Vermögen der Gesellschaft zugunsten des herrschenden Unternehmens geschmälert wird[471]. Während das Aktiengesetz und auch das GmbH-Gesetz davon ausgehen, dass durch die Gründung der Aktiengesellschaft oder GmbH eine autonome Gesellschaft entsteht und tätig wird, die ihre Belange nach eigenständigen Zielvorstellungen unabhängig verfolgt, ist die formelle Selbständigkeit eines beherrschten Unternehmens nur noch eine „leere Hülse“[472]. Aus

---

[469] Vgl. *V. Emmerich*, in: V. Emmerich / M. Habersack, Aktien- und GmbH-Konzernrecht, Einl., Rdnr. 16 ff.; *K. Schmidt*, Gesellschaftsrecht, S. 939 ff.

[470] *U. Hüffer*, AktG, § 15, Rdnr. 3 mwN.

[471] Vgl. *M. Schneider*, Die Gebietskörperschaft als Konzernspitze, S. 106.

[472] Vgl. *V. Emmerich / J. Sonnenschein*, Konzernrecht, S. 15.

diesem Grund sieht die Haftung im Recht der verbundenen Unternehmen im Vertragskonzern nach §§ 302, 311 Abs. 1 AktG eine Ausgleichspflicht des herrschenden Unternehmens für die Verursachung von konkreten Nachteilen durch Veranlassung des beherrschten Unternehmens zur Vornahme eines einzelnen nachteiligen Rechtsgeschäfts bzw. zur Vornahme oder zum Unterlassen einer solchen Maßnahme vor. Weiter unterscheidet das Konzernrecht bei einer faktischen Konzernlage[473], das heißt bei einem faktischen Beherrschungsverhältnis ohne zugrunde liegenden Beherrschungsvertrag, zwischen Einzelausgleichsansprüchen im faktischen Konzern und einer Verlustausgleichspflicht im qualifizierten faktischen Konzern.

Das Recht der verbundenen Unternehmen ist bisher lediglich für die Aktiengesellschaft im AktG von 1965 kodifiziert (§§ 15 ff., 291 ff. AktG)[474]. Hieraus ergeben sich die rechtlichen Grundlagen für die in der Rechtsform der Aktiengesellschaft geführten kommunalen Eigengesellschaften. Für die in der Rechtsform der GmbH geführten Eigengesellschaften gilt das GmbH-Gesetz. Dieses enthält hingegen keine eigenen Regelungen über verbundene Unternehmen, da entsprechende Bemühungen zur Kodifizierung eines GmbH-Gesetzes gescheitert sind[475]. Jedoch ist allgemein anerkannt, dass die Regelungen der Konzernhaftung auch auf den GmbH-Konzern Anwendung finden[476], worauf an späterer Stelle noch zurückzukommen sein wird[477].

---

[473] Das Gesetz meidet den Begriff des faktischen Konzerns. Es spricht nur von Verantwortlichkeit bei Fehlen eines Beherrschungsvertrages und bringt damit zum Ausdruck, dass die §§ 311 ff. AktG auch für schlichte Abhängigkeitsverhältnisse Geltung haben, die nicht durch die einheitliche Leitung der herrschenden Gesellschaft bestimmt sind. Vgl. hierzu *O. H. Paehler*, Die Zulässigkeit des faktischen Konzerns, S. 27.

[474] Zur geschichtlichen Entwicklung des Aktienkonzernrechts siehe *B. Deilmann*, Die Entstehung des qualifizierten faktischen Konzerns, S. 15 ff.

[475] Die Regierungsentwürfe zu einem GmbH-Gesetz aus den Jahren 1971 und 1973 sahen eine Haftung des herrschenden Unternehmens und seiner gesetzlichen Vertreter im faktischen GmbH-Konzern vor (vgl. etwa § 254 Abs. 1 i.V.m. § 245 Abs. 4 Satz 3 des Entwurfes eines Gesetzes über Gesellschaften mit beschränkter Haftung aus dem Jahre 1971, BT-Drucks. VI/3088, S. 67 (69). Diese Gesetzgebungspläne wurden 1974 durch die damalige Bundesregierung jedoch aufgegeben, so dass sich die GmbH-Novelle von 1980 (BGBl I, S. 836) auf wenige Einzelregelungen beschränkte; z.B. §§ 32a, 32b, 43a sowie §§ 51a und 51b GmbHG i.d.F. von 1980. Vgl. Begr. des RegE zur GmbH-Novelle 1980, BT-Drucks. 8/1347, S. 26; vgl. dazu *H.-J. Priester*, ZGR 1996, S. 189 (192).

[476] Vgl. *H. Gersdorf*, Öffentliche Unternehmen im Spannungsfeld zwischen Demokratie- und Wirtschaftlichkeitsprinzip, S. 336; siehe auch die Darstellung von *L. Möhring*, Schutz der Gläubiger einer konzernabhängigen GmbH, S. 36 ff.

[477] Siehe Seite 166 f.

Aufgrund fehlender gesetzlicher Vorgaben hat der Bundesgerichtshof in ständiger Rechtsprechung Grundzüge eines GmbH-Konzernrechts entwickelt[478]. Diese Rechtsprechung hat einer verfassungsrechtlichen Überprüfung durch das Bundesverfassungsgericht standgehalten[479], so dass das GmbH-Konzernrecht als ein Beispielsfall richterlicher Rechtsfortbildung anzusehen ist. Dies ist überzeugend, denn eine Unterscheidung zwischen Aktiengesellschaft und GmbH-Konzern kann sachgerecht nicht begründet werden. Gilt es, die Minderheitsgesellschafter und Gläubiger eines beherrschten Unternehmens gegen nachteilige Einflussnahmen des herrschenden Unternehmens zu schützen, so besteht dieses Schutzbedürfnis unabhängig davon, ob das beherrschte Unternehmen in der Rechtsform der Aktiengesellschaft oder der GmbH geführt wird.

Aus der Geltung des allgemeinen Gesellschaftsrechts für die wirtschaftliche Betätigung der kommunalen Gebietskörperschaften folgt aber nicht von selbst die Anwendbarkeit des Konzernrechts. So befremdet zunächst die Vorstellung, dass eine kommunale Gebietskörperschaft, die sich zur Erfüllung der ihr obliegenden öffentlichen Aufgaben einer privatrechtlichen Organisationsform bedient, zugleich ein „Unternehmen" im Sinne des Konzernrechts sein soll. Es wäre zum Beispiel denkbar, das Konzernrecht als Sonderrecht allein privater Konzerne zu verstehen und auf Konzernstrukturen öffentlicher Unternehmen und insbesondere kommunaler Gebietskörperschaften lediglich das allgemeine Gesellschaftsrecht anzuwenden[480]. Formal wäre dazu nur nötig, die öffentlichen Rechtsträger aus dem konzernrechtlichen Unternehmensbegriff auszuscheiden. Sieht man das Aktienrecht, namentlich die §§ 311 – 318 AktG, als fragwürdig oder gar misslungen an, ließe sich dieser Weg auch nach dem VEBA/Gelsenberg-Urteil des Bundesgerichtshofs heute noch rechtspolitisch rechtfertigen[481]. Das Recht der verbundenen Unternehmen ist deshalb nur anwendbar, wenn die kommunale Gebietskörperschaft als öffentlicher Gesellschafter die Qualität eines Unternehmens im Sinne des § 15 AktG besitzt. Dies versteht sich nicht ohne weiteres von selbst, so dass der Unternehmensbegriff und dessen Anwendung auf die kommunalen Gebietskörperschaften näher in den Blick zu nehmen ist.

---

[478] Wichtige Entscheidungen sind BGHZ 65, 15 betreffend die einfache Abhängigkeit; BGHZ 95, 330 („Autokran") betreffend die qualifizierte faktische Unternehmensverbindung; BGHZ 105, 324 betreffend den Vertragskonzern.

[479] BVerfG, NJW 1993, S. 2600.

[480] Vgl. *F. Rittner*, in: Festschrift für W. Flume, Bd. II, S. 241 (243); *H. Würdinger*, DB 1976, S. 613; *W. Zöllner*, AG 1978, S. 40 (41 f.).

[481] Siehe dazu *U. Hüffer*, AktG, § 15, Rdnr. 13.

D. Die öffentliche Hand und insbesondere die kommunalen Gebietskörperschaften als Unternehmen i.S. der §§ 15 ff., 291 ff. AktG

Die Rechtfolgen im Vertragskonzern sowie bei Vorliegen einer faktischen oder qualifizierten faktischen Konzernierung setzen voraus, dass die kommunalen Gebietskörperschaften als Unternehmen im Sinne des Konzernrechts zu qualifizieren sind[482]. Im GmbH-Recht und im Aktienrecht hängt die Anwendbarkeit des Konzernrechts auf die Rechtsbeziehung zwischen kommunaler Eigengesellschaften und Gebietskörperschaft entscheidend von den an die Unternehmenseigenschaft der Gebietskörperschaften zu stellenden Voraussetzungen ab. Für die Reichweite konzernrechtlicher Regelungen kommt dem konzernrechtlichen Unternehmensbegriff des § 15 AktG deshalb eine zentrale Funktion zu[483]. Die Materialien zum AktG 1965 enthalten keine Umschreibung oder gar Definition des Unternehmensbegriffs[484]. In einer vielzitierten Passage der Begründung des Regierungsentwurfs zu § 15 AktG wird lediglich ausgeführt, dass von einer Definition „angesichts der großen praktischen Schwierigkeiten" abgesehen wird[485], Unternehmen im Sinne des Konzernrechts aber alle Rechtsformen haben können[486]. Aus dem Bericht des Rechts- und Wirtschaftsausschusses zu §§ 20, 21 AktG lässt sich eine eindeutige gesetzgeberische Privilegierung des Privataktionärs gegenüber dem Unternehmensaktionär erkennen[487]. Eine bloße Beteiligung an einer Aktiengesellschaft,

[482] Diese Frage ist ausgiebig im Umfeld der VEBA/Gelsenberg-Entscheidung des BGH aus dem Jahr 1977 diskutiert worden. Siehe dazu: *H.-G. Koppensteiner*, ZGR 1979, S. 91 ff.; *M. Lutter / W. Timm*, BB 1979, S. 836 ff.; *F. Rittner*, in: Festschrift für W. Flume, Bd. II, S. 241 ff.; *H. Wiedemann / K.-P. Martens*, AG 1976, S. 197 ff. und S. 232 ff.; *H. Würdinger*, DB 1976, S. 613 ff.; *W. Zöllner*, ZGR 1976, S. 1 ff.

[483] Vgl. *V. Emmerich / J. Sonnenschein*, Konzernrecht, S. 27 ff.; *H.-G. Koppensteiner*, in: Kölner Kommentar zum AktG, § 15, Rdnr.6.

[484] A.A. ist insoweit nur *F. Rittner*, in: Festschrift für W. Flume, Bd. II, S. 241 (245), der meint, der Gesetzgeber habe sich 1965 gegen eine Einbeziehung der öffentlichen Hand in den Unternehmensbegriff des Konzernrechts ausgesprochen.

[485] Vgl. Begründung des Regierungsentwurfs, *B. Kropff*, Aktiengesetz, S. 27; *V. Emmerich*, Das Wirtschaftsrecht der öffentlichen Unternehmen, S. 213 ff.; *B. Großfeld*, ZGR 1987, S. 504 (505 ff.).

[486] Vgl. *B. Kropff*, Aktiengesetz, aaO.

[487] Im Bericht des Ausschusses heißt es: „Hingegen hat der Wirtschaftsausschuss eine Ausdehnung der Mitteilungspflicht auf jeden Aktionär – ohne Rücksicht darauf, ob es sich um ein Unternehmen handelt – abgelehnt. Ihm erschien ... zweifelhaft, ob für diese Ausdehnung ein Bedürfnis besteht. Bei Beteiligung eines Unternehmens besteht die Gefahr, dass das Unternehmen die Rechte aus der Beteiligung zum Nachteil der Gesellschaft für seine unternehmerischen Interessen ausnutzt."; *B. Kropff*, Aktiengesetz, S. 41 f.; vgl. auch BGHZ 69, 334 (336).

unabhängig von ihrer Höhe für die Qualifizierung als Unternehmen reicht daher nicht aus[488].

Ein umfassender, für alle Regelungszusammenhänge passender Basisbegriff des Rechtsbegriffs „Unternehmen" existiert nicht[489]. Aufgrund der zentralen Bedeutung und in Ermangelung einer gesetzlichen Definition hat eine seit der Schaffung des AktG 1965 anhaltende umfangreiche Diskussion über den Unternehmensbegriff eingesetzt, die bis heute noch nicht als abgeschlossen angesehen werden kann. Die Konkretisierung des Unternehmensbegriffs wird zudem dadurch erschwert, dass er nicht einmal innerhalb des Aktiengesetzes einheitlich verwendet wird[490]. Erleichternd kommt es für die vorliegende Arbeit nur auf den konzernrechtlichen Unternehmensbegriff an, da nur auf konzernrechtliche Rechtsfolgen einzugehen ist. Auf die Diskussion zum konzernrechtlichen Unternehmensbegriff kann und soll hier nicht in voller Breite eingegangen werden[491]. Auch ist hier nicht der Ort, den zahllosen Versuchen einer Begriffsdefinition eine weitere hinzuzufügen. Es empfiehlt sich aber ein genauer Blick auf die wichtigsten Grundströmungen innerhalb dieser Streitfrage, zumal die Diskussion durch gerichtliche Entscheidungen aus der jüngeren Vergangenheit um einige Nuancen bereichert worden ist. Dies hat neue Diskussionen in der rechtswissenschaftlichen Literatur entfacht, die auch für die Unternehmenseigenschaft kommunaler Gebietskörperschaften von Bedeutung sind.

I. Die ablehnende Haltung im älteren Schrifttum

In der älteren Literatur finden sich nur vereinzelt Stimmen, welche die Anwendbarkeit der konzernrechtlichen Bestimmungen des Aktienrechts auf die Beziehungen der öffentlichen Hand zu ihren Eigengesellschaften und damit auch auf die Städte und Gemeinden bejahen[492].

---

[488] Vgl. *H.-G. Koppensteiner*, in: Kölner Kommentar zum AktG, § 15, Rdnr. 6; vgl. auch BGHZ 69, 334 (337).

[489] Vgl. *U. Hüffer*, in: Großkommentar zum HGB, Vorb. § 22, Rdnr. 2 ff.; *K. Schmidt*, Gesellschaftsrecht, S. 940.

[490] *H.-G. Koppensteiner*, in: Kölner Kommentar zum AktG, § 15, Rdnr. 9; *M. Miegel*, Der Unternehmensbegriff des Aktiengesetzes, S. 188 ff.; *H. Würdinger*, Aktienrecht und das Recht der verbundenen Unternehmen, S. 281.

[491] Vgl. die Darstellungen des konzernrechtlichen Unternehmensbegriffs bei *T. Milde*, Der Gleichordnungskonzern im Gesellschaftsrecht, S. 15 ff. und *P. O. Mülbert*, ZHR 163 (1999), S. 1 ff.

[492] Vgl. *H.-G. Koppensteiner*, in: Kölner Kommentar zum AktG, § 15, Rdnr. 52; einschränkend *W. Zöllner*, ZGR 1976, S. 27 f.

Die überwiegende Meinung im Schrifttum vertrat demgegenüber die Auffassung, die öffentliche Hand könne nicht Unternehmer im Sinne des Aktiengesetzes sein[493]. Dies wurde vor allem mit der Begründung vertreten, dass die kommunalen Gebietskörperschaften mit den privatrechtlichen Unternehmen nicht vergleichbar seien, da sie ausschließlich öffentliche Zwecke verfolgten[494]. Dahinter verbirgt sich vor allem die Erwägung, dass dem öffentlichen Recht, welches in erster Linie zur Gestaltung dieser Beziehungen berufen sei, der Vorrang vor dem privaten Recht gebühre[495]. Diese Auseinandersetzung zwischen den beiden Lehrmeinungen eines funktionalen[496] und eines institutionellen[497] Unternehmensbegriffs ist jedoch

---

493 Vgl. *J. Berkemann*, Die staatliche Kapitalbeteiligung an Aktiengesellschaften, S. 195 ff.; *H. Bolsenkötter*, DB 1967, S. 1098 (1101); *J. Borggräfe*, DB 1978, S. 1433 (1437); *J. Brauksiepe*, BB 1966, S. 869 (872); *W. Büchner*, Die rechtliche Gestaltung kommunaler öffentlicher Unternehmen, S. 266 ff.; *H. P. Ipsen*, JZ 1955, S. 593 (595); *H. H. Klein*, Die Teilnahme des Staates am wirtschaftlichen Wettbewerb, S. 92; *B. Kropff*, BB 1965, S. 1281 (1285); *H.-C. Leo*, AG 1965, S. 352 (353); *G. Püttner*, Die öffentlichen Unternehmen, 1. Aufl., S. 377; anders: *ders.*, 2. Aufl., S. 282; *W. Rüfner*, Formen öffentlicher Verwaltung im Bereich der Wirtschaft, S. 261; *J. v. Trott zu Solz*, Die staatlich beeinflusste Aktiengesellschaft als Instrument der öffentlichen Verwaltung, S. 79 f.; *H. Wiedemann / K.-P. Martens*, AG 1976, S. 239 mwN; *H. Würdinger*, in: Großkommentar zum AktG, Vorbem. von §§ 15-19, Anm. 4; *ders.* DB 1976, S. 613 (615).

494 So zuletzt *J. Borggräfe*, DB 1978, S. 1433; *H.-F. Luchterhandt*, ZHR 132 (1969), S. 149 (156 ff.).

495 Vgl. dazu bereits Seite 128 ff. und *J. Borggräfe*, DB 1978, aaO; *H.-F. Luchterhandt*, ZHR 132 (1969), aaO; *F. Rittner*, in: Festschrift für W. Flume, Bd. II, S. 241.

496 Nach der funktionellen Auffassung ist jedes Rechtssubjekt als Unternehmen anzusehen, das marktstrategisch plant und entscheidet. Die Anhänger dieses Unternehmensbegriffs verneinten die Unternehmereigenschaft der öffentlichen Hand mit der Begründung, sie verfolge bzw. erfülle mit ihrer Beteiligung an Aktiengesellschaften nicht eigene unternehmerische Interessen, sondern öffentliche Interessen. Im Hinblick auf den mit dem Konzernrecht bezweckten Schutz der außenstehenden Aktionäre und Gläubiger vor den Gefahren unternehmensfremder Einflüsse durch das herrschende Unternehmen, liege ein Unternehmen immer dann vor, wenn von dem Aktionär erwartet werden könne, dass er seine Beteiligung für eigene unternehmerische Interessen ausnutzen werde. Eine solche Ausnutzung für eigene unternehmerische Zwecke könne von der öffentlichen Hand aber gerade nicht erwartet werden. Sie unterliege stets den Vorschriften des öffentlichen Rechts, deren Grundsatz im Verfolgen öffentlicher Zwecke bestehe. Bei den Gebietskörperschaften stünden folglich stets öffentliche, nicht jedoch unternehmerische Interessen im Vordergrund; vgl. *J. Brauskiepe*, BB 1966, S. 869 (871); *C. Kellmann*, BB 1969, S. 1509 (1511); *B. Kropff*, BB 1965, aaO; *P. Möhring*, NJW 1967, S. 1.

497 Nach der institutionellen Auffassung kann ein Unternehmen nicht ohne rechtlich selbständigen erkennbaren Geschäftsbetrieb existieren, mit dem es eigene wirtschaftliche Tätigkeit entfaltet. Anknüpfend an die Zugehörigkeit des Aktienrechts zum Handelsrecht zogen die Vertreter dieses Unternehmensbegriffs hieraus den Schluss, dass dem Aktiengesetz der handelsrechtliche Unternehmens- oder besser Kaufmannsbegriff der §§ 1 ff. HBG zugrunde zu legen sei. Unternehmen i.S. der §§ 15 ff. AktG sollten deshalb nur solche Personen und Personenvereinigungen sein, die zugleich außerhalb der Gesellschaft ein Handelsgewerbe i.S. des HGB betreiben. Nach dieser Auffassung sei diese institutionelle Verselbständigung der wirtschaftlichen Einheit bei

in wesentlichen Punkten überholt, da keine der beiden Auffassungen dem Gesetzeszweck vollständig gerecht wird[498]. Gegen diese Auffassungen spricht auch, dass es keinen Vorrang des öffentlichen Rechts vor dem Privatrecht gibt. Bereits bei der Untersuchung der Kollision von Gesellschaftsrecht und Kommunalrecht wurde festgestellt, dass die öffentliche Hand nicht die Möglichkeit hat, das Privatrecht beliebig zu durchbrechen[499].

II. Die Rechtsprechung unter besonderer Berücksichtigung der VEBA/Gelsenberg-Entscheidung vom 13.10.1977[500]

Die Rechtsprechung hat – bis auf eine Ausnahme, auf die sogleich einzugehen ist[501] – noch nicht explizit entschieden, ob kommunale Gebietskörperschaften Unternehmen im Sinne des konzernrechtlichen Unternehmensbegriffs sein können. Der ablehnenden Auffassung im älteren Schrifttum ist die Rechtsprechung jedoch entschieden entgegengetreten, indem mehrere Gerichte von der grundsätzlichen Anwendbarkeit des Konzernrechts auf die Bundesrepublik Deutschland für den Fall einer Beteiligung an privatrechtlichen Unternehmen ausgegangen sind[502].

---

der öffentlichen Hand nicht vorhanden. Sie verwalte ihre Beteiligungen zumeist nicht separat in einer Unternehmensorganisation, sondern lasse sie als Verwaltungsvermögen von der ressortzuständigen Verwaltungsbehörde betreuen. Vgl. *H. Bölsenkötter*, DB 1967, S. 1098 ff.; *H.-F. Luchterhandt*, ZHR 132 (1969), S. 149 (152); *P. Raisch*, JZ 1966, S. 549 (554 ff.); *D. Schäfer*, BB 1966, S. 229.

498 Vgl. zum Streitstand ausführlich *V. Emmerich / J. Sonnenschein*, Konzernrecht, 1. Aufl., S. 20 bis 25 mwN; *U. Hüffer*, AktG, § 15, Rdnr. 8; *E. Gessler* bezeichnete bereits 1972 die beiden Theorien als unzweckmäßig und überholt; vgl. *E. Gessler*, in: Festschrift für H. Westermann, S. 145 (148 f.); zur Kritik vgl. *W. Haesen*, Der Abhängigkeitsbericht im faktischen Konzern, S. 9 f.; *E. Gessler*, in: Gessler / Hefermehl, AktG, § 15, Rdnr. 16; *M. Kort*, DB 1986, S. 1909; *W. Zöllner*, ZGR 1976, 1 (7 f.); zusammenfassend: *H.-G. Koppensteiner*, in: Kölner Kommentar zum AktG, § 15, Rdnr. 17 mwN.

499 Siehe Seite 130.

500 BGHZ 69, 334 ff.

501 Vgl. die Entscheidung des OLG Celle vom 12.07.2000 – 9U 125/99, nicht rechtskräftig. Siehe unter III, Seite 142 f.

502 Neben der noch anzusprechenden VEBA/Gelsenberg-Entscheidung ging es in einem weiteren Verfahren um den Jahresabschluss der Lufthansa AG für das Jahr 1973. Das Registergericht war bereits davon ausgegangen, dass die Lufthansa AG von dem mehrheitlich beteiligten Bund abhängig sei und deshalb nach § 312 AktG zur Aufstellung eines Abhängigkeitsberichts verpflichtet sei. Außerdem sei die Treuarbeit wegen ihrer Abhängigkeit vom Bund von der Prüfung aller anderen Bundesunternehmen ausgeschlossen (vgl. § 164 Abs. 3 Nr. 1 AktG, aufgehoben durch das Bilanzrichtlinien-Gesetz vom 19.12.1985, BGBl I S. 2355), so dass der von der Treuarbeit geprüfte Jahresabschluss der Lufthansa AG für das Jahr 1973 nach § 256 Abs. 1 Nr. 3 AktG nichtig sei (vgl. Amtsgericht Köln, AG 1975, S. 330 ff.). Die hiergegen gerichtete

Ein Meilenstein in der Entwicklung der Rechtsprechung zur Unternehmenseigenschaft der öffentlichen Hand ist die bereits vor über 20 Jahren ergangene *VEBA/Gelsenberg*-Entscheidung, die auf eine große Resonanz in der juristischen Literatur gestoßen ist und in deren Gefolge das Schrifttum praktisch einhellig auf den darin entwickelten Unternehmensbegriff einschwenkte. In diesem Urteil hat der II. Senat des Bundesgerichtshofs erstmals zum Unternehmensbegriff Stellung genommen und wichtige Anhaltspunkte zur Feststellung der Unternehmenseigenschaft geliefert[503]. An den dort entwickelten Grundsätzen hat der Bundesgerichtshof auch in seiner folgenden Rechtsprechung festgehalten und so eine ständige höchstrichterliche Rechtsprechung zum Unternehmensbegriff entwickelt[504]. Allerdings ging es in dem *VEBA/Gelsenberg*-Urteil nicht um konzernrechtliche Haftungstatbestände, sondern um das aktienrechtliche Spezialproblem, ob bei einer Eingliederung in eine von der Bundesrepublik Deutschland „abhängigen“ Aktiengesellschaft gemäß § 320 Abs. 5 Satz 2 AktG neben Aktien dieser Aktiengesellschaft auch die Gewährung einer Barabfindung hätte angeboten werden müssen[505]. Die Urteilsgründe sind jedoch ganz allgemein gehalten und lassen sich auch für die folgende Untersuchung verwenden[506]. Zur Frage der Unternehmenseigenschaft kommunaler Gebietskörperschaften und der grundsätzlichen Anwendbarkeit des Konzernrechts ist die *VEBA/Gelsenberg*-Entscheidung des Bundesgerichtshofes heranzuziehen[507], ihre Grundzüge sind kurz wiederzugeben. Ausgangspunkt der

---

Beschwerde der Lufthansa AG war erfolglos; das LG Köln bestätigte vielmehr in vollem Umfang den Standpunkt des Registergerichts (Beschluss vom 30.1.1976, AG 1976, S. 244).

[503] Das Verfahren betraf die Eingliederung der Gelsenberg AG in die Veba-AG, deren Aktien im Zeitpunkt der Entscheidung zu rund 43,7 % die Bundesrepublik Deutschland hielt. In der Bekanntmachung der Eingliederung als Gegenstand der Tagesordnung beschränkte sich die Veba-AG auf das Angebot einer Abfindung in eigenen Aktien. Dagegen wandten sich mehrere Aktionäre mit der Begründung, die Veba-AG sei vom Bund abhängig, so dass sie nach § 320 Abs. 5 Satz 3 AktG auch eine Barabfindung anbieten müsse (Gemäß § 320 Abs. 5 Satz 3 AktG a.F. sind den ausgeschiedenen Aktionären nach deren Wahl eigene Aktien der Hauptgesellschaft oder eine angemessene Barabfindung zu gewähren, wenn die Hauptgesellschaft eine abhängige Gesellschaft ist.). Das LG Essen gab der Anfechtungsklage mit der Begründung statt, die Veba-AG sei angesichts der ständigen Hauptversammlungsmehrheit und des Entsendungsrechts des Bundes von diesem abhängig, so dass zur ordnungsgemäßen Bekanntmachung der Eingliederung auch ein Barabfindungsangebot erforderlich gewesen wäre (LG Essen, NJW 1976, S. 1897 ff.). Die von der Gelsenberg-AG hiergegen eingelegte Sprungrevision hatte keinen Erfolg.

[504] BGHZ 74, 359 (365) „WAZ“; 80, 69 (72) „Süssen“; 95, 330 (337) „Autokran“; 115, 187 (190) „Video“; 122, 123 (126 ff.) „TBB“.

[505] § 320 Abs. 5 bis 7 AktG aufgehoben durch Art. 6 UmwBerG vom 28.10.1994 (BGBl I S. 3210).

[506] Vgl. *U. Noack*, Städte- und Gemeinderat 1995, S. 379 (382).

[507] Vertiefend dazu *T. Koch*, Der rechtliche Status kommunaler Unternehmen in Privatrechtsform, S. 172 ff.

Entscheidung ist die Frage nach dem Sinn und Zweck des Konzernrechts, der nach der Auffassung des Bundesgerichtshofs darin besteht, Minderheiten und Gesellschaftsgläubiger vor wirtschaftlicher Machtausübung von Mehrheitsaktionären zu schützen[508]. Es genüge deshalb nicht, dass die kommunale Gebietskörperschaft ein Mehrheitsaktionär sei, um die Unternehmenseigenschaft zu bejahen[509]. Von einem Großaktionär, dessen wirtschaftliche Tätigkeit sich auf die Beteiligung an der Aktiengesellschaft beschränkt, erwartet der Bundesgerichtshof, dass er die Interessen der Aktiengesellschaft als seine eigenen betrachtet; deshalb soll der allgemeine Minderheitenschutz der §§ 117, 243 Abs. 2 AktG ausreichen[510]. Voraussetzung für die Anwendung des Konzernrechts sei vielmehr, dass sich der Aktionär außerhalb der Gesellschaft noch unternehmerisch betätige, weil daraus typischerweise die Konfliktlagen resultierten – Schutz von Minderheiten gegen die Folgen fremdbestimmter wirtschaftlicher Machtausübung –, denen das Konzernrecht begegnen solle.

Als Unternehmen im Sinne des Konzernrechts sieht der Bundesgerichtshof jeden Gesellschafter an, bei dem zu seiner Beteiligung an der Gesellschaft „eine wirtschaftliche Interessenbindung außerhalb der Gesellschaft hinzukommt, die stark genug ist, um die ernste Besorgnis zu begründen, der Aktionär könnte um ihretwillen seinen Einfluss zum Nachteil der Gesellschaft geltend machen“[511]. Dieses „unternehmerische Fremdinteresse“ könne auf ein vom Anteilseigner unmittelbar betriebenes Handelsgeschäft bezogen sein, aber auch in einer wirtschaftlichen Interessenverflechtung anderer Art begründet liegen, ohne dass es dabei auf die Rechtsform des auf die Gesellschaft Einfluss nehmenden Trägers eines solchen Fremdinteresses ankomme[512]. Solche anderweitigen wirtschaftlichen Interessenbindungen seien regelmäßig zu bejahen, wenn der Inhaber von Anteilen an einem Unternehmen maßgeblich an einer weiteren Gesellschaft beteiligt sei, und somit die Möglichkeit bestehe, dass er sich unter Ausübung von Leitungsmacht auch anderweitig unternehmerisch betätige[513].

---

[508] BGHZ 69, 334 (336 f.).

[509] BGHZ 69, 334 (337).

[510] BGHZ 69, aaO; vgl. auch *B. Kropff*, Aktiengesetz, Begr. zu § 20 und § 311, S. 41 f., 408; *H. Wiedemann / K. P. Martens*, AG 1976, 197 (199 f.) mwN.

[511] BGHZ 69, aaO; 74, 359 (365) „WAZ“; 80, 69 (72) „Süssen“.

[512] BGHZ 69, 334 (338).

[513] BGHZ 69, 334 (337).

Zusammenfassend entscheidet nach diesen Rechtsprechungsgrundsätzen maßgeblich das Vorhandensein eines potentiellen Interessenkonflikts der öffentlichen Hand über die Unternehmenseigenschaft. Demgegenüber stempelt eine noch so hohe Beteiligung – wie z.B. bei einer Eigengesellschaft – die öffentliche Hand grundsätzlich nicht zum Unternehmen[514]. Denn in dem Fall, in dem sich die wirtschaftliche Betätigung auf eine Gesellschaft beschränkt, wird die Gebietskörperschaft regelmäßig die Interessen dieser Gesellschaft als ihre eigenen betrachten bzw. keine Sonderinteressen gegenüber der Gesellschaft verfolgen. Dieser Rechtsprechung haben sich mittlerweile auch das Bundesarbeitsgericht[515], das Bundessozialgericht[516] sowie einige andere Gerichte angeschlossen[517].

Abschließend bleibt festzuhalten, dass der Bundesgerichtshof diese stichwortartig als „schutzrechtsorientierter Unternehmensbegriff" zu bezeichnenden Rechtsgrundsätze auf den Bereich des industriellen Anteilsbesitzes der Bundesrepublik Deutschland beschränkt hat[518]. Darüber hinaus wandte sich das Urteil an einer anderen Stelle dagegen, bei gemischtwirtschaftlichen Unternehmen allein die öffentliche Zielsetzung des öffentlich-rechtlichen Anteilseigners zu berücksichtigen und behandelte diese Unternehmen als aus dem Anwendungsbereich des Konzernrechts herausfallende „politisch beeinflussbare Leistungsträger"[519]. Als Folge dieses Urteils bestand insbesondere in der Literatur Unsicherheit darüber, ob den kommunalen Gebietskörperschaften für andere Bereiche ihres Beteiligungsbesitzes, etwa bei Unternehmen der Daseinsvorsorge, Verkehrsbetrieben und Unternehmen mit speziellem Leistungsauftrag, eine Unternehmensqualität zukommen kann[520].

---

514 BGHZ 69, aaO.

515 BAGE 76, (79, 83 f.); BAG, AG 1996, S. 369.

516 BSGE 75, (82, 89 f.).

517 Z.B. Kammergericht, AG 1980, S. 78; OLG Düsseldorf, AG 1991, S. 106 (108); 1995, S. 85 (86); OLG Saarbrücken, ZIP 1992, S. 1623 (1624).

518 BGHZ 69, 334 (344).

519 Vgl. BGHZ 69, 334 (339 f.).

520 Für eine umfangreiche Befürwortung der Unternehmensqualität siehe z. B. *B. Kropff*, ZHR 144 (1980), S. 74 (77); *M. Lutter / W. Timm*, BB 1978, S. 836 (840); einschränkend *J. Borggräfe*, DB 1978, S. 1433 (1436 ff.).

III. Der VW / Niedersachsen-Beschluss des BGH vom 17.3.1997 – II ZB 3/96[521] und die aktuelle Rechtsprechung

Offen gelassen hat der Bundesgerichtshof in der *VEBA/Gelsenberg*-Entscheidung die interessante Frage, ob die öffentliche Hand bei jeder beherrschenden Beteiligung – also auch bei Fehlen der dem *VEBA/Gelsenberg*-Urteil zugrundeliegenden vielfältigen industriellen Beteiligungen – als herrschendes Unternehmen anzusehen ist[522]. Hieraus konnte geschlossen werden, dass wenn keine anderen Unternehmensbeteiligungen vorlägen auch keine anderweitige wirtschaftliche Interessenbindung gegeben sei und somit auch die Unternehmenseigenschaft entfiele[523]. Zu dieser Problematik hat der II. Senat des Bundesgerichtshofs mit dem aufgrund eines Vorlagebeschlusses des Oberlandesgerichts Braunschweig[524] ergangenen *VW/Niedersachsen*-Beschluss vom 17.3.1997 Stellung genommen. Damit hat er die lang anhaltende Kontroverse um die Anwendbarkeit des Konzernrechts auf Bund, Länder und kommunale Gebietskörperschaften um ein neues, in den Leitsätzen der Entscheidung ausdrücklich als „Ergänzung" zum *VEBA/Gelsenberg*-Urteil bezeichnetes Kapitel erweitert[525].

Nach dem vom Begründungsumfang knapp gehaltenen Beschluss ist eine Körperschaft des öffentlichen Rechts bereits dann als Unternehmen im konzernrechtlichen Sinne anzusehen, wenn sie nicht mehrere, sondern lediglich ein einziges in privater Rechtsform organisiertes Unternehmen beherrscht[526]. Im entschiedenen Fall ging es um die Anwendung der Vorschriften über die Pflicht zur Erstellung eines Abhängigkeitsberichtes auf das Verhältnis zwischen dem Land Niedersachsen und der Volkswagen AG. Damit ergänzt der *VW/Niedersachsen*-Beschluss den konzernrechtlichen Unternehmensbegriff um eine Sonderregel für Körperschaften des öffentlichen Rechts und damit auch für kommunale Gebietskörperschaften.

---

[521] BGHZ 135, 107 ff. „VW"; Vorinstanz OLG Braunschweig, ZIP 1996, S. 875; Erstinstanz AG Wolfsburg, AG 1995, S. 238.

[522] Vgl. zu dieser Problematik *S. Harbarth*, Anlegerschutz in öffentlichen Unternehmen, S. 285 f.

[523] Vgl. *C. Kermel*, Steuerungsmöglichkeiten der öffentlichen Hand bei Beteiligung an Aktiengesellschaften der Energieversorgung, S. 136 (137); *T. Raiser*; ZGR 1996, S. 458 (464 f.).

[524] OLG Braunschweig, ZIP 1996, aaO.

[525] So der 3. Leitsatz der amtlichen Entscheidung (am Ende).

[526] BGHZ 135, 107 (113); in dem konkreten Verfahren ging es um die Pflicht des Vorstandes der VW-AG zur Erstellung eines Abhängigkeitsberichts für das Geschäftsjahr 1993 gemäß § 312 Abs. 1 AktG. Diese ergab sich daraus, dass das Land Niedersachsen auf der für das Geschäftsjahr 1993 durchgeführten Hauptversammlung im fünften aufeinanderfolgenden Jahr die Mehrheit erreichte und zudem zwei Mitglieder in den Aufsichtsrat entsendet.

Der Ansicht des II. Senats folgend bedarf es dieser Ausdehnung des Unternehmensbegriffs für den Bereich der privatwirtschaftlichen Betätigung der öffentlichen Hand, um der Gefahr einer einseitigen Förderung öffentlicher Aufgaben und politischer Ziele zu Lasten von Minderheitsaktionären zu begegnen. Aus diesen Gründen sei neben der in Rede stehenden keine weitere – gesellschaftsrechtlich vermittelte – Beteiligung an einem privatwirtschaftlich organisierten Unternehmen zu fordern, um die betroffene Gebietskörperschaft, in casu das Land Niedersachsen, zum Unternehmen im Sinne der §§ 15 ff. AktG zu erheben[527]. Anders als bei privaten Aktionären sei bei öffentlich-rechtlichen Körperschaften im Regelfall davon auszugehen, dass sie sich bei der Ausübung ihres Einflusses auf die beherrschte Aktiengesellschaft nicht nur von typischen Aktionärsinteressen, sondern auch von Interessen leiten ließen, die aus ihrer öffentlich-rechtlichen Aufgabenstellung herrührten. Gerade dies sei aber eine Art der Interessenkollision, der das Konzernrecht entgegensteuern solle[528]. Sie berge überdies für Minderheitsgesellschafter ebenso große Gefahren in sich wie denjenigen Gefahren, die durch eine anderweitige Beteiligung eines privaten Mehrheitsaktionärs auftreten könnten[529]. Infolgedessen sei, so hat man die vorstehenden Ausführungen des Senats und die ausdrückliche Anlehnung an das *VEBA/Gelsenberg*-Urteil zu verstehen, die grundsätzliche Ausdehnung konzernrechtlicher Mechanismen auf den öffentlich-rechtlich organisierten Aktionär zumindest so weit, wie ihm ein beherrschender Einfluss im Sinne des § 17 Abs. 1 AktG auf die jeweilige Aktiengesellschaft zukomme, notwendig. Dabei könne auch eine unter 50% liegende Beteiligung in Verbindung mit weiteren verlässlichen Umständen rechtlicher oder tatsächlicher Art eine Abhängigkeit im Sinne des § 17 Abs. 1 AktG begründen[530].

Im Gegensatz zum *VEBA/Gelsenberg*-Urteil, in dem der Bundesgerichtshof seine Aussage über die Unternehmenseigenschaft explizit auf den Bereich des industriellen Anteilsbesitzes der Bundesrepublik Deutschland beschränkte[531], ist in dem *VW/Niedersachsen*-Beschluss ganz allgemein von „in privater Rechtsform organisierten Unternehmen“ die Rede[532]. Die Rechtsprechung des Bundesgerichtshofs, von der *VEBA/Gelsenberg*-Entscheidung bis hin zu dem angesprochenen Beschluss, sieht somit alle Gebietskörperschaften als Unternehmen im konzernrechtlichen Sinne an, auch wenn sie lediglich eine einzige Eigengesellschaft beherrschen.

---

[527] BGHZ 135, 107 (114).

[528] BGHZ 135, aaO.

[529] BGHZ 135, aaO.

[530] BGHZ 135, aaO; BGHZ 69, 334 (337).

[531] BGHZ 69, 334 (344) und vgl. Seite 141.

[532] BGHZ 135, 107 (113).

In der Konsequenz dieses Beschlusses werden die Haftungsgrundlagen des öffentlich-rechtlich organisierten (beherrschenden) Aktionärs im Sinne des § 17 Abs. 1 AktG erheblich ausgeweitet. Dies wirkt sich in der Praxis vor allem für die kleineren kommunalen Gebietskörperschaften aus, die ihre wirtschaftlichen Aktivitäten in einer einzigen Gesellschaft zusammenfassen[533]. Wenngleich in rechtstatsächlicher Hinsicht festzuhalten bleibt, dass es sich bei dieser Gruppe um einen verschwindend geringen Prozentsatz aller kommunalen Gebietskörperschaften handeln dürfte. Abzuwarten bleibt, ob die damit getroffene Anbindung konzernrechtlicher Mechanismen an eine einzige aktienrechtlich vermittelte Beteiligung auch in der zukünftigen Rechtsprechung des Bundesgerichtshofs fortgeschrieben wird. Anlass zu einer ersten Bestätigung dieser Rechtsprechung könnte ein zur Zeit anhängiges Revisionsverfahren gegen die Entscheidung des Oberlandesgerichts Celle vom 12.7.2000 – 9 U 125/99 sein[534]. Soweit ersichtlich hatte das Gericht in diesem Verfahren erstmalig in der Rechtsprechung die Unternehmenseigenschaft einer kommunalen Gebietskörperschaft – in casu der niedersächsischen Gemeinde Salzhemmendorf – zu beurteilen[535]. Ohne weiteren Begründungaufwand überträgt der entscheidende Senat die ihm nach den Urteilsgründen bekannte Rechtsprechung des Bundesgerichtshofs zum „modifizierten Unternehmensbegriff" nunmehr auch auf die Beziehung einer Gemeinde zu einer von ihr unterhaltenen Kurbetriebsgesellschaft mbH[536].

Ergänzend weist das Gericht lediglich auf die bereits Jahre zuvor von *T. Raiser*[537] gelieferte Begründung hin, nach der die Ausdehnung des Unternehmensbegriffs schon aus Gründen der materiellen Gleichbehandlung von kleineren und größeren Gebietskörperschaften erforderlich sei[538]. Da Revision gegen dieses Urteil eingelegt worden ist, bleibt eine abschließende Klärung dieser Sachfrage durch die Entscheidung des Bundesgerichtshofs mit Spannung abzuwarten[539]. Hier könnte sich eine erste Bestätigung und Fortführung der durch den Beschluss des II. Zivilsenats vom 17.3.1997 eingeleiteten Rechtsprechung ankündigen.

---

533 Vgl. *H. Gersdorf*, Öffentliche Unternehmen im Spannungsfeld zwischen Demokratie- und Wirtschaftlichkeitsprinzip, S. 285; *T. Raiser*, ZGR 1996, S. 458 (464).

534 Abgedruckt in DB 2000, S. 2261 ff.

535 Vgl. auch die erstinstanzliche Entscheidung des LG Hannover vom 9.3.1999 – 24 O 68/94; NdsVBl. 1999, S. 221 ff. und Anm. *T. Koch*, NdsVBl. 1999, S. 206 ff.

536 OLG Celle, DB 2000, S. 2261 (2263).

537 ZGR 1996, S. 458 (464).

538 Vgl. OLG Celle, DB 2000, S. 2261 (2264).

539 Das Verfahren wird beim BGH unter dem Aktenzeichen II ZR 250/00 geführt.

IV. Die Auffassung im neueren Schrifttum

Im Schrifttum ist die Diskussion um die Unternehmenseigenschaft der öffentlichen Hand mit der Schaffung der Treuhandanstalt und den von ihr abhängigen Aktiengesellschaften[540] wiederbelebt worden[541]. Im Jahre 1991 zeichnete sich in Rechtslehre[542] und bei den Instanzgerichten[543] im Osten Deutschlands ab, dass die Treuhandanstalt als herrschendes Unternehmen eines qualifizierten faktischen Konzern behandelt werden würde. In Anbetracht des finanziellen Zustandes der Treuhandgesellschaften ist diese Frage auch nach der Beendigung der Tätigkeit der Treuhandanstalt haftungsrechtlich von Brisanz, da letztlich der Bund für aus dieser Tätigkeit entstandene konzernrechtliche Verbindlichkeiten aufzukommen hätte[544]. Daraufhin reagierte der Bundesgesetzgeber und bestimmte in § 28a EGAktG[545] eine Abweichung vom allgemeinen Gesellschaftsrecht. Danach waren die Vorschriften des Aktiengesetzes über herrschende Unternehmen auf die Treuhandanstalt nicht anzuwenden, wodurch sie zur Sicherung ihrer Privatisierungsaufgaben von der allgemeinen Konzernhaftung freigestellt wurde[546].

Wird der Blick von diesem gesetzlich geregelten Sonderfall zurück auf die Unternehmenseigenschaft der kommunalen Gebietskörperschaften gerichtet, kann mit der im gesellschaftsrechtlichen Schrifttum wohl allgemeinen Meinung die Rechtsprechung zum Unternehmensbegriff auch auf kommunale Gebietskörperschaften übertragen werden[547].

---

[540] Vgl. §§ 2 Abs. 1, 7 Abs. 2 THG.

[541] Vgl. dazu bereits Seite 18; weiter zu diesem Problemfeld *O. Habighorst / W. Spoerr*, ZGR 1992, S. 499 ff.; *R. Weimar*, ZGR 1992, S. 477 ff.; *R. Weimar / B. Bartscher*, ZIP 1991, S. 69 ff.

[542] Vgl. *M. Lutter / P. Hommelhoff*, GmbH-Gesetz, Kommentar, Anh. § 13, Rdnr. 66; *W. Timm / T. Schöne*, ZIP 1992, S. 969 (975 f.); *R. Weimar*, ZGR 1992, S. 477 (481 ff.); *R. Weimar / B. Bartscher*, ZIP 1991, S. 69 (71 ff.).

[543] KrG Erfurt, AG 1992, S. 126 ff.; die dem Urteil zugrundeliegende Klage wurde allerdings in der Berufungsinstanz wieder zurückgenommen.

[544] Vgl. §§ 23a Abs. 3 THG, § 3 Treuhandunternehmensübertragungsverordnung, BGBl I 1994, 3910 f. und *F. G. Schuppert*, ZGR 1992, S. 454 (470).

[545] Vgl. Art. 11 § 5 des VermRÄndG vom 14.7.1992; BGBl I 1992, S. 1257, 1284; vgl. auch Amtsgericht Halle-Saalkreis, AG 1993, S. 522 f. (Vorlagebeschluß): Verstoß gegen Art. 3, 14, 19 Abs. I GG (dazu: *R. Weimar*, DZWiR 1993, S. 441 (443); a.A. zu § 56e DM-BilG OLG Dresden, WM 1994, S. 1749 (1753) [rechtskräftig, siehe BGH, DB 1995, S. 2518]; BVerfG, ZIP 1995, S. 393: Unzulässigkeit der Vorlage des Amtsgerichts Halle-Saalkreis zu § 25a EGAktG.

[546] Vgl. *W. Timm*, in: Festschrift für J. Semler, S. 611 (613).

[547] *J. Backhaus*, Öffentliche Unternehmen, S. 235 f.; *G. Bezzenberger / D. Schuster*, ZGR 1996, S. 481 (482); *H. J. Dielmann*, Die Beteiligung der öffentlichen Hand an Kapitalgesellschaften und

Dies gelte uneingeschränkt jedenfalls dann, wenn diese ihre wirtschaftliche Betätigung über verschiedene Unternehmensbeteiligungen entfalte. Insoweit sei ein prinzipieller Unterschied zwischen Staat, Land und kommunalen Gebietskörperschaften nicht anzunehmen. Fehle es jedoch an solchen Beteiligungen sei zu fragen, ob es zusätzlich darauf ankomme, dass die kommunale Gebietskörperschaft außer an der betroffenen Gesellschaft noch an weiteren Gesellschaften in privater Rechtsform maßgeblich beteiligt sei[548].

Dieser Ansatzpunkt ist innerhalb des herrschenden Schrifttums umstritten und noch nicht abschließend geklärt. Die geschilderte neuere Rechtsprechung des Bundesgerichtshofs hat aber die Diskussion über die anderweitige wirtschaftliche Interessenbindung angeregt und gefördert[549].

---

die Anwendbarkeit des Rechts der verbundenen Unternehmen, S. 144 ff. (149 f.); *J. Dierdorf*, Herrschaft und Abhängigkeit einer AG auf schuldvertraglicher und tatsächlicher Grundlage, S. 29; *D. Ehlers*, DÖV 1986, S. 897 (904); *M. Ellerich*, Zur Bedeutung und den Auswirkungen der aktienrechtlichen Unternehmenseigenschaft der öffentlichen Hand unter Berücksichtigung ökonomischer Gesichtspunkte, S. 105 ff.; *M. Ellerich / K. Küting*, DB 1980, S. 1973; *V. Emmerich*, Das Wirtschaftsrecht der öffentlichen Unternehmen, S. 230 - 234; *ders.*, in: Scholz, GmbH-Gesetz, Anh. Konzernrecht, Rdnr. 16; *V. Emmerich / J. Sonnenschein*, Konzernrecht, S. 34 f.; *H.-U. Erichsen*, Kommunalrecht des Landes Nordrhein-Westfalen, S. 280; *R. Fischer*, ZGR 1979, S. 102; *ders.*, AG 1982, S. 85; *D. C. Gratzel*, NJW 1995, S. 373; *W. Hauser*, Die Wahl der Organisationsform kommunaler Einrichtungen, S. 172 f.; *U. Hüffer*, AktG, § 15, Rdnr. 13 a; *H.-G. Koppensteiner*, in: Kölner Kommentar zum AktG, § 15, Rdnrn. 39 ff.; *K. Küting*, DB 1976, S. 2447; *M. Lutter*, ZHR 151 (1987), S. 444 (451 f.); *M. Lutter / Hommelhoff*, GmbHG, Anh. § 13, Rdnr. 6; *M. Lutter / W. Timm*, BB 1978, S. 836 (840); *G. Nesselmüller*, Rechtliche Einwirkungsmöglichkeiten der Gemeinde auf ihre Eigengesellschaften, S. 99 (114 ff.); *U. Noack*, Städte- und Gemeinderat 1995, S. 379 (382); *M. Paschke*, ZHR 152 (1988), S. 263 (267 ff.); *T. Raiser*, ZGR 1996, S. 458; *W. Schön*, ZGR 1996, S. 429; *P. Sina*, AG 1991, S. 1; *R. Weimar*, ZGR 1992, S. 477 (480 ff.); *L. Werner*, Die Wirtschaftstätigkeit der Öffentlichen Hand und das Konzernrecht des AktG, S. 189; im Ergebnis auch *G. Püttner*, Die öffentlichen Unternehmen, S. 187; für eine Analogie *H. Wiedemann / K.-P. Martens*, AG 1976, S. 197 (232, 239).

[548] Zum Meinungsstand siehe *H.-G. Koppensteiner*, in: Kölner Kommentar zum AktG, § 15, Rdnrn. 21 ff.; krit. *D. C. Gratzel*, BB 1998, S. 175 ff.

[549] Vgl. dazu die Darstellung bei *S. Harbarth*, Anlegerschutz in öffentlichen Unternehmen, S. 285 f.

V. Stellungnahme

1. Der von Rechtsprechung und herrschender Literaturmeinung entwickelte Unternehmensbegriff

Angesichts der vom Gesetzgeber gewählten Unterscheidung zwischen Unternehmensaktionär und Privataktionär[550] kann es für den konzernrechtlichen Unternehmensbegriff nicht auf das tradierte Unternehmensbild, sondern nur auf den Schutzzweck des Konzernrechts ankommen. Entscheidend ist nach dieser schutzrechtlichen Prägung des Unternehmensbegriffs, unter welchen Voraussetzungen bei einem Gesellschafter derjenige Interessenkonflikt vorliegt, dem das Konzernrecht begegnen soll[551].

Nach der vorgetragenen Argumentation der herrschenden Auffassung, ist ein solcher Konflikt immer dann zu konstatieren, wenn sich in der Person des (Groß)aktionärs maßgebliche Interessen, das heißt Beeinflussungschancen an verschiedenen Unternehmen vereinigen und damit Interessen an unterschiedlichen Unternehmen potentiell kollidieren. Dafür ist weder entscheidend, welche Rechtsform der Gesellschafter hat noch ob er neben seiner Beteiligung ein Gewerbe im Sinne des Handelsrechts betreibt[552]. Mit der überwiegenden Meinung in Rechtsprechung und Literatur ist daher das Vorliegen eines Unternehmens im Sinne des Konzernrechts immer dann anzunehmen, wenn das Subjekt einer Beeinflussungsmöglichkeit gegenüber einer Aktiengesellschaft von gesellschaftsfremden unternehmerischen Interessen bei der Ausübung dieser Beeinflussungsmöglichkeit jedenfalls der Möglichkeit nach geleitet wird[553]. Es besteht die Möglichkeit, dass der typische Gleichlauf von Gesellschafts-, Gesellschafter- und Gläubigerinteresse am erfolgreichen Betrieb des Gesellschaftsunternehmens und an der Stärkung oder zumindest Erhaltung der Finanzkraft der Gesellschaft aufgehoben ist, wenn die Unternehmensleitung auf eine nicht am Gesellschaftsinteresse orientierte, überge-

[550] Vgl. dazu BGHZ 69, 334 (337); *H. J. Dielmann*, Die Beteiligung der öffentlichen Hand an Kapitalgesellschaften und die Anwendbarkeit des Rechts der verbundenen Unternehmen, S. 88; *M. Lutter / W. Timm*, BB 1978, S. 836 (837).

[551] Vgl. *H. J. Dielmann*, Die Beteiligung der öffentlichen Hand an Kapitalgesellschaften und die Anwendbarkeit des Rechts der verbundenen Unternehmen, S. 145 ff.; *F. M. Hohrmann*, Der Staat als Konzernunternehmer, S. 29 f.

[552] BGHZ 69, 334 (338).

[553] Vgl. BGHZ 74, 364 „WAZ"; 80, 72 „Süssen"; 85, 90 f. „ADAC"; 95, 330 (337) „Autokran"; *V. Emmerich*, GmbHR 1987, S. 213 (214 f.); *V. Emmerich / J. Sonnenschein*, Konzernrecht, S. 30; *H.-G. Koppensteiner*, ZGR 1979, S. 91; *E. Schwark*, JuS 1987, S. 443 (446 ff.); *P. Ulmer*, NJW 1986, S. 1579 (1580).

ordnete Entscheidungszentrale zurückgeht[554]. Nicht erforderlich ist, dass der betreffende Gesellschafter tatsächlich leitend – etwa im Sinne des § 18 Abs. 1 AktG – auf das Unternehmen einwirkt[555]. Der Interessenkonflikt, dem das Konzernrecht begegnen soll, liegt bereits bei einer maßgeblichen Beteiligung an der anderen Gesellschaft vor, die so stark ist, dass sie die Möglichkeit einer solchen Einflussnahme auf die andere Gesellschaft eröffnet[556]. Damit ist der konzernrechtliche Unternehmensbegriff auf die Beteiligung eines – im eigentlichen Sinne und in Abgrenzung zu einem öffentlichen Verwaltungsträger zu verstehenden – Privatrechtssubjekts an einer Gesellschaft zugeschnitten.

Eine Meinungsrichtung innerhalb des jüngeren Schrifttums[557], der sich jetzt mit dem *VW/Niedersachen*-Beschluss auch der Bundesgerichtshof angeschlossen hat, vertritt – teilweise aus der Annahme teleologischer Erwägungen heraus[558] – eine weitergehende These, die ein schutzrechtlich geprägtes Begriffsverständnis des Unternehmensbegriffs zugrundelegt und zu einer umfassenden Anwendung des Konzernrechts auf die öffentliche Hand führt. Hiernach ist eine wirtschaftliche Interessenbindung außerhalb der Gesellschaft, im Gegensatz zur früheren Auffassung in Rechtsprechung und Literatur, nicht mehr erforderlich. Vielmehr soll im Falle der wirtschaftlichen Betätigung einer kommunalen Gebietskörperschaft die bloße Gefahr, im Sinne der Förderung konfligierender öffentlicher Interessen zu Lasten der Eigengesellschaft ausreichen, um die Eingangsvoraussetzung des Konzernrechts zu bejahen[559].

Für diese Auffassung sprechen zunächst praktische Überlegungen und zwar hinsichtlich der Rechtssicherheit der gefundenen Lösung. Wird mit den sich aus der *VEBA/Gelsenberg*-Entscheidung ergebenden Rechtsprechungsgrundsätzen auf einen mehrfachen Beteiligungsbesitz abgestellt, so fallen dadurch alle Gebietskörperschaften, und hiermit sind in erster Linie kleinere Gemeinden angesprochen, aus dem konzernrechtlichen Unternehmensbegriff heraus, die ihre wirtschaftlichen

---

[554] Vgl. BGHZ 69, 334 (337); 95, 330 (334 f.) „Autokran"; 107, 7 (17) „Tiefbau"; 115, 187 (190) „Video"; 122, 123 (126) „TBB".

[555] So aber *M. Kort*, DB 1986, S. 1909 (1911) mwN.

[556] Vgl. BGHZ 62, 193 (201, 203); 69, 334 (337); BGH, NJW 1978, S. 106; *H.-G. Koppensteiner*, in: Kölner Kommentar zum AktG, § 15, Rdnr. 22; *V. Emmerich / J. Sonnenschein*, Konzernrecht, S. 30 f.; *R. Weimar / B. Bartscher*, ZIP 1991, S. 71.

[557] Vgl. nur *T. Koch*, Der rechtliche Status kommunaler Unternehmen in Privatrechtsform, S. 173 f.; *T. Raiser*, ZGR 1996, S. 458 (464); krit. *D. C. Gratzel*, BB 1998, S. 175 ff.

[558] So *T. Koch*, Der rechtliche Status kommunaler Unternehmen in Privatrechtsform, S. 173.

[559] Vgl. BGHZ 135, 107 (113, 114) „VW"; *T. Raiser*, ZGR 1996, aaO; *P. Ulmer*, in: M. Hachenburg, Kommentar zum GmbHG, Anh. § 77, Rdnr. 22.

Aktivitäten in einer einzigen Gesellschaft zusammenfassen. Demgegenüber würden größere kommunale Gebietskörperschaften mit mehrfachen Beteiligungsbesitz in den Anwendungsbereich des Konzernrechts fallen. Große und kleine Gebietskörperschaften würden damit unterschiedlich behandelt werden. Für einen Verzicht auf das Erfordernis mehrfachen Beteiligungsbesitzes sprechen daher schon Gründe der Rechtssicherheit und der Gleichbehandlung. Auch bei teleologischer Betrachtung scheint es naheliegend, eine Unternehmenseigenschaft der kommunalen Gebietskörperschaften im Sinne des Rechts der verbundenen Unternehmen schon dann zu bejahen, wenn sie nur über eine einzige Beteiligung verfügen, weil hier potentielle Konflikte mit erwerbswirtschaftlichen Interessen angelegt sind[560]. Die Interessen der Gebietskörperschaften im Wirtschaftsverkehr unterscheiden sich von den privaten Unternehmen dadurch, dass bei ihnen die kommerziellen, auf Gewinnmaximierung und größten ökonomischen Erfolg gerichteten Interessen zugunsten der Verwirklichung öffentlicher Aufgaben zurücktreten[561]. Zwar ist nicht auszuschließen, dass eine Gebietskörperschaft in die Unternehmenspolitik einer ihr gehörenden Gesellschaft eingreift und dieser damit zugunsten einer anderen einen wirtschaftlichen Schaden zufügt. Letztlich ist dieses aber unwahrscheinlich und jedenfalls nicht typisch[562]. Zu befürchten ist vielmehr, dass die kommunale Gebietskörperschaft ihren eigenen Haushalt mit den Erträgen eines ihrer Unternehmen subventioniert[563].

Im Vordergrund steht demzufolge die Benachteiligung einer kommunalen Eigengesellschaft infolge der öffentlichen Interessen und politischen Ziele der Trägerkörperschaft. Außerökonomische politische, soziale, kulturelle, kurzum gemeinwohlorientierte Zwecke, wie sie im Prozess der demokratischen Entscheidung beschlossen werden, bestimmen die Art und Weise, wie die öffentliche Hand ihre Konzernherrschaft ausübt. Eine Gebietskörperschaft macht ihren Einfluss von vornherein nicht im wirtschaftlichen Interesse der von ihr beherrschten Gesellschaften geltend, sondern nach Maßgabe ihres politischen Willens und sie ist dazu nach den verfassungs-, haushalts-[564] und kommunalrechtlichen[565] Vorschriften so-

---

[560] *V. Emmerich*, AG 1976, S. 225 ff.; *H.-G. Koppensteiner*, ZGR 1979, S. 91 (99); *U. Noack*, Städte- und Gemeinderat 1995, S. 379 (382); *M. Lutter / Hommelhoff*, GmbHG, Anh. § 13, Rdnr. 6; *M. Paschke*, ZHR 152 (1988) S. 263 (268) und *T. Raiser*, ZGR 1996, S. 458 (464); *P. Ulmer*, in: M. Hachenburg, Kommentar zum GmbHG, Anh. § 77, Rdnr. 22; jetzt eindeutig der bereits angesprochene Beschluss BGHZ 135, 107 ff. „VW“.

[561] *M. Paschke*, ZHR 152 (1988), S. 263 (269).

[562] Nach *D. Ehlers* ist fraglich, ob zwischen Eigengesellschaft und Trägerkörperschaft überhaupt eine gegensätzliche Interessenlage angenommen werden kann. Allerdings vertieft er diese Problematik nicht; vgl. *D. Ehlers*, Verwaltung in Privatrechtsform, S. 142.

[563] Vgl. *T. Raiser*, ZGR 1996, aaO.

[564] Vgl. § 65 Abs. 1 Satz 1 BHO.

gar verpflichtet[566]. *T. Raiser* betont, der Konzernkonflikt tritt in diesen Fällen in anderer Gestalt auf als bei privaten Unternehmen[567]. Als Konflikt zwischen Wirtschaft und Politik sei er aber nicht weniger dramatisch und für die vom Konzernrecht geschützten außenstehenden Gesellschafter und Gläubiger des Unternehmens auch nicht weniger gefährlich als der Konflikt zwischen mehreren wirtschaftlichen Interessen[568].

Für die Frage der Unternehmenseigenschaft bei nur einer einzigen Beteiligung einer kommunalen Gebietskörperschaft, kommt es nicht darauf an, ob sich eine Interessenkollision tatsächlich realisiert. Denn auch bei mehrfachem Beteiligungsbesitz geht es nicht um tatsächliche Interessenkollisionen, sondern nur um die ernste Besorgnis einer solchen Kollision. Eine diesbezügliche Besorgnis ist im Hinblick auf die öffentliche Hand aber stets gegeben[569]. Maßgebend kann nur der potentielle Interessenkonflikt sein. Ein solcher ist sicherlich vorhanden bei anderweitiger unternehmerischer Betätigung der Gebietskörperschaft. Das ist ein hinreichendes, aber nicht notwendiges Merkmal. Auch nichtwirtschaftliche Zweckbestimmungen des Gesellschafters können typischerweise das Gesellschaftsinteresse gefährden und damit das spezifische Schutzinstrumentarium des Konzernrechts auf den Plan rufen. Zwischen dem bereits erwähnten öffentlichen Interesse an gemeinwohlorientierter Struktur-, Sozial- und Wirtschaftspolitik und der erwerbswirtschaftlichen Zielsetzung können bekanntlich deutliche Konflikte auftreten. Teilweise wird jedoch vertreten, auch unter Berücksichtigung des *VEBA/Gelsenberg*-Urteils wäre das Recht der verbundenen Unternehmen nicht auf die Körperschaften des öffentlichen Rechts anwendbar, wenn diese alle Gesellschaftsanteile – wie dies gerade bei einer kommunalen Eigengesellschaft der Fall ist – innehaben, da dann der Schutzzweck des Konzernrechts, Schutz der Minderheitsaktionäre, entfiele[570].

---

[565] Vgl. §§ 102, 104 GO BW; Art. 89, 91 BayGO; § 102 KV Brandenburg; §§ 121, 122 GO Hess; §§ 108, 110 NGO; §§ 88, 89 GO NW; §§ 85, 87 GO RhPf; §§ 106, 107 KSVG Saarl.; §§ 96, 97 Sächs. GO; § 117 GO LSA; §§ 101, 102 GO Schl-H.; § 71 ThürKO.

[566] Vgl. *W. Brohm*, JZ 1994, S. 213 ff.; *W. Erbguth / F. Stollmann*, DÖV 1993, S. 798 ff.; *R. Stober*, NJW 1984, S. 449 ff.

[567] Vgl. *T. Raiser*, ZGR 1996, S. 458 (465).

[568] *T. Raiser*, ZGR 1996, aaO.

[569] *Paschke*, ZHR 152 (1988), S. 263 (269) mwN.

[570] *J. Borggräfe*, DB 1978, S. 1433 (1434).

Das Urteil enthält jedoch für eine solche Einschränkung keine Anhaltspunkte[571]. Außerdem unterscheidet das Konzernrecht im Regelfall nicht danach, ob sich alle Gesellschaftsanteile in der Hand des herrschenden Unternehmens befinden[572]. Zudem beschränkt sich das Konzernrecht nicht auf den Schutz der Minderheitsaktionäre, sondern dient auch dem Schutz der Gesellschaftsgläubiger, deren Interessen immer dann berührt werden, wenn ihr Schuldner eine solche Rechtsform hat, die einer Herrschaftsperson – hier der kommunalen Gebietskörperschaft – Einflussmöglichkeiten und gleichzeitig Haftungsbeschränkung gewährt[573].

2. Die Einbeziehung der kommunalen Gebietskörperschaften in den Unternehmensbegriff der herrschenden Meinung

Unter Zugrundelegung des konzernrechtlichen Unternehmensbegriffs der herrschenden Meinung ist gegen die grundsätzliche Anwendbarkeit der Bestimmungen über die verbundenen Unternehmen auf das Beziehungsgeflecht zwischen kommunalen Gebietskörperschaften und ihren Eigengesellschaften nichts einzuwenden. Dies entspricht auch der Auffassung der heute ganz herrschenden Meinung in der Literatur[574]. Das Sonderrecht der Konzerne rechtfertigt sich bekanntlich aus dem dargestellten Konzernkonflikt[575]. Das Konzernrecht soll den vom allgemeinen Gesellschaftsrecht nicht hinreichend berücksichtigten Gefahren begegnen, die ein herrschender Gesellschafter heraufbeschwört, der auch auf ein anderes Unternehmen maßgeblichen Einfluss ausübt und in der Lage ist, das Unternehmen zugunsten des anderen wirtschaftlich zu benachteiligen[576]. Es verlangt mithin eine gravierende konzernspezifische Gefährdungssituation.

---

[571] *B. Kropff*, ZHR 144 (1980), S. 74 (76).

[572] *B. Kropff*, ZHR 144 (1980), aaO.

[573] *M. Lutter / W. Timm*, BB 1978, S. 836 (840).

[574] Vgl. statt vieler: *M. Adamska*, Rechtsformen der Organisation kommunaler Interessen in gemischt-wirtschaftlichen Unternehmen, S. 163 ff.; *B. Böhm*, Öffentlich-rechtliche Partnerschaften in der kommunalen Stadtentwicklung, S. 196; *H. J. Dielmann*, Die Beteiligung der öffentlichen Hand an Kapitalgesellschaften und die Anwendbarkeit des Rechts der verbundenen Unternehmen, S. 149 f.; *D. Ehlers*, Verwaltung in Privatrechtsform, S. 132, 157 ff.; *V. Emmerich / J. Sonnenschein*, Konzernrecht, S. 50 f.; *V. Emmerich*, in: Scholz, GmbH-Gesetz, Anh. Konzernrecht, Rdnr. 16; *R. Fischer*, AG 1982, S. 85; *U. Gundlach*, LKV 2000, S. 58 (61); *F. M. Hohrmann*, Der Staat als Konzernunternehmer, S. 36 ff. (57 f.); *U. Hüffer*, AktG, § 15, Rdnr. 13a; *T. Koch*, NdsVBl. 1999, S. 206 (208); *M. Lutter / B. Grunewald*, WM 1984, S. 397; *M. Schneider*, Die Gebietskörperschaft als Konzernspitze, S. 123 ff.

[575] Hierzu *P. O. Mülbert*, Aktiengesellschaft, Unternehmensgruppe, Kapitalmarkt, S. 9 ff.

[576] BGHZ 69, 334 (337); *H.-G. Koppensteiner*, in: Kölner Kommentar zum AktG, § 15 Rdnr. 7; *H. Wiedemann / K.-P. Martens*, AG 1976, S. 199.

Wenn man nun bedenkt, dass der Unternehmensbegriff des *VEBA/Gelsenberg*-Urteils gerade im Hinblick auf diese konzernrechtlichen Schutzzwecke entwickelt wurde, dürfte es diesem Unternehmensbegriff am besten entsprechen, wenn mit der jüngsten Rechtsprechung des Bundesgerichtshofs die Eigenschaft als Unternehmen auch bei Fehlen weiterer Gesellschaftsbeteiligungen allein aufgrund des Interesses an der Verfolgung „öffentlicher Zwecke" angenommen wird. Nachdem der Bundesgerichtshof in der *VEBA/Gelsenberg*-Entscheidung die Unternehmenseigenschaft des Bundes festgestellt hat und diese rund 20 Jahre später auch für die Länder anerkannte, sind keine Gründe ersichtlich, die eine Unterscheidung zwischen Bund und Ländern einerseits sowie kommunalen Gebietskörperschaften andererseits rechtfertigen könnten. Die Annahme der Unternehmenseigenschaft kommunaler Gebietskörperschaften ist zudem vor dem Hintergrund gerechtfertigt, dass im Hinblick auf die unterschiedlichen Konzerninteressen zwischen einem Konzernverbund von privatrechtlichen Gesellschaften und der Wirtschaftstätigkeit der öffentlichen Hand ein grundlegender Unterschied besteht. Während das Konzerninteresse privatrechtlicher Gesellschaften typischerweise wirtschaftlich-unternehmerische Züge trägt[577], kann diese Erkenntnis nicht unbesehen auf die öffentliche Hand übertragen werden. Dort kollidieren vielmehr die den kommunalen Gebietskörperschaften aufgegebenen „öffentlichen Zwecke" – zumindest bei Beteiligungsgesellschaften – typischerweise mit den Gewinnmaximierungsinteressen außenstehender Aktionäre[578]. Wenngleich einzuräumen ist, dass diese Interessenbindung außerhalb der Gesellschaft nicht wirtschaftlicher Natur ist.

Maßgeblich ist daher allein das Bestehen von potentiell divergierenden Interessen zwischen den kommunalen Gebietskörperschaften als Gesellschafter und der Gesellschaft, welche die Gefahr in sich bergen, dass den „Sonderinteressen"[579] der öffentlichen Hand das Wohl der Gesellschaft, anderer Aktionäre oder der Gesellschaftsgläubiger untergeordnet werden könnte. Gerade den von diesen „Sonderinteressen" verursachten Dysfunktionalitäten soll das Recht der verbundenen Konzerne begegnen. Außerdem sollte nicht in Vergessenheit geraten, dass zumindest die kommunalen Eigengesellschaften letztlich nur als steuerungsfähiges Instrument der Gebietskörperschaften zur Verfolgung der ihr obliegenden öffentlichen Interessen eingesetzt werden. Sie können zwar nicht als Verwaltungseinheit im verwaltungswissenschaftlichen Sinne, aber doch als Teil der Verwaltungsorgani-

---

577 *E. T. Kraft*, Das Verwaltungsgesellschaftsrecht, S. 188 f.; siehe auch *W. Büchner*, Die rechtliche Gestaltung kommunaler öffentlicher Unternehmen, S. 227 f.; *H. Wiedemann / K.-P. Martens*, AG 1976, S. 232 (236).

578 BGHZ 36, 296 ff.; BGH, NJW 1978, S. 105.

579 Vgl. zu diesem Begriff *H. Gersdorf*, Öffentliche Unternehmen im Spannungsfeld zwischen Demokratie- und Wirtschaftlichkeitsprinzip, S. 339, sowie zuvor schon *T. Koch*, Der rechtliche Status kommunaler Unternehmen in Privatrechtsform, S. 173.

sation kommunaler Gebietskörperschaften betrachtet werden[580]. Deshalb ist die Eigengesellschaft nach der Rechtsprechung des Bundesverfassungsgerichts[581] und des Bundesgerichtshofs[582] nicht Grundrechtsträger, sondern Grundrechtsadressat. Richtiger und einzig überzeugender Ansicht nach ist es aus der Sicht der durch das Konzernrecht zu schützenden Gruppen völlig unerheblich, ob die von ihnen verfolgten Interessen durch die Verfolgung „öffentlicher Zwecke" oder aufgrund einer anderweitigen wirtschaftlichen Interessenbindung der kommunalen Eigengesellschaft überlagert werden[583].

a) Stichhaltigkeit der Auffassung gegen Anwendung des Konzernrechts auf kommunale Gebietskörperschaften

Die gegen die Anwendbarkeit des Konzernrechts auf die Beteiligungen der kommunalen Gebietskörperschaften an Eigengesellschaften vorgebrachten Argumente haben sich als haltlos und in der Sache nicht zutreffend erwiesen. Dies trifft auf die von *H.-J. Mertens* geäußerte Kritik zu, wonach die Erwägungen des *VEBA/Gelsenberg*-Urteils zur Unternehmensqualität der Bundesrepublik Deutschland nicht oder jedenfalls nicht zwangsläufig auf die Länder und insbesondere auf die kommunalen Gebietskörperschaften übertragen werden können[584]. Dem ist entgegenzuhalten, dass die *VEBA/Gelsenberg*-Entscheidung zwar die Möglichkeit einer unterschiedlichen Behandlung verschiedener wirtschaftlicher Betätigungen der öffentlichen Hand andeutet[585], dies aber letztlich nicht entscheidend gegen die Unternehmensqualität kommunaler Gebietskörperschaften spricht.

Die vom Bundesgerichtshof getroffenen Feststellungen sind vielmehr als positive Kriterien für eine Bestimmung der Unternehmenseigenschaft zu werten. Auch alle anderen juristischen Personen des öffentlichen Rechts – wie z.B. die kommunalen Gebietskörperschaften – sind unter denselben Voraussetzungen, die für die Bundesrepublik Deutschland festgelegt worden sind, als Unternehmen anzusehen[586]. Außerdem lässt sich die von *H.-J. Mertens* erhobene These, im Bereich des indus-

---

580 Vgl. *T. Koch*, NdsVBl. 1999, S. 206 (209).

581 BVerfGE 45, 63 (79 f.).

582 BGHZ 52, 325 (328 f.); vgl. auch BGHZ 91, 84 (97 f.).

583 So auch *H. Gersdorf*, Öffentliche Unternehmen im Spannungsfeld zwischen Demokratie- und Wirtschaftlichkeitsprinzip, aaO; *S. Harbarth*, Anlegerschutz in öffentlichen Unternehmen, S. 285.

584 *H.-J. Mertens*, AG 1996, S. 241 (244).

585 BGHZ 69, 334 (339 f.).

586 Vgl. auch *M. Lutter / W. Timm*, BB 1978, S. 836 (840).

triellen Komplexes sind die Unterschiede zwischen dem Bund und dem Land Niedersachsen augenscheinlich[587], nicht unbesehen auf die wirtschaftliche Betätigung der kommunalen Gebietskörperschaften übertragen, denn gerade Städte und Gemeinden unterhalten zum Teil einen beachtlichen und umfangreichen industriellen Besitz.

Hauptkritikpunkt der von *D. C. Gratzel* vertretenen Meinung ist, dass sich durch den Beschluss des Bundesgerichtshofs das Konzernrecht zu einem Kontrollmechanismus wandelt, „der nicht mehr (nur) und ohne Rücksicht auf anderweitige unternehmerische Betätigungen des betroffenen Aktionärs den Gleichklang von Aktionärsverhalten, Satzung und gesetzmäßiger Verfassung der Aktiengesellschaft kontrolliert, sondern der die Ziele und Motivationen aktienrechtlicher Beteiligungen schon im Vorfeld der konzernrechtlichen Wirkungsmechanismen und damit quasi das Innenleben des Gesellschafters bewertet“[588]. Mit der Anwendung des Konzernrechts sanktioniere der Bundesgerichtshof daher schon die bloße, außerhalb jeder konkreten Verhaltensweise liegende Möglichkeit, die betroffene Gebietskörperschaft könne bei der Mitwirkung an der weiteren Ausgestaltung des Unternehmensgegenstandes ihren eigenen Zielsetzungen folgen[589]. Dies stelle eine vorweggenommene Benachteiligung des öffentlich-rechtlich verfassten Aktionärs dar, der aus „Ingerenz“ den §§ 311 ff. AktG unterworfen werde[590]. Außerdem werde hiermit eine Ungleichbehandlung von öffentlichen und privaten Gesellschaftern vorgenommen. So bestehe – bei Vorliegen keiner anderweitigen wirtschaftlichen Interessenbindung – keine konzernrechtliche Haftung für einen privaten Aktionär, wenn er in der Gesellschaft untypische oder sogar betriebs-wirtschaftlich unvernünftige Entscheidungen fälle[591].

In der Sache geht diese Kritik jedoch fehl, da die Rechtsprechung mit der Entwicklung eines modifizierten Unternehmensbegriffs und der damit verbundenen erweiterten Anwendung von konzernrechtlichen Haftungstatbeständen auf die kommunalen Gebietskörperschaften in erster Linie den dem Konzernrecht zugrundeliegenden Interessenkonflikt vor Augen hatte. Es geht also nicht um die Bewertung der Zielsetzungen und Motivationen eines Gesellschafters außerhalb

---

[587] *H.-J. Mertens*, AG 1996, S. 241 (245).

[588] *D. C. Gratzel*, BB 1998, S. 175.

[589] *D. C. Gratzel*, BB 1998, S. 175 (176).

[590] *D. C. Gratzel* schließt sich der Kritik an *T. Raiser* an. Zu Einzelheiten siehe ZGR 1996, S. 502. Kritische Stimmen sprechen in dieser Streitfrage von einem Schutz des Steuerzahlers vor Ingerenz.

[591] *D. C. Gratzel*, BB 1998, aaO; vgl. in diesem Sinne auch *H.-J. Mertens*, AG 1996, S. 247.

jeder konkreten Verhaltensweise – was zugegebenermaßen nicht Aufgabe des Konzernrechts wäre –, sondern vielmehr um die Ausweitung des Konzernrechts auf typische Gefährdungssituationen für die Interessen von möglichen Mitgesellschaftern und Gläubigern. In diesem Punkt besteht jedoch ein entscheidender Unterschied zwischen öffentlichen und privaten Gesellschaftern, da gerade der kommunale Gesellschafter einer Vielzahl, oft sogar widerstreitender kommunalrechtlicher Vorgaben unterliegt. Die bestehenden kommunalrechtlichen Vorgaben der Ausrichtung des Gesellschaftszwecks auf das öffentliche Interesse[592], der Erzielung von Einnahmen zur Sanierung öffentlicher Haushalte[593] und der Umsetzung des aktuellen politischen Willens der jeweiligen Gemeindevertreter[594] schließen eine Vergleichbarkeit mit einem privaten Gesellschafter aus. Trifft hingegen ein privater Gesellschafter untypische oder sogar betriebswirtschaftlich unvernünftige Entscheidungen und liegt keine anderweitige wirtschaftliche Interessenbindung – mithin also keine konzernrechtliche Interessenkollision vor – so findet grundsätzlich nur das allgemeine Gesellschaftsrecht Anwendung, ohne dass ein Rückgriff auf konzernrechtliche Haftungsmaßstäbe möglich wäre. Es besteht nach alledem also schon kein vergleichbarer Interessengleichlauf öffentlicher und privater Gesellschafter. Dass mit der Rechtsprechung des Bundesgerichtshofs nunmehr eine erhebliche Ausweitung der Haftungsgrundlage für kommunale Gebietskörperschaften eintritt, ist auch im Hinblick auf die bereits angedeutete teleologische Auslegung des konzernrechtlichen Unternehmensbegriffs erforderlich. Vielmehr ist einer solchen Ausweitung konzernrechtlicher Haftungstatbestände ausdrücklich zuzustimmen.

Einer abschließenden Bemerkung bedarf noch die von *C. D. Gratzel* vertretene These, wonach das Konzernrecht, wenn es das Recht der verbundenen Unternehmen verlässt, überfordert ist, die Schärfung öffentlicher Gesellschafterstellungen zu leisten[595]. Es müsse dabei bleiben, „dass jeder Teilrechtsbereich sich auf die Regelung der von ihm erfassten Phänomene beschränkt, und sich nicht mit ungeeigneten Mechanismen in einen anderen Teilrechtsbereich ausdehnt, den er mit seinen Wertungen, Systematiken und Handlungsmechanismen schlichtweg nicht erfassen kann“[596].

---

[592] Vgl. nur § 108 Abs. 1 Nr. 1 NGO.

[593] Vgl. nur § 114 NGO.

[594] Vgl. nur § 111 NGO.

[595] Vgl. *C. D. Gratzel*, BB 1998, S. 175 (176).

[596] *C. D. Gratzel*, BB 1998, S. 175 (176 f.).

Auch hier ist jedoch der Begründung des *VW/Niedersachsen*-Beschlusses zuzustimmen, wonach eine aus der Sicht der abhängigen Gesellschaft für das Konzernrecht typische Gefährdungssituation entscheidend ist. Denn Regelungszweck des Konzernrechts ist in erster Linie die Abwehr von Gefahren für die Interessen außenstehender Gesellschafter und Gläubiger der abhängigen Gesellschaft[597]. Hinter dieser Kritik verbirgt sich letztlich die bereits ausdiskutierte Frage nach dem Verhältnis zwischen dem Gesellschaftsrecht, das die kommunale Gebietskörperschaft als Handlungsrahmen für ihre wirtschaftliche Betätigung gewählt hat und dem öffentlichen Recht, insbesondere dem Kommunalrecht[598]. Den als Ausgangspunkt von dieser Meinung angenommenen Vorrang des öffentlichen Rechts vor dem Privatrecht gibt es jedoch tatsächlich nicht und deshalb erst recht keine Befugnis des Staates, sich bei der Verfolgung öffentlicher Interessen über die allgemeine Rechtsordnung hinwegzusetzen.

Zusammenfassend ist festzuhalten, dass überzeugende Auffassungen, die eine Einbeziehung der kommunalen Gebietskörperschaften in den Unternehmensbegriff widerlegen, bis zum jetzigen Stand der Diskussion nicht vorgetragen wurden.

b) Verfolgung eines erwerbswirtschaftlichen bzw. nichtideellen Gesellschaftszwecks und Unternehmenseigenschaft der untergeordneten Gesellschaften i.S. der §§ 15 ff. AktG

Auch unter Berücksichtigung des *VW/Niedersachsen*-Beschlusses des Bundesgerichtshofs bleibt weiterhin offen, welchen Gesellschaftszweck die von den kommunalen Gebietskörperschaften eingerichteten Eigengesellschaften aufweisen müssen, um als untergeordnete Unternehmen im Sinne der §§ 15 ff. AktG zu gelten. Es stellt sich die Frage, ob dies nur solche sein können, die einen erwerbswirtschaftlichen bzw. nichtideellen Gesellschaftszweck verfolgen[599], oder aber alle in Privatrechtsform organisierten Gesellschaften ungeachtet ihres jeweiligen Verbandszwecks.

Das Schrifttum befürwortet für die Aktiengesellschaft die zuletzt formulierte Annahme und fordert einen weiten Begriff des untergeordneten Unternehmens, dessen Reichweite über die Definition des herausgearbeiteten Unternehmensbegriffs

---

[597] Vgl. hierzu *P. O. Mülbert*, Aktiengesellschaft, Unternehmensgruppe, Kapitalmarkt, S. 9 ff.

[598] Siehe Seite 104 ff.

[599] Allerdings immer unter der bereits auf Seite 96 f. beschriebenen Voraussetzung, dass es sich hierbei um einen Nebenzweck handelt.

hinausgeht[600]. Danach könnten alle privatrechtlich organisierten Gesellschaften ohne Rücksicht auf den mit der Gesellschaft verfolgten Zweck untergeordnete Unternehmen sein[601]. Begründet wird dies mit dem Wortlaut der §§ 291 ff. AktG, der ganz allgemein von Aktiengesellschaft spräche. In Konsequenz dieser Auffassung erscheint es folgerichtig, dieses weite Begriffsverständnis auch auf die GmbH zu übertragen[602]. Damit können die kommunalen Eigengesellschaften unabhängig von ihrer privatrechtlichen Organisationsform als Unternehmen unter dem beherrschenden Einfluss einer kommunalen Gebietskörperschaft stehen.

c) Zwischenergebnis

Die von der Rechtsprechung des Bundesgerichtshofs vorgenommene generelle Qualifizierung der kommunalen Gebietskörperschaften als Unternehmen im Sinne des Konzernrechts und die damit einhergehende Benachteiligung gegenüber privaten Gesellschaftern mit „untypischen" Interessen[603] lässt sich aus den dargestellten Argumenten überzeugend rechtfertigen.

Zu berücksichtigen ist, dass die Regelungen des Gemeindewirtschaftsrechts den kommunalen Gebietskörperschaften zwar den privatrechtlichen Organisationsrahmen für eine wirtschaftliche Betätigung zur Seite stellen, aber gleichzeitig immer noch in großen Teilen von dem Gedanken geprägt sind, gesellschaftsrechtliche Regelungen und Mechanismen könnten im Interesse der bestehenden kommunalrechtlichen Vorgaben und Bindungen vernachlässigt werden. Auf das Beziehungsgeflecht der kommunalen Gebietskörperschaften zu ihren Eigengesellschaften finden daher die Regelungen des Konzernrechts – und hier insbesondere die konzernrechtlichen Haftungstatbestände – Anwendung. Allerdings dürfte die Bedeutung der hier zugunsten der herrschenden Auffassung entschiedenen Streitfrage eher gering sein, weil schon der Besitz von Eigenbetrieben oder Anstalten genügt, um eine anderweitige wirtschaftliche Interessenbindung annehmen zu müssen. Denn auch hier ist die Annahme potentiell widerstreitender wirtschaftlicher Interessen gerechtfertigt[604]. So ist das Recht der verbundenen Unternehmen auf das

---

[600] *W. Bayer*, in: Münchener Kommentar zum AktG, § 15, Rdnrn. 47, 48; *U. Hüffer*, AktG, § 15, Rdnr. 14; *H.-G. Koppensteiner*, Kölner Kommentar zum AktG, § 15, Rdnr. 53.

[601] *P. Ulmer*, in: M. Hachenburg, Kommentar zum GmbHG, Anh. § 77, Rdnr. 23.

[602] *P. Ulmer*, in: M. Hachenburg, Kommentar zum GmbHG, Anh. § 77, aaO.

[603] Damit sind die bereits erwähnten untypischen oder gar betriebswirtschaftlich unvernünftigen Entscheidungen gemeint ; vgl. *H.-J. Mertens*, AG 1996, S. 247.

[604] *M. Lutter /W. Timm*, BB 1978, S. 836 (841); *M. Schneider*, Die Gebietskörperschaft als Konzernspitze, S. 125 f. mwN; vgl. auch das von *F. Engellandt*, Die Einflussnahme der Kommune

Verhältnis zwischen der Freien und Hansestadt Hamburg und der öffentlich-rechtlich organisierten Hamburger Staatsbank angewendet worden[605].

3. Die Unternehmenseigenschaft der kommunalen Gebietskörperschaften bei Steuerung des Beteiligungsbesitzes durch eine kommunale Holding-Gesellschaft[606]

Die kommunalen Gebietskörperschaften können die Beziehungen zu ihren Eigengesellschaften auch durch die Zwischenschaltung einer Holding-Gesellschaft gestalten, in der die Beteiligungen an diesen Gesellschaften zusammenlaufen[607]. Städte und Gemeinden sind dann nur an der Holding-Gesellschaft unmittelbar beteiligt[608]. Die Aufgabe der Holding besteht in diesem Fall im wesentlichen darin, als Dachgesellschaft die Geschäftsanteile oder Aktien der abhängigen Unternehmen („Enkelunternehmen") zu verwalten und den Konzern einheitlich zu leiten. In diesem Zusammenhang werden zwei verschiedene Probleme diskutiert[609]. Einmal handelt es sich um die Frage der Unternehmenseigenschaft der gegründeten Holding-Gesellschaft und weiter steht die Unternehmenseigenschaft des Gesellschafters, der seinen Beteiligungsbesitz in der Holding zusammengefasst hat zur Disposition. Die gewählte Überschrift verdeutlicht jedoch bereits, dass im vorliegenden Zusammenhang nur die zuletzt genannte Problematik aufzugreifen ist. Die Untersuchung der Unternehmenseigenschaft der Holding würde zu der hier nicht weiter zu verfolgenden Frage führen, ob die Holding selbst Haftungsadressat sein kann[610] oder ob die Zwischenschaltung der Holding zur Eliminierung der Schutzvorschriften des Konzernrechts führt[611].

---

auf ihre Kapitalgesellschaften über das Anteilseignerorgan, S. 40, Fußn. 180 geschilderte Beispiel.

605 OLG Hamburg, ZIP 1987, S. 977; bestätigt in BGHZ 105, 168.

606 Diese Frage wurde im Anschluss an die „Autokran-Entscheidung" des BGH (BGHZ 95, 330 ff.) aufgeworfen.

607 Zur Konzernpraxis: *M. Lutter*, Holding-Handbuch A 1 ff. mit zahlreichen Beispielen und Nachweisen.

608 In diesem Fall handelt es sich um eine sog. „Spitzenholding"; vgl. *W. Bayer*, in: Münchener Kommentar zum AktG, § 15, Rdnr. 30.

609 Vgl. dazu *W. Bayer*, in: Münchener Kommentar zum AktG, § 15, Rdnrn. 26 ff.

610 So *E. Rehn / U. Cronauge*, GO NW, § 108, Anm. II 3.

611 Vgl. zu dieser Problematik *W. Bayer*, in: Münchener Kommentar zum AktG, § 15, Rdnrn. 26 ff.

Es stellt sich die Frage, ob die kommunalen Gebietskörperschaften auch bei Zwischenschaltung einer Holding-Gesellschaft als Unternehmen im konzernrechtlichen Sinne anzusehen sind, da sie ihre sämtlichen Beteiligungen in die Holding einbringen und sich an den Tochtergesellschaften nicht mehr direkt beteiligen. Wird die Unternehmenseigenschaft abgelehnt, würde die Gründung der Holding-Gesellschaft zu einer Beschränkung der haftungsrechtlichen Verantwortlichkeit der kommunalen Gebietskörperschaften führen[612]. Diese Problematik wurde im gesellschaftsrechtlichen und öffentlich-rechtlichen Schrifttum bereits heftig diskutiert[613], dürfte jedoch auf der Grundlage der neuesten Rechtsprechung des Bundesgerichtshofs zugunsten einer Befürwortung der Unternehmenseigenschaft von Städten und Gemeinden ausfallen.

Zunächst ist festzustellen, dass bei Vorliegen einer Holding-Gesellschaft kein direkter Interessenkonflikt zwischen der Leitung mehrerer Unternehmen besteht[614], was gegen die Unternehmensqualität sprechen könnte. Andererseits ist mit der Rechtsprechung des Bundesgerichtshofs nicht auf die formale Betrachtung der Anzahl der Beteiligungen der kommunalen Gebietskörperschaften abzustellen. Entscheidend kann nur der dem Konzernrecht zugrunde liegende Gedanke der Vermeidung potentieller Interessenkonflikte sein. Aufgrund dieses schutzrechtlich geprägten Begriffsverständnisses, ist auch bei der Zwischenschaltung von kommunalen Holding-Gesellschaften von einem die Haftungsmechanismen des Konzernrechts auslösenden Interessenwiderstreit auszugehen. Über eine entsprechende Einflussnahme auf ihre Holding-Gesellschaft ist die kommunale Gebietskörperschaft aufgrund ihrer anderweitigen Interessenbindung nach wie vor in der Lage, eine Tochter- oder Enkelgesellschaft zu Lasten einer anderen Gesellschaft zu

[612] Vgl. *G. Krieger*, Münchener Handbuch des Gesellschaftsrechts, Bd. 4, § 68, Rdnr. 9; *L. Möhring*, Schutz der Gläubiger einer konzernabhängigen GmbH, S. 263.

[613] Die Unternehmenseigenschaft und damit die Anwendung des Konzernrechts bejahen: *F. Engellandt*, Die Einflussnahme der Kommune auf ihre Kapitalgesellschaften über das Anteilseignerorgan, S. 40 f.; *H. Gersdorf*, Öffentliche Unternehmen im Spannungsfeld zwischen Demokratie und Wirtschaftlichkeitsprinzip, S. 340; *A. Pfeifer*, Möglichkeiten und Grenzen der Steuerung kommunaler Aktiengesellschaften durch ihre Gebietskörperschaften, S. 95; *E. Schwark*, JuS 1987, S. 443 (451); *J. Sonnenschein / B. Holdorf*, JZ 1992, S. 715 (724); a.A. *H.-D. Assmann*, in: Festschrift 100 Jahre GmbH-Gesetz, S. 657 (713); *W. Stimpel*, ZGR 1991, S. 144 (157), wonach die auch für eine solche Holding geltenden Kapitalsicherungsvorschriften und die strengen Konkursanmeldepflichten des GmbH-Rechts eine Haftungsbeschränkung rechtfertigen; *J. Keßler*, GmbHR 1992, S. 249 (251); differenzierend *K. Schmidt*, ZIP 1986, S. 146 (149).

[614] Vgl. *F. Engellandt*, Die Einflussnahme der Kommunen auf ihre Kapitalgesellschaften über das Anteilseignerorgan, S. 40; *H. Gersdorf*, Öffentliche Unternehmen im Spannungsfeld zwischen Demokratie und Wirtschaftlichkeitsprinzip, S. 339.

benachteiligen[615]. Soweit Minderheitsgesellschafter in den Tochtergesellschaften vorhanden sind – also im Falle einer kommunalen Beteiligungsgesellschaft – können auch deren Interessen benachteiligt werden[616].

Somit sprachen schon vor dem *VW/Niedersachsen*-Beschluss des Bundesgerichtshofs die überzeugenderen Gründe für die Unternehmensqualität der kommunalen Gebietskörperschaften auch bei Einschaltung einer Holding-Gesellschaft. Dieser Befund wird durch die höchstrichterliche Rechtsprechung bestätigt. Nicht die anderweitigen wirtschaftlichen Interessen sind für die Unternehmensqualität entscheidend, sondern die Annahme konfligierender Interessen macht die Unternehmensqualität aus. Die konzernrechtliche Haftung der Städte und Gemeinden kann auch nicht deshalb entfallen, weil die Holding-Gesellschaft möglicherweise selbst zum Haftungsadressaten wird. Dies gilt vor allem dann, wenn die Holding gewählt wurde, um den konzernrechtlichen Folgen der Einflussnahme der Gebietskörperschaften auf ihre Tochtergesellschaften auszuweichen[617]. Die Unternehmenseigenschaft der kommunalen Gebietskörperschaften wird nach alledem nicht deshalb hinfällig, weil in das Beziehungsgeflecht zwischen Körperschaft und kommunalen Eigengesellschaften eine Holding eingeschaltet wird.

4. Folgerungen

Die kommunalen Gebietskörperschaften sind nach den getroffenen Feststellungen schon allein deshalb als Unternehmen im konzernrechtlichen Sinne anzusehen, weil bei ihnen wirtschaftliche und politische Interessen konkurrieren. Dies entspricht der wohl ganz herrschenden Auffassung im Schrifttum, die in jüngster Zeit eine Bestätigung durch die höchstrichterliche Rechtsprechung erfahren hat und die im Rechtsstreit einer Kurbetriebs-Gesellschaft der niedersächsischen Gemeinde Salzhemmendorf wohl erstmals durch den Bundesgerichtshof auch auf eine kommunale Gebietskörperschaft übertragen werden dürfte. Insgesamt vereinfacht sich somit die Rechtsanwendung[618]. Für die Anwendung konzernrechtlicher Regelungen muss im Einzelfall nicht mehr geprüft werden, ob mehrere oder nur eine maßgebliche Beteiligung vorliegt. Wie besprochen, brauchen kleine Gemeinden nicht anders behandelt zu werden als größere kommunale Gebietskörperschaften mit

---

[615] *F. Engellandt*, Die Einflussnahme der Kommunen auf ihre Kapitalgesellschaften über das Anteilseignerorgan, aaO; *J. Sonnenschein / B. Holdorf*, JZ 1992, aaO.

[616] Vgl. *W. Bayer*, in: Münchener Kommentar zum AktG, § 15, Rdnr. 32.

[617] *F. Engellandt*, Die Einflussnahme der Kommunen auf ihre Kapitalgesellschaften über das Anteilseignerorgan, aaO.

[618] Vgl. im Ergebnis auch *T. Raiser*, ZGR 1996, S. 459 (465).

umfangreicherem Beteiligungsbesitz. Auch die Frage, ob der Konzernkonflikt schon dadurch ausgelöst werden kann, dass eine Stadt oder Gemeinde neben der Eigengesellschaft noch in öffentlicher Rechtsform organisierte Unternehmen, etwa eine Sparkasse oder einen Eigenbetrieb betreibt, erledigt sich. Die kommunalen Gebietskörperschaft sind nach alledem stets und immer Normadressat des Konzernrechts[619].

Von dem absoluten Anspruch dieser aufgestellten These ist jedoch sogleich eine Ausnahme zu machen. So sind durchaus Fälle denkbar, in denen die kommunalen Gebietskörperschaften nicht als Unternehmen anzusehen sind, obwohl die Voraussetzungen, die an den Unternehmensbegriff sonst gestellt werden, erfüllt wären. Nach dem Sinn und Zweck der konzernrechtlichen Bestimmungen kann es sich nur um Fälle handeln, in denen die kommunale Gebietskörperschaft auf den Betrieb der zu ihr gehörenden Unternehmen keinen Einfluss nimmt oder nehmen darf. Dies trifft etwa bei der Vermögensverwaltung zu, soweit der öffentlichen Hand dort eine Einflussnahme nicht erlaubt ist[620]. Für die weitere Untersuchung sind diese Fälle jedoch nicht von Bedeutung, sie sollen vernachlässigt werden. Das Recht der verbunden Unternehmen und die damit verbundene Geltung konzernrechtlicher Haftungstatbestände kann im Ergebnis im gemeindlichen Konzern unabhängig von der Struktur der Beteiligungen der kommunalen Gebietskörperschaften angewendet werden.

---

[619] *V. Emmerich / J. Sonnenschein*, Konzernrecht, S. 34 f.; *P. Ulmer*, in: M. Hachenburg, Kommentar zum GmbHG, Anh. § 77, Rdnr. 22; *T. Kuhl / K. Wagner*, ZIP 1995, S. 433 (442); *M. Paschke*, ZHR 152 (1988), S. 263 (269).

[620] Vgl. *E. Gessler*, in: Gessler / Hefermehl, AktG, § 16, Rdnr. 49 f.; *R. Weimar / B. Bartscher*, ZIP 1991, S. 71.

VI. Ergebnis und Ausblick auf den weiteren Verlauf der Untersuchung

Die Subsumtion der kommunalen Gebietskörperschaften unter den konzernrechtlichen Unternehmensbegriff und die daraus folgende Anwendbarkeit des Konzernrechts im gemeindlichen Konzern hat mehrere Konsequenzen. Zunächst gilt die Konzernvermutung der §§ 17 Abs. 2, 18 Abs. 1 Satz 3 AktG[621]. Nach § 17 Abs. 2 AktG wird von einem in Mehrheitsbesitz stehenden Unternehmen vermutet, dass es von dem an ihm mit Mehrheit beteiligten Unternehmen abhängig ist. Dies bedeutet, dass die Abhängigkeitsvermutung per se auf alle kommunalen Eigengesellschaften und auf die Beteiligungsgesellschaften, die sich im Mehrheitsbesitz der Gebietskörperschaft befinden, zutrifft. Diese Vermutung ist ihrerseits Grundlage der Konzernvermutung des § 18 Abs. 1 S. 3 AktG. Eine Mehrheitsbeteiligung führt folglich im Zweifel zur Abhängigkeit und zur Annahme eines Konzerns. Diese Rechtsfolge kann jedoch von der kommunalen Gebietskörperschaft mit der Behauptung widerlegt werden, die verbundenen Unternehmen seien voneinander unabhängig[622]. Andererseits deuten jedoch die wirtschaftsrechtlichen Bestimmungen in den Gemeindeordnungen und Kommunalverfassungen auf ein Abhängigkeitsverhältnis hin. Den kommunalen Gebietskörperschaften soll gerade die Möglichkeit eröffnet werden, auf ihre Unternehmen im öffentlichen Interesse einzuwirken[623]. Aufgrund der gesetzlichen Formulierung sind Städte und Gemeinden für diese Behauptung beweispflichtig, weshalb sich der Nachweis fehlender Abhängigkeit im Einzelfall schwierig gestalten kann.

Weiter ergibt sich aus der Anwendbarkeit des Konzernrechts die Frage nach der Zulässigkeit des Abschlusses von Beherrschungsverträgen. Hierauf ist im Folgenden noch detailliert einzugehen. Jedoch sei bereits an dieser Stelle angedeutet, dass bei Abschluss eines Beherrschungsvertrages nach § 304 AktG für einen entsprechenden angemessenen Ausgleich oder nach § 305 AktG für eine entsprechende Abfindung der abhängigen Gesellschaft gesorgt werden muss. Greift die kommunale Gebietskörperschaft ohne Abschluss eines Beherrschungsvertrages durch Weisungen zum Nachteil der Gesellschaft ein, so ist sie zum Nachteilsausgleich, gegebenenfalls zum Schadensersatz verpflichtet.

---

[621] *V. Emmerich / J. Sonnenschein*, Konzernrecht, S. 36.

[622] Der Bund geht davon aus, dass diese Vermutung für ihn widerlegt sei. Vgl. dazu *B. Kropff*, ZHR 144 (1980), S. 74 (80 ff.); *F. Rittner*, in: Festschrift für W. Flume, Bd. II, S. 241 (253); *W. Zöllner*, AG 1978, S. 40 (43).

[623] Vgl. *V. Emmerich*, in: V. Emmerich / M. Habersack, Aktien- und GmbH-Konzernrecht, § 15, Rdnr. 32.

E. Die Haftungsfolgen des Konzernrechts

Die bisherige Untersuchung hat ergeben, dass die kommunalen Gebietskörperschaften Unternehmen im konzernrechtlichen Sinne sind und das Recht der verbundenen Unternehmen auf das Verhältnis zu den von ihnen beherrschten Eigengesellschaften Anwendung findet.

Im Folgenden sollen nun die konkreten Rechts- und insbesondere Haftungsfolgen dieser Einbeziehung der Städte und Gemeinden in den Unternehmensbegriff einer näheren Betrachtung unterzogen werden. Hier gilt es, zwischen den verschiedenen konzernrechtlichen Haftungsmechanismen im Vertragskonzern, faktischen Konzern sowie qualifiziert faktischen Konzern mit jeweils unterschiedlichen Rechtsfolgen zu unterscheiden.

Im Vertragskonzernrecht besteht die haftungsrechtliche Folge in einer Verpflichtung der kommunalen Gebietskörperschaften gegenüber ihren Eigengesellschaften zum Verlustausgleich[624]. Bei Vorliegen einer einfachen faktischen Konzernlage sind demgegenüber nur Einzelausgleichsansprüche der Gesellschaft anzuerkennen[625], während die gefestigte Rechtsprechung für qualifizierte faktische Konzerne eine Verlustausgleichspflicht annimmt[626]. Besonderer Bedeutung kommt dem Beherrschungsvertrag deshalb zu, weil nur er das Recht gibt, die abhängige Gesellschaft unter die Leitung des herrschenden Unternehmens zu stellen und sie bei dieser Leitung zu nachteiligen Maßnahmen anzuweisen. Lediglich auf Grund eines Beherrschungsvertrages darf der Vorstand der abhängigen Gesellschaft die Interessen der eigenen Gesellschaft zugunsten von Konzernbelangen zurückstellen[627]. Die Leitungsmacht beim faktischen Konzern beruht demgegenüber nicht auf einer besonderen rechtlichen Regelung, sondern ist das Ergebnis einer tatsächlichen Beherrschungsmacht des herrschenden Unternehmens. Diese von außen erfolgende Einflussnahme auf die Gesellschaftsorgane wird im Gegensatz zum aktienrechtlichen Normalfall[628] ausnahmsweise bei Hinzutreten weiterer Umstände gestattet.

---

624 Vgl. dazu unter I., Seite 164 ff.

625 Vgl. dazu unter II., Seite 181 ff.

626 Vgl. dazu unter III., Seite 197 ff.

627 Vgl. Begründung des Regierungsentwurfs bei *B. Kropff*, Aktiengesetz, S. 374.

628 Nach § 117 AktG führt eine von außen erfolgende rechtswidrige Einwirkung bei einer Gesellschaftsschädigung zu einer Schadensersatzverpflichtung.

I. Die Zulässigkeit und die Haftungsfolgen sogenannter kommunaler Vertragskonzerne

Dass die kommunalen Gebietskörperschaften aufgrund ihrer Unternehmenseigenschaft immer Normadressat des Konzernrechts sind, ist zunächst vorteilhaft für sie, denn nur als Unternehmen vermögen sie die im Aktiengesetz vorgesehenen Unternehmensverträge abzuschließen. Damit kann von Beherrschungs- und Gewinnabführungsverträgen Gebrauch gemacht werden. Diese beinhalten den Vorteil, dass Städte und Gemeinden gleichzeitig den ihnen von den einzelnen Gemeindeordnungen und Kommunalverfassungen der Länder vorgegebenen Einwirkungspflichten genügen können[629]. Aus konzernrechtlicher Sicht kann diesem Erfordernis kommunalrechtlicher Einflussnahme am besten durch den Abschluss eines Beherrschungsvertrages nachgekommen werden.

Unmittelbare Rechtsfolge des Beherrschungsvertrages ist die Bildung eines Vertragskonzerns (§§ 18 Abs. 1 S. 2, 291 AktG) zwischen kommunaler Gebietskörperschaft und den Eigengesellschaften. Weiter berechtigt der Beherrschungsvertrag die Gebietskörperschaft im Falle einer Eigengesellschaft in Form der Aktiengesellschaft, dem Vorstand hinsichtlich der Leitung der Gesellschaft Weisungen zu erteilen[630]. Darunter sind auch Weisungen zu verstehen, die sich nachteilig auf die Geschäftspolitik auswirken. Sie müssen nur im kommunalen Konzern-Interesse liegen[631]. Damit begründet der Beherrschungsvertrag die übergeordnete Zuständigkeit und das Recht des herrschenden Unternehmens zur Ausübung der Leitung der ihr unterworfenen Gesellschaft[632]. In extremen Fällen wird im Hinblick auf diese umfassende Unterstellung auch von einer Vergleichbarkeit mit Eigenbetrieben gesprochen[633].

Diese Rechtsfolgen setzen jedoch zwingend voraus, dass das Vertragskonzernrecht auch auf die kommunalen Gebietskörperschaften uneingeschränkte Anwendung findet. Hierbei handelt es sich um eine Annahme, die keinesfalls selbstverständlich aus den Grundsätzen der *VEBA/Gelsenberg*-Entscheidung herauszulesen ist. Vielmehr bleibt nach den Urteilsgründen offen, welche Normen des Konzernrechts anwendbar sind[634]. Es ist nach einer vorzunehmenden Einzelfallprüfung

[629] Vgl. nur § 109 Abs. 1 Nr. 6 NGO; § 108 Abs. 1 Nr. 6 GO NW.

[630] Zu den Einschränkungen vgl. §§ 308 Abs. 1 S. 2, Abs. 2, 309 AktG.

[631] Vgl. § 308 Abs. 1 S. 2 AktG und eingehend dazu *P. Sina*, AG 1991, S. 1 ff.

[632] Vgl. *H. Altmeppen*, in: Münchener Kommentar zum AktG, § 308, Rdnr. 2; *H. Würdinger*, in: Grosskommentar zum AktG, § 308, Anm. 1.

[633] *V. Emmerich / J. Sonnenschein*, Konzernrecht, S. 130.

[634] BGHZ 69, 334 (343).

durchaus möglich, dass einzelne konzernrechtliche Regelungen nach ihrem Sinn und Zweck überhaupt nicht oder nur in modifizierter Form zur Anwendung gelangen[635]. Dies ist im Folgenden für den Beherrschungsvertrag zu überprüfen.

Zunächst soll der Frage nachgegangen werden, ob die kommunalen Gebietskörperschaften überhaupt selbst Vertragspartner eines Beherrschungsvertrages sein können. Einige Autoren haben darauf hingewiesen, dass Beherrschungsverträge der Gebietskörperschaften mit ihren direkten Tochtergesellschaften aufgrund der Haftungsfolgen in der kommunalen Praxis zumindest unüblich sind[636]. Dies schließt nicht die Möglichkeit aus, dass einzelne Gebietskörperschaften Beherrschungsverträge abgeschlossen haben. Ihre rechtliche Zulässigkeit ist daher zu untersuchen. Weiter bietet sich eine Überprüfung der Auffassung an, die eine Lösung dieser rechtlichen Frage in der Zwischenschaltung einer Holding-Gesellschaft sieht, die dann Beherrschungsverträge mit den Eigengesellschaften abschließt[637].

1. Beherrschungsvertrag zwischen kommunaler Gebietskörperschaft und Eigengesellschaft

Der Beherrschungsvertrag ist ein Organisationsvertrag, der im Aktienkonzernrecht einen Vertragskonzern gemäß § 18 Abs. 1 Satz 2 AktG entstehen lässt. Geregelt ist dieser Vertrag für die Aktiengesellschaft in den §§ 291 und 308 AktG. Da für eine in der Rechtsform der GmbH geführte Eigengesellschaft entsprechende Regelungen fehlen[638], empfiehlt sich eine getrennte Darstellung des Aktienkonzernrechts und des GmbH-Konzernrechts.

---

635 Vgl. *T. Koch*, DVBl. 1994, S. 667 (670); *W. Zöllner*, AG 1978, S. 40 (42).

636 *W. Büchner*, Die rechtliche Gestaltung kommunaler öffentlicher Unternehmen, S. 229; *R. Fischer*, AG 1982, S. 85 (92); *T. Koch*, DVBl. 1994, S. 667 (671); *G. Püttner*, Das Recht der kommunalen Energieversorgung, S. 96, der dies auf einen mangelnden steuerlichen Effekt zurückführt; *T. Raiser*, ZGR 1996, S. 458 (461).

637 Dazu unter 3., Seite 178 ff.

638 Vgl. zur fehlenden Kodifikation des GmbH-Konzernrechts, *B. Deilmann*, Die Entstehung des qualifizierten faktischen Konzerns, S. 32 ff.

a) Beherrschungsvertrag bei der Aktiengesellschaft

Durch den Beherrschungsvertrag wird die abhängige Aktiengesellschaft gemäß § 291 Abs. 1 AktG der Leitung eines anderen Unternehmens – hier also der Leitung der kommunalen Gebietskörperschaft – unterstellt. Mit dem Übergang der Leitungsmacht ist die Gebietskörperschaft berechtigt, dem Vorstand ihrer abhängigen Gesellschaft Weisungen zu erteilen (§ 308 Abs. 1 AktG) und hierdurch die Unternehmenspolitik genau zu steuern. Damit wird der Gebietskörperschaft als herrschendem Unternehmen auch das gesamte Geschäftsrisiko ihrer Eigengesellschaften übertragen[639]. Dem hierdurch erlangten Steuerungsgewinn für die kommunale Gebietskörperschaft korrespondiert zu einem die Verpflichtung zu Ausgleichszahlungen gegenüber den außenstehenden Aktionären (§ 304 AktG).

Im Beziehungsgeflecht zwischen kommunalen Gebietskörperschaften und ihren Eigengesellschaften ist jedoch die Rechtsfolge des § 302 AktG von herausragender Bedeutung. Danach hat die Obergesellschaft – mithin die Gebietskörperschaft – für die Vertragsdauer jeden ohne Ausgleich bei der abhängigen Gesellschaft entstehenden Jahresfehlbetrag zu erstatten. Nach der Amtlichen Begründung des Aktiengesetzes 1965 ist diese Regelung vor dem Hintergrund zu verstehen, dass wer die Geschicke der Gesellschaft bestimmt oder ihren ganzen Gewinn erhält, auch für die Verluste einzustehen habe[640].

b) Beherrschungsvertrag im GmbH-Konzernrecht

Die entsprechende Anwendung der aktienkonzernrechtlichen Regelungen über den Beherrschungsvertrag kommt für den GmbH-Konzern wegen der Unterschiede zwischen Aktiengesellschaft und GmbH nicht uneingeschränkt in Betracht[641]. Ursache hierfür sind unterschiedliche Herrschaftsstrukturen innerhalb der beiden Gesellschaftsformen von Aktiengesellschaft und GmbH. So kann durchaus die Frage gestellt werden, warum mit einer GmbH ein Beherrschungsvertrag abgeschlossen werden sollte, wo doch das Legalstatut des GmbH-Rechts nach §§ 46 Nr. 6, 48 Abs. 1 GmbHG Weisungen und sonstige Maßnahmen der Gesellschafter an die Geschäftsführung per Beschluss gestattet. Hierdurch wird Städten und Gemeinden die Möglichkeit einräumt, die aktuelle Unternehmenspolitik nach Maß-

---

639 *M. Lutter*, AG 1990, S. 179 (182); *A. Pfeifer*, Möglichkeiten und Grenzen der Steuerung kommunaler Aktiengesellschaften durch ihre Gebietskörperschaften, S. 133; *M. Schiessl*, AG 1985, S. 184 (185); *W. Timm*, GmbHR 1987, S. 8 (17).

640 So die Regierungsbegründung zu § 302 AktG, bei *B. Kropff*, Aktiengesetz, S. 391.

641 Vgl. dazu *V. Emmerich*, in: Scholz, GmbH-Gesetz, Anh. Konzernrecht, Rdnr. 137 ff.

gabe ihrer Vorstellungen zu gestalten. Auch ohne den Abschluss eines Beherrschungsvertrages ist es den kommunalen Gesellschaftern aus diesen Gründen möglich, über die Geschäftsführer hinweg Einfluss auf die GmbH auszuüben[642]. Demgegenüber geht das Aktiengesetz vom Grundsatz der Eigenverantwortlichkeit und Weisungsfreiheit des Vorstandes der Aktiengesellschaft aus[643], welcher sich insbesondere in dem Autonomiebereich bei der Geltung der Unternehmenspolitik (§ 76 AktG) widerspiegelt[644]. Hieraus rechtfertigt sich die Notwendigkeit einer Interessenausrichtung der abhängigen Aktiengesellschaft durch einen Beherrschungsvertrag.

Für den Einsatz eines Beherrschungsvertrages spricht jedoch, dass auch im GmbH-Recht nur im Vertragskonzern eine Änderung der Interessenausrichtung der abhängigen Gesellschaft auf das herrschende Unternehmen zulässig ist[645]. Im vertragslosen Zustand müsste es bei dem Vorrang des jeweiligen Gesellschaftsinteresses bleiben. Wichtig ist auch, dass durch einen Beherrschungsvertrag die ursprünglich bei der Gesellschafterversammlung liegende Weisungskompetenz auf den in dem Vertrag berechtigten Gesellschafter übergeht. Für die Steuerung einer kommunalen Eigengesellschaft ist dies nicht weiter von Bedeutung, da die Gebietskörperschaft als Alleingesellschafter ihre Unternehmenspolitik jederzeit als organschaftlich legitimierten Beschluss nach § 46 Nr. 6 GmbHG durchsetzen kann. Für eine Beteiligungsgesellschaft, z.B. in Form einer gemischt-publizistischen Gesellschaft, gewährleistet aber erst der Beherrschungsvertrag eine Umsetzung der Weisungen der kommunalen Gebietskörperschaft. Andernfalls müsste zuvor eine förmliche Beschlussfassung der Gesellschafterversammlung eingeholt werden[646]. Daher ist allgemein anerkannt, dass die Regelungen über den Beherrschungsvertrag in den §§ 291 und 308 AktG entsprechend für Beherrschungsverträge mit einer GmbH gelten[647]. In analoger Anwendung von § 302 AktG muss bei Abschluss eines Beherrschungsvertrages zwischen kommunaler Gebietskörper-

---

642 Diese organisationsrechtliche Divergenz im Vergleich mit dem Aktienrecht hat in der Praxis dazu geführt, dass viele herrschende GmbH's auf den Abschluss von Beherrschungsverträgen verzichten und deshalb faktische Konzerne überwiegen.

643 Vgl. *M. Paschke*, ZHR 152 (1988), S. 263 (273).

644 Siehe aber den Fall des § 119 Abs. 2 AktG.

645 Vgl. nur *U. Schneider*, ZGR 1980, S. 511 (519).

646 *M. Schneider*, Die Gebietskörperschaft als Konzernspitze, S. 76 f.

647 BGHZ 105, 324; *V. Emmerich*, in: Scholz, GmbH-Gesetz, Anh. Konzernrecht, Rdnr. 136; *V. Emmerich / J. Sonnenschein*, Konzernrecht, S. 385 und 409 f.; *M. Lutter / P. Hommelhoff*, GmbH-Gesetz, § 13 Anh., Rdnr. 32; *K. Schmidt*, Gesellschaftsrecht, S. 1212 ff.; Übersicht zu GmbH-Unternehmensverträgen bei *M. Hoffmann-Becking*, WiB 1994, S. 57 (58); *P. Ulmer*, AG 1986, S. 123; zum Inhalt: *W. Zöllner*, ZGR 1992, S. 173 (176 ff.).

schaft und Eigengesellschaft in der Rechtsform der GmbH die Übernahme der Jahresfehlbeträge im Vertrag festgelegt werden[648].

2. Das Verhältnis zwischen Beherrschungsvertrag und den kommunalen Haftungsbegrenzungspflichten

Fest steht, dass sowohl das Aktienkonzernrecht als auch das GmbH-Konzernrecht dem Abschluss von Beherrschungsverträgen grundsätzlich nicht entgegenstehen. Allerdings ergibt sich aus der im Vertragskonzern bestehenden Verlustausgleichspflicht und den kommunalen Haftungsbegrenzungspflichten ein Dilemma für die kommunalen Gebietskörperschaften.

Äußert problematisch ist, wie die gegenläufigen Prinzipien von konzernrechtlicher (unbeschränkter) Verlustausgleichspflicht und kommunalrechtlicher Haftungsbegrenzungspflicht in Einklang zu bringen sind oder ob es sich hierbei gar um einen nicht auflösbaren Konflikt handelt. Als Ausweg aus dieser Situation bliebe dann nur die Konsequenz, den kommunalen Gebietskörperschaften generell den Abschluss von Beherrschungsverträgen zu versagen[649]. Das Gemeindewirtschaftsrecht würde damit dem Abschluss von Beherrschungsverträgen entgegenstehen. Diese Problematik wurde bereits bei der Diskussion des Verhältnisses von öffentlichem Recht und Gesellschaftsrecht angerissen, auf sie ist an dieser Stelle zurückzukommen[650].

Zum Einstieg empfiehlt sich ein genauer Blick auf die kommunalrechtliche Verpflichtung zur Haftungsbegrenzung. Diese ist in den gemeindewirtschaftsrechtlichen Vorschriften der Länder unterschiedlich ausgeprägt und formuliert[651]. Einige Gemeindeordnungen enthalten auch Vorschriften über die Übernahme von Verlusten. Die verschiedenartige Fassung der einzelnen Haftungsbeschränkungen erschwert eine einheitliche Rechtsanwendung und erfordert eine differenzierte Betrachtungsweise der einzelnen Regelungen. Kleinster gemeinsamer Nenner aller gemeinderechtlichen Normen ist die Vorgabe, dass überhaupt eine Haftungsbeschränkung erfolgen muss. Hierin unterscheiden sie sich von der die Unternehmensbeteiligungen des Bundes betreffenden Vorschrift des § 65 Abs. 1 Ziff. 2 BHO, die eine Begrenzung der „Einzahlungspflicht" verlangt.

---

[648] Vgl. BGHZ 103, 1; *K. Schmidt*, Gesellschaftsrecht, S. 1214.

[649] So z.B. *M. Paschke*, ZHR 152 (1988), S. 263 (274 f.).

[650] Siehe dazu Seite 104 ff.

[651] Vgl. zum früheren Recht vor Änderung der meisten kommunalrechtlichen Vorschriften *T. Koch*, Der rechtliche Status kommunaler Unternehmen in Privatrechtsform, S. 175 ff.

a) Haftungsbegrenzung auf einen bestimmten, der Leistungsfähigkeit angemessenen Betrag

Nach Art. 92 Abs. 1 Nr. 3 BayGO ist ein gemeindliches Unternehmen in Privatrechtsform nur zulässig, wenn die kommunale Gebietskörperschaft ihre Haftung auf einen bestimmten, ihrer Leistungsfähigkeit angemessenen Betrag beschränkt.

b) Haftungsbegrenzung auf einen der Leistungsfähigkeit angemessenen Betrag

Die zahlenmäßig größte Gruppe der Gemeindeordnungen formuliert eine Haftungsbegrenzung auf einen angemessenen Betrag und nimmt zur Ermittlung des konkreten Betrages die Leistungsfähigkeit der kommunalen Gebietskörperschaft als Bezugsgröße[652]. Teilweise erfolgt neben der Haftungsbegrenzung auch eine Begrenzung der Einzahlungsverpflichtung[653].

c) Wahl einer Rechtsform, die die Haftung auf einen bestimmten Betrag begrenzt

Den Abschluss dieser Einteilung bilden die Gemeindeordnungen, nach denen für die Unternehmensbeteiligung der kommunalen Gebietskörperschaften eine Rechtsform zu wählen ist, bei der die Haftung auf einen bestimmten Betrag beschränkt ist. Solche Regelungen finden sich in Niedersachsen[654], Nordrhein-Westfalen[655], Rheinland-Pfalz[656] und Thüringen[657].

---

[652] § 103 Abs. 1 Nr. 4 GO BW; § 102 Nr. 3 KV Brandenburg; § 122 Abs. 1 Nr. 2 GO Hess; § 69 Abs. 1 Nr. 4 GO MeckVorp.; § 110 Abs. 1 Nr. 2 KSVG Saarl; § 96 Abs. 1 Nr. 3 Sächs. GO; § 117 Abs. 1 Nr. 4 GO LSA; § 102 Abs. 1 Nr. 2 GO Schl-H.

[653] So § 122 Abs. 1 Nr. 2 GO Hess.

[654] § 109 Abs. 1 Nr. 2 NGO.

[655] § 108 Abs. 1 Nr. 2 GO NW.

[656] § 87 Abs. 1 Nr. 4 GO RhPf.

[657] § 73 Abs. 1 Nr. 3 ThürKO.

d) Stellungnahme zu den unterschiedlichen Haftungstatbeständen im Hinblick auf die Zulässigkeit von Beherrschungsverträgen

Aus der vorgenommen Einteilung lassen sich für die Zulässigkeit von Beherrschungsverträgen im gemeindlichen Konzern wichtige Folgerungen ziehen. Dabei ist zu berücksichtigten, dass es sich bei den einzelnen Vorschriften des Gemeindewirtschaftsrechts in ihrer sprachlichen Fassung teilweise um missglückte, vielfach jedenfalls aber um verbesserungsfähige Vorschriften handelt. Erklärbar ist dies vor dem Hintergrund, dass bei Verabschiedung der Gemeindeordnungen – zumindest der alten Bundesländer – die unbeschränkte konzernrechtliche Verlustausgleichspflicht, die den Haftungsbegrenzungspflichten gegenübersteht und die gerade durch die kommunalrechtlich erforderliche Einflussnahme auf die Eigengesellschaften den Abschluss von Beherrschungsverträgen herausfordert, noch nicht mitbedacht werden konnte. Wie erwähnt, wurden diese Vorschriften für die Aktiengesellschaft durch die Aktienrechtsreform 1965 und für die GmbH durch richterliche Rechtsfortbildung geschaffen[658]. Für die Zukunft ist absehbar, dass einige Landesgesetzgeber die rechtlichen Grundlagen der kommunalen Wirtschaftstätigkeit korrigieren und den durch die Rechtsprechung bereits vorgegebenen bzw. zu erwartenden Vorgaben anpassen werden. Aus diesen Gründen kann es sich hier nur um eine Bestandsaufnahme des zur Zeit geltenden Gemeindewirtschaftsrechts handeln.

aa) Bewertung der Haftungsbegrenzungen, die nicht auf die Organisationsform bezogen sind

Zunächst fällt auf, dass die beiden zuerst genannten Regelungen der Haftungsbegrenzungstatbestände im Vergleich zu der dritten Gruppe für die Haftungsbegrenzung nicht auf die Rechts- bzw. Organisationsform der kommunalen Gesellschaft abstellen. Dies ist hier nur herauszustellen, auf die Bedeutung dieser abweichenden Regelung wird noch zurück zu kommen sein[659]. Nach dem Wortlaut der ersten beiden Gruppen besteht die Haftungsbegrenzung in einem bestimmten, der Leistungsfähigkeit angemessenen Betrag bzw. in einem der Leistungsfähigkeit angemessenen Betrag. Trotz der unterschiedlichen sprachlichen Ausgestaltung der Haftungsbegrenzung dürften diese Regelungstatbestände in der Sache jedoch identisch sein. Beide Formulierungen verlangen eine konkrete Bezifferung der Haftungsbegrenzung und als Korrelativ zur Leistungsfähigkeit eine Haftungsbegrenzung, die zusätzlich dem Kriterium der Angemessenheit entsprechen muss. Sie

---

[658] Siehe Seite 134 f.

[659] Siehe unter bb), Seite 175.

unterliegt damit dem einschränkenden Erfordernis der Angemessenheit von Haftungsbeschränkung und Leistungsfähigkeit, so dass nur die Festlegung eines bestimmten Haftungshöchstbetrages ohne Berücksichtigung der wirtschaftlichen Leistungsfähigkeit der kommunalen Gebietskörperschaft nicht ausreichend ist.

Der Begriff der „Leistungsfähigkeit" ist damit ein entscheidendes Kriterium zum Schutz der kommunalen Gebietskörperschaften vor den Folgen einer überdimensionierten wirtschaftlichen Betätigung. Es dient dem Schutz der Finanzen von Städten und Gemeinden[660]. Was seine Konkretisierung anbetrifft, so ist auch die Leistungsfähigkeit relativ und wird von der Größe, der Finanz- und Verwaltungskraft der konkreten Gebietskörperschaft abhängig zu machen sein[661]. Nach einigen Stimmen in der Literatur folgt hieraus, dass sich die mit dem Abschluss eines Beherrschungsvertrages eintretende unbeschränkte Verlustübernahme mit dem Wortlaut der Haftungsbegrenzungstatbestände nicht in Einklang bringen lasse[662]. Danach sei nur ein solcher Einfluss der Trägerkörperschaft auf die kommunalen Gesellschaften zuzulassen, der auch in Ansehung seiner haftungsrechtlichen Konsequenzen gemeindewirtschaftsrechtskonform ausgeübt werde[663]. Das Gemeindewirtschaftsrecht stünde dem Abschluss von Beherrschungsverträgen der kommunalen Gebietskörperschaften mit ihren Eigengesellschaften und den sich hieraus ergebenden letztlich nicht beherrschbaren und summenmäßig nicht begrenzten Haftungsrisiken entgegen[664]. Verkürzend wird auch festgestellt, dass wenn eine Einwirkungsbefugnis nur um den Preis einer Verlustübernahme zu haben sei, von dieser Einflussnahme Abstand genommen werden müsse[665].

---

660 Vgl. *H.-U. Erichsen*, Kommunalrecht des Landes Nordrhein-Westfalen, S. 280; *J. Gerke*, Jura 1985, S. 349 (355); *R. Stober*, Kommunalrecht, S. 340.

661 *O. Sander / W. Weiblen*, Kommunale Wirtschaftsunternehmen, S. 7; *E. Schmidt-Jortzig*, Kommunalrecht, Rdnr. 690.

662 Vgl. *W. Büchner*, Die rechtliche Gestaltung kommunaler öffentlicher Unternehmen, S. 229; *T. Darsow / S. Genter / K.-M. Glaser / H. Meyer*, Kommunalverfassung Mecklenburg-Vorpommern, § 69, Rdnr. 11; *V. Emmerich*, AG 1976, S. 225 (227); *F. Engellandt*, Die Einflussnahme der Kommunen auf ihre Kapitalgesellschaften über das Anteilseignerorgan, S. 19 f., 42; *U. Gundlach*, LKV 2000, S. 58 (61); *U. Hüffner*, AktG, § 15, Rdnr. 13a; *M. Lutter / B. Grunewald*, WM 1984, S. 396; *U. Noack*, Städte- und Gemeinderat 1995, S. 379 (383); *M. Paschke*, ZHR 152 (1988), S. 263 (274 f.); *F. J. Säcker*, in: Festschrift für O. Lieberknecht, S. 107 (116); *K. Waechter*, Kommunalrecht, Rdnr. 556; *N. Zimmermann*, JuS 1991, S. 294 (299).

663 *M. Paschke*, ZHR 152 (1988), S. 263 (277).

664 *M. Paschke*, ZHR 152 (1988), S. 263 (276).

665 *U. Noack*, Städte- und Gemeinderat 1995, S. 379 (383).

Diese Meinungen nehmen teilweise eine funktional-teleologische Interpretation der angesprochenen kommunalen Pflicht zur Haftungsbegrenzung für sich in Anspruch[666] und begründen ihre Ansicht mit dem in diesen Vorschriften vorhandenem Bezug zur Leistungsfähigkeit der kommunalen Gebietskörperschaften, die dem Schutz vor wirtschaftlichen Überaktivitäten und daraus folgenden unüberschaubaren Risiken dienten. Die haftungsrechtlichen Folgen eines Beherrschungsvertrages verkehrten diesen eindeutigen Willen der Gesetzgeber jedoch geradezu ins Gegenteil[667].

Der zahlenmäßig wohl überwiegende Teil des Schrifttums[668] spricht sich jedoch für die Möglichkeit des Abschlusses von Beherrschungsverträgen auch im Verhältnis der kommunalen Gebietskörperschaften zu ihren Eigengesellschaften aus. Auch die wohl vorherrschende Meinung nimmt für sich eine teleologische Auslegung dieser gemeindewirtschaftsrechtlichen Regelungen in Anspruch[669]. Zur Begründung wird angeführt, die Gemeindeordnungen und Kommunalverfassungen verlangten nicht, jede unbegrenzte Haftung zu vermeiden, sondern nur die Vermeindung jedes nicht beherrschbaren finanziellen Risikos[670]. Aus den Zielsetzungen von § 69 Abs. 1 DGO 1935 sei der Abschluss von Beherrschungsverträgen gerade erforderlich, um die „Trabanten der öffentlichen Hand“[671] zu kontrollieren.

---

[666] So ausdrücklich *M. Paschke*, ZHR 152 (1988), S. 263 (276).

[667] *M. Paschke*, ZHR 152 (1988), S. 263 (275).

[668] *D. Ehlers*, Verwaltung in Privatrechtsform, S. 142; *V. Emmerich*, AG 1976, S. 225 (227); *W. Engel*, Grenzen und Formen der mittelbaren Kommunalverwaltung, S. 296; *H. J. Dielmann*, Die Beteiligung der öffentlichen Hand an Kapitalgesellschaften und die Anwendbarkeit des Rechts der verbundenen Unternehmen, S. 182 f.; *A. Gern*, Kommunalrecht Baden-Württemberg, Rdnr. 409; *H. Gersdorf*, Öffentliche Unternehmen im Spannungsfeld zwischen Demokratie und Wirtschaftlichkeitsprinzip, S. 340 ff.; *M. Habersack*, ZGR 1996, S. 544 (558); *H.-D. Jarass*, Wirtschaftsverwaltungsrecht, S. 198, Rdnr 18 a.E.; *T. Koch*, Der rechtliche Status kommunaler Unternehmen in Privatrechtsform, S. 169 ff. und *ders.*, DVBl. 1994, S. 667 (671); a.A. allerdings bezogen auf die geänderte Rechtslage in Niedersachen in NdsVBl. 1999, S. 206 (210); *H.-G. Koppensteiner*, ZGR 1979, S. 91 (101); *B. Kropff*, ZHR 144 (1980), S. 75 (97 f.); *T. Kuhl / K. Wagner*, ZIP 1995, S. 433 (444); *G. Nesselmüller*, Rechtliche Einwirkungsmöglichkeiten der Gemeinde auf ihre Eigengesellschaften, S. 116 f.; *A. Pfeifer*, Möglichkeiten und Grenzen der Steuerung kommunaler Aktiengesellschaften durch ihre Gebietskörperschaften, S. 132; *G. Püttner*, JA 1980, S. 218; *T. Raiser*, ZGR 1996, S. 458 (474); *M. Schneider*, Die Gebietskörperschaft als Konzernspitze, S. 146.

[669] Vgl. *H. Gersdorf*, Öffentliche Unternehmen im Spannungsfeld zwischen Demokratie und Wirtschaftlichkeitsprinzip, S. 341; *T. Koch*, Der rechtliche Status kommunaler Unternehmen in Privatrechtsform, S. 177; *A. Pfeifer*, Möglichkeiten und Grenzen der Steuerung kommunaler Aktiengesellschaften durch ihre Gebietskörperschaften, S. 136 ff.

[670] Vgl. *T. Raiser*, ZGR 1996, S. 458 (473).

[671] So *H. Gersdorf*, Öffentliche Unternehmen im Spannungsfeld zwischen Demokratie und Wirtschaftlichkeitsprinzip, S. 342.

Außerdem könne die kommunale Gebietskörperschaft durch die Steuerung der Unternehmenspolitik ihrer Gesellschaften gerade unbeherrschbare oder unvorhergesehene wirtschaftliche Risiken abschätzen. Insbesondere *A. Pfeifer* vertritt hier die Ansicht, dass das Kommunalrecht einer unbeschränkten Haftung der kommunalen Gebietskörperschaften dann nicht mehr entgegensteht, wenn es um Risiken aus Entscheidungen geht, die eine Gebietskörperschaft – wie etwa beim Eigenbetrieb – selbst treffen oder sicher steuern kann[672]. Angemerkt sei an dieser Stelle, dass durch die Normierung des kommunalrechtlichen Verbots der Verlustübernahme in den Ländern Niedersachsen[673], Nordrhein-Westfalen[674], Rheinland-Pfalz[675] und Sachsen-Anhalt[676] eine differenzierte Betrachtung erforderlich ist. Soweit ersichtlich hat dies aber noch nicht Eingang in die Streitfrage gefunden, da es sich bei den angesprochenen Regelungen um Reformen des Gemeindewirtschaftsrechts aus der jüngeren Vergangenheit handelt. Der Versuch einer Lösung soll hier unternommen werden[677].

Im Ergebnis ist der Auffassung, die sich für eine Steuerung kommunaler Gesellschaften durch Beherrschungsverträge ausspricht auch aufgrund oder besser gesagt trotz der bestehenden Verlustausgleichspflichten der kommunalen Gebietskörperschaften zuzustimmen. Bei unbefangener Betrachtung dieser Streitfrage fällt zunächst auf, dass sich beide Auffassungen auf die von ihnen vorgenommene Interpretation des Normzwecks der kommunalrechtlichen Haftungsbeschränkungen berufen. Deshalb erscheint es auch naheliegend, eine Lösung vor dem Hintergrund des diesen Vorschriften zugrundeliegenden Regelungszwecks zu suchen und nicht bei dem Wortlaut der Regelungen stehen zu bleiben.

Ausgangspunkt der Untersuchung ist die Bestimmung des § 69 Abs. 1 der DGO 1935, die als erste eine umfassende Regelung der Verpflichtung zur Haftungsbeschränkung enthielt[678]. In den frühen fünfziger Jahren erfolgte eine Übernahme in die neuen Gemeindeordnungen der heutigen alten Bundesländer[679]. Die Tradition des § 69 Abs. 1 DGO wird demnach von den aktuellen Regelungen über die Haf-

---

[672] *A. Pfeifer*, Möglichkeiten und Grenzen der Steuerung kommunaler Aktiengesellschaften durch ihre Gebietskörperschaften, S. 137.

[673] § 109 Abs. 1 Nr. 4 NGO.

[674] § 108 Abs. 1 Nr. 5 GO NW.

[675] § 87 Abs. 1 Nr. 6 GO RhPf.

[676] § 117 Abs. 1 Nr. 6 GO LSA.

[677] Vgl. unter cc) Seite 176 f.

[678] RGBl. I, S. 49 ff.

[679] Vgl. *F. Zeiß*, in: H. Peters (Hrsg.), HkWP, Bd. III, S. 613 ff.

tungsbeschränkungspflichten fortgeführt, sie werden vielfach auch als dessen Nachfolgebestimmungen angesehen[680]. Die Zielsetzung dieser Vorschrift ist für das geltende Gemeindewirtschaftsrecht von entscheidender Bedeutung. Nach der Amtlichen Begründung von § 69 Abs. 1 DGO 1935 war Sinn und Zweck der damaligen Regelung, das finanzielle Risiko wirtschaftlicher Betätigung der kommunalen Gebietskörperschaften gering und berechenbar zu halten und diese keinen unübersehbaren und ihre Leistungsfähigkeit übersteigenden Haftungsrisiken auszusetzen[681]. Hier wurde der mit der sogenannten Organisationsprivatisierung einhergehende Verlust an Steuerungsmöglichkeiten der rechtlich verselbständigten Gesellschaften und der nicht mehr vorhandenen Möglichkeit der Beeinflussung der Geschäftspolitik durch die Pflicht zur Haftungsbegrenzung aufgefangen. Begründet wurde dies damit, dass die kommunale Gebietskörperschaft im Falle der Beteiligung an privatrechtlichen Unternehmen „die Wirtschaftsführung des Unternehmens aber günstigstenfalls nur mittelbar beeinflussen“ könne und „sie nicht selbst ausschließlich“ bestimme und deshalb in solchen Beteiligungen auch „besondere Gefahren“ lägen[682].

Diese Zielsetzungen gilt es, bei der Interpretation und Anwendung der heutigen kommunalrechtlichen Vorschriften zu berücksichtigen. Quintessenz der insbesondere von *A. Pfeifer* vertretenen Meinung ist, den Wortlaut der kommunalen Haftungsbegrenzungspflichten nicht überzustrapazieren und die zweckbestimmte Auslegung zu berücksichtigen. Danach ergibt sich folgendes Bild: Mit den bestehenden Regelungen soll ein Schutz der kommunalen Gebietskörperschaften vor unübersehbaren Haftungsrisiken gewährleistet werden, welche darin bestehen, dass auf die Eigengesellschaften nur ein stark begrenzter mittelbarer Einfluss ausgeübt werden kann[683]. Dieses kann aber richtigerweise nur bedeuten, dass das Gemeindewirtschaftsrecht dem bei Abschluss eines Beherrschungsvertrages bestehenden potentiellen Haftungsrisiken dann nicht mehr entgegensteht, wenn die kommunalen Gebietskörperschaften die Geschicke ihrer Unternehmen selber steuern[684]. Anders gewendet darf die kommunale Gebietskörperschaft bei einer entsprechend intensiven Einflussnahme auf ihre Gesellschaften auch größere Haf-

---

680 Vgl. *T. Koch*, Der rechtliche Status kommunaler Unternehmen in Privatrechtsform, S. 175; *M. Paschke*, ZHR 152 (1988), S. 263 (275).

681 So die Amtliche Begründung zu § 69 DGO 1935, abgedruckt bei *K. Fess / E. Jäkle / E. Brunner*, DGO 1936, S. 78.

682 Abgedruckt bei *F.-K. Surén / W. Loschelder*, DGO, § 69, Anm. 1.

683 So *A. Pfeifer*, Möglichkeiten und Grenzen der Steuerung kommunaler Aktiengesellschaften durch ihre Gebietskörperschaften, S. 137.

684 Kritisch zu diesem Ansatz, wenngleich im Ergebnis zustimmend *T. Koch*, Der rechtliche Status kommunaler Unternehmen in Privatrechtsform, S. 177.

tungsrisiken eingehen. So erfolgt gerade im Vertragskonzern eine genaue Ausrichtung der Unternehmenspolitik auf das Konzerninteresse der Trägerkörperschaft, welche wiederum eine genaue Kalkulation und Beherrschung der finanziellen Risiken der wirtschaftlichen Betätigung ermöglicht. Durch den Abschluss eines Beherrschungsvertrages und des damit einhergehenden Übergangs der Steuerungsmöglichkeiten vom beherrschten Unternehmen auf die Trägerkörperschaft wird eine Möglichkeit zur Steuerung gewährleistet, die im Einklang mit dem Normzweck der Haftungsbegrenzungspflicht steht.

Einer teleologischen Reduktion der kommunalrechtlichen Haftungsbeschränkungen in der Weise, dass nicht jede unbegrenzte Haftungsübernahme, sondern nur jedes nicht beherrschbare finanzielle Risiko vermieden werden soll, muss aus diesen Gründen ausdrücklich zugestimmt werden. Die angesprochenen kommunalrechtlichen Vorschriften zur Haftungsbegrenzung stehen nach ihrem Sinn und Zweck dem Abschluss von Beherrschungsverträgen und auch der damit einhergehenden betragsmäßig unbeschränkten Haftung der kommunalen Gebietskörperschaften für Verluste ihrer abhängigen Unternehmen nicht entgegen.

bb) Bewertung der auf die Organisationsform bezogenen Verpflichtung zur Haftungsbegrenzung

Etwas anders stellt sich die Rechtslage in den Gemeindeordnungen der Länder Niedersachsen, Nordrhein-Westfalen, Rheinland-Pfalz und Thüringen dar. In diesen Ländern handelt es sich bei den Haftungsbeschränkungspflichten um Regelungen, die eine auf die Organisationsform bezogene Verpflichtung zur Haftungsbegrenzung festlegen und die durchweg erst in den letzten Jahren in die Gemeindeordnungen eingefügt worden sind[685]. Als Mittel zur Begrenzung der Haftung wird entscheidend auf die haftungsbeschränkende Rechtsform der von der kommunalen Gebietskörperschaft zu gründenden Gesellschaft abgestellt. Nach dem Wortlaut der Vorschriften stehen diese einer konzernrechtlichen Verlustübernahmepflicht aus einem Beherrschungsvertrag nicht ohne weiteres entgegen, da nur eine Verpflichtung auf eine entsprechende Rechtsformenwahl zum Ausdruck kommt[686].

---

[685] In Nordrhein-Westfalen z.B. durch die Kommunalverfassungsreform vom 14.7.1994, GVBl. NW 1994, S. 666; vgl. dazu auch *J. Oebbecke*, Städte- und Gemeinderat 1995, S. 387 ff.

[686] Vgl. *M. Paschke*, ZHR 152 (1988), S. 263 (275).

Vor diesem Hintergrund streiten die angeführten Auffassungen über die Auslegung der haftungsrechtlichen Anforderungen des Gemeindewirtschaftsrechts und die sich daraus ergebenden rechtlichen Schranken der Zulässigkeit von Beherrschungsverträgen. Allerdings ist aufgrund der aufgezeigten Argumente mit der vorzugswürdigen Auffassung auch bei den angesprochenen Gemeindeordnungen, die eine Verpflichtung auf eine entsprechende Rechtsformenwahl zum Ausdruck bringen, die Bildung von Vertragskonzernen zuzulassen. Die zwingende Folge der Verlustübernahme nach § 302 Abs. 1 AktG steht dem Abschluss eines Beherrschungsvertrages nicht entgegen.

cc) Das kommunalrechtliche Verbot der Verlustübernahme in den Ländern Niedersachsen, Nordrhein-Westfalen, Rheinland-Pfalz und Sachsen- Anhalt

Einer eingehenden Untersuchung ist die bereits angesprochene Gruppe von Gemeindeordnungen zu unterziehen, die einzelne Bestimmungen des Gemeindewirtschaftsrechts in den letzten Jahren verändert haben. Gerade im Hinblick auf die unbegrenzte Haftung der kommunalen Gebietskörperschaften für Verluste ihrer abhängigen Unternehmen im Vertragskonzern haben einige Landesgesetzgeber Bestimmungen über eine sogenannte Verlustübernahme in die Gemeindeordnungen eingefügt. Inhaltlich besagen diese Vorschriften, dass sich die kommunalen Gebietskörperschaften nicht zur Übernahme von Verlusten in unbestimmter oder unangemessener Höhe verpflichten dürfen. Solche Regelungen finden sich in den Gemeindeordnungen von Niedersachsen[687], Nordrhein-Westfalen[688], Rheinland-Pfalz[689] und Sachsen-Anhalt[690]. Es stellt sich die Frage, ob auch nach der Neuregelung bzw. Ergänzung dieser Vorschriften Beherrschungsverträge zulässig sind oder ob nach diesen Regelungen die Bildung eines Vertragskonzerns unzulässig ist.

Für eine andere rechtliche Beurteilung spricht bei diesen Verlustübernahmevorschriften der insoweit eindeutige Gesetzeswortlaut. Verboten wird danach eine Übernahme von Verlusten in unbestimmter oder unangemessener Höhe. Bei Berücksichtigung dieser tatbestandlichen Fassung kann jedoch schwerlich mit dem Normzweck der Haftungsbeschränkungspflichten die Möglichkeit des Abschlusses von Beherrschungsverträgen angenommen werden. Das zusätzlich zur Haf-

---

[687] § 109 Abs. 1 Nr. 4 NGO.

[688] § 108 Abs. 1 Nr. 5 GO NW.

[689] § 87 Abs. 1 Nr. 6 GO RhPf.

[690] § 117 Abs. 1 Nr. 6 GO LSA.

tungsbeschränkung explizit in den Gemeindeordnungen formulierte Verbot von unübersehbaren Verlustübernahmen lässt vielmehr den gesetzgeberischen Willen erkennen, dass die kommunalen Gebietskörperschaften sich nicht den konzernrechtlichen Haftungsrisiken des Vertragskonzerns aussetzen dürfen.

Die aus dem Abschluss eines Beherrschungsvertrages resultierenden Ausgleichspflichten lassen sich nach den Regelungen dieser Gemeindeordnungen nicht mit der kommunalrechtlichen Pflicht, Haftung sowie Einzahlungsverpflichtungen zu begrenzen und keine Verluste in unbestimmter oder unangemessener Höhe zu übernehmen, vereinbaren[691]. Diese neuen Bestimmungen haben bislang erst vereinzelt Einfluss auf die Diskussion in der Literatur finden können[692], aufgrund ihres eindeutigen Regelungsgehalts stehen sie jedoch der Anwendbarkeit des Konzernrechts und dem Abschluss eines Beherrschungsvertrages entgegen. In den Ländern Niedersachsen, Nordrhein-Westfalen, Rheinland-Pfalz und Sachsen-Anhalt ist den kommunalen Gebietskörperschaften der Abschluss von Beherrschungsverträgen mit ihren Gesellschaften aufgrund kommunalrechtlicher Restriktionen verwehrt.

dd) Zwischenergebnis

Die Untersuchung der verschiedenen tatbestandlichen Fassungen der haftungsrechtlichen Anforderungen des Gemeindewirtschaftsrecht haben für die überwiegende Anzahl der Gemeindeordnungen die Zulässigkeit des Abschlusses von Beherrschungsverträgen ergeben. Trotz des Wortlauts stehen diese Vorschriften nach einer am Normzweck orientierten Auslegung einer konzernrechtlichen Verpflichtung zur Verlustübernahme nicht entgegen. Das Gebot der Haftungsbegrenzung ist im Sinne einer Vermeidung nicht beherrschbarer Haftungsrisiken zu verstehen.

Das Spannungsverhältnis zwischen Haftungsbegrenzungspflicht und Beherrschungsvertrag ist dahingehend aufzulösen, dass die den kommunalen Gebietskörperschaften infolge der beherrschungsvertraglich vermittelten Einflussnahme erwachsenden Haftungsrisiken vom teleos des Gebots der Haftungsbegrenzung nicht umfasst sind. Damit ist die Verpflichtung der kommunalen Gebietskörperschaft zum Verlustausgleich gegenüber dem von ihr beherrschten Unternehmen in unbeschränkter Höhe verbunden. Diese Rechtsfolge tritt unabhängig davon ein, ob der Verlust aus der Tätigkeit zur Erfüllung des öffentlichen Zwecks stammt oder

---

691 Vgl. dazu *T. Koch*, NdsVBl. 1999, S. 206 (210).

692 Im neueren Schrifttum findet sich nur eine vereinzelte Stellungnahme von *T. Koch*, NdsVBl. 1999, aaO.

auf andere Ursachen, beispielweise im Management des Unternehmens, zurückzuführen ist. Demgegenüber konnte dieser Befund nicht auf die Gemeindeordnungen übertragen werden, in denen sich in jüngerer Vergangenheit eingefügte Verlustübernahmeverbote finden. Das Gemeindewirtschaftsrecht der Länder Niedersachsen, Nordrhein-Westfalen, Rheinland-Pfalz und Sachsen-Anhalt begrenzt die Gestaltungsmöglichkeiten der kommunalen Gebietskörperschaften im Bereich des Vertragskonzerns nicht unerheblich, schränkt aber andererseits auch die Haftungsfolgen ein.

3. Einschaltung einer Holding-Gesellschaft

Für die kommunalen Gebietskörperschaften, die durch das Gemeindewirtschaftsrecht sowohl an eine Pflicht zur Haftungsbegrenzung und zusätzlich in einigen Ländern auch an ein Verbot der Verlustübernahme gebunden sind, ist ein möglicher Ausweg aus dem aufgezeigten Spannungsverhältnis in der Einschaltung einer Holding-Gesellschaft zu sehen[693]. Eine Zusammenfassung mehrerer verschiedener wirtschaftlicher Betriebe ist insbesondere für die Bundesländer interessant, in denen Städten und Gemeinden der Abschluss von Beherrschungsverträgen aufgrund von Verlustübernahmeverboten verwehrt ist[694].

Die bereits angesprochene Holding-Gesellschaft ist eine besondere Form des Konzerns, bei der die kommunale Gebietskörperschaft ihre Geschäftsanteile beispielsweise durch eine Holding-GmbH verwaltet[695], deren alleiniger Gesellschafter wiederum die Gebietskörperschaft ist. Die gesamte unternehmerische Tätigkeit der Gebietskörperschaft wird in einer Holding-Gesellschaft zusammengefasst und die Konzernleitung auf diese Gesellschaft übertragen[696]. Nicht die kommunale Gebietskörperschaft, sondern die Holding-Gesellschaft bildet nunmehr die Konzernspitze[697]. Exemplarisch für Holding-Konstruktionen ist der in vielen Städten anzutreffende Sachverhalt, dass als sogenannte Mutter- oder Dachgesellschaft eine „Stadtwerke GmbH" von der kommunalen Gebietskörperschaft gegründet wird, welche ihrerseits die Anteile der abhängigen Tochtergesellschaften „Verkehrsbetriebe AG" und „Wasserversorgungs-AG" besitzt[698]. Gerade die GmbH erweist

---

[693] Zur Problematik der Unternehmenseigenschaft einer Holding-Gesellschaft siehe Seite 158.

[694] Siehe Seite 176. Hierbei handelt es sich um die Länder Niedersachsen, Nordrhein-Westfalen, Rheinland-Pfalz und Sachsen-Anhalt.

[695] Vgl. *K. Schmidt*, Gesellschaftsrecht, S. 53.

[696] Vgl. *P. Ulmer*, in: M. Hachenburg, Kommentar zum GmbHG, Anh. § 77, Rdnr. 115.

[697] Vgl. *L. Möhring*, Schutz der Gläubiger einer konzernabhängigen GmbH, S. 263.

[698] Vgl. dazu die einzelnen Beispiele bei *U. Cronauge*, Kommunale Unternehmen, Rdnrn. 360 ff.

sich als besonders geeignet für die Steuerung und Verwaltung der kommunalen Unternehmen, da sich durch den Geschäftsführer oder die Gesellschafterversammlung[699] relativ leicht Einfluss auf die Unternehmenspolitik ausüben lässt. Die Holding-GmbH schließt dann die Beherrschungsverträge mit den einzelnen kommunalen Tochtergesellschaften. Dies hat zur Folge, dass Schuldner der im Vertragskonzern bestehenden Verlustausgleichspflicht nach § 302 Abs. 1 AktG „der andere Vertragsteil" ist. Durch die Einschaltung einer Holding-Gesellschaft ist diese Vertragspartner und damit Schuldner der Ausgleichsverpflichtung und nicht die kommunale Gebietskörperschaft.

Die Haftungsbegrenzungspflichten des Gemeindewirtschaftsrechts stehen dieser Holding-Konstruktion nicht entgegen[700]. Kommunalrechtlich zulässig ist die Beteiligung einer kommunalen Gebietskörperschaft an einer Gesellschaft in Privatrechtsform nur, wenn eine Haftungsbegrenzung auf einen bestimmten Betrag vorliegt. Diese Vorgabe wird bei einer Beteiligung an einer Holding-GmbH, wo im Falle einer Insolvenz nur die Einlage verloren gehen kann (eine Außenhaftung besteht ohnehin nicht, da die Holding nicht wirtschaftlich tätig wird) eingehalten. Die Gründung von Holding-Gesellschaften steht den haftungsbegrenzenden Vorschriften des Gemeindewirtschaftsrechts nicht entgegen. Schaltet die kommunale Gebietskörperschaft eine Holding in Form der Aktiengesellschaft oder – was aus den angeführten Gründen häufiger der Fall sein dürfte – der GmbH ein, tritt durch diese privatrechtlichen Organisationsformen eine haftungsbeschränkende Wirkung ein. Kommunalrechtliche Regelungen hinsichtlich des Übernahmeverbots von Verlusten der Holding-GmbH wie z.B. in § 109 Abs. 1 Nr. 4 NGO oder § 108 Abs. 1 Nr. 5 GO NW fehlen[701], bzw. sind nicht anwendbar, da die Holding-GmbH Vertragspartner und Schuldner der Verlustausgleichspflicht ist und nicht die kommunale Gebietskörperschaft.

Letztlich wird durch die Holding-Gesellschaft eine konzernrechtliche Untergliederung geschaffen, welche die beherrschungsvertragliche Steuerung der kommunalen Eigengesellschaften auf eine andere Stufe im kommunalen Konzern verlagert. Hierarchisch betrachtet erfolgt eine Verlagerung auf die von der Gebietskörperschaft selbst eingerichtete Ebene der Holding-Gesellschaft, die nunmehr die Unternehmenspolitik der Tochtergesellschaften durch die kommunalen Gebietskörperschaften steuert.

---

[699] Die Gesellschafterversammlung hat weitreichende Befugnisse zur Beeinflussung der Geschäftsführung; vgl. §§ 45 Abs. 2, 46 ff. GmbHG.

[700] Vgl. dazu *P. Ulmer*, in: M. Hachenburg, Kommentar zum GmbHG, Anh. § 77, aaO; *U. Noack*, Städte- und Gemeinderat 1995, S. 379 (383).

[701] Vgl. *U. Noack*, Städte- und Gemeinderat 1995, aaO.

Im Zusammenhang mit dieser Delegation sämtlicher Steuerungsmöglichkeiten auf die Holding-Gesellschaft, scheint es richtig, keine analoge Anwendung der kommunalrechtlichen Verlustübernahmeverbote zu befürworten[702]. Letztlich geht es bei den Holding-Konstruktionen nicht um den Schutz der kommunalen Gebietskörperschaften vor finanziellen Risiken, denn diese sind durch die Haftungsbeschränkung auf die Einlage bei der Holding bereits ausreichend abgesichert. Vielmehr steht das finanzielle Risiko der kommunalen Holding-Gesellschaften im Mittelpunkt. Folgerichtig kann auch keine (analoge) Anwendung der kommunalrechtlichen Vorschriften zum Schutz der Gebietskörperschaften vor unabsehbaren finanziellen Risiken erfolgen, da dieser Zweck bereits durch die angesprochenen Regelungen erfüllt wird.

Die haftungsrechtliche Folge der Zwischenschaltung einer Holding-Gesellschaft ist die alleinige Inanspruchnahme der Holding. Die den kommunalen Gebietskörperschaften eingeräumte Möglichkeit, ihre Verantwortlichkeit zu beschränken, entspricht der dem Gesellschaftsrecht inhärenten Möglichkeit der Gestaltungsfreiheit[703]. Damit besteht eine Handlungsalternative der kommunalen Gebietskörperschaften in der Zwischenschaltung einer Holding-Gesellschaft. Diese sichert eine ausreichende Einflussnahme auf die Tochtergesellschaften und kollidiert nicht mit zu vermeidenden beherrschungsvertraglichen Ausgleichspflichten[704]. Für eine solche Handlungsalternative stellt sich einzig ein Problem aus der kommunalen Praxis. Zu berücksichtigen sind nämlich die kostenträchtigen Folgen der Gründung von Holding-Gesellschaften, die den kommunalen Haushalt belasten. Hierbei handelt es sich zum Beispiel um die Aufbringung des Gründungskapitals, allgemeine Gründungskosten der Eintragung der Gesellschaft in das Handelsregister, Besetzung der Geschäftsführung und Rechnungslegung und Prüfung. Außerdem ist ein an dieser Stelle nicht weiter zu verfolgender kommunalpolitischer Aspekt anzusprechen, da durch die Einfügung einer weiteren Gesellschaft der politisch gewollte Anschluss an den Rat der kommunalen Gebietskörperschaften weiter gelockert wird (Mediatisierungseffekt)[705].

Bei größeren kommunalen Gebietskörperschaften erfreut sich die Einschaltung von Holding-Gesellschaften dennoch einer gewissen Beliebtheit, und zwar vor allem aus steuerlichen Gründen[706]. Gewinne und Verluste der Tochtergesellschaf-

---

[702] Dafür auch *U. Noack*, Städte- und Gemeinderat 1995, aaO.

[703] Vgl. *L. Möhring*, Schutz der Gläubiger einer konzernabhängigen GmbH, S. 263; kritisch dagegen *M. Ehlke*, DB 1986, S. 523 (526).

[704] Zu den kommunalrechtlichen Grenzen vgl. *J. Ipsen*, DVBl. 1998, S. 801 (803).

[705] Vgl. *J. Ipsen*, DVBl. 1998, aaO; *U. Noack*, Städte- und Gemeinderat 1995, aaO.

[706] *U. Cronauge*, Kommunale Unternehmen, Rdnrn. 360, 366, 368 f.

ten mit unterschiedlicher Ertragslage laufen bei der Holding-GmbH auf und können steuermindernd saldiert werden[707]. Gerade deshalb werden diese Konstruktionen in der kommunalen Wirtschaftspraxis vor allem für die Gewinn- und Verlustanrechnung zwischen üblicherweise rentablen und defizitären Unternehmenssparten gewählt[708].

II. Die Haftungsfolgen im faktischen kommunalen Konzern

Die Untersuchung der Haftungsverfassung von Städten und Gemeinden ist auf die Konzernverhältnisse zu erweitern, die nicht durch das Vorliegen eines Beherrschungsvertrages gekennzeichnet sind. Hierbei handelt es sich um Fallgestaltungen, in denen die kommunalen Gebietskörperschaften ihre nach dem Aktien- bzw. GmbH-Konzernrecht bestehenden Einflussmöglichkeiten nachteilig auf die Unternehmenspolitik der abhängigen Eigengesellschaften ausüben. Im Rahmen dieser sogenannten faktischen Konzernierung stellt sich die Frage, welche haftungsrechtlichen Folgen sich für die kommunalen Gesellschafter ergeben können.

Die sich hinter dem Begriff des faktischen Konzerns verbergenden unterschiedlichen Gestaltungen reichen von sehr lockeren Abhängigkeitsverhältnissen bis zu straff durchgegliederten Konzernen. Insgesamt kann zwischen drei verschiedenen Abhängigkeitsverhältnissen unterschieden werden[709]. Gestuft nach dem Grad der Einflussnahme lassen sich einfache Abhängigkeitsverhältnisse, in denen die Unternehmen nicht unter einheitlicher Leitung zusammengefasst sind, einfache faktische Konzerne und die sogenannten qualifizierten faktischen Konzerne unterscheiden. Ohne schon an dieser Stelle auf die Voraussetzungen der einzelnen Haftungstatbestände eingehen zu wollen, kann die kommunalen Gebietskörperschaften im qualifizierten faktischen Konzern die bereits angesprochene und aus gemeindewirtschaftsrechtlicher Sicht nicht unbedenkliche Verlustübernahmepflicht in entsprechender Anwendung von § 302 AktG treffen[710]. Es besteht die Möglichkeit, dass im faktischen Konzern die mit der Rechtsform der Aktiengesellschaft oder GmbH angestrebte Haftungsbeschränkung auf das Gesellschaftsvermögen nicht gewährleistet ist, so dass sich wiederum die Frage nach der Vereinbarkeit faktischer Konzernherrschaft mit dem Gemeindewirtschaftsrecht stellt.

---

[707] Einzelheiten bei *U. Cronauge*, Kommunale Unternehmen, Rdnr. 366 ff; vgl. auch *A. Gern*, Kommunalrecht Baden-Württemberg, Rdnr. 406.

[708] Vgl. etwa Graf *Vitzthum*, AöR 1979, S. 580 (618 ff.).

[709] Vgl. *V. Emmerich / J. Sonnenschein*, Konzernrecht, S. 330.

[710] BGHZ 95, 330 (345 ff.).

Dem soll im Folgenden nachgegangen werden, wobei zwischen der Haftung kommunaler Gebietskörperschaften nach Aktienkonzernrecht und nach GmbH-Konzernrecht zu unterscheiden ist. Vorab sei angemerkt, dass gerade die Haftung bei faktischer Konzernierung Gegenstand einer kaum überschaubaren Diskussion im gesellschaftsrechtlichen Schrifttum ist, die immer wieder durch höchstrichterliche Rechtsprechung angeregt wird[711]. Die Untersuchung der Haftungsverfassung kommunaler Gebietskörperschaften ist nicht der geeignete Ort, dieser Streitfrage einen weiteren Beitrag hinzuzufügen. Dies entbindet aber nicht von der Notwendigkeit, die haftungsrechtlichen Folgen für Städte und Gemeinden bei faktischer Konzernierung herauszuarbeiten. Diese Erörterung hat vor dem Hintergrund der ständigen Rechtsprechung zu geschehen, so dass insofern eine Beschränkung auf Rechtsprechung und herrschende Literatur stattfinden und in Streitfragen ein Verweis auf das gesellschaftsrechtliche Schrifttum erfolgen muss.

1. Anwendbarkeit der Regelungen des faktischen Konzerns auf die kommunalen Gebietskörperschaften

Der Bundesgerichtshof hat in seiner *VEBA/Gelsenberg*-Entscheidung nicht ausdrücklich entschieden, ob das Recht des faktischen Konzerns auf Gebietskörperschaften anwendbar ist[712]. Allerdings wird die Entscheidung über die Unternehmenseigenschaft der Bundesrepublik Deutschland auch damit begründet, dass der Bund dann dem Recht des faktischen Konzerns unterliegt, durch das Minderheitsaktionäre besser geschützt sind als durch die §§ 243, 117 AktG, wenn eine Gebietskörperschaft als Aktionär auftritt[713]. Aus diesen Gründen kann davon ausgegangen werden, dass die kommunalen Gebietskörperschaften dem Recht des faktischen Konzerns unterliegen.

2. Regelungen für den einfachen faktischen Konzern

Die kommunalen Gebietskörperschaften können nach dem geltenden Gemeindewirtschaftsrecht für ihre wirtschaftliche Betätigung privatrechtliche Gesellschaften sowohl in Form der Aktiengesellschaft als auch der GmbH gründen oder sich daran beteiligen. Die Unternehmensverbindungen der öffentlichen Gesellschafter lassen sich deshalb in Aktienkonzerne und GmbH-Konzerne einteilen. Das

---

[711] Vgl. nur die Schrifttumsnachweise bei *M. Habersack*, in: V. Emmerich / M. Habersack, Aktien- und GmbH-Konzernrecht, § 311.

[712] BGHZ 69, 334 (343); *B. Kropff*, ZHR 144 (1980), S. 74 (90).

[713] BGHZ 69, 334 (341 ff.); *B. Kropff*, ZHR 144 (1980), aaO.

GmbH-Gesetz enthält kein formelles Konzernrecht, so dass die Bestimmungen der §§ 311 bis 318 AktG unmittelbar nur für die Aktienkonzerne gelten. Eine entsprechende Anwendung der §§ 311 ff. AktG auf die faktisch abhängige GmbH wird nur vereinzelt befürwortet[714]. Ganz überwiegend wird eine Analogie zum Aktienkonzernrecht abgelehnt[715], so dass aus diesen Gründen eine getrennte Darstellung von Aktien- und GmbH-Konzernrecht erforderlich ist.

a) Der einfache faktische kommunale Aktienkonzern

aa) Rechtslage

Fehlt es im Verhältnis der Städte und Gemeinden zu den von ihnen abhängigen Aktiengesellschaften an einem Beherrschungsvertrag, unterliegen diese aber gleichwohl der unmittelbaren oder mittelbaren Einflussnahme der Gebietskörperschaft, enthalten die Bestimmungen der §§ 311 und 317 AktG bedeutsame haftungsrechtliche Regelungen. Hier zeigt sich ein wichtiger Unterschied zum Vertragskonzern, da der Vorstand der abhängigen Gesellschaft entsprechende Weisungen des herrschenden Unternehmens zwar berücksichtigen darf, hierzu aber nicht wie im Vertragskonzern (vgl. § 308 Abs. 1 S. 1 AktG) gesetzlich verpflichtet ist[716]. Gemäß § 311 Abs. 1 AktG darf ein herrschendes Unternehmen seinen Einfluss nicht dazu benutzen, eine abhängige Gesellschaft zu einem für diese nachteiligen Handeln zu veranlassen, es sei denn, dass die Nachteile ausgeglichen werden[717].

---

[714] Siehe z.B. *U. Bälz*, AG 1992, S. 277 (293 ff.); *J. Wilhelm*, Kapitalgesellgesellschaftsrecht, Rdnr. 492.

[715] *H.-D. Assmann*, in: Festschrift 100 Jahre GmbH-Gesetz, S. 657 (695 ff.); *B. Kropff*, in: Münchener Kommentar zum AktG, Vor § 311, Rdnr. 96 mwN; *M. Lutter*, Sonderheft 6 der ZGR, S. 192 (205); *P. Ulmer*, ZHR 148 (1984), S. 391 (412); *W. Zöllner*, in: A. Baumbach / A. Hueck, GmbHG, Anh. GmbH-Konzernrecht, Rdnr. 82.

[716] *D. Ehlers*, Verwaltung in Privatrechtsform, S. 143 f.; *W. Engel*, Grenzen und Formen der mittelbaren Kommunalverwaltung, S. 171 f.; *T. Koch*, Der rechtliche Status kommunaler Unternehmen in Privatrechtsform, S. 178.

[717] Im Schrifttum ist streitig, ob das AktG eine für die abhängige Gesellschaft nachteilige Einflussnahme des herrschenden Unternehmens zulässt oder es sich bei der Pflicht zum Nachteilsausgleich um eine Sanktion für den Verstoß gegen ein gesetzliches Verbot handelt; vgl. dazu *K. Schmidt*, Gesellschaftsrecht, S. 963 ff.

Wird die Nachteilszufügung nicht innerhalb der zeitlichen Vorgaben des § 311 Abs. 2 AktG kompensiert, ist das herrschende Unternehmen gemäß § 317 Abs. 1 AktG der Gesellschaft und den Aktionären gegenüber zum Schadensersatz verpflichtet. Damit beruht das Aktiengesetz auf dem Privileg der Schädigung gegen Kompensation[718]. Da die Haftung nach § 317 AktG auch den Gläubigerschutz einschließt, trifft sie auch eine kommunale Gebietskörperschaft, die als Alleinaktionärin eine Eigengesellschaft in Form der Aktiengesellschaft unterhält[719].

bb) Voraussetzungen des Nachteilsausgleichs und Rechtsfolgen

Der Nachteilsausgleich setzt nach § 311 Abs. 1 AktG im einzelnen voraus, dass ein Abhängigkeitsverhältnis gemäß § 17 Abs. 1 AktG besteht und dass die herrschende kommunale Gebietskörperschaft in diesem Verhältnis die abhängige Gesellschaft zu einem nachteiligen Rechtsgeschäft oder einer nachteiligen Maßnahme veranlasst.

(1) Abhängigkeit von einem Unternehmen

§ 311 Abs. 1 AktG setzt ein herrschendes Unternehmen und eine von ihm abhängige Gesellschaft voraus. Dies bedeutet, dass die Herrschaftsperson ein Unternehmen im Sinne des Aktienrechts sein muss[720], was für die kommunalen Gebietskörperschaften bereits bei der Untersuchung des konzernrechtlichen Unternehmensbegriffs festgestellt wurde[721]. Weiter kommt es darauf an, dass das eine Unternehmen auf das andere mittelbar oder unmittelbar herrschenden Einfluss ausüben kann. Gehört die Kapital- oder Stimmrechtsmehrheit der Aktiengesellschaft einem anderen Unternehmen, wird gemäß § 17 Abs. 2 AktG widerleglich vermutet, dass die Gesellschaft von dem mit Mehrheit beteiligten Unternehmen abhängig ist[722]. Eine kommunale Gebietskörperschaft, die alleiniger Gesellschafter (Eigengesellschaft) oder Mehrheitsgesellschafter (Beteiligungsgesellschaft) einer Aktiengesellschaft ist, ist immer auch als herrschendes Unternehmen in Sinne des Konzernrechts anzusehen.

---

[718] Vgl. *M. Lutter / P. Hommelhoff*, GmbHG, Anh. § 13, Rdnr. 16.

[719] Vgl. *B. Kropff*, in: Münchener Kommentar zum AktG, § 317, Rdnr. 2.

[720] *V. Emmerich / J. Sonnenschein*, Konzernrecht, S. 335.

[721] Siehe oben Seite 151 ff.

[722] *M. Habersack*, in: V. Emmerich / M. Habersack, Aktien- und GmbH-Konzern-recht, § 311, Rdnr 13; *B. Kropff*, in: Münchener Kommentar zum AktG, § 317, Rdnr. 51.

(2) Veranlassung

Aus der tatbestandlichen Verknüpfung zwischen dem Einfluss des herrschenden Unternehmens auf die Gesellschaft und der Veranlassung zu einer nachteiligen Maßnahme folgt, dass unter Veranlassung nach § 311 AktG jede Form der Einflussnahme des herrschenden Unternehmens auf die Mitglieder der abhängigen Gesellschaft zu verstehen ist, mit der das herrschende Unternehmen den Zweck verfolgt, die abhängige Gesellschaft zu einem nachteiligen Verhalten zu bestimmen[723]. In welcher Form die Einflussnahme erfolgen muss, ist nicht vorgeschrieben, entscheidend ist letztlich allein die Kausalität der Einflussnahme des herrschenden Unternehmens für das nachteilige Verhalten der abhängigen Gesellschaft[724]. Für die kommunalen Gebietskörperschaften ergibt sich die Besonderheit, dass sie nicht nur unter Einsatz ihres gesellschaftsrechtlich vermittelten Einflusses, sondern auch hoheitlich handeln können[725]. Anerkannt ist, dass diese hoheitliche Tätigkeit nicht als „Veranlassung“ im Sinne des § 311 AktG angesehen werden kann[726].

(3) Rechtsgeschäfte und Maßnahmen

Gegenstand der Veranlassung muss ein für die von der kommunalen Gebietskörperschaft abhängigen Gesellschaft nachteiliges Rechtsgeschäft oder eine nachteilige Maßnahme sein. Ausreichend ist jede Geschäftsführungshandlung, die Auswirkungen auf die Ertrags- oder Vermögenslage der Gesellschaft haben kann[727]. In der Praxis wird sich die Einflussnahme auf den Vorstand der abhängigen Gesellschaft innerhalb des kommunalen Konzerns beispielsweise über Vertreter von Städten und Gemeinden im Aufsichtsrat der abhängigen Eigen- oder Beteiligungsgesellschaft vollziehen. Möglich ist aber auch eine Einflussnahme durch die Ausübung des Stimmrechts in der Hauptversammlung der abhängigen Gesellschaft[728].

---

[723] *V. Emmerich / J. Sonnenschein*, Konzernrecht, S. 338; *M. Habersack*, in: V. Emmerich / M. Habersack, Aktien- und GmbH-Konzernrecht, § 311, Rdnr. 38; *H.-G. Koppensteiner*, in: Kölner Kommentar zum AktG, § 311, Rdnr. 2.

[724] *V. Emmerich / J. Sonnenschein*, Konzernrecht, S. 339 mwN; *H.-G. Koppensteiner*, in: Kölner Kommentar zum AktG, § 311, aaO; *B. Kropff*, in: Münchener Kommentar zum AktG, § 311, Rdnr. 73.

[725] Vgl. *T. Raiser*, ZGR 1996, S. 458 (472).

[726] *B. Kropff*, in: Münchener Kommentar zum AktG, § 317, Rdnr. 126.

[727] *H.-G. Koppensteiner*, in: Kölner Kommentar zum AktG, § 311, Rdnr. 8.

[728] Vgl. *H. Würdinger*, in: Grosskommentar zum AktG, § 311, Anm. 4.

(4) Nachteiliger Charakter

§ 311 Abs. 1 AktG umfasst nur Rechtsgeschäfte und sonstige Maßnahmen, wenn sie einen nachteiligen Charakter haben. Dem nachteiligen Charakter von Rechtsgeschäft und sonstigen Maßnahmen kommt daher entscheidende Bedeutung zu.

(a) Begriff des Nachteils

Nach herrschender Meinung ist nicht jede Verschlechterung der Vermögens- oder Ertragslage der abhängigen Gesellschaft als Nachteil im Sinne des § 311 Abs. 1 AktG zu qualifizieren, weil auch unabhängige Gesellschaften Verluste erleiden[729]. Vielmehr folge aus der Regelung des § 317 Abs. 2 AktG für den Begriff des Nachteils, wie ein ordentlicher und gewissenhafter Geschäftsleiter einer unabhängigen Gesellschaft gehandelt hätte[730]. Ausschlaggebend könne nach dem Zweck der gesetzlichen Regelung nur sein, ob sich in den betreffenden Verlusten gerade das spezifische, zusätzliche Risiko der Gesellschaft realisiert hat, das aus ihrer Abhängigkeit resultiere[731]. Nach alledem sind von dem Begriff des Nachteils nur die Auswirkungen auf die Vermögens- und Ertragslage der abhängigen Gesellschaft der vom herrschenden Unternehmen veranlassten Maßnahme erfasst, die ihre Ursache letztlich in der Abhängigkeit der Gesellschaft von dem herrschenden Unternehmen hat[732].

(b) Beurteilungsmaßstab

Für die Beurteilung, ob eine Sorgfaltswidrigkeit vorliegt, ist auf das hypothetische Verhalten einer unabhängigen Gesellschaft in der Lage abzustellen, in der sich die abhängige Gesellschaft befindet. Maßgebender Zeitpunkt für die Beurteilung einer nachteiligen Maßnahme kann nur der Zeitpunkt ihrer Vornahme oder Unterlas-

---

[729] *V. Emmerich / J. Sonnenschein*, Konzernrecht, S. 341; *M. Habersack*, in: V. Emmerich / M. Habersack, Aktien- und GmbH-Konzernrecht, § 311, Rdnr. 39; *S. Harbarth*, Anlegerschutz in öffentlichen Unternehmen, S. 287; *U. Hüffer*, AktG, § 311, Rdnr. 25; *H.-G. Koppensteiner*, in: Kölner Kommentar zum AktG, § 311, Rdnr. 22.

[730] *V. Emmerich / J. Sonnenschein*, Konzernrecht, S. 342; *F. M. Hohrmann*, Der Staat als Konzernunternehmer, S. 122 f.; *U. Hüffer*, AktG, § 311, Rdnr. 27; *H.-G. Koppensteiner*, in: Kölner Kommentar zum AktG, § 311, aaO; *B. Kropff*, in: Münchener Kommentar zum AktG, § 311, Rdnr. 140; *L. Strohn*, Die Verfassung der Aktiengesellschaft im faktischen Konzern, S. 73.

[731] *V. Emmerich / J. Sonnenschein*, Konzernrecht, S. 341.

[732] *V. Emmerich / J. Sonnenschein*, Konzernrecht, aaO; *S. Harbarth*, Anlegerschutz in öffentlichen Unternehmen, aaO.

sung sein[733]. Entsprechend § 93 und 317 Abs. 2 AktG kommt es also auf die im Einzelfall schwierig zu beurteilende Frage an, ob ein gewissenhafter und ordentlicher Geschäftsleiter die zu beurteilende Handlung vorgenommen hätte oder nicht[734]. Diesem Ansatz soll hier nicht weiter nachgegangen werden, da es sich um Nachteile handelt, die auch außerhalb der Wirtschaftstätigkeit kommunaler Gebietskörperschaften – also bei privaten Unternehmen – auftreten können[735]. Insofern muss auf das einschlägige gesellschaftsrechtliche Schrifttum verwiesen werden[736].

(c) Nachteile bei Durchsetzung öffentlicher Interesse und politischer Ziele in den kommunalen Gesellschaften

Für die Haftung im kommunalen Konzern interessanter und deshalb eingehender zu untersuchen ist die Frage, ob und unter welchen Voraussetzungen die von den Gesellschaften der kommunalen Gebietskörperschaften verfolgten öffentlichen Interessen und politischen Ziele Nachteile im Sinne des § 311 Abs. 1 AktG darstellen. Hintergrund dieser Fragestellung ist, dass Städte und Gemeinden die ihnen durch das Gemeindewirtschaftsrecht vorgegebene Verfolgung öffentlicher Zwecke in ihren Unternehmen[737] vielfach durch die Ausgestaltung von Gesellschaftsverträgen, Satzungen oder sonstigen Organisationsstatuten umzusetzen versuchen und dadurch die Unternehmenspolitik ihrer Gesellschaft entscheidend beeinflussen können. Handelt es sich bei dem herrschenden Unternehmen um eine „private“ Aktiengesellschaft oder GmbH, steht dem ordentlichen und gewissenhaften Geschäftsleiter ein weiter Entscheidungsspielraum zu, innerhalb dessen er auch Zielvorstellungen im öffentlichen Interesse berücksichtigen kann[738]. Soweit er sich im Rahmen einer zulässigen Abweichung von erwerbswirtschaftlichen Interessen hält, liegt kein Nachteil im Sinne des § 311 Abs. 1 AktG vor[739].

---

[733] *E. Gessler*, in: Festschrift für H. Westermann, S. 145 (163 f.); *U. Hüffer*, AktG, § 311, Rdnr. 28; *L. Strohn*, Die Verfassung der Aktiengesellschaft im faktischen Konzern, S. 67 (71, 84 f.).

[734] *V. Emmerich / J. Sonnenschein*, Konzernrecht, S. 342.

[735] Vgl. dazu *S. Harbarth*, Anlegerschutz in öffentlichen Unternehmen, S. 287.

[736] *V. Emmerich / J. Sonnenschein*, Konzernrecht, aaO mit weiteren Bsp. und Literaturnachweisen.

[737] Vgl. nur § 109 Abs. 1 Nr. 5 NGO; § 108 Abs. 1 Nr. 7 GO NW.

[738] *C. Kermel*, Steuerungsmöglichkeiten der öffentlichen Hand bei Beteiligung an Aktiengesellschaft der Energieversorgung, S. 158.

[739] So die hM unter Hinweis auf die „Gemeinwohlbindung“; vgl. *S. Harbarth*, Anlegerschutz in öffentlichen Unternehmen, S. 288; *H.-G. Koppensteiner*, in: Kölner Kommentar zum AktG, § 311, Rdnr. 27; krit. dazu *A. Pfeifer*, Möglichkeiten und Grenzen der Steuerung kommunaler Aktiengesellschaften durch ihre Gebietskörperschaften, S. 170.

Ob diese Grundsätze auch gelten, wenn das herrschende Unternehmen eine kommunale Gebietskörperschaft ist, bedarf einer näheren Untersuchung. Zutreffend dürfte sein, die Anwendung der § 311 ff. AktG auch bei Verfolgung öffentlicher Zwecke durch die kommunalen Gebietskörperschaften für grundsätzlich erforderlich zu halten[740]. Rechtfertigen lässt sich diese Annahme mit der ansonsten bestehenden Gefahr, dass die Durchsetzung von öffentlichen Interessen und politischen Zielen zum Nachteil von Minderheitsaktionären oder Gläubigern der Gesellschaft geschieht. Dieser Gefahr will das Konzernrecht nach seinem Schutzzweck jedoch gerade entgegenwirken. Die Schwierigkeit liegt nicht in der Begründung der Annahme, dass die Verfolgung öffentlicher Zwecke einen ausgleichspflichtigen Nachteil darstellen, sondern vielmehr in der Tatsache, wie der Nachteilseintritt konkret zu bestimmen ist. Dieser Versuch soll im Folgenden unternommen werden.

(aa) Sämtliche Veranlassungen im öffentlichen Interesse als nachteilig i.S. von § 311 Abs. 1 AktG

Diese insbesondere von *H.-G. Koppensteiner* vertretene Auffassung sieht grundsätzlich alle Veranlassungen im öffentlichen Interesse, die von einer öffentlichen Hand und damit auch von kommunalen Gebietskörperschaften ausgehen, bei Eintritt einer Vermögensbeeinträchtigung als nachteilig im Sinne von § 311 AktG an[741]. Begründet wird dies aus Gründen der Praktikabilität damit, dass hinsichtlich der Berücksichtigungsfähigkeit öffentlicher Interessen bei der Leitung einer abhängigen Gesellschaft keine aussagekräftigen Kriterien zur Verfügung stünden[742]. Daher stehe dem Vorstand der Aktiengesellschaft im Ergebnis ein fast nicht mehr kontrollierbarer Ermessensspielraum zur Verfügung, welcher die Gefahr in sich berge, dass die Gesellschaft zu einem Instrument öffentlicher Interessen umfunktioniert werden könne[743]. Weiterhin dürfte es aufgrund der vielfältigen Ziele und Aufgaben öffentlicher Interessen unmöglich sein, das Vorliegen eines Nachteils

[740] *S. Harbarth*, Anlegerschutz in öffentlichen Unternehmen, S. 287; *H.-G. Koppensteiner*, in: Kölner Kommentar zum AktG, § 311, aaO; *B. Kropff*, in: Münchener Kommentar zum AktG, § 311, Rdnr. 127; *A. Pfeifer*, Möglichkeiten und Grenzen der Steuerung kommunaler Aktiengesellschaften durch ihre Gebietskörperschaften, aaO.

[741] *H.-G. Koppensteiner*, in: Kölner Kommentar zum AktG, § 311, Rdnr. 27; *A. Pfeifer*, Möglichkeiten und Grenzen der Steuerung kommunaler Aktiengesellschaften durch ihre Gebietskörperschaften, S. 170; im Ergebnis ähnlich *A. Grossmann*, Unternehmensziele im Aktienrecht, S. 207 ff.

[742] *H.-G. Koppensteiner*, in: Kölner Kommentar zum AktG, aaO und zu den Einzelheiten *A. Grossmann*, Unternehmensziele im Aktienrecht, aaO.

[743] Vgl. *H.-G. Koppensteiner*, in: Kölner Kommentar zum AktG, aaO.

am Maßstab eines ordentlichen und gewissenhaften Geschäftsleiters der Aktiengesellschaft zu messen. Deshalb folge aus dem Normzweck der Regelung des § 311 AktG, alle Veranlassungen im öffentlichen Interesse als nachteilig im Sinne von § 311 Abs. 1 AktG zu beurteilen[744].

(bb) Die Rechtsprechung des Bundesgerichtshofs und die Auffassung von Teilen des Schrifttums

Der Bundesgerichtshof sieht in der *VEBA/Gelsenberg*-Entscheidung auch in den zugunsten der Allgemeinheit veranlassten Maßnahmen der öffentlichen Hand als herrschendes Unternehmen Nachteile gemäß § 311 Abs. 1 AktG[745]. Da die Verpflichtung der Gesellschaftsorgane auf das Wohl des Unternehmens es nicht ausschließe, dass sie bei ihren Entscheidungen gesamtwirtschaftliche Gesichtspunkte und das Allgemeinwohl im Rahmen ihrer Verantwortlichkeit (§§ 91, 116 AktG) und der satzungsmäßigen Unternehmensziele angemessen berücksichtige[746], werden ausgleichspflichtige Nachteile im Sinne des § 311 Abs. 1 AktG erst anzunehmen sein, wenn der Vorstand Interessen des Allgemeinwohls über das zulässige Maß hinaus berücksichtige[747].

Diese Rechtsprechung ist von Teilen des Schrifttums aufgegriffen und teilweise ergänzt worden[748]. Danach sei Ausgangspunkt für die Bestimmung des Nachteilseintritts das Verhalten eines ordentlichen und gewissenhaften Geschäftsleiters einer nicht abhängigen Gesellschaft, dass heißt es müsse das hypothetische Verhalten des Geschäftsleiters ermittelt werden[749]. Aufgrund des dem Geschäftleiter hierbei eingeräumten Ermessensspielraums ergäben sich jedoch Schwierigkeiten, so dass das Gesellschaftsstatut, also die Satzung der Aktiengesellschaft, als Bestimmungsmaßstab für die nachteilige Veranlassung heranzuziehen sei[750].

---

[744] *H.-G. Koppensteiner*, in: Kölner Kommentar zum AktG, aaO.

[745] BGHZ 69, 334 (340 f.).

[746] BGHZ 69, 334 (339).

[747] *B. Kropff*, ZHR 144 (1980), S. 74 (93).

[748] *S. Harbarth*, Anlegerschutz in öffentlichen Unternehmen, S. 287 f.; *W. Hauser*, Die Wahl der Organisationsform kommunaler Einrichtungen, S. 78; *B. Kropff*, ZHR 144 (1980), aaO.

[749] *S. Harbarth*, Anlegerschutz in öffentlichen Unternehmen, S. 287; *F. M. Hohrmann*, Der Staat als Konzernunternehmer, S. 122 f.; *U. Hüffer*, AktG, § 311, Rdnr. 27; *B. Kropff*, ZHR 144 (1980), aaO; *ders.*, in: Münchener Kommentar zum AktG, § 311, Rdnr. 127; *L. Strohn*, Die Verfassung der Aktiengesellschaft im faktischen Konzern, S. 73.

[750] Vgl. *J. v. Trott zu Solz*, Die staatlich beeinflusste Aktiengesellschaft als Instrument der öffentlichen Verwaltung, S. 43 f.; *S. Harbarth*, Anlegerschutz in öffentlichen Unternehmen, S. 287; *T. Raiser*, ZGR 1996, S. 458 (472).

Mit dem Schrifttum ist deshalb nur dann ein Nachteil im Sinne des § 311 Abs. 1 AktG anzunehmen, wenn die kommunalen Gebietskörperschaften ihren Einfluss zu solchen Zwecken einsetzen, die von der Satzung des abhängigen Unternehmens nicht gedeckt sind[751].

(cc) Stellungnahme zur Bestimmung des Nachteilseintritts

Nach der insbesondere von *H.-G. Koppensteiner* vertretenen Ansicht werden keine sonderlich strengen Anforderungen an die Annahme einer nachteiligen Veranlassung im Sinne des § 311 Abs. 1 AktG gestellt. Ausreichend ist schon der bloße Eintritt einer Vermögensbeeinträchtigung. Die Folge ist, dass diese Meinung bei der wirtschaftlichen Betätigung kommunaler Gebietskörperschaften relativ schnell eine faktische Konzernierung und eine damit verbundene Pflicht zum Nachteilsausgleich bzw. Schadensersatz annimmt. Indirekt erfolgt eine Privilegierung der Aktionäre abhängiger öffentlicher Unternehmen oder falls es sich um eine kommunale Eigengesellschaft handelt, der Gläubiger dieser Gesellschaft gegenüber anderen Unternehmen. Denn je geringere Anforderungen an die einzelnen Tatbestandsvoraussetzungen des Nachteilsausgleichs gestellt werden, desto besser stellt sich die haftungsrechtliche Situation für Gläubiger und Aktionäre dar. Sinnvoll erscheint es aus diesen Gründen, die Voraussetzungen, unter denen von „Nachteilen“ gesprochen werden kann, zu überprüfen und Abgrenzungskriterien für deren Bestimmung zu finden, jedenfalls aber nicht bloße Vermögensbeeinträchtigungen ausreichen zu lassen. Mit dem Bundesgerichtshof und den überwiegenden Teilen der Literatur sollte zur Konkretisierung der „nachteiligen Veranlassung“ die Satzung der Aktiengesellschaft herangezogen werden, um hieraus die hypothetischen Vorstandshandlungen zu ermitteln.

Nach dem Gemeindewirtschaftsrecht der einzelnen Länder besteht vielfach die Verpflichtung, durch Ausgestaltung des Gesellschaftsvertrages, der Satzung oder des sonstigen Organisationsstatuts sicherzustellen, dass der öffentliche Zweck des Unternehmens erfüllt wird[752]. Insofern können sich aus der Satzung der Aktiengesellschaft wichtige Hinweise für die Feststellung ergeben, wann die kommunale Gebietskörperschaft die Unternehmenspolitik ihres abhängigen Unternehmens nachteilig beeinflusst. Zutreffenderweise dürfte dies der Fall sein, wenn der in der Satzung niedergelegte öffentliche Zweck von dem von der herrschenden Gebietskörperschaft verfolgten Zweck abweicht. Es kann allerdings nicht immer davon

---

[751] *S. Harbarth*, Anlegerschutz in öffentlichen Unternehmen, aaO; *T. Raiser*, ZGR 1996, aaO.

[752] Vgl. z.B. § 109 Abs. 1 Nr. 5 NGO; § 108 Abs. 1 Nr. 7 GO NW; § 87 Abs. 1 Nr. 2 GO RhPf; § 117 Abs. 1 Nr. 2 GO LSA.

ausgegangen werden, dass die kommunalen Gebietskörperschaften die von der gegründeten Gesellschaft zu verfolgenden öffentlichen Zwecke auch entsprechend präzise in der Satzung formuliert haben, obwohl dieses im Hinblick auf die erwähnten kommunalrechtlichen Bestimmungen in Verbindung mit § 23 Abs. 3 Nr. 2 AktG sicherlich wünschenswert wäre. Andererseits handelt es sich jedoch trotz der bestehenden praktischen Probleme bei dem jeweiligen Gesellschaftsstatut um einen Ansatzpunkt zur Ermittlung der hypothetischen Vorstandshandlungen. Einzig die Satzung der abhängigen Gesellschaft bietet sich als geeigneter Ausgangspunkt für die in Einzelfällen schwierige Beantwortung der Frage nach einer nachteiligen Maßnahme an[753]. Zwar kann diesem Ansatz zu Recht entgegengehalten werden, dass hierbei im Einzelfall schwierige Abgrenzungsfragen auftreten können[754]. Allein diese Tatsache ist jedoch nicht ausreichend, um zur Umgehung dieser Problematik alle Vermögensbeeinträchtigungen als tatbestandlich im Sinne von § 311 AktG anzusehen[755].

(5) Darlegungs- und Beweislast

Entscheidend für die rechtliche Durchsetzbarkeit des Nachteilsausgleichs bzw. für die Geltendmachung von daraus herzuleitenden Schadensersatzansprüchen ist auch, wie die Darlegungs- und Beweislast in einem durchzuführenden gerichtlichen Verfahren verteilt ist. Dies erweist sich als besonders problematisch bei dem Tatbestandsmerkmal der Veranlassung, da die von der kommunalen Gebietskörperschaft abhängige Gesellschaft für die Geltendmachung ihrer Ansprüche die Tatsachen darlegen und beweisen müsste, aus denen sich die Veranlassung ergibt[756]. Häufig vollzieht sich die Einflussnahme durch das herrschende Unternehmen jedoch auf eher informellen Wege[757], so dass sich die abhängige Gesellschaft in einer schwierigen Beweislage wiederfinden kann und Ansprüche leer laufen könnten. Nach nahezu allgemeiner Meinung werden deshalb Beweiserleichterungen zugelassen, wobei teilweise von einer Veranlassungsvermutung[758] und an an-

---

[753] So auch *S. Harbarth*, Anlegerschutz in öffentlichen Unternehmen, S. 287 f.

[754] Etwas zweifelhaft erscheint in diesem Zusammenhang der Standpunkt von *S. Harbarth*, Anlegerschutz in öffentlichen Unternehmen, S. 288, wonach eine einzelfallbezogenen Abgrenzung allein Aufgabe der Gerichte sei.

[755] Dafür im Ergebnis aber *H.-G. Koppensteiner*, in: Kölner Kommentar zum AktG, § 311, Rdnr. 27.

[756] Vgl. *U. Hüffer*, AktG, § 311, Rdnr. 20.

[757] Z.B. durch Anweisungen oder Richtlinien. Zu den Einzelheiten siehe *M. Habersack*, in: V. Emmerich / M. Habersack, Aktien- und GmbH-Konzernrecht, § 311, Rdnr. 32.

[758] So die wohl hM; vgl. *V. Emmerich / J. Sonnenschein*, Konzernrecht, S. 340 mwN; *U. Hüffer*, AktG, § 311, Rdnr. 21; *B. Kropff*, in: Münchener Kommentar zum AktG, § 311, Rdnr. 84 f.

deren Orten von einem Beweis des ersten Anscheins[759] gesprochen wird. Auf die weiteren Einzelheiten der Beweiserleichterungen ist im Rahmen dieser Untersuchung nicht einzugehen, da sie für die Haftungsverfassung der kommunalen Gebietskörperschaften im faktischen Konzern nur von untergeordneter Bedeutung ist[760]. Ihre praktische Bedeutung sollte aber nicht unterschätzt werden.

(6) Rechtsfolgen einer nachteiligen Einflussnahme und Schadensersatzpflicht

Rechtsfolge der nachteiligen Einflussnahme ist ein Verlustausgleichsanspruch der abhängigen Gesellschaft gegenüber der kommunalen Gebietskörperschaft. Gemäß § 311 Abs. 2 AktG ist ein Ausgleich während des Geschäftsjahres ausreichend, der auch darin bestehen kann, dass am Ende desselben ein Rechtsanspruch auf künftige Vorteile eingeräumt wird. Soweit die Nachteile nicht innerhalb der Voraussetzungen des § 311 Abs. 2 AktG ausgeglichen werden, sieht sich die Gebietskörperschaft jedoch einer Schadensersatzpflicht nach § 317 AktG ausgesetzt.

(7) Zwischenergebnis

Die kommunalen Gebietskörperschaften dürfen mithin auf ihre Aktiengesellschaften – unabhängig davon, ob es sich um Eigen- oder Beteiligungsgesellschaften handelt – Einfluss nehmen. Dabei können sie durch gezielte Einflussnahme auf den Vorstand oder den Aufsichtsrat die abhängige Gesellschaft zu Rechtsgeschäften oder sonstigen Maßnahmen veranlassen, die für diese nachteilig sind oder sein können, letztlich aber dem Interesse der Gebietskörperschaft entsprechen. Für die Haftungsverfassung im kommunalen Konzern lässt sich festhalten, dass aus dieser nachteiligen Einflussnahme zunächst Ausgleichsansprüche des von der kommunalen Gebietskörperschaft abhängigen Unternehmens bestehen, die in Schadensersatzansprüche umschlagen können.

---

[759] *M. Habersack*, in: V. Emmerich / M. Habersack, Aktien- und GmbH-Konzernrecht, aaO; *H.-G. Koppensteiner*, in: Kölner Kommentar zum AktG, § 311, Rdnr. 7.

[760] Vertiefend dazu *B. Kropff*, in: Münchener Kommentar zum AktG, § 311, Rdnrn. 83 ff.

b) Der einfache faktische kommunale GmbH-Konzern

aa) Unterschiede zur Situation in der Aktiengesellschaft

Wird die Tochtergesellschaft in der Rechtsform der GmbH betrieben, beurteilen sich Reichweite und Grenzen der Leitungsmacht der herrschenden Gebietskörperschaft nach GmbH-Konzernrecht. Da das GmbH-Gesetz ein kodifiziertes Konzernrecht, wie es in den §§ 15 ff., 291 ff. AktG für die Aktiengesellschaft geregelt ist, bekanntlich nicht enthält[761], hat der Bundesgerichtshof in der „*ITT*"- Entscheidung[762] für den einfachen faktischen GmbH-Konzern ein allgemein akzeptiertes Konzept zum Schutz der Minderheitsgesellschafter und Gläubiger der abhängigen GmbH entwickelt. Er ist bemerkenswerter weise keinen konzernrechtlichen Weg gegangen, obwohl der „*ITT*"- Entscheidung ein Sachverhalt faktischer Konzernierung einer GmbH zugrunde lag, sondern hat einer allgemeinen gesellschaftsrechtlichen Haftung über die Verletzung der unter den Gesellschaftern einer GmbH bestehenden Treuepflicht den Vorzug gegeben[763].

Schädigende Einflussnahme ist danach immer eine Treupflichtverletzung des herrschenden Unternehmens[764]. Da der partiell privilegierende § 311 AktG auf die GmbH nicht entsprechend anwendbar ist, wird sofort ein Schadensersatzanspruch gegen das herrschende Unternehmen gewährt[765]. Die Möglichkeit zum Nachteilsausgleich besteht somit für die kommunalen Gebietskörperschaften bei der GmbH nicht. Eine besondere Problematik der Treuepflichtverletzung ergibt sich bei der sogenannten Einmanngesellschaft nach § 1 GmbHG. Ein solche liegt immer bei einer kommunalen Eigengesellschaft in Form der GmbH vor, da hier alleiniger Gesellschafter die kommunale Gebietskörperschaft ist. Bei der Einmanngesellschaft fällt es schwer, ein verletztes Gesellschaftsinteresse auszumachen, das von

---

[761] Vgl. *C. Rogge*, Die Haftung im qualifizierten faktischen GmbH-Konzern und ihre Vermeidung, S. 1.

[762] BGHZ 65, 15 ff.

[763] Vgl. BGHZ 65, 15 (18 ff.); 80, 69 (74 ff.); 89, 162 (166); 95, 330 (340); siehe auch *V. Emmerich / J. Sonnenschein*, Konzernrecht, S. 385, 388 mwN; *P. Ulmer*, in: M. Hachenburg, Kommentar zum GmbHG, Anh. § 77, Rdnrn. 73 ff.; Einzelheiten dazu bei *M. Winter*, Mitgliedschaftliche Treubindungen im GmbH-Recht, S. 113 ff. mwN.

[764] *V. Emmerich / J. Sonnenschein*, Konzernrecht, S. 387 f.; *M. Lutter / P. Hommelhoff*, GmbHG, Anh. § 13, Rdnr. 17 ff.; *W. Zöllner*, in: A. Baumbach / G. Hueck, GmbHG, GmbH-Konzernrecht, Rdnr. 53 ff.; eingehend *M. Winter*, Mitgliedschaftliche Treubindungen im GmbH-Recht, S. 1 ff.

[765] *V. Emmerich / J. Sonnenschein*, Konzernrecht, S. 389 ff.; *M. Lutter / P. Hommelhoff*, GmbHG, Anh. § 13, Rdnr. 16 ff.; *M. Paschke*, ZHR 152 (1988), S. 263 (278).

demjenigen des Alleingesellschafters verschieden sein soll[766]. So kann bei einer eingliedrigen GmbH eine Treuepflicht der Gesellschaftermehrheit, die die Verletzung der gesellschafterbezogenen Interessen der Mitgesellschafter ausgleichen kann, nicht vorliegen[767]. Deshalb hat der Bundesgerichtshof in seiner früheren Rechtsprechung angedeutet, hier allein die Kapitalerhaltungsvorschriften der §§ 30 ff. GmbHG unter Verdrängung der konzernrechtlichen Haftung anzuwenden[768]. Danach darf das Gesellschaftsvermögen, welches zur Deckung der Stammkapitalziffer erforderlich ist, nicht an den Gesellschafter zurückfließen. Richtigerweise ist jedoch auch hier eine Erstreckung der konzernrechtlichen Vorschriften auf die Einmann-GmbH anzunehmen[769]. Dies entspricht dem Befund, dass auch der Einmann-Gesellschafter die Gläubigerschutzvorschriften der §§ 30 ff. GmbHG beachten muss, rechtlich also nicht anders als die mehrgliedrige GmbH steht[770]. Diese Auffassung wird mittlerweile auch von der Rechtsprechung geteilt[771].

Im übrigen wären die Kapitalerhaltungsvorschriften der § 30 ff. GmbHG selbst dann anzuwenden, wenn sich eine Konzernhaftung nicht begründen lässt[772]. Dies gilt ebenso für die Verfolgung kommunaler Zwecke durch kommunale Gebietskörperschaften, wie das OLG Düsseldorf[773] für die Umqualifizierung der Bürgschaft einer Kommune in Eigenkapitalersatz beim Konkurs einer Beschäftigungsförderungs-GmbH entschieden hat.

bb) Schädigungsverbot

Für die Entstehung eines Schadensersatzanspruchs der abhängigen Gesellschaft ist ein schädigendes Eingreifen der kommunalen Gebietskörperschaft als Gesellschafter erforderlich, für dessen Beurteilung die bereits angesprochene Treuepflicht Anknüpfungspunkt ist. Danach hat das herrschende Unternehmen jede

---

[766] Vgl. *V. Emmerich*, in Scholz, GmbH-Gesetz, Anh. Konzernrecht, Rdnr. 166 f.

[767] *V. Emmerich / J. Sonnenschein*, Konzernrecht, S. 389, 395.

[768] So BGHZ 95, 339 (340 f.).

[769] Dazu *H.-D. Assmann*, JZ 1986, S. 928 (929 ff.); *K. Schmidt*, BB 1985, S. 2074 (2077); *P. Ulmer*, ZHR 148 (1984), S. 391 (407 ff., 416 ff.).

[770] So auch *V. Emmerich / J. Sonnenschein*, Konzernrecht, S. 395.

[771] BGHZ 107, 7 (16) „Tiefbau"; 115, 187 (197 ff.) „Video"; OLG Köln, ZIP 1990, S. 1075; zweifelnd noch BGHZ 95, 330 (340 f., 345 f.) „Autokran"; eingehend dazu *M. Winter*, ZGR 1994, S. 570 ff.

[772] Vgl. *U. Noack*, Städte- und Gemeinderat 1995, S. 379 (383).

[773] OLG Düsseldorf ZIP 1995, S. 465 ff.

schädigende Einflussnahme zu unterlassen, wobei die Form der Einflussnahme nicht von Bedeutung ist[774]. Das kann beispielsweise dann der Fall sein, wenn die Gebietskörperschaft anderweitige unternehmerische Interessen verfolgt und daraufhin dem Geschäftsführer der GmbH Weisungen erteilt[775].

Für die kommunalen Eigengesellschaften stellt sich in diesem Zusammenhang die bereits aufgeworfene Frage, ob die Gebietskörperschaft als einziger Gesellschafter überhaupt ein Schädigungsverbot treffen kann. Jedenfalls muss eine Treuepflicht ausscheiden, da letztlich kein Mitgesellschafter vorhanden ist, demgegenüber die Treuepflicht verletzt sein könnte[776]. Mit an dieser Stelle nicht weiter zu verfolgenden Argumenten wird im Hinblick auf die Regelung der §§ 30 ff. GmbHG ein Schädigungsverbot auch bei Einmann-Gesellschaften anzunehmen sein[777]. Damit kann sich die kommunale Gebietskörperschaft wenn sie sich an privatrechtlichen Gesellschaften beteiligt, Schadensersatzansprüchen ihrer abhängigen Gesellschaft ausgesetzt sein. Gleiches gilt im Hinblick auf die Verletzung eines gegenüber einer kommunalen Eigengesellschaft bestehenden Schädigungsverbots.

c) Zulässigkeit eines Nachteilsausgleichs und kommunale Haftungsbegrenzungspflichten

Die Verpflichtung zum Nachteilsausgleich wirft erneut die Frage auf, ob die gemeindewirtschaftsrechtlichen Haftungsbegrenzungspflichten und Verlustübernahmeverbote der Anwendung des § 311 AktG bei Vorliegen eines Aktienkonzerns bzw. der Schadensersatzpflicht der herrschenden Gebietskörperschaft im GmbH-Konzern entgegenstehen. Es entspricht allgemeiner Ansicht, dass solange die kommunalen Gebietskörperschaften nicht dauerhaft und umfassend Einfluss auf die Unternehmenspolitik der abhängigen Gesellschaften ausüben, auch kein Widerspruch gegen die angesprochen kommunalen Bestimmungen anzunehmen ist[778]. Begründet wird dies zutreffend mit der im einfachen faktischen Konzern erfolgenden Sanktionierung von nachteiligen Einzeleingriffen des herrschenden

---

[774] *V. Emmerich / J. Sonnenschein*, Konzernrecht, S. 389.

[775] Vgl. BGH 65, 15 (18 f.) „ITT"; *K.-P. Martens*, GmbHR 1984, S. 265 (267); *W. Zöllner*, in: A. Baumbach / G. Hueck, GmbHG, Anh. GmbH-Konzernrecht, Rdnr. 53; weitere Beispiele bei *M. Lutter / P. Hommelhoff*, GmbHG, Anh. § 13, Rdnr. 17.

[776] *V. Emmerich / J. Sonnenschein*, Konzernrecht, S. 395.

[777] *V. Emmerich / J. Sonnenschein*, Konzernrecht, aaO mwN; *H.-J. Fleck*, ZHR 149 (1985) S. 387 (417 f.); *M. Winter*, Mitgliedschaftliche Treubindungen im GmbH-Recht, S. 191 ff.

[778] So *U. Gundlach*, LKV 2000, S. 58 (61); *U. Noack*, Städte- und Gemeinderat 1995, S. 379 (383); *M. Paschke*, ZHR 152 (1988) S. 263 (279).

Unternehmens[779]. Die aus dem faktischen Zustand der nachteiligen Einwirkung folgenden Einzelausgleichsansprüche, stellen kein unvorhersehbares und unabwendbares finanzielles Risiko für die kommunalen Gebietskörperschaften dar. Da der Normzweck der gemeindewirtschaftsrechtlichen Bestimmungen gerade die Eingehung solcher Risiken verhindern soll[780], besteht im einfachen faktischen Konzern kein Wertungswiderspruch und mithin keine Kollision zwischen den kommunalrechtlichen Haftungsbegrenzungsbestimmungen und den konzernrechtlichen Haftungstatbeständen.

d) Ergebnis über die Haftung der kommunalen Gebietskörperschaften im einfachen faktischen Konzern

Die Untersuchung der Haftungsverfassung der kommunalen Gebietskörperschaften im einfachen faktischen Konzern hat die Möglichkeit einer Schadensersatzpflicht gegenüber den von ihnen beherrschten Unternehmen ergeben. Städte und Gemeinden können auch ohne den Abschluss eines Beherrschungsvertrages öffentliche Interessen in der von ihr abhängigen Gesellschaft durchsetzen. Dies vollzieht sich auf der Grundlage der auch für die kommunalen Gebietskörperschaften anwendbaren Vorschriften des faktischen Konzerns, wonach sie nachteiligen Einfluss auf die abhängige Gesellschaft ausüben können. Im Gegenzug hat die kommunale Gebietskörperschaft allerdings diesen Nachteil im Aktienkonzern gemäß § 311 AktG im Sinne einer vorhergehenden Schadenskompensation bis zum Ende des Geschäftsjahres auszugleichen. Erfolgt der Ausgleich nicht oder nicht rechtzeitig, hat der Ausgleich durch Schadensersatzleistungen nach § 317 AktG zu erfolgen. Im GmbH-Konzern löst mangels gesetzlicher Regelung die Verletzung einer gegenüber der abhängigen Gesellschaft bestehenden Treuepflicht die Haftungsfolge aus.

Im Hinblick auf die gemeindewirtschaftsrechtlichen Haftungsbegrenzungspflichten lässt sich zwischen diesen und den Einzelausgleichsansprüchen im einfachen faktischen Konzern kein Widerspruch ausmachen. Die haftungsrechtliche Sanktionierung dieser Einzeleingriffe steht dem Schutzzweck dieser kommunalrechtlichen Regelungen nicht entgegen.

---

[779] *M. Habersack*, in: V. Emmerich / M. Habersack, Aktien- und GmbH-Konzernrecht, Vor § 311, Rdnr. 1; *U. Hüffer*, AktG, § 311, Rdnr. 2; *M. Paschke*, ZHR 152 (1988), aaO.

[780] Siehe Seite 169 ff.

III. Die Haftungsfolgen im qualifizierten faktischen kommunalen Konzern

Die Untersuchung der konzernrechtlichen Haftungsfolgen, der sich die kommunalen Gebietskörperschaften gegenüber ihren Eigengesellschaften ausgesetzt sehen können, soll mit einer Darstellung der Haftungsverfassung im sogenannten qualifizierten faktischen Konzern abgeschlossen werden[781]. Rechtssystematisch eingebettet ist der Tatbestand des qualifizierten faktischen Konzerns in das eigenständige Recht der verbundenen Unternehmen. Es handelt sich um eine besonders intensive Form der Zusammenfassung von abhängigen Unternehmen unter einheitlicher Leitung durch die kommunalen Gebietskörperschaften als herrschende Unternehmen. Von einem solchen qualifizierten faktischen Konzern kann gesprochen werden, wenn die Gebietskörperschaft auf ihre kommunalen Unternehmen ohne beherrschungsvertragliche Grundlage einen derart umfassenden Einfluss ausübt, dass diese praktisch wie eine Betriebs- oder Verwaltungsabteilung des herrschenden Unternehmens geführt werden bzw. das jeweilige Eigeninteresse der abhängigen Gesellschaften durch die einheitliche Leitung nachhaltig beeinträchtigt wird[782].

Zunächst sollen die wesentlichen Entscheidungen des für das Gesellschaftsrecht zuständigen II. Zivilsenats des Bundesgerichtshofs zum Schutz der Gläubiger und der abhängigen Gesellschaft in der gebotenen Kürze dargestellt werden, da die höchstrichterliche Rechtsprechung den Überlegungen zum qualifizierten faktischen Konzern zum praktischen Durchbruch verholfen hat. Es soll versucht werden, die Entwicklung im GmbH-Recht, insbesondere mit den praktisch bedeutsamen Fragen der Darlegungs- und Beweislast, nachzuzeichnen und deren Übertragbarkeit auf das Aktienrecht zu überprüfen. Weiter gilt es, die besondere Stellung der kommunalen Gebietskörperschaft als Gesellschafter und damit als „Konzernspitze" im kommunalen Konzern nicht aus den Augen zu verlieren. Vorauszuschicken ist, dass im Rahmen einer öffentlich-rechtlichen Arbeit nicht zu allen Einzelheiten des qualifizierten faktischen Konzerns Stellung genommen werden kann und soll. Ausgehend von der Rechtsprechung des Bundesgerichtshofs sollen vielmehr die sich im Rahmen der wirtschaftlichen Betätigung kommunaler Gebietskörperschaften stellenden Fragen erörtert werden.

---

[781] Die Frage nach der genauen Abgrenzung zwischen einfacher und qualifizierter faktischer Konzernlage ist in der Literatur durchaus umstritten, soll aber hier nicht weiter verfolgt werden; vgl. dazu *K. Schmidt*, Gesellschaftsrecht, S. 1226 ff. mwN; *V. Emmerich*, in: Scholz, GmbH-Gesetz, Anh. Konzernrecht, Rdnr. 92 ff.

[782] Vgl. *A. Pfeifer*, Möglichkeiten und Grenzen der Steuerung kommunaler Aktiengesellschaften durch ihre Gebietskörperschaften, S. 171.

Als kurzer Problemaufriss soll bereits an dieser Stelle auf die Besonderheiten der Haftungsfolgen im qualifizierten faktischen Konzern hingewiesen werden. Analog §§ 302, 303 AktG bestehen diese nach der herrschenden Meinung vor allem darin, dass es nicht um einzelne Ersatzpflichten für bestimmte Schäden, sondern um einen Ausgleich sämtlicher Verluste – mithin um einen Globalausgleich – geht, die im Zeitraum der qualifizierten faktischen Beherrschung bei der abhängigen Gesellschaft entstehen[783]. Vor dem Hintergrund der in Rede stehenden unbeschränkten Verlustausgleichspflicht der kommunalen Gebietskörperschaften, gilt es bei qualifizierter faktischer Konzernierung – ebenso wie bei Vorliegen eines Beherrschungsvertrages – auf die Kollision mit den kommunalrechtlichen Restriktionen des Gemeindewirtschaftsrechts in Form der Haftungsbegrenzungspflichten einzugehen.

1. Die Entwicklung der Konzernhaftungs-Rechtsprechung des Bundesgerichtshofs im GmbH-Recht

Die Frage, unter welchen Voraussetzungen von einem qualifizierten faktischen Konzern gesprochen werden kann, ist von der Rechtsprechung des Bundesgerichtshofs in erster Linie für das Verhältnis eines herrschenden Unternehmens zu einer in der Rechtsform der GmbH betriebenen abhängigen Gesellschaft erörtert worden[784]. Hintergrund dieser Konzentrierung auf die GmbH ist das Legalstatut der GmbH, das eine Einflussnahme auf die abhängige Gesellschaft erleichtert[785]. Aus diesen Gründen wird die GmbH als besonders anfällig für eine qualifizierte faktische Konzernlage angesehen[786], weshalb im Ergebnis die für den Vertragskonzern geltenden Vorschriften auf qualifizierte faktische Konzerne anzuwenden sind. Diese nicht geradlinig verlaufende Rechtsprechung gilt es in ihren wesentlichen Punkten wiederzugeben um hierdurch die Auswirkungen auf die Haftungsverfassung der kommunalen Gebietskörperschaften erfassen zu können. Hierbei stellt sich das Problem, dass die Konturen der Konzernhaftung weiterhin nach etlichen Richtungen unscharf sind.

---

[783] Vgl. zur hM: *B. Kropff*, in: Münchener Kommentar zum AktG, Anh. § 317, Rdnr. 45 f. mwN.

[784] BGHZ 95, 330 (Autokran); 107, 7 (Tiefbau); 115, 187 (Video); BGH, GmbHR 1992, 34 (Stromlieferung); BGHZ 122, 123 (TBB); BGH, NJW 1994, S. 446 (Quickborner EDV); BGH, ZIP 1994, S. 1690 (Architekten-GmbH).

[785] Siehe oben Seite 166 f.

[786] *F. Engellandt*, Die Einflussnahme der Kommunen auf ihre Eigengesellschaften über das Anteilseignerorgan, S. 42.

Mit dem grundlegenden *„Autokran"*- Urteil[787] aus dem Jahre 1985 hat der II. Zivilsenat des Bundesgerichtshofs eine zuvor unter anderem von *P. Ulmer* vertretene Auffassung aufgegriffen[788]. In Fällen faktischer Konzernverhältnisse erblickt der Bundesgerichtshof ein unverkennbares Defizit an Gläubigerschutz in der abhängigen GmbH. Bewusst wurde auf eine Weiterentwicklung der Rechtsprechung zu der im weiteren Verlauf der Arbeit noch zu besprechenden „Durchgriffshaftung"[789] verzichtet und in der Konzernierung ein neuer Ansatzpunkt für eine mögliche Haftung statuiert[790]. Dafür griff der Bundesgerichtshof auf die für den aktienrechtlichen Vertragskonzern geltenden Vorschriften der §§ 302, 303 AktG zurück, wobei die faktische Konzernierung nur dann gerechtfertigt ist, wenn das herrschende Unternehmen dauernd und umfassend Einfluss auf die Geschäftsführung der abhängigen Gesellschaft nimmt[791]. Der erkennende Senat hat eine Verlustausgleichspflicht des herrschenden Unternehmens analog § 302 Abs. 1 AktG für den Fall angenommen, dass es sich bei der abhängigen Gesellschaft um eine mehrgliedrige GmbH handelt[792]. In der *„Tiefbau"*- Entscheidung[793] präzisierte der II. Zivilsenat den Tatbestand der dauernden und umfassenden Leitung und nahm eine Verlustausgleichspflicht des herrschenden gegenüber dem beherrschten Unternehmen entsprechend § 302 AktG an[794]. Das führte zu dem weit formulierten Leitsatz in der *„Video"*- Entscheidung[795] aus dem Jahre 1991, nach dem der Allein- oder Mehrheitsgesellschafter einer GmbH, der gleichzeitig deren alleiniger Geschäftsführer ist und sich außerdem als Einzelkaufmann unternehmerisch betätigt, konzernrechtlich haftet[796]. Damit reichte ein Zustand dauernder und umfassender Leitungsmacht aus, um eine Verlustübernahme des herrschenden Unternehmens auszulösen. Diese Haftungssituation wurde von einigen Literaturstimmen auch als eine sogenannte „Konzernzustandshaftung" beschrieben[797].

---

[787] BGHZ 95, 330 ff.

[788] Vgl. *P. Ulmer*, ZHR 148 (1980), S. 391 (398 f.); ähnlich auch *M. Lutter*, ZGR 1982, S. 244 (266 f.); *K. Schmidt*, ZGR 1981, S. 455 (472 f.).

[789] Siehe Seite 248 ff.

[790] Das „*Autokran*"- Urteil trennt in den Entscheidungsgründen strikt zwischen der Prüfung einer Haftung aus „Durchgriff" (unter I.) und aus konzernrechtlichen Gesichtspunkten (unter II.).

[791] BGHZ 95, 330 (344).

[792] BGHZ 95, 330 (345).

[793] BGHZ 107, 7 ff.

[794] BGHZ 107, 7 (15 ff.).

[795] BGHZ 115, 187 ff.

[796] BGHZ 115, 187 Leitsatz a); zu den Einzelheiten vgl. *W. Goette*, Die GmbH nach der BGH-Rechtsprechung, S. 244 f.

[797] Vgl. *T. Koch*, Der rechtliche Status kommunaler Unternehmen in Privatrechtsform, S. 184; *ders.*, DVBl. 1994, S. 667 (673); *M. Lutter*, AG 1990, S. 179 (182).

Die Übertragung der Grundsätze des *„Video"*- Urteils auf die wirtschaftliche Betätigung der kommunalen Gebietskörperschaften hätte für die Haftungsverfassung im kommunalen Konzern weitreichende Folgen gehabt. Deutlich wird dies bei einem Blick auf die den Städten und Gemeinden durch das Gemeindewirtschaftsrecht gezogenen Grenzen ihrer wirtschaftlichen Betätigung. Hiernach müssen sich die Gebietskörperschaften einen angemessenen Einfluss, insbesondere im Aufsichtsrat oder in einem anderen Überwachungsorgan ihrer kommunalen Gesellschaften sichern[798]. Der qualifizierte faktische Konzernbeziehungen begründende Autonomieverlust kommunaler Eigengesellschaften wird damit von diesen kommunalrechtlichen Vorgaben gerade eingefordert. Insbesondere bei personellen Identitäten in der kommunalen Gebietskörperschaft und in der Geschäftsführung der abhängigen Gesellschaft wäre die Grenze zum qualifizierten faktischer Konzern in Erfüllung dieser kommunalrechtlichen Vorgaben bereits überschritten gewesen[799].

Aufgrund der massiven Kritik, die diese Entscheidung im rechtswissenschaftlichen Schrifttum[800] erfahren hat, rückte der Bundesgerichtshof von dieser Rechtsprechung in der von ihm selbst euphemistisch als „Klarstellung" zur *„Video"*-Entscheidung bezeichneten *„TBB"*- Entscheidung ab und formulierte den Konzernhaftungstatbestand insgesamt neu[801]. Nunmehr verlangt er für die konzernrechtliche Haftung, dass der herrschende Unternehmensgesellschafter seine Stellung in der abhängigen GmbH objektiv missbrauchen müsse, indem er die Interessen der abhängigen GmbH nachhaltig beeinträchtige. Zur Begründung fügt der Senat an, dass bei der abhängigen GmbH die Leitung der Gesellschaft durch ihre Gesellschafter über die Gesellschafterversammlung grundsätzlich erlaubt und deshalb mit der breitflächigen Schädigung der abhängigen Gesellschaft ein zusätzliches Merkmal zu fordern ist[802].

---

[798] Vgl. nur Art. 92 Abs. 1 Nr. 2 BayGO; § 102 Nr. 2 GO Brandenburg; § 109 Abs. 1 Nr. 6 NGO; § 108 Abs. 1 Nr. 6 GO NW; § 87 Abs. 1 Nr. 3 GO RhPf; § 117 Abs. 1 Nr. 3 GO LSA.

[799] Vgl. *U. Noack*, Der Städte- und Gemeinderat 1995, S. 379 (383).

[800] Vgl. etwa *W. Flume*, ZIP 1992, S. 817 ff.; *W. Goette*, Die GmbH nach der BGH-Rechtsprechung, S. 245 f.; *K. Schmidt*, ZIP 1991, S. 1325 ff.; *ders.*, NJW 2001, S. 3577; *H. D. Stodolkowitz*, ZIP 1992, S. 1517 (1523).

[801] BGHZ 122, 123 ff. (131).

[802] BGHZ 122, 123 (130 ff.); vgl. dazu auch *V. Emmerich*, in: Scholz, GmbH-Gesetz, Anh. Konzernrecht, Rdnr. 100.

Dieses Merkmal des objektiven Missbrauchs liege dann vor, „wenn der die GmbH beherrschende Unternehmensgesellschafter die Konzernleitungsmacht in einer Weise ausübe, die keine angemessene Rücksicht auf eigene Belange der abhängigen Gesellschaft nehme, ohne dass sich der ihr insgesamt zugefügte Nachteil durch Einzelausgleichsmaßnahmen kompensieren ließe“[803].

Diese Rechtsauffassung hat der Bundesgerichtshof in den Folgeentscheidungen „*EDV-Peripherie*“[804], „*Fertighaus II*“[805] und „*Betriebsfortführung*“[806] bestätigt[807]. Auch in dem im Rahmen dieser Untersuchung bedeutsamen Rechtsstreit des Insolvenzverwalters einer kommunalen Eigengesellschaft gegen die Gemeinde Salzhemmendorf haben sich sowohl das Landgericht Hannover[808] als auch das Oberlandesgericht Celle[809] auf diese haftungsrechtlichen Grundsätze bezogen[810]. Bis vor kurzem konnte daher von einer relativ sicheren Einordnung des Haftungstatbestandes gesprochen werden. Die allerjüngste Rechtsprechung des Bundesgerichtshofs stellt jedoch in seinem Urteil vom 17.09.2001 die bisher konzernrechtlich begründete Haftung herrschender Gesellschafter anscheinend auf eine neue rechtliche Grundlage[811]. Von großer Bedeutung ist der erste Leitsatz der Entscheidung, der einen Paradigmenwechsel im Konzernrecht der GmbH andeutet[812]:

> „Der Schutz einer abhängigen GmbH gegen Eingriffe ihres Alleingesellschafters folgt nicht dem Haftungssystem des Konzernrechts des Aktienrechts (§§ 291 ff., 311 ff.), sondern ist auf die Erhaltung ihres Stammkapitals und die Gewährleistung ihres Bestandsschutzes beschränkt, der eine angemessene Rücksichtnahme auf die Eigenbelange der GmbH erfordert. An einer solchen Rücksichtnahme fehlt es, wenn die GmbH infolge der Eingriffe ihres Alleingesellschafters ihren Verbindlichkeiten nicht mehr nachkommen kann.“

---

[803] BGHZ 122, 123 (130).

[804] BGH, NJW 1994, S. 446.

[805] BGH, NJW 1994, S. 3288 ff.

[806] BGH, NJW 1996, S. 1283 f.

[807] Siehe ferner BGH, NJW 1995, S. 2989 (2990) X. Zivilsenat; BGH, NJW 1997, S. 943; BGH, NJW 2001, S. 370; BAGE 76, 79 (86 ff.); BAG, NJW 1996, S. 1491 (1492); BSGE 75, 82 (90 f.); OLG München, NJW 1994, S. 2900 (2901); OLG Celle, ZIP 2000, S. 1981 (1984 f.).

[808] LG Hannover, NdsVBl. 1999, S. 221 (222 f.); vgl. dazu die Anm. von *T. Koch*, NdsVBl. 1999, S. 206 (208 f.)

[809] OLG Celle, DB 2000, S. 2261 (2263 f.).

[810] Zur Kritik dieser nicht weiter begründeten Übertragung auf den vom LG Hannover entschiedenen Fall vgl. *T. Koch*, NdsVBl. 1999, S. 206 (209).

[811] Az.: II ZR 178/99, NJW 2001, S. 3622 ff.

[812] Einzelheiten dazu bei *G. Bitter*, WM 2001, S. 2133 ff.

Im Ergebnis wird damit die Haftung des Alleingesellschafters nicht mehr konzernrechtlich begründet[813]. Allerdings erscheint es in diesem Zusammenhang verfrüht, das „Ende des qualifizierten faktischen Konzerns" zu proklamieren[814]. Im Rahmen dieser Untersuchung kann daher nicht auf eine umfassende Darstellung der Haftungsverfassung im qualifizierten faktischen Konzern verzichtet werden, die gerade im kommunalen Konzern einige schwierige Fragen aufwirft.

2. Die Haftungsverfassung der kommunalen Gebietskörperschaften auf der Grundlage der Rechtsprechung seit dem „TBB"- Urteil

Aus der Rechtsprechung ergibt sich nach dem *„TBB"*- Urteil eine Haftung des herrschenden Unternehmens, wenn dieses seine Leitungsmacht im Konzerninteresse in Gestalt einer fehlenden Rücksichtnahme auf die eigenen Belange der abhängigen Gesellschaft objektiv missbraucht und wegen der Dichte der Einflussnahmen die schädigenden Maßnahmen nicht isolierbar sind, so dass das an sich heranzuziehende Einzelausgleichssystem versagt.

Die Anwendbarkeit dieser Grundsätze auf das Verhältnis der kommunalen Gebietskörperschaften zu ihren Eigengesellschaften gilt es zu überprüfen. Zunächst lässt sich dafür festhalten, dass in vielen Städten und Gemeinden personelle Verflechtungen von Organen der kommunalen Gebietskörperschaften und der Eigengesellschaften bestehen, die vielfach durch die gemeindewirtschaftsrechtlichen Vorgaben zu erklären sind. Beispielhaft sei erneut auf die Insolvenz der kommunalen Kurbetriebs-Gesellschaft in der Gemeinde Salzhemmendorf zurückgegriffen[815]. Dort war die Gemeinde Alleingesellschafterin der Kurbetriebs-Gesellschaft und die Leitungsorgane der Gemeinde und derjenigen der Gesellschaft waren weitgehend identisch. Der Gemeindedirektor war Geschäftsführer der Eigengesellschaft und die Gesellschafterversammlung bestand aus dem Rat der Gemeinde, sowie weiteren vom ihm bestellten Mitgliedern des Aufsichtsrates und dem Bürgermeister als Vorsitzenden des Aufsichtsrats. Aus gesellschaftsrechtlichen Verknüpfungen dieser Art kann darüber hinaus die erforderliche Leitungsdichte abgeleitet werden und festgestellt werden, dass die kommunale Gebietskörperschaft auch die Konzernleitungsmacht innehat.

---

[813] Vgl. dazu *K. Schmidt*, NJW 2001, S. 3577 (3579).

[814] Vgl. *G. Bitter*, WM 2001, S. 2133 (2135).

[815] Zum Sachverhalt vgl. LG Hannover, NdsVBl. 1999, S. 221 (222).

Nach den „*TBB*“- Grundsätzen reicht dies für die Annahme einer qualifizierten faktischen Konzernierung und damit einer Verlustausgleichspflicht nicht aus[816]. Trotzdem dürfte, auch wenn der Bundesgerichtshof nunmehr auf das Kriterium dauernder um umfassender Konzernleitung verzichtet[817], sein Vorliegen bei Eingreifen der qualifizierten faktischen Konzernhaftung vorliegen, weshalb von einer Indizfunktion gesprochen wird[818]. Dem Begriff des objektiven Missbrauchs der Konzernleitungsmacht kommt daher für den Haftungstatbestand im qualifizierten faktischen Konzern entscheidende Bedeutung zu, ohne dass es sich um ein konturenscharf geschliffenes Abgrenzungskriterium handelt. Aus diesen Gründen ist er im weiteren Verlauf der Arbeit eingehend zu untersuchen.

a) Präzisierung des Merkmals des objektiven Missbrauchs der Konzernleitungsmacht

Wie bereits erwähnt ist dieses Merkmal nach der „*TBB*“- Rechtsprechung erfüllt, wenn das herrschende Unternehmen in einer Weise auf die Geschäftsführung des abhängigen Unternehmens einwirkt, die keine angemessene Rücksicht auf die eigenen Belange der abhängigen Gesellschaft nimmt. Es kommt darauf an, dass die kommunale Gebietskörperschaft ihr anderweitiges unternehmerisches Interesse über die eigenen Belange der Eigengesellschaft stellt und sich somit in diesem Interessengegensatz die Gefahr der Konzernierung realisiert, die Ausgangspunkt aller Überlegungen zur Haftung im Konzern ist[819]. Da sich für die Einflussnahme des kommunalen Gesellschafters keine Rechtfertigung aus einem Beherrschungsvertrag herleiten lässt, besteht das Problem, wie die erlaubte von der unerlaubten und deshalb missbräuchlichen Einflussnahme der herrschenden Gebietskörperschaft abzugrenzen ist. Damit stehen Wertungsgesichtspunkte im Vordergrund. Diese Abgrenzung erweist sich im kommunalen Konzern als besonders schwierig, weil die eigenen Belange der abhängigen Eigengesellschaft nur schwer fassbar sind[820]. Auch der Bundesgerichtshof konnte bislang hierzu keine Aufklärungsarbeit leisten[821]. Sicher ist nur, dass es für das Vorliegen eines Missbrauchs darauf

---

[816] Vgl. OLG Celle, DB 2000, S. 2261 (2264) ; vgl. dazu auch *U. Gundlach*, LKV 2000, S. 58 (62).

[817] Missverständlich insofern die Darstellung bei *U. Gundlach*, LKV 2000, aaO.

[818] Vgl. *F. Engellandt*, Die Einflussnahme der Kommunen auf ihre Eigengesellschaften über das Anteilseignerorgan, S. 44; *P. Ulmer*, in: M. Hachenburg, Kommentar zum GmbhG, Anh. § 77, Rdnr. 129.

[819] Vgl. *L. Michalski / F. Zeidler*, NJW 1996, S. 224 (228).

[820] *P. Hommelhoff*, ZGR 1994, S. 395 (410 ff.); *K. Kiethe / P. Groeschke*, BB 1997, S. 1957; *G. Krieger*, ZGR 1994, S. 375 (379 ff.); *L. Michalski / F. Zeidler*, NJW 1996, S. 224 (228 f.).

[821] *W. Goette*, Die GmbH nach der BGH-Rechtsprechung, S. 247.

ankommt, ob die abhängige Gesellschaft zur Verwirklichung ihres satzungsmäßigen Zwecks und Unternehmensgegenstandes gleichfalls die durch das herrschende Unternehmen veranlasste Maßnahme ergriffen hätte[822]. Deshalb erscheint es sinnvoll, die Kriterien für den Missbrauch der Konzernleitungsmacht an dem bereits behandelten[823] Nachteilsbegriff des § 311 Abs. 1 AktG auszurichten[824]. Danach ist jede auf die Abhängigkeitslage zurückzuführende Beeinträchtigung der Vermögens- oder Ertragslage der abhängigen Gesellschaft missbräuchlich, sofern sie nicht durch einen vergleichbaren Vorteil ausgeglichen wird[825].

b) Übertragung der festgestellten Kriterien auf die kommunalen Gebietskörperschaften als herrschende Unternehmen

Hinsichtlich der Bestimmung des Nachteilsbegriffs des § 311 Abs. 1 AktG bei der Durchsetzung öffentlicher Zwecke wurde bereits darauf hingewiesen, dass die kommunalen Gebietskörperschaften nachteilig auf das abhängige Unternehmen einwirken, wenn der in der Satzung niedergelegte öffentliche Zweck von dem tatsächlich von der jeweiligen Gebietskörperschaft verfolgten Zweck abweicht[826]. Aufgrund unterschiedlicher Gesellschaftsstrukturen im kommunalen Konzern ist für die weitere Untersuchung zwischen Mehrpersonen-Gesellschaften und Einmann-Gesellschaften zu unterscheiden.

aa) Mehrpersonen-Gesellschaften

Die Mehrpersonen-Gesellschaften im kommunalen Bereich, die auch als *„private public partnership"* bezeichnet werden[827], sind privatrechtlich organisierte Unternehmen, an denen sich mindestens eine öffentliche Institution und mindestens ein

---

[822] Vgl. *V. Emmerich / J. Sonnenschein*, Konzernrecht, S. 356; *M. Habersack*, in: V. Emmerich / M. Habersack, Aktien- und GmbH-Konzernrecht, Anh. II § 318, Rdnr. 15.

[823] Siehe Seite 186 ff.

[824] *V. Emmerich*, in Scholz, GmbH-Gesetz, Anh. Konzernrecht, Rdnr. 101, 103; *V. Emmerich / J. Sonnenschein*, Konzernrecht, S. 357 mwN; *M. Habersack*, in: V. Emmerich / M. Habersack, Aktien- und GmbH-Konzernrecht, Anh. II § 318, Rdnr. 16; *B. Kropff*, in: Münchener Kommentar zum AktG, Anh. § 317, Rdnr. 34 ff.; *W. Zöllner*, in: Gedächtnisschrift für B. Knobbe-Keuk, S. 369 (375 f.).

[825] Vgl. *M. Habersack*, in: V. Emmerich / M. Habersack, Aktien- und GmbH-Konzernrecht, aaO.

[826] Siehe Seite 187 ff.

[827] Zu Einzelheiten vgl. *M. Habersack*, ZGR 1996, S. 544 ff.

privater Gesellschafter beteiligen[828]. Bei diesen kommunalen Beteiligungsgesellschaften ist zu unterscheiden, ob die neben der herrschenden Gebietskörperschaft an dem abhängigen Unternehmen beteiligten privaten Gesellschafter der Konzernleitung durch den kommunalen Mehrheitsgesellschafter zugestimmt haben oder nicht[829].

Üblicherweise dürfte es im Regelfall eines faktischen Konzerns unter Beteiligung privater Minderheitsgesellschafter an einer wirksamen Zustimmung zur Konzernleitung fehlen. Gerade dieses Verhalten des kommunalen Gesellschafters stellt jedoch ein unrechtmäßiges Eingreifen dar, das sich zum Nachteil der Gesellschaft auswirken kann. Liegen derartige Nachteile vor, ist weiter zu fragen, ob sie entweder entsprechend § 311 AktG durch korrespondierende Vorteile der abhängigen Gesellschaft aus der Konzernzugehörigkeit kompensiert werden[830] oder durch Einzelansprüche gegen das herrschende Unternehmen wegen isolierbarer schädigender Eingriffe ausgeglichen werden können. Sollte dies nicht möglich sein, so ist in dem Verhalten der kommunalen Gebietskörperschaft die durch Fehlen angemessener Rücksicht gekennzeichnete nachhaltige Beeinträchtigung der Belange der abhängigen Gesellschaft zu sehen.

bb) Einmann- Gesellschaften

Bei Vorliegen einer Einmann-Gesellschaft sind nach dem „*TBB*"- Urteil im Vergleich zur Mehrpersonen-Gesellschaft höhere Anforderungen für die Annahme eines objektiven Missbrauchs der Konzernleitungsmacht zu stellen[831]. Dies ist auf die Fälle der Einschaltung einer kommunalen Eigengesellschaft zu übertragen. Demzufolge soll es erst dann an einer angemessenen, die Konzernhaftung vermeidenden Rücksichtnahme auf die Belange der abhängigen Gesellschaft fehlen, wenn diese aufgrund der im Konzerninteresse ausgeübten Einwirkungen ihren Verbindlichkeiten nicht nachkommen kann[832]. Im Ansatz deckt sich diese Beurteilung mit der auf den Schutz gegen Bestandsgefährdungen beschränkten Treue-

---

[828] *G. Nesselmüller*, Rechtliche Einwirkungsmöglichkeiten der Gemeinden auf ihre Eigengesellschaften, S. 24.

[829] Vgl. zu dieser Differenzierung *A. Kowalski*, GmbHR 1993, S. 253 (256); siehe auch *C. T. Ebenroth / O. Wilken*, ZIP 1993, S. 558 (561 f.).

[830] *G. Krieger*, ZGR 1994, S. 375 (380 ff.).

[831] Vgl. BGHZ 122, 123 (130), wo im Zusammenhang mit den Ausführungen zum Missbrauch der Leitungsmacht auf das Vorliegen einer Einmann-GmbH abgestellt wird.

[832] BGHZ 122, aaO.

pflicht des Alleingesellschafters gegenüber seiner „GmbH“[833]. Entgegen der Formulierung der „*TBB*“- Entscheidung, die eine Konzernhaftung erst für den Fall annimmt, dass die abhängige Gesellschaft ihren Verbindlichkeiten nicht mehr nachkommen kann, mithin also eine Insolvenz bereits eingetreten ist, bedarf es jedoch einer Korrektur dieser Voraussetzung. Der Verlustausgleichsanspruch des abhängigen Unternehmens würde in diesem Fall weitgehend leer laufen, da für eine Verlustübernahme wegen alsbaldiger insolvenzbedingter Einstellung der Geschäftstätigkeit kaum mehr Raum wäre. Deshalb ist es erforderlich, die Konzernhaftung auf das zeitliche Vorfeld des Eintritts einer Insolvenz auszudehnen. Gemeint ist damit die Phase, in der die konzernleitungsbedingte nachhaltige Beeinträchtigung der abhängigen kommunalen Eigengesellschaft zu ihrer konkreten Bestandsgefährdung führt und bei Fortsetzung der Beeinträchtigung ihren Zusammenbruch zur Folge hat[834].

Damit wird deutlich, dass es für die Feststellung des objektiven Missbrauchs der Leitungsmacht in vielen Fällen auf die Umstände des Einzelfalles ankommt, allgemeingültige Voraussetzungen in der bereits geschehenen Weise nur grob festgestellt werden können. Beispielhaft kann ein solcher Vorwurf gegenüber einer kommunalen Gebietskörperschaft als herrschendem Unternehmen etwa gerechtfertigt sein, wenn eine Gesellschaft aus sozialpolitischen Motiven dauerhaft von marktüblichen Erwerbschancen abgeschnitten wird oder zum Zweck des Erhalts von Arbeitsplätzen Rationalisierungen verhindert[835]. Die nachhaltige Beeinträchtigung der Belange der abhängigen Gesellschaft ist daher anhand des Gesellschaftsstatuts der abhängigen Gesellschaft im Einzelfall zu bestimmen. Auf eine weitere Beschäftigung mit dem Merkmal des objektiven Missbrauchs der Leitungsmacht soll an dieser Stelle verzichtet und vielmehr ein anderer Ansatz verfolgt werden.

cc) Verfolgung eines weitergehenden Ansatzes im kommunalen Konzern

Einer vertiefenden Erörterung bedarf die Frage, ob die Annahme einer qualifizierten faktischen Konzernlage im kommunalen Konzern entgegen der Rechtsprechung nicht vom Nachweis einer fehlenden Rücksichtnahme auf die Belange der Eigengesellschaft abhängig zu machen ist. Kurzum ist hiermit ein Verzicht auf den Einzelnachweis fehlender Rücksichtnahme der kommunalen Gebietskörperschaft gegenüber dem abhängigen Unternehmen gemeint. Dies würde die Haftungsverfassung nach der „*TBB*“- Entscheidung in Frage stellen und vereinfachte

---

[833] Siehe oben Seite 193 f.

[834] Vgl. *D. Kleindiek*, DWiR 1993, S. 177 (181).

[835] Vgl. *U. Noack*, Städte- und Gemeinderat 1995, S. 379 (384).

Tatbestandsvoraussetzungen des qualifizierten faktischen Konzerns durch Anknüpfung an einen Organisationssachverhalt einführen. Diese Überlegungen erscheinen bedenkenswert, wenn man sich vor Augen hält, dass sich das von der Rechtsprechung des Bundesgerichtshofs entwickelte Haftungskonzept zum qualifizierten faktischen Konzern auf einer Privatperson als „Konzernspitze" gründet und die Sonderstellung der öffentlichen Hand bisher nicht in ausreichendem Maße berücksichtigt werden konnte. Dem widersprechen auch nicht die *VEBA/Gelsenberg*-Entscheidung und die sich anschließenden Urteile[836]. Zwar wurde die Unternehmenseigenschaft der öffentlichen Hand von der Rechtsprechung bejaht, eine weitere Auseinandersetzung mit den einzelnen Voraussetzungen qualifizierter Konzernierung bei der öffentlichen Hand fand jedoch nicht statt. Die Entscheidung des LG Hannover[837] und das Berufungsurteil des OLG Celle[838] prüfen zwar die Voraussetzungen für die Annahme einer qualifizierten faktischen Konzernlage, lassen jedoch eine eingehende Beschäftigung mit der Frage der Übertragbarkeit dieser Grundsätze auf die wirtschaftliche Betätigung der öffentlichen Hand vermissen[839].

T. Koch hat kürzlich die Konzeption entworfen, die analoge Anwendung von § 302 AktG nicht mit einem Missbrauch der Konzernleitungsmacht zu verbinden, sondern an die Verpflichtung der kommunalen Gebietskörperschaften auf die Verfolgung öffentlicher Zwecke die Vermutung zu knüpfen, dass sich eine kommunale Gesellschaft nicht wie ein privates Unternehmen primär an Gesichtspunkten der Umsatz- und Ertragssteigerung orientiert[840]. Begründet wird dies damit, dass ein erheblicher Unterschied zwischen den Interessen einer kommunalen Gebietskörperschaft als herrschendem Unternehmen und einer beliebigen Gesellschaft des Privatrechts bestehe, die durch eine Privatperson als Obergesellschaft geführt werde. Dieser äußere sich darin, dass bei einem öffentlichen Unternehmen eine latente Spannung zwischen „öffentlichem Zweck" und wirtschaftlichen Interessen bestehe, die von der Gebietskörperschaft nicht verfolgt werden dürften[841]. Deshalb seien die kommunalen Unternehmen auch bei einer funktionalen Betrachtung als ein Teil des kommunalen Verwaltungsapparats anzusehen[842].

---

[836] Vgl. dazu die Nachweise auf Seite 141.

[837] NdsVBl. 1999, S. 221 (222).

[838] DB 2000, S. 2261 (2264).

[839] Vgl. zu dieser Kritik auch *T. Koch*, NdsVBl. 1999, S. 206 (209).

[840] Vgl. *T. Koch*, NdsVBl. 1999, aaO.

[841] *T. Koch*, NdsVBl. 1999, aaO.

[842] *T. Koch*, NdsVBl. 1999, aaO.

Bedenken gegen diese Haftungskonzeption werden von *T. Koch* selbst zurecht in einer hiermit verbundenen Annäherung an die durch das vielfach kritisierte „*Video*"- Urteil erfolgte sogenannte „Konzernzustandshaftung" gesehen[843]. Dem ist insoweit zuzustimmen, als die Haftungsfolge dieses Verzichts auf einen Missbrauch der Konzernleitungsmacht allein aufgrund der Tatsache eintritt, dass herrschendes Unternehmen im Sinne des Konzernrechts eine kommunale Gebietskörperschaft ist.

dd) Stellungnahme

Die Überlegung, auf den Einzelnachweis fehlender Rücksichtnahme zu verzichten, sieht sich den bereits erwähnten Bedenken ausgesetzt, die auch gegen die Konzernzustandshaftung der „*Video*"- Entscheidung vorgebracht wurden. Allerdings wird im Vergleich zu der „*Video*"- Entscheidung für die Verlustübernahme im kommunalen Konzern nicht an einen Zustand dauernder und umfassender Leitungsmacht angeknüpft. Ausgangspunkt der Haftung ist vielmehr die Verfolgung öffentlicher Zwecke durch kommunale Gesellschaften. Gleichwohl sind der dogmatische Ansatzpunkt der „*Video*"- Entscheidung und des Verzichts auf einen Missbrauch der Konzernleitungsmacht vergleichbar, da der Zusammenhang zwischen der Verfolgung öffentlicher Zwecke und der Führung kommunaler Gesellschaften einer Konzernzustandshaftung sehr nahe kommt.

Jedoch sollte bei dieser Haftungskonzeption in Anlehnung an das „*Video*"- Urteil nicht von einer „Konzernzustandshaftung" gesprochen werden. Vielmehr dürfte es sich um eine organisationsrechtlich fundierte Strukturhaftung handeln, der die kommunalen Gebietskörperschaften aufgrund ihrer besonderen Situation als öffentliche Gesellschafter unterliegen. Kurz gesprochen gilt es, für die Gebietskörperschaften ein eigenes Haftungssystem zu entwickeln, da einzelne Haftungstatbestände des Konzernrechts auf eine Privatperson als Gesellschafter zugeschnitten sind. Im Hinblick auf eine die Besonderheiten einer kommunalen Gebietskörperschaft als öffentlicher Gesellschafter berücksichtigende sachgerechte Lösung ist diese Haftungsverfassung jedoch hinzunehmen, da zwischen der Wirtschaftstätigkeit privatrechtlicher Organisationsformen und der Einschaltung kommunaler Eigengesellschaften im kommunalen Konzern erhebliche Unterschiede bestehen. Diese sind in erster Linie auf die Gesellschafterstellung der öffentlichen Hand zurückzuführen.

---

[843] *T. Koch*, NdsVBl. 1999, aaO.

Die Rechtsprechung des Bundesgerichtshofs zum qualifizierten faktischen Konzern ist ausschließlich aufgrund der anderweitigen unternehmerischen Interessen privater Gesellschafter – und zwar im GmbH-Konzern – entwickelt worden. Die Annahme eines Missbrauchs der Konzernleitungsmacht als Voraussetzung für eine Verlustübernahme im kommunalen Konzern, die durch eine besondere Bindung der öffentlichen Gesellschafter gekennzeichnet ist, ist keineswegs zwingend und war bisher auch noch nicht Gegenstand richterlicher Überprüfung. Darüber hinaus ergibt sich aus der Rechtsprechung des Bundesgerichtshofs das aufgezeigte praktische Problem, das rechtlich erhebliche Interesse der abhängigen Gesellschaft bestimmen zu müssen[844].

Vielmehr sollten die Unterschiede zwischen privaten und öffentlichen Unternehmen, die letztlich in der „Person" des kommunalen Gesellschafters begründet liegen, eine andere Beurteilung als der dem *„TBB"*- Urteil zugrundegelegten Haftungskonzeption rechtfertigen. Deutlich wird dies anhand der Urteilsbegründung der *„TBB"*- Entscheidung wenn es dort heißt, die Führung der Geschäfte der abhängigen Gesellschaft durch die Konzernspitze kann zwar die Feststellung einzelner schädigender Eingriffe wesentlich erschweren; die Annahme, dass sie tatsächlich vorgekommen sind, erfordert aber zusätzliche Anhaltspunkte[845]. Dies kann jedoch nicht unbesehen auf den kommunalen Konzern übertragen werden, da es hier an einem anderweitigen unternehmerischen Interesse innerhalb des Konzernverbundes fehlt. Hier werden für die Erfüllung öffentlicher Aufgaben zivilrechtliche Organisationsformen genutzt. Die kommunale Gebietskörperschaft behält als Verwaltungsträger die Alleinzuständigkeit, die Aufgabe gehört weiterhin zum Verantwortungs- und Verwaltungsbereich der Kommune und ist Teil des Verwaltungsapparats[846]. Besonders bei der Gründung einer kommunalen Eigengesellschaft, also einer Gesellschaft, die allein im Eigentum der kommunalen Gebietskörperschaft steht, wird deutlich, dass sie die Aufgabe weiterhin als „eigene", öffentliche Aufgabe erfüllen will[847]. Die Eigengesellschaft wird auf diese Weise ein eigenständiger Teil der Verwaltung und unterliegt sämtlichen Bindungen des öffentlichen Rechts. Die kommunalen Gebietskörperschaften sind ihrerseits verpflichtet, die Einhaltung der öffentlich-rechtlichen Bindungen durch eine entsprechende Steuerung der Gesellschaft sicherzustellen[848].

---

[844] Vgl. *A. Gätsch*, Gläubigerschutz im qualifizierten faktischen GmbH-Konzern, S. 59.

[845] BGHZ 122, 123 (131).

[846] Vgl. *B. Böhm*, Öffentlich-private Partnerschaften in der kommunalen Stadtentwicklung, S. 83

[847] Vgl. *T. Koch*, Der rechtliche Status kommunaler Unternehmen in Privatrechtsform, S. 218.

[848] *T. Koch*, Der rechtliche Status kommunaler Unternehmen in Privatrechtsform, S. 216 ff.; *R. Stober*, NJW 1984, S. 449 (454).

Beteiligt sich eine kommunale Gebietskörperschaft an einer privatrechtlichen Organisation, so ist auch diese Beteiligungstätigkeit öffentliche Verwaltung[849]. Außerdem enthalten die Gemeindeordnungen und Kommunalverfassungen zum Teil ganze „Kataloge" von Maßnahmen zur Durchsetzung der kommunalen Zielsetzungen[850] und begründen damit zusätzlich die Gefahr, dass die kommunalen Gebietskörperschaften – schon um sich rechtmäßig im Sinne der kommunalrechtlichen Vorgaben zu verhalten – allein die öffentlichen kommunalen Interessen verfolgen und das gemeinsame Gesellschafterinteresse vollständig vernachlässigen. Diese Gefahr besteht bei der Beteiligungsgesellschaft im gleichen Maße wie bei der Eigengesellschaft.

Die sich hieraus ergebenden Friktionen treten durch die vom geltenden Gemeindewirtschaftsrecht für die Kommunalwirtschaft explizit eingeforderte Verfolgung eines öffentlichen Zwecks besonders hervor. Hierunter versteht man in der Regel die Aufnahme einer Bestimmung in den Gesellschaftsvertrag oder die Satzung des öffentlichen Unternehmens, durch die ausdrücklich klargestellt wird, dass erwerbswirtschaftliche Zielsetzungen in der Gesellschaft hinter dem Ziel der Gemeinwohlförderung zurücktreten müssen[851]. Auf diese Weise soll sichergestellt werden, dass der Zweck der privatrechtlich organisierten Gesellschaft nicht automatisch mit dem privatwirtschaftlichen Interesse der Gewinnerzielung gleichgesetzt wird. Die in die Gesellschaftsorgane entsandten Vertreter der kommunalen Gebietskörperschaft sollen keinem Interessenkonflikt in dem Sinne ausgesetzt werden, dass sie zugleich dem Gemeinwohl und einem gewinnorientierten Gesellschaftsinteresse verpflichtet sind. Vielmehr sollen das Interesse der Gebietskörperschaft an der Förderung des Gemeinwohls und das Gesellschaftsinteresse möglichst identisch sein[852].

---

[849] *G. Püttner*, Die öffentlichen Unternehmen, S. 120 und 136 f.; vgl. zu den Einzelheiten *A. Pfeifer*, Möglichkeiten und Grenzen der Steuerung kommunaler Aktiengesellschaften durch ihre Gebietskörperschaften, S. 19 f.

[850] Vgl. nur §109 NGO, §§ 107, 108 GO NW, § 87 GO RhPf.

[851] Siehe die Begr. zum Gesetzentwurf zur Änderung der Gemeindeordnung Nordrhein-Westfalen, LT Drucks. 11/4983, S. 26; und die Stellungnahme von *U. Cronauge*, Städte- und Gemeinderat 1994, S. 310 (314); vgl. auch *P. Schoepke*, VBlBW 1994, S. 81 (86).

[852] *G. Haverkate*, VVDStRL 46 (1988), S. 217 (226 f.); *W. Leisner*, WiVerw 1983, S. 212 (221); *A. Pfeifer*, Möglichkeiten und Grenzen der Steuerung kommunaler Aktiengesellschaften durch ihre Gebietskörperschaften, S. 121.

Mit der Umsetzung dieser kommunalrechtlichen Vorgaben der Verfolgung eines öffentlichen Zwecks entsteht im Hinblick auf die erwerbswirtschaftlich motivierte Betätigung der kommunalen Gebietskörperschaften ein besonderes Spannungsverhältnis. Vor diesem Hintergrund sind die Ausführungen bei der Untersuchung der Unternehmenseigenschaft der kommunalen Gebietskörperschaften in Erinnerung zu rufen, die an dieser Stelle ergänzend herangezogen werden können[853].

Der Bundesgerichtshof hat in seinem *VW/Niedersachsen*-Beschluss festgestellt, dass anders als bei privaten Aktionären bei öffentlich-rechtlichen Körperschaften im Regelfall davon auszugehen ist, dass sie sich bei der Ausübung ihres Einflusses auf die beherrschte Aktiengesellschaft nicht nur von typischen Aktionärsinteressen, sondern auch von Interessen leiten ließen, die aus ihrer öffentlich-rechtlichen Aufgabenstellung herrührten[854]. An der Zulässigkeit einer angemessenen Gewinnerzielung als Nebenziel ändert dies jedoch nichts, da nur eine Wirtschaftstätigkeit verboten ist, deren alleiniger und ausschließlicher Zweck in der Absicht der Gewinnerzielung liegt[855].

Ein Korrektiv zur Vermeidung einer hierdurch letztlich eintretenden Haftung ist, dass es sich bei der Vermutung, im kommunalen Konzern auf einen Nachweis fehlender Rücksichtnahme auf die Belange der abhängigen Gesellschaft zu verzichten, um eine widerlegbare Annahme handelt[856]. Grund für die Verlagerung dieser Problematik auf die Ebene der Beweislast ist, dass der Verzicht auf einen Nachweis fehlender Rücksichtnahme auf die Belange der abhängigen Gesellschaft nicht immer zwangsläufig mit der Verpflichtung der kommunalen Gebietskörperschaften zur Verfolgung öffentlicher Zwecke in Zusammenhang stehen muss[857]. Auf die Einzelheiten dieser widerlegbaren Vermutung ist bei der folgenden Besprechung der Darlegungs- und Beweislast im qualifizierten faktischen Konzern einzugehen.

---

[853] Siehe oben Seite 151 ff.

[854] BGHZ 135, 107 (114) und Seite 142 ff.

[855] Vgl. *A. Gern*, Kommunalrecht Baden-Württemberg, Rdnr. 392; *E. Rehn / U. Cronauge*, GO NW, §107, S. 13.

[856] Vgl. *T. Koch*, NdsVBl. 1999, aaO.

[857] Vgl. das Beispiel für den Fall der Gemeinde Salzhemmendorf bei *T. Koch*, NdsVBl. 1999, aaO.

3. Die Verteilung der Darlegungs- und Beweislast im qualifizierten faktischen Konzern

Die Darlegungs- und Beweislast ist für die Fälle von großer praktischer Bedeutung, in denen das abhängige kommunale Unternehmen gegen die Trägerkörperschaft auf Ausgleich der ihm entstandenen Verluste klagt. Für den interessierten Betrachter mag es vielleicht schwer vorstellbar erscheinen, warum eine kommunale Eigengesellschaft – zudem bei möglichen personellen Verflechtungen mit der Gemeinde – zu diesem mit weitreichenden Folgen einhergehenden Globalausgleich[858] greifen sollte. Zumal dieser über eine rechtliche auch eine politische Dimension erreichen kann. Undenkbar ist dies jedenfalls nicht, wie erneut der Fall „Salzhemmendorf" zeigt, wo durch Eröffnung des Insolvenzverfahrens und Einsetzung eines Insolvenzverwalters der „Interessengleichlauf" innerhalb des kommunalen Konzerns aufgehoben wurde.

Für die Haftungsverfassung der kommunalen Gebietskörperschaften spielt deshalb eine entscheidende Rolle, wie die Darlegungs- und Beweislast im qualifizierten faktischen Konzern verteilt sind. Dafür gilt zunächst der allgemeine zivilprozessuale Grundsatz, nach dem es Sache des Klägers ist, die klagebegründenden Tatsachen vorzutragen und im Bestreitensfall unter Beweis zu stellen[859]. In seiner früheren Rechtsprechung neigte der Bundesgerichtshof zu der Ansicht, dass eine Beweislastumkehr anzunehmen ist[860], so dass der kommunalen Gebietskörperschaft der Gegenbeweis auferlegt wurde. So wurde nach der *„Video"*- Entscheidung eine an das Vorliegen dauernder und umfassender Ausübung der Leitungsmacht anknüpfende Schädigungsvermutung entwickelt. Mit der *„TBB"*- Entscheidung ist der Bundesgerichtshof von dieser Rechtsprechung jedoch abgerückt[861]. Nunmehr muss die kommunale Eigengesellschaft die Umstände darlegen und beweisen, welche die Haftung im qualifizierten faktischen Konzern rechtfertigen[862]. Allerdings will der Bundesgerichtshof dem Kläger Erleichterungen hinsichtlich der Substantiierungslast einräumen wenn das herrschende Unternehmen im Gegensatz zum Kläger die maßgeblichen Tatsachen kennt und ihm die Darlegung des Sach-

[858] Vgl. *B. Kropff*, in: Münchener Kommentar zum AktG, Anh. § 317, Rdnr. 45.

[859] *P. Hartmann*, in: Baumbach / Lauterbach / Albers / Hartmann, ZPO, § 253, Rdnr. 32; *H. Thomas*, in: Thomas / Putzo, ZPO, Vorbem. § 253, Rdnr. 40.

[860] BGHZ 95, 330; 107, 7.

[861] BGHZ 122, 123 (132 f.); vgl. auch BGH, NJW 1997, S. 943 (944).

[862] Vgl. dazu *T. Kuhl / K. Wagner*, ZIP 1995, S. 433 (443) mwN.

verhalts zumutbar ist[863]. Dies bedeutet keine Umkehr der Beweislast, so dass ein non liquet zu Lasten des Klägers geht[864]. Das Bild der Verteilung der Darlegungs- und Beweislast ändert sich jedoch, wenn mit der vorgetragenen Ansicht die analoge Anwendung von § 302 AktG nicht vom Nachweis fehlender Rücksichtnahme auf die Belange der Gesellschaft abhängig gemacht wird.

Fraglich ist, ob dieses Haftungskonzept noch mit der vom Bundesgerichtshof entwickelten Rechtsprechung zur Darlegungs- und Beweislast in Einklang zu bringen ist. Hier gilt es erneut darauf hinzuweisen, dass sich diese Rechtsprechung ausschließlich vor dem Hintergrund einer Privatperson als herrschender Gesellschafter entwickelt hat. Somit konnten für die Frage der Verteilung der Darlegungs- und Beweislast die Unterschiede zwischen kommunalen öffentlichen und beliebigen privaten Gesellschaften nicht berücksichtigt werden. Nach der vorzugswürdigen Haftungskonzeption, die auf einen Missbrauch der Leitungsmacht verzichtet, ist aufgrund der Verfolgung öffentlicher Zwecke durch die kommunalen Gebietskörperschaften von einem latenten Spannungsverhältnis zu den erwerbswirtschaftlichen Interessen kommunaler Unternehmen auszugehen. Unabhängig von der Tatsache, dass es sich hierbei um die rechtsdogmatisch sachgerechtere Lösung handelt, wird die hieraus folgende Vermutungsfolge durch einen die Vermutung widerlegenden Sachvortrag der kommunalen Gebietskörperschaft relativiert. So kann beispielsweise im Falle der Insolvenz der abhängigen Gesellschaft nicht immer und zwangsläufig die Ursache hierin in der Ausrichtung des kommunalen Unternehmens auf den öffentlichen Zweck erblickt werden[865]. Außerdem dürfte es der jeweiligen Trägerkörperschaft des kommunalen Unternehmens in der Regel auch möglich sein, die entsprechenden Tatsachen der über die Haftungsverfassung Aufschluss gebenden Unternehmensverfassung vorzutragen.

Abschließend bleibt festzuhalten, dass diesem Ansatz folgend die Möglichkeit besteht, einen qualifizierten faktischen Konzern unter erleichterten Tatbestandsvoraussetzungen anzunehmen. Aufgrund des hierdurch gegebenen Verlustausgleichsanspruchs der abhängigen Gesellschaft ist eindringlich auf eine Verschlechterung der Haftungsverfassung für die kommunalen Gebietskörperschaften bei dieser Konzerlage hinzuweisen.

---

[863] BGHZ 12, 122 (132); *U. Hüffer*, AktG, § 302, Rdnr. 8a; dies soll jedoch nicht für den Insolvenzverwalter gelten, vgl. *G. Krieger*, ZGR 1994, S. 375 (389); *P. Ulmer*, in: M. Hachenburg, Kommentar zum GmbhG, Anh. § 77, Rdnr. 148.

[864] Vgl. *M. Habersack*, in: V. Emmerich / M. Habersack, Aktien- und GmbH-Konzernrecht, Anh. II § 318, Rdnr. 26.

[865] Vgl. hierzu die Ausführungen von *T. Koch*, NdsVBl. 1999, S. 206 (209) zur Gemeinde Salzhemmendorf.

4. Übertragbarkeit der Rechtsprechung auf kommunale Eigengesellschaften in Form der Aktiengesellschaft

Nach der herrschenden Auffassung lassen sich die dargestellten Grundsätze des qualifizierten faktischen GmbH-Konzerns auf das Aktienrecht übertragen[866]. Dies soll hier ohne weiteren argumentativen Aufwand angenommen und für Einzelheiten auf die weiterführende gesellschaftsrechtliche Literatur verwiesen werden.

Fraglich ist in diesem Zusammenhang allein, ob auch für das Aktienrecht eine missbräuchliche Ausübung der Leitungsmacht im Sinne des *„TBB"*- Urteils erforderlich ist. Es ist hier allerdings nicht der Ort einer Überprüfung, ob sich die *„TBB"*- Grundsätze in das aktienrechtliche Ausgleichssystem einfügen[867]. Mit der herrschenden Meinung ist dies anzunehmen, so dass die durch die Rechtsprechung entwickelten Tatbestandsvoraussetzungen einer qualifizierten faktischen Konzernlage auch auf das Aktienrecht zu übertragen sind[868]. Die dauernde und umfassende Leitung der abhängigen Gesellschaft ist bei Vorliegen einer Aktiengesellschaft weder notwendige noch hinreichende Voraussetzung für die Annahme einer qualifizierten faktischen Konzernierung[869]. Allerdings wirkt sich die vorgestellte Haftungskonzeption unter Verzicht eines Missbrauchs der Leitungsmacht durch das herrschende Unternehmen im kommunalen Konzern auf die Haftung für Eigengesellschaften in der Rechtsform der Aktiengesellschaft aus. Auch hier spricht die sachgerechtere Lösung dafür, die analoge Anwendung von § 302 AktG nicht vom Nachweis fehlender Rücksichtnahme auf die Belange der Gesellschaft abhängig zu machen.

---

[866] *B. Deilmann*, Die Entstehung des qualifizierten faktischen Konzerns, S. 125 ff.; *U. Hüffer*, AktG, § 302, Rdnrn. 7 und 30; *K. Schmidt*, Gesellschaftsrecht, S. 967; *W. Zöllner*, Gedächtnisschrift für B. Knobbe-Keuk, S. 369; OLG Hamm, NJW 1987, S. 1030.

[867] Eingehend dazu *M. Habersack*, in: V. Emmerich / M. Habersack, Aktien- und GmbH-Konzernrecht, Anh. II, § 318, Rdnr. 12.

[868] Vgl. *B. Kropff*, in: Münchener Kommentar zum AktG, Anh. § 317, Rdnrn. 23 ff.; *U. Hüffer*, AktG, § 302, Rdnr. 8a.

[869] *V. Emmerich / J. Sonnenschein*, Konzernrecht, S. 357, halten mit Rücksicht auf § 76 AktG ein zusätzliches Merkmal zur Rechtfertigung der strengen Sanktionen im qualifiziert faktischen Konzern für entbehrlich.

5. Die Haftungsfolgen im qualifizierten faktischen Konzern

Die Haftung der kommunalen Gebietskörperschaften gegenüber ihren kommunalen Gesellschaften im qualifizierten faktischen GmbH-Konzern wie auch im Aktienkonzern richtet sich nach der für Beherrschungsverträge geltenden Norm des § 302 AktG, die hier entsprechend anzuwenden ist[870]. Liegen die Voraussetzungen der Konzernierung vor, besteht ein Anspruch auf Verlustausgleich des beherrschten Unternehmens gemäß § 302 AktG[871]. Diese Verlustausgleichspflicht bezieht sich auf sämtliche Verluste[872] und bedeutet eine strenge und umfassende Haftung der kommunalen Gebietskörperschaften gegenüber ihren Eigengesellschaften. Städte und Gemeinden können sich daher erheblichen, ihre finanzielle Situation stark belastenden, Forderungen ausgesetzt sehen.

a) Höhe der Ausgleichsverpflichtung bei einem kommunalen Unternehmen in der Rechtsform der Aktiengesellschaft

Bei Vorliegen eines kommunalen Unternehmens in Form einer Aktiengesellschaft – und zwar unabhängig, ob als Eigengesellschaft oder der Beteiligungsgesellschaft geführt – soll § 302 AktG unmodifiziert zur Anwendung gelangen[873]. Von der Gebietskörperschaft auszugleichen ist der Jahresfehlbetrag, soweit er nicht durch während des qualifizierten Abhängigkeitsverhältnisses gebildete Rücklagen ausgeglichen werden kann[874].

---

[870] So die heute ganz hM; vgl. nur *V. Emmerich / J. Sonnenschein*, Konzernrecht, S. 360; *M. Habersack*, in: V. Emmerich / M. Habersack, Aktien- und GmbH-Konzernrecht, Anh. II, § 318, Rdnr. 28; *U. Hüffer*, AktG, § 302, Rdnr. 6 f.; *W. Zöllner*, Gedächtnisschrift für B. Knobbe-Keuk, S. 369 (378); krit. dazu *B. Kropff*, in: Münchener Kommentar zum AktG, Anh. § 317, Rdnr. 46 f.

[871] Es wird allerdings auch die Ansicht vertreten, dass die Rechtfolgen nur aus § 311 ff. AktG zu entnehmen seien. Das faktische Beherrschungsverhältnis hätte dann lediglich Schadensersatzpflichten bzw. Pflichten zum Nachteilausgleich für das herrschende Unternehmen zur Folge; vgl. *H. Altmeppen*, DB 1994, S. 1912 (1915); *M. Hoffmann-Becking*, ZHR 150 (1986), S. 570 (571 f.); *B. Kropff*, AG 1993, S. 485 (493 f.); *U. Schneider*, ZGR 1980, S. 511 (537 ff.).

[872] Vgl. *V. Emmerich / J. Sonnenschein*, Konzernrecht, S. 361 mwN; *M. Habersack*, in: V. Emmerich / M. Habersack, Aktien- und GmbH-Konzernrecht, Anh. II § 318, Rdnr. 28.

[873] *M. Habersack*, in: V. Emmerich / M. Habersack, Aktien- und GmbH-Konzernrecht, Anh. II, § 318, Rdnr. 29.

[874] *M. Habersack*, in: V. Emmerich / M. Habersack, Aktien- und GmbH-Konzernrecht, aaO.

b) Höhe der Ausgleichsverpflichtung bei einer abhängigen GmbH

Die gleichen Rechtsfolgen gelten grundsätzlich auch bei einem kommunalen Unternehmen in der Rechtsform der GmbH[875]. Allerdings ist hier streitig, ob sich die Verlustausgleichspflicht wegen § 30 f. GmbHG auf den Schutz des Stammkapitals beschränkt[876].

Für eine sachgerechte Lösung ist zwischen mehrgliedrigen Gesellschaften, bei der dem herrschenden Unternehmen wie bei einer Beteiligungsgesellschaft noch einzelne Minderheitsgesellschafter gegenüberstehen und der Einmann-GmbH zu unterscheiden. Fraglich ist, ob eine Verlustausgleichspflicht auch bei der abhängigen Einmann-GmbH eintritt. Der Bundesgerichtshof hat dies in den Entscheidungen *„Autokran"* und *„Tiefbau"* offen gelassen. Im *„TBB"*- Urteil hat das Gericht jedoch klargestellt, dass eine Verlustausgleichspflicht auch bei der qualifizierten faktischen Einmann-GmbH eintreten kann[877]. Danach ist es den kommunalen Gebietskörperschaften gestattet, zur Deckung von Verlusten auch sonstige, bereits vor der Begründung des qualifizierten Abhängigkeitsverhältnisses gebildete Rücklagen aufzulösen, um so einer Verpflichtung zum Verlustausgleich ganz oder teilweise zu entgehen[878]. Dieser Ansicht folgend können Städte und Gemeinden eine Haftungsbeschränkung auf die Stammkapitalziffer erreichen. Demgegenüber ist es bei der mehrgliedrigen GmbH, also im Falle einer kommunalen Beteiligungsgesellschaft, im Hinblick auf die Interessen der Mitgesellschafter ausgeschlossen, dass die Gebietskörperschaft auf bereits vor Begründung des qualifizierten Abhängigkeitsverhältnisses gebildete freie Rücklagen zum Ausgleich eines Jahresfehlbetrages zurückgreift[879].

---

[875] Vgl. *V. Emmerich / J. Sonnenschein*, Konzernrecht, S. 402.

[876] Vgl. zum Streitstand: *V. Emmerich / J. Sonnenschein*, Konzernrecht, S. 403.

[877] BGHZ 122, 123 (130).

[878] Vgl. *U. Hüffer*, AktG, § 302, Rdnr. 9 mwN; *W. Stimpel*, ZGR 1991, S. 144 (158 f.); *P. Ulmer*, AG 1986, S. 123 (129 f.); *ders.*, in: M. Hachenburg, Kommentar zum GmbhG, Anh. § 77, Rdnr. 163.

[879] *V. Emmerich*, in: Scholz, GmbH-Gesetz, Anh. Konzernrecht, Rdnr. 129; *W. Stimpel*, ZGR 1991, aaO; *P. Ulmer*, AG 1986, aaO.

6. Das Verhältnis zwischen der Verlustausgleichspflicht und den kommunalen Haftungsbegrenzungspflichten

Die konzernrechtlichen Ausführungen haben deutlich gemacht, dass die kommunalen Gebietskörperschaften im qualifizierten faktischen Konzern eine Verlustausgleichspflicht in entsprechender Anwendung von § 302 AktG treffen kann. Somit ist bei qualifizierter faktischer Konzernierung die mit der Organisationsform der GmbH oder Aktiengesellschaft angestrebte und nach den kommunalrechtlichen Vorgaben sogar erforderliche Haftungsbeschränkung auf das Gesellschaftsvermögen nicht mehr gewährleistet.

Wie schon bei der Betrachtung der Haftungsverfassung des Vertragskonzerns[880] und des einfachen faktischen Konzerns[881] stellt sich an dieser Stelle die Frage der Vereinbarkeit qualifizierter Konzernherrschaft mit den haftungsrechtlichen Restriktionen des Gemeindewirtschaftsrechts. Aufgrund der im Vertragskonzern bestehenden Verlustausgleichspflicht handelt es sich um eine vergleichbare Rechtslage, so dass die Ausführungen zum Verhältnis zwischen Beherrschungsvertrag und Haftungsbegrenzungspflichten entsprechend heranzuziehen sind. Danach sind die kommunalrechtlichen Haftungsbegrenzungspflichten im Sinne der Vermeidung nicht beherrschbarer Haftungsrisiken zu verstehen. Die Verpflichtung zur Wahl einer Rechtsform mit Haftungsbegrenzung ist darauf zurückzuführen, dass die kommunalen Gebietskörperschaften auf rechtlich selbständige Gesellschaften nur begrenzte Einflussmöglichkeiten haben[882]. Anerkannt ist, dass dem nur in den Fällen zugestimmt werden kann, in denen die kommunale Gebietskörperschaft das mit der Verlustausgleichspflicht verbundene Risiko selbst steuern kann[883]. Bereits bei der Untersuchung des Vertragskonzerns wurde festgestellt, dass der Abschluss eines Beherrschungsvertrages mit den kommunalen Vorgaben nur vereinbar ist, wenn es sich hierbei um vorhersehbare und beherrschbare Risiken aus Entscheidungen handelt, die jederzeit steuerbar sind[884].

---

880 Siehe Seite 168 ff.

881 Siehe Seite 195.

882 Vgl. *M. Habersack*, ZGR 1996, S. 544 (558).

883 *T. Koch*, Der rechtliche Status kommunaler Unternehmen in Privatrechtsform, S. 176; *M. Paschke*, ZHR 152 (1988), S. 263 (279); *A. Pfeifer*, Möglichkeiten und Grenzen der Steuerung kommunaler Aktiengesellschaften durch ihre Gebietskörperschaften, S. 134 ff.; einen weitergehenden Ansatz verfolg *T. Raiser*, ZGR 1996, S. 458 (474 f.), wonach die Haftungsfolgen im qualifizierten faktischen Konzern nicht von der Beachtung kommunalrechtlicher Bindungen abhängig zu machen sind.

884 Siehe Seite 170 f.

Auf Beherrschungsverhältnisse, wie sie gerade bei qualifizierter Konzernierung gegeben sind und die aus der Natur der Sache heraus keine rechtlich abgesicherten Steuerungsmöglichkeiten vorsehen, können diese Überlegungen nicht übertragen werden. Auch wenn die faktische Steuerung der Gesellschaft durch die kommunale Gebietskörperschaft ganz umfassend und besonders intensiv ausfallen mag, schließt das gleichwohl nicht die Möglichkeit des Vorstands der abhängigen Gesellschaft aus, derartige Weisungen nicht zu befolgen[885]. Damit fehlt es gerade an der gesicherten Durchsetzbarkeit von Weisungen der kommunalen Gebietskörperschaft als herrschendem Unternehmen. Hinzukommt, dass Städte und Gemeinden nach den Gemeindeordnungen Einflussmöglichkeiten auf eine Aufgabe nur dann abgeben sollen, wenn sie andererseits auch ihren Haushalt von den Kosten der Aufgabenerfüllung entlasten, also gerade nicht aufgrund der Verlustausgleichspflicht bei faktischer Konzernierung weiterhin in vollem Umfang haften[886]. Die kommunalen Gebietskörperschaften sind daher schon wegen eines ansonsten einhergehenden Verstoßes gegen geltendes Gemeindewirtschaftsrecht verpflichtet, eine Haftung als herrschende Unternehmen im qualifizierten faktischen Konzern zu verhindern.

7. Ergebnis über die Haftung der kommunalen Gebietskörperschaften im qualifizierten faktischen Konzern

Die Untersuchung der Haftungsverfassung kommunaler Gebietskörperschaften im qualifizierten faktischen Konzern hat ergeben, dass sich diese Verlustausgleichsansprüchen ihrer abhängigen Eigen- oder Beteiligungsgesellschaften ausgesetzt sehen können. Problematisch ist bei der Feststellung einer qualifizierten faktischen Konzernlage im kommunalen Konzern, welche Voraussetzungen an den von der Rechtsprechung entwickelten missbräuchlichen Einfluss auf das kommunale Unternehmen zu stellen sind. Zusammenfassend ist dieses Merkmal von einer Beurteilung des konkreten Einzelfalles abhängig, allgemeingültige Aussagen sind auch unter Berücksichtigung der Rechtsprechungsgrundsätze nach der *„TBB“*-Entscheidung des Bundesgerichtshofs nur schwer möglich. Dort wo jedoch eine Einteilung in bestimmte Fallkonstellationen möglich war, wurde dies angesprochen.

---

[885] Vgl. *M. Paschke*, ZHR 152 (1988), S. 263 (280).

[886] *A. Pfeifer*, Möglichkeiten und Grenzen der Steuerung kommunaler Aktiengesellschaften durch ihre Gebietskörperschaften, S. 168 ff.; a.A. *T. Raiser*, ZGR 1996, S. 458 (474).

Bemerkenswert ist noch der von *T. Koch* in der jüngeren Literatur vertretene Ansatz eines Verzichts auf den Nachweis einer fehlenden Rücksichtnahme auf die eigenen Belange der kommunalen Eigengesellschaft. Hier liegt ein durchaus gangbarer Weg, der die ansonsten nicht hinreichend zur Geltung kommenden Unterschiede zwischen der Gesellschafterstellung der öffentlichen Hand – sprich den kommunalen Gebietskörperschaften – und einem privaten Gesellschafterkreis entsprechend berücksichtigt. Danach ist davon auszugehen, dass die wirtschaftliche Betätigung kommunaler Gesellschaften grundsätzlich eine andere konzernrechtliche Beurteilung erfordert als die der privaten Erwerbsgesellschaften.

IV. Zusammenfassung der Haftungsfolgen konzernrechtlicher Bestimmungen im kommunalen Konzern

Resümierend lässt sich festhalten, dass sich aus dem Konzernrecht für die Städte und Gemeinden im kommunalen Konzern schwerwiegende Haftungsfolgen ergeben können, die in einer Zahlungspflicht gegenüber ihren Eigengesellschaften bestehen. Insofern kann die Effektivität der gesellschaftsrechtlichen Haftungsbegrenzung privatrechtlicher Organisationsformen, die vom Gemeindewirtschaftsrecht gerade eingefordert wird, beeinträchtigt werden. Aus den dargestellten Gründen ist eine Haftungsbegrenzung nur in einem eingeschränkten Rahmen möglich.

Auch wenn es auf den ersten Blick überraschend erscheinen mag, eine Haftung der kommunalen Gebietskörperschaften unter konzernrechtlichen Gesichtspunkten gegenüber ihren Eigengesellschaften anzunehmen, hat die Untersuchung die in der rechtswissenschaftlichen Literatur befürwortete grundsätzliche Anwendung konzernrechtlicher Vorschriften im kommunalen Konzern bestätigt. Dies erklärt sich aufgrund der Tatsache, dass Bund und Länder nach der Rechtsprechung des Bundesgerichtshofs Unternehmen im konzernrechtlichen Sinne sind und sich diese Grundsätze auf die wirtschaftliche Betätigung der kommunalen Gebietskörperschaften übertragen lassen.

Uneinheitlich stellt sich das Bild über die Haftungsfolgen im kommunalen Konzern bei Abschluss eines Beherrschungsvertrages und den daraus folgenden Verlustübernahmepflichten der kommunalen Gebietskörperschaften als herrschende Unternehmen dar. In den Ländern Niedersachsen, Nordrhein-Westfalen, Rheinland-Pfalz und Sachsen-Anhalt stehen die sich aus den kommunalrechtlichen Vorgaben ergebenden Haftungsbegrenzungspflichten und zusätzlich geregelte Verlustübernahmepflichten dem Abschluss eines Beherrschungsvertrages zwischen Gebietskörperschaft und kommunalem Unternehmen entgegen.

Demgegenüber ist in den restlichen Ländern aufgrund einer teleologischen Reduktion der Haftungsbeschränkung nur jedes nicht beherrschbare Risiko zu vermeiden, so dass durch einen Beherrschungsvertrag gekennzeichnete Unternehmensverbindungen zulässig sind. In diesen Ländern können die sich aus dem Abschluss eines Beherrschungsvertrages ergebenden Rechtsfolgen jedoch erhebliche finanzielle Auswirkungen auf den kommunalen Gesellschafter haben und die von den kommunalrechtlichen Vorgaben in allen Bundesländern eingeforderte Verlustbeschränkung konterkarieren.

Bei Vorliegen einer qualifizierten faktischen Konzernlage kann die Haftungsbeschränkung zugunsten der kommunalen Gebietskörperschaften leer laufen, da sie unter Umständen nach konzernrechtlichen Regelungen als herrschende Unternehmen für die Verbindlichkeiten ihrer Gesellschaften einzustehen haben, wenn sie im Interesse der Konzernmutter Kommune in schädigender Weise Einfluss auf ihre Gesellschaften nehmen. Die kommunalen Gebietskörperschaften dürfen die Situation des qualifizierten faktischen Konzerns nicht bewusst herbeiführen.

Als im Hinblick auf die kommunalrechtlichen Vorgaben haftungsrechtlich unbedenklich hat sich lediglich die Haftungsverfassung des einfachen faktischen Konzerns erwiesen. Hier besteht ein Schadensersatzanspruch in der Form eines Einzelausgleichsanspruchs der von der kommunalen Gebietskörperschaft abhängigen Eigengesellschaft.

F. Die satzungsmäßige Gewährleistung der Haftungsbeschränkung und die Konzernhaftung

Die haftungsbeschränkende Wirkung kommunaler Eigengesellschaften in der Rechtsform der GmbH oder Aktiengesellschaft kann nach den festgestellten Ergebnissen durch eine Einstandspflicht der Städte und Gemeinden gegenüber ihren Gesellschaften nach konzernrechtlichen Vorschriften hinfällig werden. Im Ergebnis bedeutet dies, dass die kommunalen Gebietskörperschaften durch Gründung von Eigengesellschaften ihre Haftung nicht in jedem Fall zu begrenzen vermögen. Vor dem Hintergrund dieser Haftungsfolgen ist die Frage aufzuwerfen, ob die Gefahren für die Haftungsverfassung der kommunalen Gebietskörperschaften durch eine bestimmte Gestaltung und Ausformulierung des diesen Gesellschaften zugrundeliegenden Gesellschaftsstatuts ausgeräumt oder zumindest vermindert werden können. Mit anderen Worten ist zu untersuchen, ob die bestehenden konzernrechtlichen Gefahren bereits im Stadium der Gestaltung der Gesellschaftsverträge zwischen Gebietskörperschaft und der zu gründenden kommunalen Gesellschaft vermindert werden können.

Diese Frage stellt sich nur bei faktischer und qualifizierter faktischer Konzernierung, da der konzernrechtliche Haftungsgrund regelmäßig in nachteiliger Einflussnahme unter Verletzung der Interessen der abhängigen Gesellschaft besteht. Im Rahmen von Vertragskonzernen darf aber per se das Konzerninteresse in den Vordergrund gestellt werden. Nachteilige Weisungen und fehlende Rücksichtnahme auf das Interesse der abhängigen Gesellschaft stellen – wie ein Blick auf § 308 Abs. 1 AktG zeigt – keine Haftungstatbestände dar.

Als eine Möglichkeit der Haftungsvermeindung kommt in der Praxis ein Gesellschaftsvertrag (oder entsprechend eine Satzung bei der Aktiengesellschaft) in Betracht[887], der eine bestimmte Ausrichtung des Unternehmensgegenstandes auf das Konzerninteresse festlegt[888]. In dem hier zu untersuchenden Zusammenhang ist damit eine Ausrichtung des Statuts der kommunalen Gesellschaft auf eine begrenzte Funktion dergestalt gemeint, dass Gesellschaftszweck allein die Förderung der Interessen der kommunalen Gebietskörperschaft ist. Es kann auch von satzungsgemäß abhängig gegründeten Gesellschaften gesprochen werden. Für eine Eigengesellschaft in der Rechtsform der GmbH ergibt sich die Angabe des Unternehmensgegenstandes als unverzichtbarer Bestandteil des Gesellschaftsvertrages

[887] Auch im GmbH-Recht hat sich zur Bezeichnung des organisationsrechtlichen Rahmens fast allgemein der Begriff Satzung durchgesetzt; vgl. *P. Ulmer*, in: M. Hachenburg, Kommentar zum GmbHG, § 53, Rdnr. 7.

[888] Vgl. BGH, ZIP 1994, S. 1693.

aus § 3 Abs. 1 Nr. 2 GmbHG, für die Satzung der Aktiengesellschaft aus § 23 Abs. 3 Nr. 2 AktG. Nach wohl herrschender Meinung kennzeichnet der Unternehmensgegenstand den konkreten Tätigkeitsbereich, in dem die GmbH oder Aktiengesellschaft ihren Gesellschaftszweck verfolgt[889].

Die Bedeutung dieser Ausrichtung liegt in der Innenbindung der Unternehmensführung und betrifft die Geschäftsführungsbefugnis[890]. Die Ausrichtung der Gesellschaft durch den Unternehmensgegenstand hat also die Funktion, die Geschäftsführung im Innenverhältnis an die kommunale Gebietskörperschaft zu binden. Wird der Unternehmensgegenstand der Gesellschaft von vornherein auf eine für die kommunale Gebietskörperschaft dienende Funktion ausgerichtet, können Einwirkungen des herrschenden Unternehmens, die auf eine Verwirklichung dieser Aufgabenstellung der Gesellschaft abzielen, nicht gegen das Schädigungsverbot verstoßen[891]. Von einem objektiven Missbrauch der Einwirkungsbefugnisse des herrschenden Unternehmens kann im qualifizierten faktischen Konzern keine Rede sein, wenn die GmbH entsprechend ihrer satzungsmäßigen Funktion gebraucht wird[892]. Dies jedoch unter der Voraussetzung, dass ein solcher Missbrauch der Leitungsmacht mit der Rechtsprechung und Literatur für die Annahme einer qualifizierten faktischen Konzernierung auch im kommunalen Konzern erforderlich ist[893].

Die kommunalen Gebietskörperschaften als herrschende Unternehmen können das Risiko einer Haftung für die Verbindlichkeiten ihrer Gesellschaften nach konzernrechtlichen Regelungen also beispielsweise durch eine gesellschaftsvertragliche Bestimmung minimieren, die klarstellt, dass der Gegenstand des Unternehmens allein in der Versorgung der Bevölkerung des Gemeinde- oder Kreisgebiets mit den von der Gesellschaft erbrachten Leistungen zu günstigen Konditionen besteht, und zwar ohne Rücksicht darauf, ob dies der Gewinnmaximierung dienlich ist[894].

---

[889] Vgl. *G. Hueck*, in: A. Baumbach / G. Hueck, Kommentar zum GmbHG, § 1, Rdnr. 5; *P. Ulmer*, M. Hachenburg, Kommentar zum GmbH, § 1, Rdnr. 8; *F. Rittner*, in: H. Rowedder, GmbHG, § 1, Rdnr. 4; *V. Emmerich*, in: Scholz, GmbH-Gesetz, § 1, Rdnr. 2; *J. Meyer-Landrut*, in: J. Meyer-Landrut / G. Miller / R. Niehus, GmbHG, § 1, Rdnr. 4; a.A. M. *Lutter / P. Hommelhoff*, GmbHG, § 1, Rdnr. 2.

[890] § 37 Abs. 1 GmbHG, § 82 Abs. 2 AktG und vgl. dazu *S. Beinert*, Die Konzernhaftung für die satzungsgemäß abhängig gegründete GmbH, S. 31.

[891] *S. Beinert*, Die Konzernhaftung für die satzungsgemäß abhängig gegründete GmbH, S. 67.

[892] *U. Noack*, Städte- und Gemeinderat 1995, S. 379 (384); *S. Beinert*, Die Konzernhaftung für die satzungsgemäß abhängig gegründete GmbH, S. 178.

[893] Vgl. dazu den abweichenden Ansatz auf Seite 206 ff.

[894] Vgl. dazu *T. Darsow / S. Genter / K.-M. Glaser / H. Meyer*, Kommunalverfassung Mecklenburg-Vorpommern, § 68, Rdnr. 2.

In der kommunalen Praxis könnte eine solche Bestimmung im Gesellschaftsvertrag der Eigengesellschaft wie folgt aussehen:

> **§ ... Unternehmensgegenstand und Unternehmensziele**
>
> Gegenstand des Unternehmens ist die preiswerte und sichere Gewinnung von Wasser, die Versorgung der Bevölkerung mit Trink- und Brauchwasser und der öffentliche Personennahverkehr im Stadtgebiet X sowie den umliegenden Randgemeinden. Dabei soll die Gesellschaft in der Regel einen Gewinn erwirtschaften, der so hoch ist, dass außer den für die technische und wirtschaftliche Entwicklung des Unternehmens notwendigen Rücklagen mindestens eine marktübliche Verzinsung des Eigenkapitals erzielt wird. Die Gewinnerzielung ist jedoch nicht der primäre Zweck der Gesellschaft. Die Durchführung verlustbringender Geschäfte und Maßnahmen ist zur Förderung des Gemeinwohls zulässig, sofern die Rentabilität des Unternehmens insgesamt nicht entfällt. Im Einzelfall sind auch Maßnahmen zulässig, die zu einem zeitweiligen Verlust der Rentabilität führen, wenn dies zum Wohle der Bevölkerung der Stadt X unerlässlich ist.

Wird der Unternehmensgegenstand dagegen – wie in der Praxis häufig[895] – rein sachlich beschrieben und enthält er lediglich eine Aufzählung der von der Gesellschaft zu betreibenden Geschäftsarten, folgt daraus, dass die Gesellschaft entsprechend dem Normaltyp einer Kapitalgesellschaft erwerbswirtschaftlich zu führen ist[896]. Wirtschaftlich nachteilige Einflussnahme kann dann eine Konzernhaftung begründen.

Ergänzend ist darauf hinzuweisen, dass ein bloßer gesellschaftsvertraglicher Hinweis auf die Verfolgung gemeinnütziger Zwecke im Sinne der §§ 51 ff. AO nicht ausreicht, um die Gesellschaft auf das Konzerninteresse auszurichten. Eine Satzungsvorschrift über die Verfolgung gemeinnütziger Zwecke spricht lediglich dafür, dass die Gesellschaft „selbstlos" im Interesse der Allgemeinheit tätig ist. Da die Interessen der Allgemeinheit aber nicht zwingend identisch mit den Interessen der kommunalen Trägerkörperschaft sind, lässt sich allein aus einer solchen Bestimmung kein Recht der kommunalen Gebietskörperschaft zur nachteiligen Einflussnahme auf ihre Gesellschaft herleiten.

---

[895] *D. Ehlers*, DÖV 1986, S. 897 (904) mwN.

[896] *C. T. Ebenroth / K. W. Lange*, GmbHR 1992, S. 69 (72); *F. Engellandt*, Die Einflussnahme der Kommunen auf ihre Eigengesellschaften über das Anteilseignerorgan, S. 32; *K.-P. Martens*, in: Festschrift für A. Kellermann, S. 271 (274).

I. Gesellschaftsrechtliche Schranken

Der konkrete Inhalt des jeweiligen Gesellschaftsstatuts unterliegt in weitem Umfang der Gestaltungsfreiheit der Gesellschafter, was gemeinhin als Satzungsautonomie bezeichnet wird[897]. Insoweit bedarf es einer eingehenden Begründung, warum die satzungsmäßige Ausrichtung einer Gesellschaft auf eine dienende Funktion innerhalb des kommunalen Konzerns gesellschaftsrechtlich unzulässig sein sollte. *F. Engellandt* vertritt hierzu die Ansicht, eine dienende Funktion sei nicht mit dem Gesellschaftsrecht in Einklang zu bringen. Zum qualifizierten faktischen Konzern führt er aus, das herrschende Unternehmen einer abhängigen GmbH könne die konzernrechtliche Ausgleichshaftung analog §§ 302, 303 AktG nur vermeiden, indem es eine ordnungsgemäße Konzerngeschäftsführung unter Wahrung des Eigeninteresses der Tochter betreibe[898]. Daraus folge, dass die Führung einer abhängigen GmbH im Stile einer bloßen Betriebs- oder Verwaltungsabteilung regelmäßig die konzernrechtliche Ausgleichshaftung nach sich ziehe, da in diesem Fall die erforderliche Abgrenzung der wirtschaftlichen Interessensphäre der abhängigen Gesellschaft von der des herrschenden Unternehmens nicht mehr möglich sei[899].

Der Ansicht *F. Engellandts* ist jedoch entgegenzuhalten, dass sich weder in der Rechtsprechung des Bundesgerichtshofs zum faktischen bzw. qualifizierten faktischen Konzern noch in der einschlägigen Literatur Anhaltspunkte dafür finden, dass die Befugnis zur haftungsvermeidenden Gestaltung der Satzung einer abhängigen GmbH eingeschränkt ist. Der Bundesgerichtshof hat vielmehr erst vor wenigen Jahren entschieden, dass die satzungsmäßige Ausrichtung einer abhängigen GmbH auf eine begrenzte Einzelfunktion im Konzern zulässig ist und dass eine Benutzung der Gesellschaft dem vertraglichen Unternehmensgegenstand entsprechend keine Konzernhaftung des herrschenden Unternehmens begründet[900]. Das von *F. Engellandt* bemängelte Fehlen einer Abgrenzung der wirtschaftlichen Interessensphären von herrschenden und beherrschten Unternehmen wirkt nicht haftungsbegründend, wenn die Interessenverquickung in der Satzung der beherrschten Gesellschaft gerade vorgesehen ist.

---

[897] BGH, DB 1989, S. 272 (273); *W. Zöllner*, in: A. Baumbach / G. Hueck, GmbHG, § 45, Rdnr. 5

[898] *F. Engellandt*, Die Einflussnahme der Kommunen auf ihre Eigengesellschaften über das Anteilseignerorgan, S. 44.

[899] *F. Engellandt*, Die Einflussnahme der Kommunen auf ihre Eigengesellschaften über das Anteilseignerorgan, aaO.

[900] BGH, ZIP 1994, S. 1690 (1692 f.).

K. Eschenbruch geht demgemäss davon aus, dass GmbH-Satzungen, die auf die konkrete Situation der Gesellschaft im Gesamtkonzern nicht ausgerichtet sind, eine der Hauptursachen für eine vermeidbare Konzernhaftung sind[901]. Die grundsätzliche Möglichkeit der Anpassung des Gesellschaftsvertrages einer GmbH an die dienende Funktion im Konzern sei aus diesen Gründen anzuerkennen[902]. Eine solche Satzungsgestaltung kann die Gefahr der Inanspruchnahme der Trägerkommune als herrschendes Unternehmen allerdings nicht verringern, wenn man annimmt, dass die Konzernhaftung bereits aufgrund einer satzungsmäßigen Ausrichtung der abhängigen GmbH auf das Konzerninteresse eintritt.

Dies erwägt *S. Beinert* mit dem Hinweis darauf, dass die Gründung einer satzungsmäßig abhängigen GmbH im Ergebnis dem Abschluss eines Beherrschungsvertrages nahe kommt[903]. Durch eine gesellschaftsvertragliche Ausrichtung auf das Konzerninteresse werde eine (partielle) Entbindung des herrschenden Unternehmens von der Pflicht zur Beachtung des Eigeninteresses der abhängigen GmbH erreicht. Deshalb sei eine analoge Anwendung der §§ 302, 303 AktG im Falle der Gründung einer gesellschaftsvertraglich auf das Konzerninteresse ausgerichteten GmbH in Betracht zu ziehen[904]. Im Ergebnis vertritt aber auch *S. Beinert* diesen Standpunkt nicht. Sie führt vielmehr zu Recht aus, dass eine solche Auffassung einen weitreichenden und damit unvertretbaren Eingriff in die Satzungsautonomie der GmbH-Gesellschafter bedeuten würde[905]. Hätte die Gründung einer GmbH, die von vornherein auf eine unselbständige wirtschaftliche Existenz ausgerichtet ist, eine automatische Verlustausgleichspflicht der Gesellschafter zur Folge, wäre damit faktisch das in § 13 Abs. 2 GmbHG verankerte Prinzip der Haftungstrennung von Gesellschaft und Gesellschaftern ausgehebelt. Eine GmbH, bei der dieses Prinzip nicht gilt, ist aber praktisch keine GmbH[906].

Es bleibt festzuhalten, dass keine gesellschaftsrechtliche Regelung existiert, welche die satzungsmäßige Ausrichtung einer abhängigen GmbH auf das Interesse des Konzerns verbietet. Eine solche begrenzte Funktionszuweisung begründet für sich allein auch keine konzernrechtliche Haftung, solange die GmbH unter Wahrung ihres Eigeninteresses geleitet wird[907]. Zur Beantwortung der Frage, worin

---

[901] *K. Eschenbruch*, Konzernhaftung, Rdnr. 3471, 3474.

[902] So auch *W. Leisner*, WiVerw 1983, S. 212 (221 f.).

[903] *S. Beinert*, Die Konzernhaftung für die satzungsgemäß abhängig gegründete GmbH, S. 168.

[904] *S. Beinert*, Die Konzernhaftung für die satzungsgemäß abhängig gegründete GmbH, aaO.

[905] *S. Beinert*, Die Konzernhaftung für die satzungsgemäß abhängig gegründete GmbH, S. 189.

[906] *S. Beinert*, Die Konzernhaftung für die satzungsgemäß abhängig gegründete GmbH, aaO.

[907] BGH, ZIP 1994, S. 1690 (1692, 1693).

dieses Eigeninteresse besteht, ist auf die konkrete GmbH abzustellen[908]. Entscheidend ist der satzungsmäßige Unternehmensgegenstand der betreffenden Gesellschaft[909]. Erfolgt eine Anpassung der GmbH-Satzung an ihre Konzernfunktion, sind Maßnahmen des herrschenden Unternehmens, die eine Realisierung des vertraglichen Unternehmensgegenstandes fördern, weder Treuepflichtverletzungen noch stellen sie einen objektiven Missbrauch der Leitungsmacht dar, selbst wenn es sich um Eingriffe handelt, die für die abhängige Gesellschaft nachteilig sind. Vielmehr stellt sich die Befugnis zur Schädigung der abhängigen Gesellschaft im Konzerninteresse als das Wesenstypische eines Beherrschungsvertrages dar[910]. Eine Konzernhaftung des herrschenden Unternehmens für solche Maßnahmen scheidet aus.

II. Kommunalrechtliche Schranken

Im Gegensatz zu privaten Gesellschaftern dürfen die kommunalen Gebietskörperschaften nicht privatautonom über die von ihren Wirtschaftsunternehmen verfolgten Ziele entscheiden[911]. Sie sind bei der Festsetzung des Unternehmensgegenstandes durch das Gemeindewirtschaftsrecht zum einen durch den bereits angesprochenen Umstand gebunden, dass kommunale Gesellschaften der Förderung eines öffentlichen Zwecks dienen müssen, zum anderen haben sie die kommunalrechtlichen Wirtschaftlichkeitsgrundsätze zu beachten.

1. Erfüllung bzw. Förderung eines öffentlichen Zwecks

In den Gemeindeordnungen und Kommunalverfassungen finden sich hinsichtlich der Erfüllung eines öffentlichen Zwecks recht unterschiedliche Formulierungen, die jedoch in der Sache kaum auseinanderliegen[912]. Nach § 109 Abs. 1 Nr. 5 NGO muss durch Ausgestaltung des Gesellschaftsvertrages oder der Satzung sichergestellt werden, dass der öffentliche Zweck des Unternehmens erfüllt wird[913]. In Nordrhein-Westfalen findet sich eine Regelung nach der gemäß § 108 Abs. 1 Nr. 7 GO NW das Unternehmen (§ 107 Abs. 1 GO NW) bzw. die Einrichtung (§ 107

---

908 *M. Lutter*, DB 1994, S. 129 (130).

909 *M. Lutter*, DB 1994, aaO.

910 *H. Altmeppen*, in: Münchener Kommentar zum AktG, § 308, Rdnr. 2

911 *F. Engellandt*, Die Einflussnahme der Kommunen auf ihre Eigengesellschaften über das Anteilseignerorgan, S. 32.

912 Vgl. dazu auch Seite 80 ff.

913 Vgl. dazu nur § 100 Abs. 2 Nr. 1 KV Brandenburg.

Abs. 2 GO NW) durch Gesellschaftsvertrag, Satzung oder sonstiges Organisationsstatut auf den öffentlichen Zweck auszurichten ist.

E. Rehn und *U. Cronauge* meinen, ein öffentlicher Zweck ist gegeben, wenn die Leistungen oder Lieferungen eines Unternehmens im Aufgabenbereich der Gemeinde liegen und eine im öffentlichen Interesse gebotene Versorgung der Einwohner zum Ziel haben[914]. Ein öffentlicher Zweck gemäß § 108 Abs. 1 Satz 2 Nr. 1 NGO liegt nach *J. Ipsen* dann vor, wenn die kommunalen Unternehmen Aufgaben im Sinne des § 2 Abs. 1 Satz 1 NGO erfüllen, wobei die Verknüpfung mit den Selbstverwaltungsangelegenheiten auch durch § 108 Abs. 1 Satz 1 NGO vorgegeben wird[915].

Auf der Basis dieser Definitionen könnte erwägt werden, einer Gesellschaft die Fähigkeit zur Verfolgung eines öffentlichen Zwecks abzusprechen, wenn sie selbst keine Leistungen zur Versorgung der Bevölkerung anbietet, sondern nur eine Teilfunktion in einem Unternehmensgefüge erfüllt, von dem die Leistungen letztlich erbracht werden. Dann wäre die satzungsmäßige Ausrichtung einer Gesellschaft auf eine dienende Funktion zumindest in den Fällen kommunalrechtlich unzulässig, in denen die Zuweisung einer Einzelfunktion dazu führt, dass die Gesellschaft selbst keine Leistungen an die Gemeindebevölkerung erbringt. Die bereits angesprochenen, sich großer Beliebtheit erfreuenden Holding-Gesellschaften wären generell nicht erlaubt.

Diesem Gedanken steht jedoch der Kernpunkt der Definition entgegen, wonach der von der Gesellschaft verfolgte Zweck am Gemeinwohl orientiert sein muss[916]. Eine Förderung des Gemeinwohls kann aber nicht nur in der unmittelbaren Erbringung von Leistungen oder Lieferung an die Bevölkerung liegen. Diesem Erfordernis entspricht auch ein Gesellschaftszweck, der die Erfüllung von Aufgaben der kommunalen Gebietskörperschaft durch Übernahme einer Teilfunktion innerhalb eines Gesamtgefüges gewährleistet.

---

914 *E. Rehn / U. Cronauge*, GO NW, § 107, Anm. III. 1; ähnlich auch *W. Held / E. Becker / H. Decker / R. Kirchhof / F. Krämer / R. Wansleben*, KVR NW, § 107, Anm. 5.1; für die vergleichbare Regelung in Brandenburg: *M. Muth / W. Plumbaum / J. Odendahl* u.a., Potsdamer Kommentar zur Kommunalverfassung des Landes Brandenburg, § 100, Anm. 6b.

915 *J. Ipsen*, Nds. Kommunalrecht, Rdnr. 633; ähnlich auch *P. Blum / H. Beckhof / I. Behrens / W. Göke / B. Häusler / A. Menzel / T. Smollich / C. Wefelmeier*, KVR Niedersachsen, § 108, Rdnr. 2; *R. Thiele*, NGO, S. 361.

916 So für die ähnliche Bestimmung nach der GO Brandenburg: *M. Muth / W. Plumbaum / J. Odendahl* u.a., Potsdamer Kommentar zur Kommunalverfassung des Landes Brandenburg, § 100, Anm. 6b; für Niedersachsen: *P. Blum / H. Beckhof / I. Behrens / W. Göke / B. Häusler / A. Menzel / T. Smollich / C. Wefelmeier*, KVR Niedersachsen, aaO; *R. Thiele*, GO Niedersachsen, aaO.

Die einschlägigen kommunalrechtlichen Bestimmungen, insbesondere die hier angesprochenen §§ 109 Abs. 1 Nr. 5 NGO, 108 Abs. 1 Nr. 7 GO NW verbieten deshalb die satzungsmäßige Ausrichtung der kommunalen Eigengesellschaften auf eine eingeschränkte Funktion nicht.

2. Bedeutungsgehalt der kommunalen Wirtschaftsgrundsätze

Bindungen der kommunalen Gebietskörperschaften bei der Gestaltung der Satzungen ihrer wirtschaftlichen Unternehmen ergeben sich allerdings aus den kommunalen Wirtschaftsgrundsätzen. Alle Gemeindeordnungen und Kommunalverfassungen sehen vor, dass kommunale Gesellschaften unter Wahrung der öffentlichen Zwecksetzung einen angemessenen Gewinn oder auch eine angemessene Verzinsung des eingesetzten Eigenkapitals erwirtschaften sollen[917].

Beispielhaft sollen im Folgenden die niedersächsischen Vorgaben in § 114 NGO und die Vorschrift des § 109 GO NW herausgegriffen werden. Sie bestimmen, dass kommunale Unternehmen einen Ertrag für den Haushalt abwerfen sollen, soweit dadurch die Erfüllung des öffentlichen Zwecks nicht beeinträchtigt wird. Nach 114 Abs. 2 NGO sollen die Einnahmen so hoch sein, dass mindestens alle Aufwendungen gedeckt und angemessene Rücklagen gebildet werden können. § 109 GO NW verlangt einen Jahresgewinn, der außer den für die technische und wirtschaftliche Entwicklung des Unternehmens notwendigen Rücklagen mindestens eine marktübliche Verzinsung des Eigenkapitals umfasst. Dies hat zwar unter Wahrung der öffentlichen Zwecksetzung zu geschehen, jedoch folgt daraus nicht, dass der Ertragsgrundsatz den Belangen des öffentlichen Wohles im Regelfall untergeordnet werden darf[918]. Eine generelle Befugnis der kommunalen Gebietskörperschaften zur Außerachtlassung des Rentabilitätsgebots aufgrund der gemeinwohlorientierten Zwecksetzung folgt auch nicht aus dem Umstand, dass § 109 Abs. 1 Nr. 5 NGO bzw. § 108 Abs. 1 Nr. 7 GO NW die Ausrichtung der Gesellschaft auf den öffentlichen Zweck zwingend vorschreiben, während das Gebot der Erwirtschaftung eines angemessenen Gewinns sowohl in § 114 Abs. 2 NGO als auch in § 109 Abs. 1 Satz 2 und Abs. 2 GO NW lediglich als ermessensreduzierende Soll-Vorschriften ausgestaltet sind.

---

[917] § 102 Abs. 2 GO BW; Art. 94 BayGO; § 107 KV Brandenburg;§ 127a GO He; § 75 KV MeckVorp.; § 114 NGO; § 109 GO NW; § 90 GO RhPf; § 116 KSVG Saarl.; § 116 Abs. 2 GO LSA; § 97 Abs. III GO Sachs.; § 107 GO SH; § 75 Abs. 1 ThürKO.

[918] *T. Darsow / S. Genter / K.-M. Glaser / H. Meyer*, Kommunalverfassung Mecklenburg-Vorpommern, § 75, Rdnr. 2; vgl. auch *F. Engellandt*, Die Einflussnahme der Kommunen auf ihre Eigengesellschaften über das Anteilseignerorgan, S. 33.

Die grundsätzliche Anordnung der Gewinnerzielung wäre sinnlos, wenn die kommunale Gebietskörperschaft sie aus Gründen des öffentlichen Wohls stets ignorieren dürfte. Das Zusammenspiel der Wirtschaftsgrundsätze mit dem Erfordernis der Förderung eines öffentlichen Zwecks zeigt vielmehr, dass kommunale Gesellschaften im Regelfall rentabel arbeiten müssen.

Ausnahmsweise darf davon abgewichen werden, wenn dies aus Gründen des öffentlichen Wohls unvermeidbar ist[919]. Soziale Erwägungen begründen einen solchen Ausnahmefall nicht ohne weiteres. Im Hinblick auf Gesellschaften, deren Gegenstand eine rentable Unternehmensführung grundsätzlich erlaubt, ist der Gestaltungsspielraum der Trägerkommune bei der Formulierung des Unternehmensgegenstandes also durch die Wirtschaftsgrundsätze beschränkt. Das bedeutet aber nicht, dass die Satzung auf eine Maximierung des Gewinns zugeschnitten sein muss. Kommunalrechtlich unzulässig ist lediglich eine satzungsmäßige Freistellung kommunaler Wirtschaftsunternehmen von jeglicher Gewinnerzielungsabsicht[920]. Zulässig sind dagegen solche Umschreibungen des Unternehmensgegenstandes, welche die öffentliche Zwecksetzung näher verdeutlichen, ohne zugleich das Ertragsprinzip auszuhebeln[921]. Der Gesellschaftsvertrag darf deshalb eine Regelung enthalten, aus der sich ergibt, dass zum Gegenstand des Unternehmens auch die Erfüllung verlustbringender Aufgaben zählt, sofern generell noch ein rentabler Betrieb der Gesellschaft möglich ist.

Zu beachten ist, dass die genannten Beschränkungen der Satzungsfreiheit nur im Hinblick auf „Unternehmen" im Sinne der §§ 108 Abs. 1 NGO, 107 Abs. 1 GO NW gelten. Unternehmen sind nach diesen Vorschriften Betriebe, die als Hersteller, Anbieter oder Vertreter von Gütern oder Dienstleistungen am Markt tätig werden, sofern die Leistung ihrer Art nach auch von einem Privaten mit der Absicht der Gewinnerzielung erbracht werden könnte[922]. Auf „Einrichtungen" gemäß §§ 108 Abs. 3 NGO, 107 Abs. 2 GO NW beziehen sich § 114 NGO und § 109

---

[919] Ähnlich *F. Engellandt*, Die Einflussnahme der Kommunen auf ihre Eigengesellschaften über das Anteilseignerorgan, S. 35; *A. Galette / E. Laux / K.-F. v. Scheliha*, GO Schleswig-Holstein, § 107, Anm. II; *R. Thiele*, NGO, S. 374.

[920] *F. Engellandt*, Die Einflussnahme der Kommunen auf ihre Eigengesellschaften über das Anteilseignerorgan, S. 37; im Hinblick auf Satzungen von Eigenbetrieben auch *E. Rehn / U. Cronauge*, GO NW, § 109, Anm. II. 2; vgl. aber § 87 Abs. 1 S. 1 Nr. 8 GO RhPf und die Anm. von *R. Oster*, in: M. Gabler / B. Höhlein / W. Klöckner / H. Lukas u.a., KVR Rheinland-Pfalz, Kommentar, § 87, Anm. 2.8.

[921] *F. Engellandt*, Die Einflussnahme der Kommunen auf ihre Eigengesellschaften über das Anteilseignerorgan, aaO.

[922] Siehe dazu bereits Seite 34.

Abs. 1 Satz 2 und Abs. 2 GO NW nicht[923]. „Einrichtungen" sind insbesondere Betriebe, die sozialen und kulturellen Zwecken dienen, wie Schulen, Volkshochschulen, Kindertagesstätten, Institutionen der Jugendhilfe, Bibliotheken, Museen, Ausstellungen, Opern, Theatern, Kinos, Bühnen, Orchester, Stadthallen, Begegnungsstätten, Sportanlagen, zoologische und botanische Gärten, Wald-, Park- und Gartenanlagen, Herbergen, Erholungsheime, Bäder, Einrichtungen zur Veranstaltung von Volksfesten, Krankenhäuser[924], Bestattungseinrichtungen, Sanatorien, Kurparks, Senioren- und Behindertenheime, Frauenhäuser, sozial und medizinische Beratungsstellen, Abfallentsorgungs- und Abwasserbeseitigungsanlagen, Straßenreinigungs- und Wirtschaftsförderungsbetriebe, Fremdenverkehrsförderungs- und Wohnraumversorgungsbetriebe sowie Institutionen, die als Hilfsbetriebe ausschließlich der Deckung des Eigenbedarfs von Gemeinden und Gemeindeverbänden dienen.

Auch Einrichtungen sind allerdings gemäß §§ 110 Abs. 1 NGO, 107 Abs. 2 Satz 2 GO NW nach wirtschaftlichen Gesichtspunkten zu verwalten, soweit es mit ihrem öffentlichen Zweck vereinbar ist. Eine wirtschaftliche Unternehmensführung setzt aber nicht voraus, dass die Gesellschaft Gewinn erzielt. „Wirtschaftlichkeit" im kommunalrechtlichen Sinn bedeutet vielmehr, mit einem möglichst geringen Aufwand einen möglichst großen Nutzen zu erzielen[925]. Bei der Gestaltung der Satzung kommunaler Gesellschaften, die Einrichtungen im Sinne der §§ 108 Abs. 3, 107 Abs. 2 GO NW sind, ist demnach auch ein vollständiger satzungsmäßiger Verzicht auf die Gewinnerzielung zulässig.

---

[923] *J. Oebbecke*, Städte und Gemeinderat 1995, S. 387 (391).

[924] Beachte dazu aber § 108 Abs. 4 NGO.

[925] *F. Engellandt*, Die Einflussnahme der Kommunen auf ihre Eigengesellschaften über das Anteilseignerorgan S. 35; *K. Grupp*, JZ 1982, S. 231 (234); *W. Held / E. Becker / H. Decker / R. Kirchhof / F. Krämer / R. Wansleben*, KVR NW, § 75, Anm. 1.5.

3. Zwischenergebnis

Zusammenfassend bleibt zu den kommunalrechtlichen Beschränkungen der Städte und Gemeinden bei der Satzungsgestaltung unter dem Aspekt der Haftungsbeschränkung festzuhalten:

Das Erfordernis, die Satzung der Gesellschaft auf den öffentlichen Zweck auszurichten, beschränkt die kommunalen Gebietskörperschaften nicht bei dem Bestreben, durch eine präzise gesellschaftsvertragliche Fassung des Unternehmensgegenstandes die Gefahr der Inanspruchnahme als herrschendes Unternehmen nach konzernrechtlichen Regelungen zu verringern.

Auch aus den kommunalen Wirtschaftsgrundsätzen haben sich keine wesentlichen Beschränkungen feststellen lassen. Zum einen gelten die beispielhaft herangezogenen Vorschriften der §§ 114 NGO, 109 GO NW nur für kommunale „Unternehmen", nicht dagegen für „Einrichtungen". Zum anderen verbieten sie auch lediglich einen vollständigen satzungsmäßigen Verzicht auf Gewinnerzielung, nicht dagegen eine Vertragsgestaltung, die auch verlustbringende Geschäfte im Interesse der Förderung des öffentlichen Zwecks erlaubt, solange ein rentables Wirtschaften grundsätzlich möglich bleibt. Eine solche – zur Vermeidung der Konzernhaftung der kommunalen Gebietskörperschaft günstige – Gestaltung des Unternehmensgegenstandes ist sowohl gesellschafts- als auch kommunalrechtlich zulässig.

G. Zusammenfassung der Untersuchung einer Einstandspflicht der kommunalen Gebietskörperschaften für ihre Eigengesellschaften

Auf die Frage ob die kommunalen Gebietskörperschaften von der im Regelfall durch eine Gesellschaft in der Rechtsform der GmbH oder Aktiengesellschaft eintretenden Haftungsbeschränkung profitieren können, lässt sich keine eindeutige Antwort geben. Die Beurteilung der Haftungsverfassung im kommunalen Konzern muss deshalb an einer am Einzelfall orientierten Betrachtung erfolgen, wobei dies durch eine noch in der Entwicklung befindliche Rechtsprechung zur Haftung der Gebietskörperschaften erschwert wird.

Teilweise wird eine Einstandspflicht der kommunalen Gebietskörperschaften für die Verbindlichkeiten ihrer Gesellschaften wegen einer Insolvenzabwendungspflicht angenommen. Die Untersuchung hat jedoch gezeigt, dass sich eine solche Einstandspflicht rechtlich nicht überzeugend begründen lässt[926]. Auch die Vertreter der vorzugswürdigen Literaturansicht, die eine Insolvenzabwendungspflicht von Städten und Gemeinden ablehnen, weisen darauf hin, dass die Effektivität der gesellschaftsrechtlichen Haftungsbeschränkung sich unter Umständen infolge einer Ausgleichspflicht für Verluste ihrer kommunalen Unternehmen nach den Vorschriften des Konzernrechts verringern kann.

Dieser Befund kann nach einer Untersuchung der konzernrechtlichen Haftungsverfassung teilweise bestätigt werden. Dabei galt es zunächst die Frage zu klären, ob das zivilrechtliche Konzernrecht auf die Beziehungen der kommunalen Gebietskörperschaften zu ihren Eigengesellschaften überhaupt anwendbar ist. Nachdem die Anwendung des Konzernrechts im früheren Schrifttum überwiegend verneint worden war, ist seit dem *VEBA/Gelsenberg*-Urteil und dem sich anschließenden *VW/Niedersachsen*-Beschluss eine Kehrtwende eingetreten. Nach der jüngsten Rechtsprechung des Bundesgerichtshofs bedarf es nunmehr einer Ausdehnung des konzernrechtlichen Unternehmensbegriffs für den Bereich der wirtschaftlichen Betätigung der öffentlichen Hand, um die Gefahr einer einseitigen Förderung öffentlicher Aufgaben und politischer Ziele zu Lasten von Minderheitsgesellschaftern oder Gläubigern zu begegnen.

---

[926] Siehe oben Seite 70 ff.

Im weiteren Verlauf der Untersuchung war festzustellen, dass diese Erweiterung des ursprünglich für den Bund bzw. die Länder entwickelten Unternehmensbegriffs auch auf die kommunalen Gebietskörperschaften zu übertragen ist. Hinsichtlich der Rechtsfolgen, die sich aus der Anwendung des Konzernrechts ergeben, ist danach zu differenzieren, ob es sich bei der Unternehmensverbindung um einen Vertragskonzern, einen einfachen faktischen Konzern oder einen qualifizierten faktischen Konzern handelt.

Als für die Haftungsverfassung des kommunalen Konzerns unproblematisch hat sich die Situation im einfachen faktischen Konzern herausgestellt. Dort widersprechen mögliche Schadensersatzpflichten aufgrund einzelner Eingriffe in die Unternehmenspolitik der abhängigen Gesellschaft nicht den kommunalen Haftungsbegrenzungspflichten, da diese kein unvorhersehbares und unabwendbares finanzielles Risiko für die kommunalen Gebietskörperschaften darstellen.

Im Vertragskonzern stellt sich hingegen die Problematik, ob der Abschluss von Beherrschungsverträgen zwischen der kommunalen Gebietskörperschaft und ihren Gesellschaften aufgrund der zwingenden Rechtsfolge der Verlustausgleichspflicht kommunalrechtlich unzulässig ist. Diese Frage konnte nicht für alle Gemeindeordnungen und Kommunalverfassungen einheitlich beantwortet werden, da in einigen Ländern zusätzlich eingeführte unbeschränkte Verlustübernahmepflichten dem Abschluss von Beherrschungsverträgen entgegenstehen. Grundsätzlich stellt sich für alle kommunalen Gebietskörperschaften die Frage, ob die Einschaltung einer Zwischenholding sinnvoll ist. Die Untersuchung hat jedenfalls gezeigt, dass die Haftungsbegrenzungspflichten des Gemeindewirtschaftsrechts der Holding-Konstruktion nicht widersprechen. Danach besteht für Städte und Gemeinden die Möglichkeit, ihre Unternehmen über einen mit der Holding-Gesellschaft geschlossenen Beherrschungsvertrag zu steuern und sich hierbei im Rahmen der kommunalrechtlichen Vorgaben zu bewegen.

Als rechtlich äußerst problematisch und sehr umstritten hat sich demgegenüber die Haftungsverfassung der kommunalen Gebietskörperschaften im qualifizierten faktischen Konzern erwiesen. Hier ist vieles im Bereich des kommunalen Konzerns ungeklärt und bedarf dringend höchstrichterlicher Überprüfung. Dies bezieht sich insbesondere auf die tatbestandlichen Voraussetzungen qualifizierter faktischer Konzernierung. Bei dem Merkmal des Missbrauchs der Konzernleitungsmacht nach dem *„TBB“*- Urteil galt es einen neuen – allerdings in seiner Konsequenz nicht unumstrittenen – Ansatz zu verfolgen.

Auch lässt sich die bei einer qualifizierten faktischen Konzernlage eintretende umfassende Verlustausgleichspflicht nicht mit den kommunalen Haftungsbegrenzungspflichten vereinbaren. Den kommunalen Gebietskörperschaften ist vor dem Hintergrund der bis heute bestehenden rechtlichen Unsicherheiten dringend vor der Herbeiführung einer qualifizierten faktischen Konzernlage abzuraten. Ein Hinweis, der für die Gebietskörperschaften zwar hilfreich aber zugleich auch problematisch sein kann, da sie den qualifizierten faktischen Konzern und die aus ihm folgenden haftungsrechtlichen Konsequenzen unbewusst herbeiführen können.

Fünfter Teil: Die Haftung der kommunalen Gebietskörperschaften gegenüber den Gläubigern kommunaler Unternehmen

Dem Duktus der Untersuchung liegt als Systematisierungsversuch die getrennte Darstellung und Untersuchung der Rechtsbeziehungen zwischen kommunalen Gebietskörperschaften und ihren Eigengesellschaften auf der einen Seite und von Ansprüchen der Gläubiger kommunaler Gesellschaften gegenüber den Gebietskörperschaften auf der anderen Seite zugrunde. Entsprechend dieser Vorgabe gilt es nunmehr, das Augenmerk auf die Besprechung von Ansprüchen der Gläubiger kommunaler Eigengesellschaften gegenüber den kommunalen Gesellschaftern selbst zu richten und die hierin liegenden Gefahren für die Haftungsverfassung der kommunalen Gebietskörperschaften auszumachen. Gravierende Auswirkungen auf die Haftungsverfassung der Städte und Gemeinden können dann bestehen, wenn von einem sogleich zu untersuchenden Haftungsdurchgriff auf den kommunalen Gesellschafter gesprochen werden kann. In diesem Fall würden sich die kommunalen Gebietskörperschaften direkten Ansprüchen ausgesetzt sehen, ohne sich auf die haftungsbeschränkende Wirkung der von ihr gegründeten juristischen Person berufen zu können.

Vor diesem rechtlichen Hintergrund ist die Frage zu stellen, ob es angemessen ist, die Sicherstellung der Aufgabenerfüllung der kommunalen Gebietskörperschaften – wie zum Beispiel in § 90 Abs. 1 GO LSA explizit als „stetige Erfüllung ihrer Aufgaben“ formuliert – zu Lasten der Gläubiger herzustellen, die mit der Eigengesellschaft in Geschäftskontakte getreten sind und ihr eventuell durch vermögenswerte Dispositionen Kredite oder Warenkredite eingeräumt haben. In diesen Fällen besteht für die Gläubiger, die womöglich von einer besonderen Kreditwürdigkeit der öffentlichen Hand und damit auch der von ihr gegründeten und unterhaltenen Gesellschaften ausgegangen sind, im Falle einer finanziellen Krise des Unternehmens ein erhöhtes Ausfallrisiko. Dieses Ausfallrisiko ergibt sich aus der begrenzten Haftung kommunaler Eigengesellschaften, da wie im Falle der Insolvenz eines echten Zivilrechtssubjekts[927] grundsätzlich nur derjenige Teil des Vermögens der Mitglieder einer juristischen Person des Privatrechts dem Zugriff der Gläubiger unterworfen ist, der ihrer Beteiligung an der juristischen Person entspricht.

[927] Der Begriff des echten Zivilrechtssubjekt soll verdeutlichen, dass Gesellschafter einer solchen juristischen Person – in Abgrenzung zu kommunalen Eigengesellschaften – ausschließlich Privatpersonen sind.

Das Trennungsprinzip der §§ 13 Abs. 2 GmbHG, 1 Abs. 1 Satz 2 AktG wird hier als gesetzgeberisches Instrument zum haftungsrechtlichen Schutz der kommunalen Gebietskörperschaften eingesetzt. Zwar würden in einem Insolvenzverfahren über das Vermögen der kommunalen Gesellschaft alle Gläubiger gemeinschaftlich befriedigt werden (vgl. § 1 InsO), damit verbunden bliebe aber das angesprochene Ausfallrisiko, wenn die Insolvenzmasse nicht zur Befriedigung aller Gläubiger ausreicht oder wenn das Insolvenzgericht das Verfahren nach Eröffnung des Insolvenzverfahrens mangels Masse gemäß § 207 InsO einstellt. Grundsätzlich besteht auch die Möglichkeit, dass eine Anzahl von Forderungen ganz ausfällt. Hinzu kommt, dass der Eintritt der Insolvenz die Liquidierung des kommunalen Unternehmens als rechtliche Konsequenz hat[928]. Somit besteht für die Gesellschaftsgläubiger, auch nach Überwindung der finanziellen Krise, keine Möglichkeit, ihre Rechte zu verwirklichen. Aus diesen Gründen wird im Hinblick auf die Kreditwürdigkeit der öffentlichen Hand zumindest aus politischen Gründen von vielen Seiten eine Einstandspflicht der Städte und Gemeinden für ihre Eigengesellschaften anerkannt[929].

In der kommunalen Praxis zeigt der Fall der Gemeinde Salzhemmendorf, dass die kommunale Trägergemeinde – wohl vor dem Hintergrund eingeschränkter finanzieller Möglichkeiten – Zahlungen an den Insolvenzverwalter der kommunalen Kurbetriebs-Gesellschaft verweigerte, ohne hierbei auf die Auswirkungen in der öffentlichen Meinung[930], sowie auf die politische wie juristische Diskussion[931] über die Kreditwürdigkeit der öffentlichen Hand zu achten. Aufgrund der Aktualität des angesprochenen Falles gilt es umso dringender, die Haftungsverfassung kommunaler Gebietskörperschaften auch im Verhältnis zu den Gläubigern kommunaler Eigengesellschaften zu überprüfen. Hierbei ist die Frage zu beantworten, ob ein Haftungsdurchgriff gegen den kommunalen Träger aus öffentlichem Recht oder Konzernrecht begründet werden kann.

---

[928] Vgl. z.B. § 262 Abs. 1 Ziff. 3 AktG (Ausnahme: § 274 Abs. 2 Ziff. 1 AktG); § 60 Abs. 1 Ziff. 4 GmbHG.

[929] Vgl. *D. Ehlers*, Verwaltung in Privatrechtsform, S. 322; *W. Erbguth / F. Stollmann*, DÖV 1993, S. 798 (807) mwN; *U. Gundlach*, LKV 2000, S. 58 (59); *K. Oettle*, in: Oettle, Grundfragen öffentlicher Betriebe II, S. 121 (141).

[930] Vgl. den Bericht in der FAZ vom 30.06.1994, S. 13.

[931] Vgl. dazu die Anmerkung von *T. Koch*, NdsVBl. 1999, S. 206 ff.

Stünde den Gläubigern ein solcher Durchgriff zur Verfügung, würden die kommunalen Gebietskörperschaften mit ihrem Vermögen haften und das Insolvenzrisiko wäre entsprechend gering anzusetzen. Darauf ist im Folgenden näher einzugehen, wobei im Bereich der Untersuchung eines Haftungsdurchgriffs wegen der dogmatischen Schwierigkeiten dieser Rechtsmaterie[932] eine Beschränkung auf die herrschende Meinung in Rechtsprechung und gesellschaftsrechtlicher Literatur erfolgen muss.

932 Vgl. *K. Schmidt*, Gesellschaftsrecht, S. 241 ff.

Erster Abschnitt: Bestehen eines Haftungsdurchgriffs auf die kommunalen Gebietskörperschaften nach öffentlichem Recht

In der rechtswissenschaftlichen Literatur wird zahlreich die Auffassung vertreten, dass die rechtlich selbständigen publizistischen Privatrechtsvereinigungen der kommunalen Gebietskörperschaften in gleicher Weise in Insolvenz fallen können wie alle anderen juristischen Personen des Privatrechts. Dieses ist unter Bezugnahme auf die bereits vorgenommene Überprüfung der Insolvenzfähigkeit kommunaler Eigengesellschaften nur kurz in Erinnerung zu rufen[933].

Weiter sprechen sich zahlreiche Autoren dafür aus, im Falle einer Insolvenz die insolvenzbedingten Beeinträchtigungen der Gläubiger durch Zugriff auf den hinter der privatrechtlichen Organisation stehenden kommunalen Träger zu kompensieren. Damit ist die Lehre vom sogenannten Haftungsdurchgriff angesprochen, wobei jedoch festzustellen ist, dass ein allgemeiner Haftungsdurchgriff im Konzern dem deutschen Rechtssystem fremd ist[934] und nur in besonderen Ausnahmefällen in Betracht kommt[935]. Bei dieser Durchgriffshaftung handelt es sich um eine Ausnahme vom Trennungsprinzip der §§ 13 Abs. 2 GmbHG, 1 Abs. 1 Satz 2 AktG[936]. Die durch das Trennungsprinzip gewährte Haftungsbegrenzung stellt ein Privileg gegenüber dem das Zivilrecht sonst beherrschenden Grundsatz dar, wonach jeder für die Folgen seiner Handlungen unbeschränkt einzustehen hat. Es soll nur das Gesellschaftsvermögen haften und zwischen den Gläubigern der Gesellschaft sowie den kommunalen Gebietskörperschaften als Gesellschafter keine unmittelbare Rechtsbeziehung bestehen. Dennoch dürfen hierdurch keine Ergebnisse erzielt werden, die mit den Grundsätzen von Treu und Glauben nicht im Einklang stehen und die eine Ausnutzung der rechtlichen Verschiedenheiten zwischen der handelnden juristischen Person und der hinter ihr stehenden Person bedeuten[937].

---

933 Siehe oben Seite 60.

934 BGHZ 81, 311 (317); BGH, NJW 1979, S. 1823 (1828); BAG, AG 1979, S. 108; OLG Köln, AG 1978, S. 17 (18); vgl. dazu auch *V. Emmerich / J. Sonnenschein*, Konzernrecht, S. 256 f.

935 BGHZ 54, 222 (224); 68, 312 (315 f.); 78, 318 (333); BAG, AG 1999, S. 184.

936 Zu den Einzelheiten vgl. *L. Möhring*, Schutz der Gläubiger einer konzernabhängigen GmbH, S. 46 ff.; *V. Schramm*, Konzernverantwortung und Haftungsdurchgriff im qualifizierten faktischen GmbH-Konzern, S. 10 ff.; *H. P. Westermann*, in: Scholz, GmbH-Gesetz, Einl., Rdnr. 10.

937 BGHZ 78, 318 (333); vgl. hierzu auch *U. Gundlach*, LKV 2000, S. 58 (63).

Dies darf allerdings nicht darüber hinweg täuschen, dass sich für das Modell der Durchgriffshaftung bisher kein klarer Anwendungsbereich entwickelt hat[938]. Fest steht lediglich, dass eine Durchgriffshaftung nur für besondere Fallkonstellationen in Frage kommen kann[939]. Im einzelnen sind die vorgetragenen Auffassungen zur Begründung eines Haftungsdurchgriffs vielfältig. Sie reichen von einer teleologischen Reduktion des Zivilrechts zu Lasten staatlicher Tätigkeit über rechts- und sozialstaatliche Argumente bis zu öffentlich-rechtlichen Aufopferungs- und Sondersteuerargumenten. Zu untersuchen ist, ob diese Ansätze auch im kommunalen Konzern Geltung beanspruchen können und somit zu einer Haftung der kommunalen Gebietskörperschaften für Verbindlichkeiten ihrer Eigengesellschaften führen.

A. Öffentlich-rechtliche Argumente für eine Durchgriffshaftung auf die kommunalen Gebietskörperschaften

Zunächst gilt es die von einigen Stimmen im Schrifttum befürwortete Durchgriffshaftung der Gläubiger kommunaler Unternehmen auf die Gebietskörperschaften darzustellen und ihre unterschiedlichen dogmatischen Ansatzpunkte auf ihre Stichhaltigkeit zu überprüfen.

I. Teleologische Reduktion der zivilrechtlichen Haftungsbeschränkungen

Zu Beginn ist die in ihrer dogmatischen Konzeption sicherlich allgemeinste und weitestreichende Auffassung einiger Literaturstimmen anzusprechen. Diese gehen von einer grundsätzlich erweiterten Anwendung der Durchgriffshaftung in den Fällen aus, in denen kommunale Gebietskörperschaften als Gesellschafter ihrer Unternehmen auftreten[940].

---

[938] Vgl. *B. Kropff*, in: Münchener Kommentar zum AktG, § 317, Rdnr. 110 mwN; *K. Schmidt*, Gesellschaftsrecht, S. 241 ff.; BGHZ 68, 315; umstritten ist insbesondere auch, ob die Unterkapitalisierung einer GmbH zum Durchgriff berechtigt oder ob in diesem Fall nur eine Haftung des Gesellschafters nach § 826 BGB gegeben sein kann; nach der Rechtsprechung ist dies nicht der Fall, zuletzt mit Nachweisen BAG, DB 1999, S. 1222; siehe dazu *N. R. Banerjea*, ZIP 1999, S. 1153 (1157).

[939] Vgl. *W. Goette*, Die GmbH nach der BGH-Rechtsprechung, S. 252 f.; *K. Schmidt*, Gesellschaftsrecht, aaO.

[940] Vgl. nur *C. Pestalozza*, DÖV 1974, S. 188 (193); *J. Schmidt-Salzer*, WiR 1972, S. 102 (106); *R. Stober*, NJW 1984, S. 449 (457).

J. Schmidt-Salzer sieht den Haftungsdurchgriff auf die hinter den kommunalen Eigengesellschaften stehenden Städte und Gemeinden sogar als Regelfall an[941]. Ausgangspunkt der These *J. Schmidt-Salzers* ist, dass das Zivilrecht den Verfassungsauftrag zur Gewährleistung interindividuellen rechtsgeschäftlichen Verkehrs, das heißt subjektiver Gestaltungsfreiheit, ausführt[942]. Nur bei Vorliegen dieser ordnungspolitischen Aufgabe könne die Anwendung des Zivilrechts gerechtfertigt sein. Für den Staat gelte die subjektive Gestaltungsfreiheit jedoch keineswegs uneingeschränkt. Insbesondere hinsichtlich der Bereitstellung haftungsbeschränkter Organisationsformen gehe es um die Ankurbelung und Ermutigung von Privatinitiative. Dieser Gesichtspunkt überzeuge nicht bei staatlicher Aktivität zur Verfolgung öffentlicher Zwecke, also bei kommunaler Wirtschaftstätigkeit.

Im Einklang mit *J. Schmidt-Salzer* stellt auch *K.-H. Böckstiegel* auf die „Wesensverschiedenheit von Privatautonomie einerseits und staatlichem Handlungsspielraum" andererseits ab[943]. Einschränkend hält *K.-H. Böckstiegel* einen Haftungsdurchgriff auf die kommunalen Gebietskörperschaften nur für zulässig, wenn dieser durch einen gegenüber der gesetzlichen Trennung von Gesellschaft und Gesellschafter höherrangigen Zweck gerechtfertigt werden kann. Eine Durchgriffshaftung sei gegeben, wenn ein Rechtsschein der Identität von Gesellschaft und Gesellschafter, eine Ausübung zwingend hoheitlicher Tätigkeiten und eine Umgehung allgemeiner Schranken staatlicher Tätigkeit vorliege[944].

II. Rechts- und sozialstaatliche Argumente

Aus den bei der Untersuchung einer Insolvenzabwendungspflicht erörterten rechts- und sozialstaatlichen Argumenten von *D. Ehlers*[945] kann in diesem Zusammenhang eine Haftung der kommunalen Gebietskörperschaften folgen. Hintergrund dieser Annahme sei ein durch das Verhalten der Gebietskörperschaften geschaffener Vertrauenstatbestand, der eine „Garantenstellung" begründe. *D. Ehlers* spricht insofern von einer Verantwortung der öffentlichen Hand für von ihr instrumentalisierte privatrechtliche Institutionen[946].

---

941 Vgl. *J. Schmidt-Salzer*, WiR 1972, aaO; Zustimmend *C. Pestalozza*, DÖV 1974, aaO; vgl. auch *R. Stober*, NJW 1984, aaO.

942 *J. Schmidt-Salzer*, WiR 1972, aaO.

943 *K.-H. Böckstiegel*, Der Durchgriff auf den Staat, S. 15.

944 Zu den Einzelheiten vgl. *K.-H. Böckstiegel*, Der Durchgriff auf den Staat, S. 18 ff.

945 *D. Ehlers*, Verwaltung in Privatrechtsform, S. 319 und siehe oben Seite 68.

946 *D. Ehlers*, Verwaltung in Privatrechtsform, S. 321; vgl. auch *W. Alfuß*, Staatliche Haftungsbeschränkung durch Inanspruchnahme privatrechtlicher Organisationsformen, S. 112 ff.; zustim-

Allerdings räumt *D. Ehlers* selbst ein, dass es lediglich „zweifelhaft" ist, ob die Gebietskörperschaften sich auf eine Haftungsbeschränkung berufen dürfen. Jedenfalls in Einzelfällen sei dies nicht möglich[947]. Ein für alle Fälle der wirtschaftlichen Betätigung kommunaler Gebietskörperschaften geltender Haftungsdurchgriff besteht nach dieser Auffassung nicht.

In eine ähnliche Richtung argumentiert auch *R. Stober*[948]. Seiner Ansicht nach lässt sich ein Haftungsdurchgriff – allerdings nur für den Bereich der Wissenschafts- und Forschungsaufgaben – mit der Einwirkungspflicht der kommunalen Träger und der „Letztverantwortlichkeit" der Verwaltung begründen. Über diesen Einzelfall hinaus nennt *R. Stober* jedoch keine verallgemeinerungsfähigen Kriterien für die Voraussetzungen einer Durchgriffshaftung.

III. Aufopferungsgrundsätze

Die Herleitung einer Durchgriffshaftung auf den kommunalen Träger aufgrund von Aufopferungsgrundsätzen und dem in Art. 3 GG verankerten Grundsatz der Lastengerechtigkeit geht überwiegend auf eine Untersuchung von *P.-H. Naendrup* aus den sechziger Jahren zurück[949]. Er hält die umfassende Haftungsbeschränkung der öffentlichen Hand im Hinblick auf die „unbedingte Verantwortlichkeit" des Staates und das System der staatlichen Ersatzleistungen (Sonderopferverbot) für verfassungswidrig[950]. Eine Aufopferungslage liege demnach vor, wenn die ausfallverursachende Rechtswirkung einer solchen Organisation die Bürger im Widerspruch zu dem Prinzip der materiellen Lastengleichheit ungleich belaste. Hinsichtlich der Ungleichheit, also Willkürlichkeit der Belastung, komme es entscheidend darauf an, ob die ausfallwirksamen Risiken durch den Staatsbürger beeinflusst werden könnten. Dies sei nur der Fall, wenn es um eigenwirtschaftliche Vorteile, etwa die Zulieferung von Waren oder Leistungen gehe.

---

mend, aber ohne weitere Begründung auch *W. Erbguth / F. Stollmann*, Stadt und Gemeinde 1994, S. 127 (133); *dies.*, DÖV 1993, S. 798 (807).

[947] *D. Ehlers*, DÖV 1996, S. 897 (901).

[948] *R. Stober*, NJW 1984, S. 449 (457).

[949] Vgl. dazu *P.-H. Naendrup*, Privatrechtliche Haftungsbeschränkung und staatliche Verantwortung, S. 182 – 214.

[950] *P.-H. Naendrup*, Privatrechtliche Haftungsbeschränkung und staatliche Verantwortung, S. 144 ff. (unbedingte Verantwortlichkeit), S. 179 ff. (Entschädigung).

Im Bereich der Daseinsvorsorge, mithin wenn und soweit der Bürger Güter oder Dienstleistungen zur Sicherung des sozialen Mindeststandards in Anspruch nehme, könne das Ausfallrisiko nicht beherrscht werden[951]. Diese Ansprüche seien materiell der Privatautonomie entzogen. Aus der in diesen Fällen vorliegenden Aufopferungslage folge ein Haftungsdurchgriff gegen den jeweiligen Träger der Gesellschaft[952]. Der Annahme einer Aufopferungslage folgt auch *W. Engel*[953], der jedoch hinsichtlich der rechtlichen Begründung der Durchgriffshaftung auf den kommunalen Träger eine Anlehnung an die Gewährträgerhaftung bei den öffentlichen Sparkassen vorschlägt.

IV. Sondersteuer

Mit den Auffassungen über die Herleitung einer Durchgriffshaftung wegen einer Aufopferungslage weist die von *K. Oettle*[954] und *M. Schaper*[955] vertretene Ansicht deutlich erkennbare Gemeinsamkeiten auf. *K. Oettle* spricht von einer ungesetzlichen Sondersteuer, denn die Verluste öffentlicher Betriebe können nur in Erfüllung einer öffentlichen Aufgabe entstanden sein[956]. *M. Schaper* zieht im Ansatz den schon bei *P.-H. Naendrup*[957] entwickelten Gedanken der Lastengleichheit heran. Eine Durchgriffshaftung bestehe folglich, da ein Forderungsausfall den Charakter einer Sonderabgabe trage, wenn der Betriebszweck auf den Vorteil der Allgemeinheit gerichtet sei. Dies sei aber nur bei „rein öffentlichen", also vollständig einer kommunalen Gebietskörperschaft gehörenden Gesellschaften der Fall[958]. Da *M. Schaper* für die Annahme einer Durchgriffshaftung entscheidend auf die Beteiligungsverhältnisse abstellt, kommt eine Durchgriffshaftung nur in den Fällen der Aufgabenerfüllung durch eine kommunale Eigengesellschaft in Betracht.

---

951 *P.-H. Naendrup*, Privatrechtliche Haftungsbeschränkung und staatliche Verantwortung, S. 214 f.

952 Zustimmend *F. Ossenbühl*, DÖV 1971, S. 513 (519).

953 *W. Engel*, Grenzen und Formen der mittelbaren Kommunalverwaltung, S. 43 und 191 f.

954 *K. Oettle*, in: Oettle, Grundfragen öffentlicher Betriebe I, S. 141 und Bd. II, S. 25.

955 *M. Schaper*, Die Idee einer Rechtsform „Öffentlicher Betrieb", S. 89.

956 *K. Oettle*, in: Oettle, Grundfragen öffentlicher Betriebe I, aaO.

957 *P.-H. Naendrup*, Privatrechtliche Haftungsbeschränkungen und staatliche Verantwortung, S. 182.

958 *M. Schaper*, Die Idee einer Rechtsform „Öffentlicher Betrieb", S. 91.

B. Argumente gegen eine Durchgriffshaftung auf die kommunalen Gebietskörperschaften

Etliche Stimmen in der rechtswissenschaftlichen Literatur widersprechen den Argumenten, die für eine Durchgriffshaftung auf die Trägerkörperschaft im kommunalen Konzern plädieren[959]. So bestreitet *D. Ehlers* beispielsweise die Anwendung der von *P.-H. Naendrup* untersuchten Aufopferungsgrundsätze, da der insolvenzbedingte Ausfall einer Forderung des Gläubigers schon keinen Eingriff im Sinne des Aufopferungsrechts darstellt[960].

W. Hauser[961] richtet sich zunächst gegen *P.-H. Naendrups* Beschränkung des Haftungsdurchgriffs auf den Bereich der Daseinsvorsorge. Mit *M. Schaper* und *D. Eh*lers sieht er vielmehr auch Kreditgeber kommunaler Gesellschaften für den Insolvenzfall quasi mit einer Sondersteuer belegt. Jedoch, so schränkt er ein, sehe das Grundgesetz eine Haftung für diese Konstellation nicht ausdrücklich vor. Die Gewährträgerhaftung für Sparkassen, die *W. Engel* [962] vorschlägt, dürfe nicht verallgemeinert werden. Im Gegenteil spreche Art. 115 GG, der für die Übernahme von Bürgschaften, Garantien oder sonstigen Gewährleistungen eine Bestimmung der Haftungshöhe fordert, eher für eine Haftungsbegrenzung[963]. Ergänzend führt *W. Hauser* die Vorschriften der Gemeindeordnungen und Kommunalverfassungen zur Haftungsbegrenzung an, nach denen nur haftungsbegrenzende Rechtsformen gewählt werden dürfen [964].

---

[959] Vgl. nur *J. Backhaus*, Öffentliche Unternehmen, S. 207 f.; *V. Emmerich*, Das Wirtschaftsrecht der öffentlichen Unternehmen, S. 231; *K.-H. Geisel*, Die wirtschaftlichen Gründe für die Umwandlung gemeindlicher Betriebe in die Rechtsform der Aktiengesellschaft, S. 163; *T. Koch*, DVBl. 1994, S. 667 (674); *G. Püttner*, Die öffentlichen Unternehmen, S. 187.

[960] *D. Ehlers*, Verwaltung in Privatrechtsform, S. 319; vgl. auch *W. Alfuß*, Staatliche Haftungsbeschränkung durch Inanspruchnahme privatrechtlicher Organisationsformen, S. 43 ff.; *J. Breuer*, Umwandlung kommunaler Eigenbetriebe und nichtwirtschaftlicher Unternehmen i.S. der Gemeindeordnung NW in Gesellschaften, S. 213 f.

[961] *W. Hauser*, Die Wahl der Organisationsform kommunaler Einrichtungen, S. 171 ff.

[962] Vgl. Fußnote 953.

[963] Vgl. dazu *J. Backhaus*, Öffentliche Unternehmen, S. 201; *U. Gundlach*, LKV 2000, S. 58 (63); *G. Püttner*, Die öffentlichen Unternehmen, S. 187.

[964] Darauf weisen auch *M. Paschke*, ZHR 152 (1988), S. 263 (271 f.); *W. Büchner*, Die rechtliche Gestaltung kommunaler öffentlicher Unternehmen, S. 111 f. und *G. Püttner*, Die öffentlichen Unternehmen, S. 187 hin.

G. Püttner[965] wendet sich gegen eine Aufopferungshaftung der Städte und Gemeinden für ihre Eigengesellschaften mit dem Hinweis darauf, dass eine Verantwortung des Staates nur aus einer Amtspflichtverletzung gemäß Art. 34 GG folgt, nicht aber darüber hinaus auf riskante wirtschaftliche Geschäfte erweitert werden darf. Im übrigen sei dem Gläubiger im Hinblick auf das vorgetragene Rechtsstaatsargument bei der Verwendung privatrechtlicher Rechtsformen das Risiko eines Forderungsausfalles offensichtlich[966].

C. Überprüfung und Bewertung der vorgetragenen Argumente

I. Teleologische Reduktion der zivilrechtlichen Haftungsbeschränkungen

Die weitestreichende rechtliche Konstruktion zur Begründung einer Durchgriffshaftung ist sicherlich die von *J. Schmidt-Salzer* vorgeschlagene teleologische Reduktion der gesellschaftsrechtlichen Haftungsbeschränkungen, die zum Regelfall der Haftung der kommunalen Gebietskörperschaften für ihre Eigengesellschaften führen würde. Allerdings sieht sich diese Auffassung gewichtigen Einwänden ausgesetzt, die überwiegend aus dem Verhältnis des Privatrechts zum öffentlichen Recht resultieren. Im Rahmen dieser Untersuchung wurde bereits auf das Spannungsverhältnis von öffentlich-rechtlichen Kommunalrecht und privatrechtlichen Gesellschaftsrecht eingegangen[967]. Vor dem Hintergrund der Kollision von gemeindewirtschaftsrechtlichen Vorgaben mit dem Gesellschaftsrecht wurden dabei unterschiedliche Auffassungen, die von einem Vorrang des öffentlichen Rechts bis hin zu einer nach der herrschenden Meinung unbeschränkten Geltung der allgemeinen Regeln des Gesellschaftsrechts reichen, vorgestellt. Als Ergebnis hat sich eine uneingeschränkte Anwendung des Gesellschaftsrechts ergeben, weshalb den kommunalen Gebietskörperschaften für den Bereich ihrer wirtschaftlichen Betätigung keine Sonderstellung in der Privatrechtsordnung zukommen kann[968].

[965] *G. Püttner*, Die öffentlichen Unternehmen, aaO.

[966] So auch *M. Paschke*, ZHR 152 (1988), aaO; *W. Büchner*, Die rechtliche Gestaltung kommunaler öffentlicher Unternehmen, S. 112.

[967] Siehe Seite 104 ff.

[968] Siehe Seite 130.

Gleiches muss für die Bewertung einer teleologischen Reduktion der zivilrechtlichen Haftungsbeschränkungen gelten. Auch in diesem Zusammenhang muss es bei dem Grundsatz bleiben, dass wenn den kommunalen Gebietskörperschaften die Verwendung zivilrechtlicher Organisations- und Handlungsformen durch das Gemeindewirtschaftsrecht gestattet wird, konsequenterweise die jeweiligen zivilrechtlichen Normen gelten müssen[969]. Andernfalls entstünde ein unauflöslicher Widerspruch zur Zulässigkeit der Rechtsformenwahl[970]. Im Ergebnis scheidet eine teleologische Reduktion des Zivilrechts für die Begründung eines Haftungsdurchgriffs auf die kommunalen Gebietskörperschaften aus.

II. Das Rechts- und Sozialstaatsargument

Die von Teilen der Literatur vorgetragenen rechtsstaatlichen Argumente unterliegen gewichtigen Bedenken. Einerseits ergeben sich diese aus der Tatsache, dass nicht von einem institutionell durchgebildeten Vertrauenstatbestand als Voraussetzung einer Haftung gesprochen werden kann[971]. Zum anderen dürfte äußerst zweifelhaft sein, ob überhaupt ein Vertrauenstatbestand im Rechtsverkehr auf eine unbeschränkte Haftung der kommunalen Gebietskörperschaft für ihre Gesellschaften zur Entstehung gelangen kann. Immerhin hat die Gebietskörperschaft durch die ausdrückliche Wahl einer haftungsbeschränkten Organisationsform der GmbH oder Aktiengesellschaft für die Gläubiger dieser Gesellschaften deutlich zu erkennen gegeben, dass sie aufgrund der gemeindewirtschaftsrechtlichen Vorgaben ihr finanzielles Risiko beschränken will. Deshalb ist nicht davon auszugehen, dass die Kreditwürdigkeit der öffentlichen Hand, die auch auf die kommunalen Eigengesellschaften „ausstrahlt“, ausreicht, um aus dem Rechts- oder Sozialstaatsprinzip eine „Garantenstellung“ der Städte und Gemeinden herzuleiten[972].

---

[969] Vgl. im Ergebnis auch *U. Gundlach*, LKV 2000, S. 58 (63).

[970] Vgl. *T. Kuhl / K. Wagner*, ZIP 1995, S. 433 (439).

[971] Jenseits des VwVfG ist insbesondere die Herleitung eines Vertrauensgrundsatzes aus der Eigentumsgarantie des Art. 14 GG (vgl. *W. Schmidt*, JuS 1973, S. 528, 529) bzw. aus Art. 2 Abs. 1 GG (vgl. *E. Grabitz*, DVBl. 1973, S. 675, 681 ff.) ungeklärt.

[972] Vgl. dazu auch *T. Koch*, DVBl. 1994, S. 667 (674).

Auch die von *D. Ehlers*[973] vorgebrachten sozialstaatlichen Argumente, nach denen die öffentliche Hand für die negativen Folgen sozialgestaltender Tätigkeit einzustehen hat, überzeugen nicht. Nach diesem Ansatz ist nur beabsichtigt, dass die Gemeinschaft der Bürger die Verluste tragen soll, die aus der wirtschaftlichen Betätigung kommunaler Gebietskörperschaften resultieren. Richtigerweise läuft dies jedoch auf die gleichen Folgen hinaus, die bereits mit der Aufopferung bzw. der Sondersteuer angesprochen worden sind[974]. Aufgrund des gebotenen zurückhaltenden Umgangs mit dem Sozialstaatsprinzip[975] ist der Gedanke bei der Beschäftigung mit den hierzu vertretenen Auffassungen zu besprechen.

III. Argument der Aufopferungshaftung

Die Auffassungen, die sich für eine Durchgriffshaftung auf den kommunalen Träger wegen einer Aufopferungslage aussprechenden sind ebenfalls nicht stichhaltig. Ausgangspunkt dieser insbesondere von *P.-H. Naendrup* vertretenen Ansicht ist eine materiellen Aufopferungslage. Allein die Annahme einer solchen Aufopferungslage dürfte jedoch erheblichen Zweifel ausgesetzt sein[976].

Zutreffend kann in der bloßen Organisation von kommunalen Eigengesellschaften kein für die Voraussetzungen der Aufopferung erforderlicher Eingriff erblickt werden[977]. Denn die Gläubiger kommunaler Eigengesellschaften knüpfen in der Regel aus einer frei bestimmten Motivationslage geschäftliche Beziehungen mit diesen Gesellschaften. Ein rechtlicher oder faktischer Kontrahierungszwang ist nicht anzunehmen. Zusätzlich kann auch davon ausgegangen werden, dass sie diese Geschäftskontakte in Kenntnis der organisationsrechtlichen Form kommunaler Unternehmen als GmbH oder Aktiengesellschaft aufnehmen. Insofern unterscheidet sich ihr finanzielles Risiko – nämlich das eines möglichen Forderungsausfalles – nicht von dem Risiko, das im Wirtschaftsverkehr zwischen Privatpersonen besteht. Hier wie dort kann sich der Gläubiger zusätzlich absichern und gegebenenfalls Sicherheiten, z.B. Bürgschaften verlangen. Ein Forderungsausfall der Gläubiger würde sich damit als Realisierung des allgemeinen Risikos im Wirtschaftsverkehr darstellen und gerade kein Sonderopfer bedeuten.

---

[973] *D. Ehlers*, DÖV 1986, S. 897 (901).

[974] Ebenso *T. Kuhl / K. Wagner*, ZIP 1995, S. 433 (439).

[975] Siehe *R. Herzog*, in: Maunz / Dürig, GG, Art. 20 VIII, Rdnr. 24; BVerfGE 65, 182 (193); *F. E. Schnapp*, in: v. Münch / Kunig, GG, Art. 20, Rdnr. 16.

[976] Vgl. dazu *G. Püttner*, Die öffentlichen Unternehmen, S. 187.

[977] Vgl. *T. Kuhl / K. Wagner*, ZIP 1995, aaO.

IV. Argument der Sondersteuer

Schwierigkeiten bereitet das Argument einer Sondersteuer zur Begründung eines Haftungsdurchgriffs, da der Ausfall von Forderungen der Gläubiger kommunaler Eigengesellschaften schwerlich als Auferlegung einer Steuer oder „Besteuerung“ bezeichnet werden kann. Auch hier dürfte das bereits bei der Ablehnung einer Aufopferungshaftung vorgebrachte Argument eines freiwillig eingegangen Geschäftsrisikos ausschlaggebend sein. Demzufolge kann von einer zwangsweisen Auferlegung einer Steuer nicht gesprochen werden, wenn sich die Gläubiger in Kenntnis des bei einer GmbH oder einer Aktiengesellschaft bestehenden Ausfallrisikos zu einer Geschäftsbeziehung entschlossen haben.

D. Ergebnis

Die Untersuchung der für eine Durchgriffshaftung angeführten Argumente hat ergeben, dass eine Haftung der kommunalen Gebietskörperschaften gegenüber den Gläubigern ihrer Gesellschaften nicht überzeugend aus öffentlich-rechtlichen Grundsätzen begründet werden kann. Im Ergebnis muss es im kommunalen Konzern bei der zivilrechtlich vorgesehenen haftungsrechtlichen Trennung des Vermögens von Gesellschaft und Gesellschafter bleiben.

Für die Schulden einer kommunalen Eigengesellschaft haftet – unabhängig ob diese in der Rechtsform der GmbH oder Aktiengesellschaft betrieben wird – nur die jeweilige Gesellschaft mit ihrem gesamten Gesellschaftsvermögen. Soweit es darüber hinaus um Forderungsausfälle geht, können die Gläubiger der in Zahlungsschwierigkeiten geratenen kommunalen Gesellschaft nicht auf die Trägerkörperschaften zurück- bzw. durchgreifen. Es bleibt für die Haftungsverfassung im kommunalen Konzern festzuhalten, dass sich das wirtschaftliche Risiko der kommunalen Gebietskörperschaften im Falle der Insolvenz einer Eigengesellschaft auf den Verlust der gezahlten Einlage beschränkt. Ein Haftungsdurchgriff auf den kommunalen Träger kann nach alledem – zumindest aus öffentlichem Recht – nicht begründet werden.

Zweiter Abschnitt: Verfolgung eines öffentlichen Zwecks durch die kommunalen Unternehmen und Kapitalschutzregeln

A. Problemaufriss

Um gedanklich auf die anstehende Problematik der Verfolgung öffentlicher Zwecke im kommunalen Konzern und die Regelungen über den Kapitalschutz hinzuführen, bedarf es einer einleitenden Betrachtung der unterschiedlichen Interessenlage in „öffentlichen" und „privaten" Unternehmen.

Das gesetzliche Bild einer wirtschaftlich tätigen Kapitalgesellschaft ist geprägt von einer erwerbswirtschaftlichen Gesellschaft, die in erster Linie auf Gewinnerzielung ausgerichtet ist[978]. Ein entsprechender Gläubigerschutz wird in diesen privaten Erwerbsgesellschaften durch das in § 5 Abs. 1 GmbHG und § 7 AktG gesetzlich normierte Gebot nomineller Kapitalisierung erreicht[979]. Hierdurch wird das satzungsmäßige Stammkapital der Gesellschaft vor Zugriffen der Gesellschafter geschützt. Hintergrund dieser Annahme ist, dass bei einer gewöhnlichen Aktiengesellschaft oder GmbH in der Regel die Gewinnerzielung in der Mehrung des Reinvermögens der Gesellschaft besteht.

Der Formalzweck der Mehrung des Reinvermögens hat bei einer auf Gewinnerzielung ausgerichteten Gesellschaft zur Folge, dass der Gesellschafter für eine entsprechende Ausstattung und Leitung der Gesellschaft Sorge tragen wird. Insofern trägt ein Zuwachs des Reinvermögens zur Erhaltung des Gesellschaftsvermögens bei und stellt gleichzeitig einen Haftungsfonds für die Gläubiger der Gesellschaft dar. Nur das Kapital oberhalb des Stammkapitals bzw. der Stammeinlage kann als Gewinn der Gesellschaft an die Gesellschafter abgeführt werden. Für den Normalfall einer wirtschaftlich tätigen Erwerbsgesellschaft impliziert das Gewinnerzielungsinteresse des Gesellschafters somit einen institutionellen Schutz für die Gläubiger der Gesellschaft. Ihnen kommt die Mehrung des Gesellschaftsvermögens zugute[980]. Es kann von einem Gleichlauf von Gesellschafts- und Gläubigerinteressen gesprochen werden.

---

[978] Vgl. nur *W. Schön*, ZGR 1996, S. 429 (455).

[979] *M. Lutter / P. Hommelhoff*, GmbHG, § 5, Rdnr. 1.

[980] Vgl. *W. Schön*, ZGR 1996, S. 429 (455) mwN.

Grundsätzlich anders stellt sich demgegenüber die Interessenlage im kommunalen Konzern dar, wo Städte und Gemeinden für die Erledigung der ihnen obliegenden Aufgaben Eigen- oder Beteiligungsgesellschaften – ob sie nun in der Rechtsform der GmbH oder Aktiengesellschaft geführt werden ist dabei ohne Belang – einschalten können. Hier kann und darf die Tätigkeit aufgrund der kommunalrechtlichen Vorgaben des Gemeindewirtschaftsrechts nicht eindimensional auf eine Gewinnerzielung ausgerichtet sein[981]. Die wirtschaftliche Betätigung der kommunalen Gebietskörperschaften erfolgt vielmehr in der Um- und Durchsetzung ideeller, sozialwirtschaftlicher oder insgesamt gemischtwirtschaftlicher Zwecke. Auf diesem sozialpolitisch durchaus verständlichen Hintergrund beruhen die Bestrebungen der öffentlichen Hand, die von den Bürgern beispielsweise zu zahlenden Entgelte für Beförderungs- und Versorgungsleistungen möglichst gering zu halten. Vielfach bedeutet dies, dass die Zwecksetzung kommunaler Gesellschaften diese geradezu verpflichten, der Öffentlichkeit Leistungen unter dem üblichen Marktpreis, teilweise sogar unter den der kommunalen Gesellschaft entstandenen Selbstkosten anzubieten.

Beispielhaft sei erneut auf das Insolvenzverfahren über das Vermögen einer kommunalen Eigengesellschaft in der Gemeinde Salzhemmendorf erinnert. Dort wurde eine Gesellschaft in der Rechtsform der GmbH gegründet, die nach erheblichen Investitionen ein Hotel, ein Thermalschwimmbad mit Restaurant sowie Therapieeinrichtungen betreiben sollte. Ganz allgemein besteht in einem solchen Fall die Möglichkeit, dass die Gesellschaft einerseits mit geringen Mitteln ausgestattet wird, im Vergleich zu anderen Anbietern aber andererseits auf die bereits angedeutete günstige, eventuell sogar sozial verträgliche Preisgestaltung verpflichtet wird[982]. Hinzu kommen gleichzeitig hohe Unterhaltskosten für den Betrieb der Einrichtungen und eine wirtschaftliche Situation des Geschäftsbetriebs, die auch noch politischen Entscheidungen, beispielsweise für die Rentabilität eines Kurbetriebs einschneidenden Maßnahmen des Gesundheitssystems, unterliegen kann[983]. Selbst wenn eine „angemessene" Kapitalausstattung der Gesellschaft erfolgt sein sollte, könnten aufgrund der hohen Investitionen sehr schnell die Betriebsmittel in Form von Eigen- und Fremdkapital fehlen.

---

[981] Siehe Seite 83 f.

[982] Vgl. zu den sog. „goldenen Bilanzregeln", *G. Wüst*, JZ 1995, S. 990 (991).

[983] So auch *J. Ipsen*, Nds. Kommunalrecht, Rdnr. 641.

Die Folge dieser Ausgangsposition der kommunalen Eigengesellschaft im Wirtschaftsverkehr wäre, dass mit hoher Wahrscheinlichkeit innerhalb kürzester Zeit ein Defizit erwirtschaftet werden und dieses wiederum zu einer Auszehrung des Gesellschaftsvermögens führen würde[984]. In der kommunalen Praxis weitaus häufiger und nicht weniger problematisch sind des weiteren der teilweise sehr kostenintensive Betrieb von Theatern, Opern und sonstigen kulturellen Einrichtungen. Wenn hier wiederum die Gesellschaft mit geringen Mittel ausgestattet wird, und gleichzeitig die Eintrittsgelder aus sozialpolitischen Gründen niedrig gehalten werden, dürfte ein Defizit der Gesellschaft ebenfalls absehbar sein. Die Fälle einer schon mit Beginn der wirtschaftlichen Tätigkeit der kommunalen Gesellschaften bestehenden defizitären Ertragslage ließen sich noch um eine Reihe weiterer Beispiele erweitern. Allen Konstellationen ist gemeinsam, dass das haftende Gesellschaftsvermögen in Verfolgung des jeweiligen öffentlichen Gesellschaftszwecks systematisch vermindert oder gar aufgezehrt werden kann.

Diese kurzen Ausführungen machen deutlich, dass der nach dem gesetzlichen Bild der Kapitalgesellschaft bestehende typisierte Gleichlauf des Gesellschafter- und Gläubigerinteresses nicht unbesehen auf die im kommunalen Konzern bestehende Interessenlage übertragen werden kann. Nicht die Erhaltung und Mehrung des Eigenkapitals der kommunalen Eigengesellschaft steht bei diesen Gesellschaften im Vordergrund, sondern die Verwendung des Eigenkapitals der Gesellschaft für eine öffentliche Aufgabe. In diesem Falle wird der Schutz der Gesellschaftsgläubiger, der in der Sicherung des satzungsmäßigen Grund- und Stammkapitals vor Zugriffen der Gesellschafter besteht, in einer Weise gefährdet, der das gesetzliche System und die geläufige Dogmatik des gesellschaftsrechtlichen Kapitalschutzes nicht gerecht werden. Vor diesem Hintergrund gilt es, die gesellschaftsrechtlichen Instrumente des Gläubigerschutzes auf ihre Tauglichkeit bei öffentlichen Unternehmen zu überprüfen[985].

---

[984] Vgl. dazu *P. Ulmer*, ZHR 148 (1984), S. 391 (399).

[985] Vgl. *W. Erbguth / F. Stollmann*, DÖV 1993, S. 798 (807); *R. Stober*, NJW 1984, S. 449 (457); *P. Ulmer*, ZHR, 148 (1984), S. 391 (398 f.); *W. Zeichner*, AG 1985, S. 61 (67).

B. Öffentliche Aufgabenerfüllung und Einlagenrückgewähr an die kommunalen Unternehmen

Erste Gedanken über die Anwendung gesellschaftsrechtlicher Instrumente zum Gläubigerschutz sehen die angesprochene Verwirklichung des Gesellschaftszwecks in öffentlichen Unternehmen als verdeckte Einlagen- oder Kapitalrückgewähr im Sinne des Aktien- oder GmbH-Rechts an[986]. Voraussetzung hierfür sind nachteilige Wertabgaben der Gesellschaft, die durch die Verfolgung des Gesellschaftszwecks entstanden sind. Zu berücksichtigen ist jedoch, dass ein Haftungsdurchgriff auf den kommunalen Gesellschafter aus rechtlichen Gründen ausgeschlossen ist, soweit die Voraussetzungen der Kapitalerhaltungsvorschriften vorliegen, es sich also um eine Gläubigersicherung ohne Durchgriff handelt[987]. Die haftungsrechtlichen Folgen für die kommunalen Gebietskörperschaften bei Anwendung dieser Instrumente würden gemäß §§ 30, 31 GmbHG, 57 AktG in einer laufenden Haftung für die eintretenden Vermögensminderungen der kommunalen Eigengesellschaft bestehen.

Erste Zweifel an der Anwendung dieser Vorschriften kommen jedoch, da § 30 Abs. 1 GmbHG auf Auszahlungen an die Gesellschafter abstellt und diese Vorschrift bei Auszahlungen an Dritte bzw. Nichtgesellschafter nicht anwendbar ist[988]. Die kommunale Gebietskörperschaft ist aber nicht unmittelbarer Empfänger der von ihrem öffentlichen Unternehmen an die Bürger ausgegebenen Vorteile[989]. Vielmehr werden diese einem unbestimmten Adressatenkreis zugewandt. Nicht stichhaltig ist darüber hinaus die Annahme, die begünstigten Empfänger stünden im Sinne einer „Lagertheorie" auf der Seite des Gesellschafters[990]. Ein solcher Ansatz wäre nur bei Angehörigen oder Treuhändern möglich[991].

---

[986] Zu diesem Ansatz vgl. auch *W. Schön*, ZGR 1996, S. 429 (452).

[987] *K. Schmidt*, NJW 1977, S. 1451.

[988] Vgl. *R. Goerdeler / W. Müller*, in: M. Hachenburg, Kommentar zum GmbHG, § 30, Rdnr. 47; für § 57 AktG vgl. *H. Henze*, in: Großkommentar AktG, § 57, Rdnr. 72.

[989] So auch *W. Schön*, ZGR 1996, S. 429 (453).

[990] Vgl. *R. Goerdeler / W. Müller*, in: M. Hachenburg, Kommentar zum GmbHG, § 30, Rdnr. 52; *H. Henze*, in: Großkommentar AktG, § 57, Rdnrn. 79 ff.; *G. Hueck / L. Fastrich*, in: A. Baumbach / G. Hueck, Kommentar zum GmbHG, § 30, Rdnr. 17; *M. Lutter*, in: Kölner Kommentar zum AktG, § 57, Rdnr. 42; *M. Lutter / P. Hommelhoff*, GmbH-Gesetz § 30, Rdnr. 25; *H. P. Westermann*, in: Scholz, GmbH-Gesetz, § 30, Rdnr. 28.

[991] Zu diesem Ansatz vgl. auch *W. Schön*, ZGR 1996, S. 429 (453).

Ein weiterer Ansatzpunkt ist, den Vorteil der kommunalen Gebietskörperschaften aus der Gesellschaftstätigkeit ihrer Unternehmen als einen Vermögensvorteil einordnen. Nach einigen Stimmen in der gesellschaftsrechtlichen Literatur ist die Befreiung von einer Verbindlichkeit gegenüber einem Dritten eine Kapitalrückgewähr der Gesellschafter[992]. Im kommunalen Konzern könnte dieser Vermögensvorteil in der Übertragung von Aufgaben der Daseinsvorsorge, beispielsweise der Versorgung der Bevölkerung mit Strom, Gas und Wasser und der Durchführung des öffentlichen Personennahverkehrs durch öffentliche Unternehmen gesehen werden. Bedenken gegen diese Argumentation bestehen jedoch mangels einer regelmäßig nicht vorhandenen Leistungspflicht der kommunalen Gebietskörperschaften gegenüber den jeweils begünstigten Bürgern als Leistungsempfänger.

Darüber hinaus betont *W. Schön* zu recht, dass für eine Kapitalauszahlung die Begünstigung des Dritten in Abweichung vom betrieblichen Interesse der kommunalen Gesellschaft mit Rücksicht auf die individuellen Interessen der kommunalen Gebietskörperschaft erfolgen muss[993]. Rechtfertigt oder gebietet der satzungsmäßige Gesellschafterzweck diese Geschäfte ist eine Abweichung des betrieblichen Interesses der Gesellschaft nicht auszumachen[994]. Genau dies ist jedoch das Bild, dass sich im kommunalen Konzern für die wirtschaftliche Betätigung der Eigengesellschaften regelmäßig ergeben wird. Bereits bei der Untersuchung der satzungsmäßigen Gewährleistung der Haftungsbeschränkung wurde auf eine präzise gesellschaftsvertragliche Fassung des Unternehmensgegenstandes – dort unter dem Blickwinkel der Vermeidung konzernrechtlicher Haftung – hingewiesen[995].

Nach den vorgetragenen Gründen kann eine verdeckte Kapitalrückgewähr nur vorliegen, wenn die kommunale Gebietskörperschaft als öffentlicher Gesellschafter eine unter Berücksichtigung der kommunalrechtlichen Vorgaben grundsätzlich erwerbswirtschaftlich ausgerichtete Kapitalgesellschaft zu nachteiligen Rechtsgeschäften mit Dritten veranlasst. Aufgrund der bereits dargestellten Möglichkeiten der Einflussnahme der kommunalen Gebietskörperschaften auf die Geschäftspolitik des abhängigen Unternehmens ist eine solche Veranlassung zwar durchaus denkbar, soll aber an dieser Stelle nicht weiter verfolgt werden.

---

[992] BGH, ZIP 1990, S. 1467 f.; BGHZ 60, 324 (330 f.); *R. Goerdeler / W. Müller*, in: M. Hachenburg, Kommentar zum GmbHG, § 30, Rdnr. 47; *U. Hüffer*, AktG, § 57, Rdnr. 15; *M. Lutter*, in: Kölner Kommentar zum AktG, § 57, Rdnr. 43; *W. Schön*, ZGR 1996, S. 429 (453); *H. P. Westermann*, in: Scholz, GmbH-Gesetz, § 30, aaO.

[993] Vgl. *W. Schön*, ZGR 1996, S. 429 (454).

[994] Vgl dazu auch *W. Hefermehl / E. Bungeroth*, in: E. Gessler / W. Hefermehl, AktG, § 57, Rdnr. 28; *H. Henze*, in: Großkommentar AktG, § 57, Rdnr. 79; *M. Lutter*, in: Kölner Kommentar zum AktG, § 57, Rdnr. 45; *U. Schneider*, AG 1983, S. 205 (215).

[995] Siehe Seite 221 ff.

C. Materielle Unterkapitalisierung[996]

I. Problematik der materiellen Unterkapitalisierung

Fest steht, dass die kommunalen Gebietskörperschaften durch die satzungsmäßig auf einen öffentlichen Zweck ausgerichteten kommunalen Eigengesellschaften das Gesellschaftsvermögen gefährden können. Die gesetzlichen Kapitalschutzregeln bieten für diese Problematik keine sachgerechte Lösung an. Auch die Haftungstatbestände des faktischen Konzerns wirken dem nicht entgegen. Schließlich entsprechen diese Wertabgaben dem durch den Gesellschaftszweck geformten Eigeninteresse des kommunalen Unternehmens, weshalb auch keine nachteilige Einflussnahme der herrschenden kommunalen Gebietskörperschaft auf die Geschäftspolitik der abhängigen Gesellschaft vorliegt[997].

Nochmals sei das Privileg der beschränkten Haftung in Erinnerung gerufen. Dieses System soll die Risiken wirtschaftlichen Handelns begrenzen und so unternehmerischen Wagemut fördern und letztlich den wirtschaftlichen Fortschritt der Allgemeinheit sichern. Das entsprechende Gegengewicht dieser Haftungsbeschränkung ist in der Gestalt des in dem jeweiligen Unternehmen angesammelten Vermögens als Haftungsfonds zugunsten der Gläubiger zu finden. Primär werden zu dessen Sicherung die erwähnten Vorschriften über Mindestgrund- bzw. Stammkapital und über die Kapitalaufbringung und Kapitalerhaltung eingesetzt[998]. Insbesondere bei der GmbH reichen diese Regelungen wegen des geringen Mindestkapitals von 25.000 € nicht aus. Grundsätzlich setzt das System ein Haftungsvermögen voraus, welches die gewöhnlichen Risiken der Gläubiger aufwiegt und dessen Höhe sich deshalb an Art und Umfang der Geschäftstätigkeit der kommunalen Eigengesellschaften orientieren muss[999]. Aus diesen Gründen bedarf es zusätzlicher Haftungsregeln, um die Errichtung einer von vornherein defizitären Gesellschaftsstruktur zu sanktionieren.

---

[996] Von einer nominellen Unterkapitalisierung spricht man, wenn die Gesellschafter das erforderliche Kapital in Form von Darlehen zur Verfügung stellen; vgl. dazu *V. Emmerich*, in: Scholz, GmbH-Gesetz, § 13, Rdnr. 81.

[997] Vgl. zum Verhältnis von Konzern- und Unterkapitalisierungshaftung *C. Weitbrecht*, Haftung der Gesellschafter bei materieller Unterkapitalisierung der GmbH, S. 111 f.

[998] *H. P. Westermann*, in: Scholz, GmbH-Gesetz, § 30, Rdnr. 1.

[999] Vgl. *H. P. Westermann*, in: Scholz, GmbH-Gesetz, § 30, aaO.

II. Entwicklungsstand von Schrifttum und Rechtsprechung

Als Systematisierungsversuch für diese Fälle bietet die rechtswissenschaftliche Literatur die Lehre von der sogenannten materiellen Unterkapitalisierung an[1000]. Allgemein kommt eine Haftung wegen materieller Unterkapitalisierung in Betracht, wenn die Gesellschafter ihrer Gesellschaft zwar formal ausreichend Kapital zur Verfügung stellen, die Kapitaldecke aber ersichtlich nicht ausreicht, um den nach Art und Umfang der angestrebten oder tatsächlichen Geschäftstätigkeit bestehenden Finanzbedarf abzudecken[1001].

Als Rechtsfolge ist die persönliche Ausfallhaftung der kommunalen Gebietskörperschaften vorgesehen[1002]. Die höchstrichterliche Rechtsprechung hat bisher eine solche Durchgriffshaftung abgelehnt und vereinzelt eine Haftung nach § 826 BGB angenommen[1003]. Zunächst hat der VIII. Zivilsenat des Bundesgerichtshofs eine Haftung wegen Unterkapitalisierung ganz abgelehnt[1004]. Wenig später hat sich demgegenüber der für das Gesellschaftsrecht zuständige II. Zivilsenat in einem obiter dictum für einen Schutz der Gesellschaftsgläubiger durch eine stärkere Unterkapitalisierungshaftung eingesetzt[1005], diesen Ansatz jedoch in einem späteren Urteil als ausdrücklich nicht entscheidungserheblich bezeichnet[1006]. Somit ist das Urteil des OLG Hamburg aus dem Jahre 1973 vereinzelt geblieben, in dem die

---

[1000] Vgl. dazu *B. Grunewald*, Gesellschaftsrecht, S. 372 ff.; *P. Ulmer*, in: M. Hachenburg, Kommentar zum GmbHG, Anh. § 30, Rdnrn. 35 ff.; *C. Weitbrecht*, Haftung der Gesellschafter bei materieller Unterkapitalisierung der GmbH.

[1001] Vgl. *V. Emmerich*, in: Scholz, GmbH-Gesetz, § 13, Rdnr. 82; *L. Möhring*, Schutz der Gläubiger einer konzernabhängigen GmbH, S. 51; *V. Schramm*, Konzernverantwortung und Haftungsdurchgriff im qualifizierten faktischen GmbH-Konzern, S. 30; *A. Steinbeck*, ZGR 2000, S. 503 (508). *P. Ulmer*, in: M. Hachenburg, Kommentar zum GmbHG, Anh. § 30, Rdnr. 5 mwN und 21.

[1002] *P. Ulmer*, in: M. Hachenburg, Kommentar zum GmbHG, Anh. § 30, Rdnr. 9; in jüngerer Zeit wird vermehrt eine Innen- oder Binnenhaftung der Gesellschafter gegenüber der Gesellschaft wegen des unsorgfältigen Umgangs mit dem Gesellschaftsvermögen, wegen existenzgefährdender Maßnahmen oder wegen des Verstoßes gegen ihre Finanzierungsverantwortung befürwortet; vgl. *K. Schmidt*, Gesellschaftsrecht, S. 250, 522 ff.; *W. Stimpel*, in: Festschrift für R. Goerdeler, S. 601 (612); *J. Wilhelm*, in: Festschrift für Flume Bd. II, S. 337 (391 ff.). Allgemein dazu mwN *V. Emmerich*, in: Scholz, GmbH-Gesetz, § 13, Rdnr. 85.

[1003] Grundlegend BGHZ 68, 312 ff.; nur in einem, soweit ersichtlich, einzigen, besonders gelagerten Fall hat der BGH eine Haftung wegen materieller Unterkapitalisierung angenommen; vgl. BGHZ 54, 222 (224 ff.); zur Entwicklung der Rechtsprechung vgl. *O. Brändel*, in: Großkommentar zum AktG, § 1, Rdnr. 107.

[1004] BGHZ 68, 312 (317, 319).

[1005] BGH, NJW 1977, S. 1683 (1686).

[1006] BGH, NJW-RR 1991, S. 1312.

Unterkapitalisierungshaftung bei einer GmbH prinzipiell bejaht, die Voraussetzungen im konkreten Fall aber verneint wurden[1007]. Bis heute kann daher von einer insgesamt schwankenden Rechtsprechung gesprochen werden[1008].

III. Besonderheiten im kommunalen Konzern

Aufgrund der unterschiedlichen Interessenlagen in „öffentlichen“ und „privaten“ Kapitalgesellschaften, fällt der bei einer „privaten“ Erwerbsgesellschaft typisierte Gleichlauf des Gesellschafter- und Gläubigerinteresses weg, wenn der Zweck des Unternehmens nicht in erster Linie auf Gewinnerzielung gerichtet ist. Der strukturelle Gläubigerschutz der Gewinnerzielungsabsicht und des Kapitalerhaltungsrechts greift somit in den Fällen einer wirtschaftlichen Tätigkeit von kommunalen Eigengesellschaften nicht. Deshalb ist die Annahme folgerichtig, dass der Gesellschafter in diesen Fällen von vornherein für eine materiell „angemessene“ Kapitalausstattung sorgen muss. Bei der Rechtsform der GmbH schließen Teile der Rechtsprechung[1009] und Literatur[1010] unter bestimmten Voraussetzungen einen Rückgriff des Gesellschafters auf die Haftungsbeschränkung des § 13 Abs. 2 GmbHG aus. Dies soll dann der Fall sein, wenn das Eigenkapital der Gesellschaft erkennbar nicht ausreicht, um die Gläubiger der Gesellschaft bei einer finanziellen Krise zu schützen. Begründet wird diese Haftung mit einem Zusammenhang zwischen der Haftungsbeschränkung des Gesellschafters und der Gläubigersicherung durch das Eigenkapital der Gesellschaft.

Für erwerbswirtschaftliche Gesellschaften, bei denen die Gewinnerzielungsabsicht der Gesellschaft eine Tendenz zur Mehrung des Kapitals institutionalisiert, bedarf es dieser Haftung indessen nur in Ausnahmefällen. Haftungsauslösend kann danach nur eine qualifizierte Unterkapitalisierung sein[1011]. Fehlt es von vornherein sowohl an einer „angemessenen“ Kapitalausstattung als auch an dem mit der Ge-

---

[1007] OLG Hamburg, BB 1973, S. 1231.

[1008] Vgl. dazu die Rechtsprechung des BSG, ZIP 1996, S. 1134 ff. und des BAG, ZIP 1999, S. 24 ff.

[1009] BSG, NJW 1984, S. 2117 (2119).

[1010] *P. Ulmer*, in: M. Hachenburg, Kommentar zum GmbHG, Anh. § 30, Rdnr. 50 ff.; *F. Kübler*, Gesellschaftsrecht, S. 251 f.; *W. Schön*, ZGR 1996, S. 429 (455); *W. Stimpel*, in: Festschrift für R. Goerdeler, S. 601 ff.; *H. Wiedemann*, Gesellschaftsrecht, Bd. I, S. 224 ff.; zum Verhältnis materielle Unterkapitalisierung als Verhaltenshaftung der Gesellschafter gegenüber der Gesellschaft, *J. Wilhelm*, Rechtsform und Haftung bei der juristischen Person, S. 330 ff.; *K. Schmidt*, Gesellschaftsrecht, S. 247 ff., 524, 1147 f.; *ders.*, ZIP 1988, S. 1497 (1505 ff.); *B. Grunewald*, Gesellschaftsrecht, S. 371 ff.

[1011] Vgl. dazu *T. Raiser*, ZGR 1995, S. 156 (166).

sellschaft verfolgten Ziel einer Kapitalmehrung, wird der Sicherungszweck der Haftungsbeschränkung des § 15 Abs. 2 GmbHG doppelt verfehlt. Genau dies ist aber das Bild, welches sich im kommunalen Konzern abzeichnen kann, wenn aufgrund der satzungsmäßig vorliegenden Verpflichtung zur Verfolgung eines öffentlichen Gesellschaftszwecks zu dem Wegfall des normalerweise typisierten Gleichlaufs von Gesellschafter- und Gläubigerinteresse eine unzureichende Kapitalausstattung hinzukommt. Die kommunalen Gesellschafter haften den Gläubigern in solchen Fällen im Insolvenzverfahren über das Vermögen der Kapitalgesellschaft in der Rechtsform der GmbH auf den Ausfall ihrer Forderungen. Entsprechendes muss auch bei der wirtschaftlichen Betätigung einer Aktiengesellschaft gelten.

Diese verschärfte Haftung für die Kapitalaufbringung bei kommunalen Eigengesellschaften sieht sich jedoch einem insbesondere von *W. Schön* vorgetragenen Gegenargument ausgesetzt[1012]. Danach fehlt bei Personenvereinigungen, die ausschließlich ideellen Zwecken zugewandt sind, mithin den Vereinen bürgerlichen Rechts, selbst die Pflicht zur Aufbringung eines nominellen Mindestkapitals. Für die Gründung eines Vereins ist keine Kapitalaufbringung erforderlich, sondern diese erfolgt durch eine entsprechende Mitgliederzahl und eine Vereinssatzung. Die dahinter stehende vereinrechtliche Vorzugsstellung der nicht erwerbswirtschaftlichen Vereine wirft die Frage auf, warum man bei nicht erwerbswirtschaftlichen Gesellschaften schärfere Maßstäbe anlegen sollte als bei Gesellschaften mit Gewinnerzielungsabsicht. Dieses Argument berücksichtigt jedoch nicht den Grund für die gesetzliche Begünstigung des Idealvereins. Nicht die Gewinnerzielungsabsicht – ob nun als alleiniger Gesellschaftszweck oder ob als verfolgter Nebenzweck – ist es, die eine gesetzliche Kapitalregelung erfordert, sondern die Führung eines Unternehmens. Nach *K. Schmidt*[1013] ist das Sicherungsinteresse der Gläubiger durch den Umfang der wirtschaftlichen Tätigkeit, die Teilnahme am allgemeinen Rechtsverkehr, das Anbieten von Leistungen am Markt und die Beschaffung entsprechender Mittel gefährdet. Aufgrund der kommunalrechtlichen Vorgaben des Gemeindewirtschaftsrechts darf die Tätigkeit kommunaler Eigengesellschaften nicht eindimensional auf eine Gewinnerzielung ausgerichtet sein. Für die wirtschaftliche Betätigung kommunaler Gebietskörperschaften müssen daher besondere Haftungsregelungen bestehen, weshalb nur der Idealverein ohne unternehmerische Betätigung begünstigt wird.

[1012] W. Schön, ZGR 1996, S. 429 (456).

[1013] Vgl. nur *K. Schmidt*, Gesellschaftsrecht, S. 50 und 669 ff.

IV. Einzelheiten der materiellen Unterkapitalisierung im kommunalen Konzern

In der bisherigen Untersuchung war davon die Rede, dass eine qualifizierte Unterkapitalisierung dann vorliege, wenn der kommunalen Gesellschaft von der Gebietskörperschaft eine „angemessene" Kapitalausstattung nicht zur Verfügung gestellt worden sei. Abschließend ist noch zu untersuchen, wo konkret die Grenze zwischen hinreichendem und nicht mehr zugänglichem Eigenkapital verläuft, um hier genauere Kriterien für die Haftungsverfassung im kommunalen Konzern zu erhalten. Einigkeit besteht darüber, dass nur Extremfälle eine Haftung des Gesellschafters wegen materieller Unterkapitalisierung herbeiführen[1014]. Nur die sogenannte qualifizierte materielle Unterkapitalisierung kann deshalb eine Haftung begründen. Eine solche ist anzunehmen, wenn eine eindeutige und klar erkennbare unzureichende Eigenkapitalausstattung vorliegt, die einen Misserfolg zu Lasten der Gläubiger bei normalem Geschäftsverlauf mit hoher, das gewöhnliche Geschäftsrisiko deutlich übersteigender Wahrscheinlichkeit erwarten lässt[1015].

Um diese Formel zu präzisieren, hat *P. Ulmer*[1016] verschiedene Kriterien herausgearbeitet, die es auf die wirtschaftliche Betätigung kommunaler Unternehmen zu übertragen gilt. Zunächst ist der mittel- und langfristige Kapitalbedarf der Gesellschaft an Hand des Umfangs und der Art der Geschäftstätigkeit sowie der Branche, in der das Unternehmen tätig ist und des Finanzplans und der gewählten Finanzierungsmethoden zu ermitteln. Ob der auf diese Weise ermittelte Kapitalbedarf ausreichend gedeckt ist, kann mittelbar daran erkannt werden, ob die Gesellschaft kreditfähig ist. Solange sie ungeachtet ihrer niedrigen Ausstattung mit Eigenkapital Kredite zu marktüblichen Zinsen erhält, ohne zusätzlich Sicherheiten der Gesellschaft zu bieten, kann sie nicht als unterkapitalisiert betrachtet werden[1017]. Im Rahmen dieser Arbeit kann eine weitere Beschäftigung mit den einzelnen Kriterien zur Feststellung einer materiellen Unterkapitalisierung nicht erfolgen. Festzuhalten bleibt jedoch, dass die Frage der materiellen Unterkapitalisierung einer kommunalen Gesellschaft nur anhand der Umstände des konkreten Einzelfalles beantwortet werden kann.

[1014] *O. Brändel*, in: Großkommentar zum AktG, § 1, Rdnr. 109.

[1015] *O. Brändel*, in: Großkommentar zum AktG, aaO; *H.-J. Priester*, ZGR 1993, S. 512 (526); *T. Raiser*, ZGR 1995, S. 156 (162 ff.); *W. Stimpel*, in: Festschrift für R. Goerdeler, S. 601 (608).

[1016] *P. Ulmer*, in: M. Hachenburg, Kommentar zum GmbHG, Anh. § 30, Rdnr. 14 ff.

[1017] Eingehend dazu *T. Raiser*, ZGR 1995, S. 156 (166).

Mit der Annahme einer solchen Haftung im Verhältnis der Gläubiger kommunaler Gesellschaften zu den Gesellschaftern kann die Haftungsverfassung der kommunalen Gebietskörperschaften nicht unerheblichen Gefahren ausgesetzt sein. Bemerkenswert scheint abschließend, dass die bei einer materiellen Unterkapitalisierung mögliche Haftung der kommunalen Gebietskörperschaft nach der herrschenden Lehre nur im Falle der Insolvenz einer kommunalen Gesellschaft zuzulassen ist[1018].

D. Ergebnisse

Die Ergebnisse einer gesellschaftsrechtlichen Überprüfung der Verfolgung öffentlicher Zwecke durch die kommunalen Unternehmen und des Gläubigerschutzes lassen sich im einzelnen wie folgt zusammenfassen:

Das gesetzliche Kapitalsicherungssystem von Aktiengesellschaft und GmbH ist auf Kapitalgesellschaften mit Gewinnerzielungsabsicht zugeschnitten und bietet den Gläubigern kommunaler Eigengesellschaften keinen ausreichenden Schutz. Dies ergibt sich aus der Tatsache, dass in einem kommunalen Unternehmen der ansonsten bei erwerbswirtschaftlichen Gesellschaften typisierte Gleichlauf des Gesellschafter- und Gläubigerinteresses nicht vorliegt. Wird eine kommunale Gesellschaft mit ideeller oder gemischtwirtschaftlicher Zielsetzung von der Trägerkörperschaft unzureichend mit Kapital ausgestattet, ist eine Haftung wegen materieller Unterkapitalisierung in Betracht zu ziehen. Diese Haftungsfolge kann nur anhand des konkreten Einzelfalles beurteilt werden und bedeutet im Falle der Insolvenz eines kommunalen Unternehmens eine Haftung der kommunalen Gebietskörperschaft gegenüber den Gläubiger der Eigengesellschaft.

[1018] *U. Immenga*, Die Personalistische Kapitalgesellschaft, S. 411; *O. Kuhn*, Strohmanngründung bei Kapitalgesellschaften, S. 218; *W. Stimpel*, in: Festschrift für R. Goerdeler, S. 601 (616); *P. Ulmer*, in: M. Hachenburg, Kommentar zum GmbHG, Anh. § 30, Rdnr. 61.

Dritter Abschnitt: Die Haftungsverfassung im Bereich der Konzernhaftung

Die Haftungsverfassung der kommunalen Gebietskörperschaften im Konzernrecht wurde bereits bei der Besprechung der Konzernhaftung im Verhältnis der Gebietskörperschaften zu ihren Eigengesellschaften dargestellt. Auf die Ausführungen zu den konzernrechtlichen Haftungstatbeständen ist an dieser Stelle zu verweisen[1019].

Hinzuweisen bleibt darauf, dass das Konzernrecht unter bestimmten Bedingungen einen direkten Zugriff von Gläubigern kommunaler Gesellschaften auf die Gebietskörperschaft als konzernrechtliche Muttergesellschaft ermöglicht. Dies kann sich für konzernrechtliche Schadensersatzansprüche aufgrund von Einzeleingriffen bei faktischer Konzernierung aus §§ 309, 317, 318, 323 AktG (analog) ergeben[1020]. Im Vertragskonzern sowie bei qualifizierter faktischer Konzernlage besteht ein Anspruch des Gläubigers gegenüber der kommunalen Gebietskörperschaft aus §§ 302, 303 Akt (analog)[1021]. Abschließend ist für die in der Rechtsform der GmbH geführte kommunale Eigengesellschaft festzuhalten, dass ein direkter Zugriff der Gläubiger auf die Gebietskörperschaft nur zu gewähren ist, wenn feststeht, dass der Gläubiger bei der Eigengesellschaft mit seiner Forderung ausfällt[1022].

[1019] Siehe Seite 163 ff.

[1020] BGHZ 95, 330 (331 ff.); für die GmbH nur insoweit, als die Gläubiger von der GmbH selbst keine Befriedigung erlangen können.

[1021] BGHZ 115, 187 (190 ff.); *V. Emmerich*, in: Scholz, GmbH-Gesetz, Anh. Konzernrecht, Rdnrn. 125 ff.; *M. Lutter / P. Hommelhoff*, GmbHG, Anh. § 13, Rdnr. 33; BSG, NJW-RR 1997, S. 94 (96).

[1022] Vgl. BSG, NJW-RR 1997, aaO.

Vierter Abschnitt: Sonstige Ansprüche der Gläubiger gegen die kommunalen Gebietskörperschaften

Der die vorliegende Arbeit abschließende Teil der Haftung im kommunalen Konzern soll in der gebotenen Kürze sonstige – allgemein zivilrechtliche – Ansprüche der Gläubiger gegen Städte und Gemeinden abhandeln. Nachdem der Schwerpunkt der Untersuchung den konzernrechtlichen Haftungstatbeständen galt, soll die Haftung der kommunalen Gebietskörperschaften aufgrund eigenen Verschuldens und die Pfändung von Ansprüchen der Eigengesellschaft gegen ihren Gesellschafter die Systematisierung der Haftungsverfassung im kommunalen Konzern abrunden.

A. Die Haftung der kommunalen Gebietskörperschaften auf Grund eigenen Verschuldens

Im Zusammenhang mit der Haftung der kommunalen Gebietskörperschaften gegenüber den Gläubigern ihrer Gesellschaften kommt neben dem allgemeinen Haftungstatbestand des § 823 BGB (z.B. §§ 823 Abs. 2 i.V. mit 263 StGB) insbesondere eine Haftung aus § 826 BGB in Betracht. Die nach § 826 BGB erforderliche sittenwidrige, schädigende Handlung, die eine kommunale Gebietskörperschaft vornehmen könnte, wird von der Rechtsprechung[1023] und einigen Literaturstimmen in der bereits angesprochenen Unterkapitalisierung der Gesellschaft gesehen[1024]. Hat die Gebietskörperschaft ihre Gesellschaft nicht mit „angemessenen“ Finanzmitteln ausgestattet und ist sie mit ihr im Wirtschaftsverkehr tätig geworden, so liegt eine solche Unterkapitalisierung vor, die zur Haftung von Städten und Gemeinden gegenüber den Gläubigern der Eigengesellschaft führen kann[1025]. Damit bestehen für einen Schadensersatzanspruch grundsätzlich die gleichen Voraussetzungen, die bereits bei der Haftung wegen materieller Unterkapitalisierung angesprochen wurden.

[1023] Vgl. BGH NJW 1979, S. 2104 f.; BGH DB 1988, S. 1848; BGH NJW-RR 1991, S. 1312 (1314 f.).

[1024] Vgl. Seite 242 ff. und auch *N. R. Banerjea*, ZIP 1999, S. 1153 (1156 f.).

[1025] Vgl. dazu *W. Goette*, Die GmbH nach der BGH-Rechtsprechung, S. 252 f.; *K. Schmidt*, Gesellschaftsrecht, S. 247 ff.; kritisch insoweit BAG, ZIP 1999, S. 24 (26) – das BAG befürwortet hier einen Schadensersatzanspruch aus § 823 Abs. 2 BGB i.V.m. § 64 Abs. 1 GmbHG; vgl. dagegen *N. R. Banerjea*, ZIP 1999, S. 1153 (1154 f.).

Allerdings liegt ein entscheidender Unterschied in der nach § 826 BGB tatbestandlich erforderlichen sittenwidrigen Schädigung und eines darauf gerichteten Bewusstseins, dass das Handeln den schädlichen Erfolg haben wird[1026]. Aufgrund der für die Gläubiger entstehenden schwierigen Darlegungs- und Beweislage, dürfte der Konzeption einer Haftung wegen materieller Unterkapitalisierung der Vorzug vor Ansprüchen aus § 826 BGB einzuräumen sein[1027]. Der Vollständigkeit halber sei erwähnt, dass auch unter anderen Gesichtspunkten eine sittenwidrige Schädigung bejaht werden kann. Allerdings reicht der Entzug bestimmter Gegenstände vor dem Vollstreckungszugriff der Gläubiger allein für sich nicht aus, um die Tatbestandsvoraussetzungen des § 826 BGB zu erfüllen[1028]. Hier ist in erster Linie die Absichtsanfechtung gemäß §§ 3 Abs. 1 AnfG, 130 ff. InsO heranzuziehen. Nur wenn über die Anfechtungsmöglichkeiten hinaus besondere Umstände die Sittenwidrigkeit der Maßnahme tragen, kann insoweit eine Schadensersatzpflicht gemäß § 826 BGB greifen[1029]. Hierbei handelt es sich jedoch um besondere Konstellationen des konkreten Einzelfalles, die hier nicht weiter verfolgt werden sollen.

[1026] Vgl. BGH, NJW 1963, S. 148 (150).

[1027] Vgl. *P. Ulmer*, in: M. Hachenburg, Kommentar zum GmbHG, Anh. § 30, Rdnr. 32; *G. Wüst*, JZ 1995, S. 990 (994).

[1028] Vgl. BGH, NJW 1996, S. 1283 mwN.

[1029] *H. J. Mertens*, in: Münchener Kommentar zum BGB, § 826 Rdnr. 145; BGH, NJW 1996, aaO.

B. Pfändung von Ansprüchen der Eigengesellschaft gegen die kommunalen Gebietskörperschaften

Abschließend soll der Vollständigkeit halber noch darauf hingewiesen werden, dass Gläubiger der kommunalen Eigengesellschaft Ansprüche der Gesellschaft gegen die kommunale Gebietskörperschaft pfänden und sich überweisen lassen können. Hiervon betroffen ist beispielsweise auch ein etwaiger Anspruch der Eigengesellschaft auf Kapitalzuführung[1030] und insbesondere die Pfändung eines bei der Untersuchung der Rechtsbeziehungen zwischen kommunaler Gebietskörperschaft und Eigengesellschaft untersuchten Verlustausgleichs[1031]. Der Anspruch auf Verlustausgleich erlangt jedoch keine weitere Bedeutung, wenn bereits ein direkter Anspruch des Gläubigers gegen die kommunale Gebietskörperschaft besteht.

[1030] BGHZ 68, 312 (319); vgl. dazu auch *N. R. Banerjea*, ZIP 1999, S. 1153 (1160).

[1031] Vgl. dazu Seite 163 ff. und 215 ff. Zur Pfändung und Überweisung eines Verlustausgleichsanspruchs vgl. insbesondere BGHZ 115, 187 ff.; *M. Lutter / P. Hommelhoff*, GmbhG, Anh. § 13, Rdnr. 33.

Zusammenfassung der Untersuchung

Die vorliegende Arbeit unternimmt den Versuch einer Systematisierung der Haftungsverfassung im kommunalen Konzern und spricht hierbei die Haftungsgefahren kommunaler Gebietskörperschaften im Beziehungsgeflecht zu ihren Eigengesellschaften und zu Gläubigern der Gesellschaften an. Diese Haftungsfolgen stellen eine aktuelle Problematik der mittlerweile fast nicht mehr zu überblickenden Diskussion über die Privatisierung kommunaler Verwaltungsaufgaben dar, die jedoch eine eingehende Behandlung bisher vermissen lassen.

Im Mittelpunkt der Untersuchung steht der in diesem Zusammenhang besonders interessierende ungebrochene Trend zur Organisationsprivatisierung. Diese sogenannte formelle Privatisierung ist dadurch gekennzeichnet, dass sich der kommunale Verwaltungsträger seiner Aufgabe nicht entledigt, sondern sie in Formen des Privatrechts durch Schaffung von Eigen- oder auch Beteiligungsgesellschaften wahrnimmt. Ein Blick auf die rechtstatsächliche Situation der kommunalen Gebietskörperschaften, bei dem es auch die gemeindewirtschaftrechtlichen Restriktionen des Kommunalrechts zu beachten galt, hat als in der Praxis vorkommende Rechtsformen mit Haftungsbeschränkung in erster Linie die Aktiengesellschaft und die GmbH ergeben.

Parallel zu der beständigen Zunahme privatrechtlicher Organisationsformen im Rahmen der Erfüllung öffentlicher Aufgaben durch die Städte und Gemeinden hat sich im Hinblick auf die sich dramatisch verschlechternde Lage der kommunalen Haushalte auch die Situation wirtschaftlicher Betätigung verschlechtert. Illustriert wurde dies durch den Rechtsstreit einer niedersächsischen Gemeinde aufgrund einer in Konkurs geratenen kommunalen Kurbetriebs-Gesellschaft. Ein besonderes Gewicht erhält vor dem Hintergrund der Insolvenz einer Eigengesellschaft die Frage, inwieweit die kommunalen Gebietskörperschaften die Haftungsbegrenzungen der privatrechtlichen Rechtsformen für sich nutzbar machen können. Insofern galt es dringend die Frage zu beantworten, ob die nach allen Gemeindeordnungen erforderliche Haftungsbegrenzung für die kommunalen Gebietskörperschaften überhaupt erreichbar sind.

Im Hinblick auf die Anwendbarkeit von Staatshaftungsrecht konnte hier Entwarnung für die kommunalen Gebietskörperschaften gegeben werden. Werden danach durch die Insolvenz einer kommunalen Eigengesellschaft Gläubiger der Gesellschaft geschädigt, ist Staatshaftungsrecht nicht anwendbar, da sich die Haftung dieser Gesellschaften richtigerweise ausschließlich nach den Vorschriften des Privatrechts richten kann.

Im weiteren Verlauf konnte auch eine Insolvenzabwendungspflicht der kommunalen Gebietskörperschaften gegenüber ihren Gesellschaften nach öffentlichem Recht nicht überzeugend begründet werden. Zwar haben sich durchaus Ansätze einer solchen Einstandspflicht aus dem Rechts- und Sozialstaatsprinzip und Grundsätzen des Gemeindewirtschaftsrechts aufzeigen lassen, überzeugen konnten sie indes nicht.

Anschließend galt es die Anwendbarkeit und die Haftungsfolgen des Konzernrechts auf kommunaler Ebene herauszuarbeiten. Hier musste die Frage nach dem schwierigen Verhältnis der Haftungstatbestände des Konzernrechts zu den kommunalrechtlichen Haftungsbegrenzungspflichten beantwortet werden. Danach stellt das Gesellschaftsrecht ein abgeschlossenes Regelungssystem dar, welches einer Modifizierung durch öffentlich-rechtliche Bestimmungen nicht zugänglich ist. Den kommunalen Gebietskörperschaften kann mithin auch wenn sie sich zur Erfüllung ihrer Aufgaben privatrechtlicher Organisationsformen bedienen keine Sonderstellung zukommen, so dass die konzernrechtlichen Haftungstatbestände grundsätzlich anwendbar sind. Die Rechtsfolgen des Konzernrechts setzen gedanklich voraus, dass die kommunalen Gebietskörperschaften als Unternehmen im Sinne des Konzernrechts zu verstehen sind. Nach einem Blick auf die Entwicklung der Rechtsprechung des Bundesgerichtshofs von der *VEBA/Gelsenberg*-Entscheidung bis zum *VW/Niedersachsen*-Beschluss und der sich anschließenden Diskussion in der Literatur sprechen aus heutiger Sicht die besseren Argumente für die Unternehmenseigenschaft von Städten und Gemeinden. Damit ist der Weg frei für die Anwendung konzernrechtlicher Haftungstatbestände auf das Beziehungsgeflecht zwischen kommunalen Gebietskörperschaften und ihren Eigengesellschaften.

Hinsichtlich der konkreten Rechtsfolgen ist danach zu differenzieren, ob es sich bei der jeweils zu betrachtenden Unternehmensverbindung um einen Vertragskonzern, einen einfachen oder qualifizierten faktischen Konzern handelt. Die Untersuchung des Vertragskonzerns hat ergeben, dass der Abschluss von Beherrschungsverträgen zwischen der kommunalen Gebietskörperschaft und der Gesellschaft aufgrund der zwingenden Rechtsfolge der Verlustausgleichspflicht nicht unbedingt unzulässig sein muss. Demzufolge ist das Gebot der Haftungsbegrenzung nach einer teleologischen Reduktion dieser kommunalrechtlichen Vorschriften im Sinne einer Vermeidung nicht beherrschbarer Haftungsrisiken zu verstehen. Da im Vertragskonzern eine genaue Ausrichtung auf das Konzerninteresse möglich ist, wird eine umfassende Steuerungsmöglichkeit durch den Abschluss eines Beherrschungsvertrages gewährleistet, der im Einklang mit dem Normzweck der kommunalrechtlichen Haftungsbegrenzungspflichten steht. Dieser Befund gilt jedoch nicht für alle Gemeindeordnungen. In den Ländern Niedersachsen, Nordrhein-Westfalen, Rheinland-Pfalz und Sachsen-Anhalt besteht vielmehr ein Verbot der Verlustübernahme, so dass hier Beherrschungsverträge nach dem insofern eindeutigen Wortlaut der kommunalrechtlichen Vorschriften unzulässig sind. Für diese Länder besteht insbesondere die Möglichkeit der Gründung von Holding-Gesellschaften. In der kommunalen Praxis ist allerdings zu beachten, dass durch die Gründung einer weiteren Gesellschaft Kosten entstehen und das Gemeinderecht bei bestimmten Einrichtungen den Nachweis eines wichtigen Interesses der kommunalen Gebietskörperschaft erfordert. Beispielhaft für eine solche kommunalrechtliche Schranke ist die Regelung des § 109 Abs. 1 Nr. 1 NGO.

Im einfachen faktischen Konzern können sich die kommunalen Gebietskörperschaften Schadensersatzansprüchen gegenüber den von ihnen beherrschten Unternehmen ausgesetzt sehen. Hier besteht die Schwierigkeit, Kriterien für die Bestimmung eines nachteiligen Einflusses auf die abhängige Gesellschaft zu ermitteln. Bloße Vermögensbeeinträchtigungen reichen hierfür jedenfalls nicht aus. Ein Ansatzpunkt besteht in einem Vergleich des in der Satzung der kommunalen Gesellschaft niedergelegten öffentlichen Zwecks mit dem von der herrschenden Gebietskörperschaft verfolgten Zweck. In Hinblick auf die kommunalrechtlichen Haftungsbegrenzungspflichten konnte kein Widerspruch zu der konzernrechtlichen Nachteilsausgleichspflicht festgestellt werden. Es handelt sich daher um Einzeleingriffe des herrschenden Unternehmens, die dem Normzweck des Gebots der Haftungsbegrenzung nicht entgegenstehen.

Für die Haftungsverfassung der Städte und Gemeinden nachteilig ist die Annahme eines qualifizierten faktischen Konzerns. Hintergrund ist hier die Rechtsprechung des II. Zivilsenats des Bundesgerichtshofs, die jedoch in jüngster Zeit deutlich von der seit der „*TBB*“- Entscheidung entwickelten GmbH-Konzernhaftung abgerückt ist und in deren Gefolge einige Stimmen in der gesellschaftsrechtlichen Literatur eine Aufgabe des qualifizierten faktischen Konzerns postulieren. Im Rahmen einer öffentlich-rechtlichen Arbeit kann es allerdings nicht Aufgabe sein, diese weitreichende gesellschaftsrechtliche Problematik einer intensiven Untersuchung zu unterziehen. Festzuhalten ist vielmehr, dass bei einer qualifizierten faktischen Konzernlage nach der langjährigen Rechtsprechung des Bundesgerichtshofs und anderer Obergerichte erhebliche Haftungsgefahren für die kommunalen Gebietskörperschaften entstehen können. Weitere Probleme tauchten bei der im Einzelfall schwierigen Feststellung einer qualifizierten faktischen Konzernlage auf. Die Besonderheit liegt in diesen Fällen darin, dass die für private Erwerbsgesellschaften konzipierten konzernrechtlichen Haftungstatbestände bei der wirtschaftlichen Betätigung kommunaler Gebietskörperschaften an ihre Grenzen stoßen. Nicht hinreichend wurde bisher beachtet, dass zwischen privaten und öffentlichen Gesellschaftern teilweise erhebliche Unterschiede bestehen, die sich vor allen Dingen aus der Bindung der Städte und Gemeinden an der Verfolgung öffentlicher Zwecke und der Funktion der Eigengesellschaft als Teil des Verwaltungsapparats ergeben. So entsteht mit der Umsetzung dieser kommunalrechtlichen Vorgaben für die kommunalen Gebietskörperschaften die latente Problematik, erwerbswirtschaftliche Interesse in Verfolgung öffentlicher Zwecke in den Hintergrund stellen zu müssen. Dogmatisch zweckmäßig erscheint es daher, für die Annahme einer qualifizierten faktischen Konzernlage auf den sonst erforderlichen Missbrauch der Konzernleitungsmacht zu verzichten. Die sich daraus ergebende umfassende Verlustausgleichspflicht macht zugleich deutlich, dass die kommunalrechtlich erforderliche Haftungsbegrenzung bei einer qualifizierten faktischen Konzernlage für die kommunalen Gebietskörperschaften nicht erreichbar ist. Der Rechtsstreit einer niedersächsischen Gemeinde sollte durch eine anstehende Grundsatzentscheidung des Bundesgerichtshofs endgültig Klarheit über diese Haftungsverfassung bringen.

Der die Arbeit abschließende Teil der Untersuchung betrachtet die Haftung der Städte und Gemeinden gegenüber den Gläubigern kommunaler Gesellschaften. Hier war der Frage nachzugehen, ob sich eine „hinter" einer kommunalen Gesellschaft stehende nicht insolvenzfähige Gebietskörperschaft durch die privatrechtliche Erscheinungsform jeglicher Haftung entziehen kann. Unter dem Stichwort einer „Durchgriffshaftung" galt es öffentlich-rechtliche Argumente für die Annahme einer Einstandspflicht der kommunalen Gebietskörperschaften zu besprechen, die jedoch letztlich nicht überzeugen konnten. Anschließend war auf gesellschaftsrechtliche Haftungsmechanismen einzugehen, wobei die Haftung wegen materieller Unterkapitalisierung in den Mittelpunkt der Untersuchung geriet. Hier bleibt festzuhalten, dass das gesetzliche Kapitalsicherungssystem von GmbH und Aktiengesellschaft auf private Erwerbsgesellschaften zugeschnitten ist und für Gläubiger kommunaler Gesellschaften keinen ausreichenden Schutz bietet.

Resümierend kann den kommunalen Gebietskörperschaften trotz oder gerade wegen der jüngsten Rechtsprechung des Bundesgerichtshofs dringend angeraten werden, den Zustand einer qualifizierten faktischen Konzernlage zu vermeiden. Das besprochene Zusammenspiel – oder entsprechend negativ formuliert – die Gemengelage kommunalrechtlicher Haftungsbegrenzung- wie Ingerenzpflichten und konzernrechtlicher Haftungstatbestände hat das Dilemma der wirtschaftlich tätigen Städte und Gemeinden deutlich aufgezeigt. Vor dem Hintergrund einer nach wie vor ungebrochenen Privatisierungseuphorie dürften weitere Insolvenzen kommunaler Eigengesellschaften absehbar sein. Die Haftung der Städte und Gemeinden im kommunalen Konzern ist daher weiterhin von großer rechtspolitischer wie juristischer Aktualität.

Literaturverzeichnis

Achterberg, Norbert: Privatrechtsförmige Verwaltung, in: JA 1985, S. 503 – 510.

Achterberg, Norbert / *Püttner*, Günter / *Würtenberger*, Thomas (Hrsg.): Besonderes Verwaltungsrecht, Band II, 2. Auflage, Heidelberg 2000.

Adamska, Michael: Rechtsformen der Organisation kommunaler Interessen in gemischt-wirtschaftlichen Unternehmen, Kiel 1992.

Ahrens, Thomas: Die Holding in der Gemeindewirtschaft, Dortmund 1984.

Alfuß, Werner E.: Staatliche Haftungsbeschränkungen durch Inanspruchnahme privatrechtlicher Organisationsformen, Köln 1976.

Altmeppen, Holger: Die systematische Einordnung der Rechtsprechung zum qualifiziert faktischen Konzern nach „TBB", in: DB 1994, S. 1912 – 1917.

– Grundlegend Neues zum „qualifiziert faktischen" Konzern und zum Gläubigerschutz in der Einmann-GmbH, ZIP 2001, S. 1837 – 1847.

Ammon, Ludwig / *Burkert*, Manfred / *Görlitz*, Stephan / *Wagner*, Claus: Die GmbH, 2. Auflage, Bielefeld 1995.

Armin, Hans Herbert / *Borell*, Rolf / *Vogt*, Gustav: Privatisierung öffentlicher Dienstleistungen, Wiesbaden 1978.

Arndt, Hans-Wolfgang / *Walter*, Christine: Zur Verteilung der Abfallentsorgung zwischen Verursacher, öffentlich-rechtlichem Entsorgungsträger, privatem Dritten und Verbänden, in: WiVerw 1997, S. 183 – 241.

Assmann, Heinz-Dieter: Der faktische GmbH-Konzern, in: Festschrift 100 Jahre GmbH-Gesetz, M. Lutter, P. Ulmer, W. Zöllner (Hrsg.), Köln 1992, S. 657 – 735.

– Gläubigerschutz im faktischen GmbH-Konzern durch richterliche Rechtsfortbildung – Teil 2, in: JZ 1986, S. 928 – 938.

Backhaus, Jürgen: Öffentliche Unternehmen, 2. Auflage, Frankfurt a. M. 1980.

Badura, Peter: Die Daseinsvorsorge als Verwendungszweck der Leistungsverwaltung und der soziale Rechtsstaat, in: DÖV 1966, S. 624 – 633.

Ballerstedt, Kurt: Zur Frage der Rechtsform gemeindlicher Wirtschaftsunternehmen, in: DÖV 1951, S. 449 – 453.

Bälz, Ulrich: Verbundene Unternehmen, in: AG 1992, S. 277 – 311.

Banerjea, Nirmal Robert: Haftungsfragen in Fällen materieller Unterkapitalisierung im qualifizierten faktischen Konzern, in: ZIP 1999, S. 1153 – 1162.

Bauer, Joachim / *Schink*, Alexander (Hrsg.): Organisationsformen in der öffentlichen Abfallwirtschaft, Berlin u.a. 1993.

Bauer, Siegfried: Privatisierung kommunaler Einrichtungen, Reduzierung der Pro-Kopf-Verschuldung, Doppik statt Kameralistik, „Tilburger Modell" und was noch?, in: Der Gemeindehaushalt 1994, S. 128 – 133.

– Privatisierung von Verwaltungsaufgaben, in: VVDStRL 54 (1994), S. 243 – 286.

Baumbach, Adolf / *Hueck*, Alfred: GmbH-Gesetz, 17. Auflage, München 2000.

Baumbach, Adolf / *Lauterbach*, Wolfgang / *Albers*, Jan / *Hartmann*, Peter: Zivilprozessordnung, 58. Auflage, München 2000.

Baur, Fritz / *Stürner*, Rolf: Zwangsvollstreckungs-, Konkurs- und Vergleichsrecht, Band 2, 12. Auflage, Heidelberg 1990.

Becker, Ralph: Die Erfüllung öffentlicher Aufgaben durch gemischtwirtschaftliche Unternehmen, Baden-Baden 1997.

Beinert, Stefanie: Die Konzernhaftung für die satzungsgemäß abhängig gegründete GmbH, Köln 1995.

Bender, Bernd: Staatshaftungsrecht, 3. Auflage, Heidelberg u.a. 1981.

Berkemann, Jörg: Die staatliche Kapitalbeteiligung an Aktiengesellschaften, Hamburg 1966.

Bezzenberger, Gerold / *Schuster*, Detlev: Die öffentliche Anstalt als abhängiges Konzernunternehmen, in: ZGR 1996, S. 481 – 499.

Bitter, Georg: Der Anfang vom Ende des „qualifiziert faktischen GmbH-Konzerns", in: WM 2001, S. 2133 – 2141.

Blomeyer, Wolfgang / *Otto*, Klaus: Gesetz zur Verbesserung der betrieblichen Altersversorgung, Kommentar, 2. Auflage, München 1997.

Blum, Peter / *Beckhof*, Heiner / *Behrens*, Ingo / *Göke*, Wolfgang / *Häusler*, Bernd / *Menzel*, Andreas / *Smollich*, Thomas / *Wefelmeier*, Christian: Kommunalverfassungsrecht Niedersachsen, Loseblattsammlung, Wiesbaden, Stand: 10. Nachlieferung Mai 2001.

Böckstiegel, Karl-Heinz: Der Durchgriff auf den Staat, Frankfurt a. M. 1972.

Böhm, Bettina, Öffentlich-private Partnerschaften in der kommunalen Stadtentwicklung, Frankfurt a.M. 1999.

Bolsenkötter, Heinz: Zum aktienrechtlichen Begriff des Unternehmens, DB 1967, S. 1098 – 1101.

Borggräfe, Joachim: Die Qualifizierung von Gebietskörperschaften als „Unternehmer" im Sinne der konzernrechtlichen Bestimmungen des Aktiengesetzes, in: DB 1978, S. 1433 – 1439.

Brandt, Edmund / *Ruchay*, Dietrich / *Weidemann*, Clemens: Kreislaufwirtschafts- und Abfallgesetz (KrW-/AbfG), Band II, München, Stand: 01.08.2000.

Brauksiepe, Jochen: Zum Unternehmensbegriff des neuen Aktienrechts, in: BB 1966, S. 869 – 872.

Bree, Axel: Die Privatisierung der Abfallentsorgung nach dem Kreislaufwirtschafts- und Abfallgesetz, Berlin 1998.

Breuer, Jürgen: Umwandlung kommunaler Eigenbetriebe und nichtwirtschaftlicher Unternehmen i.S. der Gemeindeordnung NW in Gesellschaften, 1991.

Breyer, Werner: Umwandlung eines kommunalen Krankenhauses in eine GmbH – Der Weg zu mehr Wirtschaftlichkeit?, in: Der Gemeindehaushalt 1993, S. 272 – 280.

Brohm, Winfried: Wirtschaftstätigkeit der öffentlichen Hand und Wettbewerb, in: NJW 1994, S. 281 – 289.

– Soziale Grundrechte und Staatszielbestimmungen in der Verfassung, in: JZ 1994, S. 213 – 220.

Brugger, Winfried: Konkretisierung des Rechts und Auslegung der Gesetze, in: AöR 119 (1994), S. 1 – 34.

Büchner, Wolfgang: Die rechtliche Gestaltung kommunaler öffentlicher Unternehmen: Grenzen und Möglichkeiten der gemeindlichen Organisationshoheit unter besonderer Berücksichtigung der Arbeitnehmermitbestimmung am Beispiel der Verkehrs- und Versorgungseinrichtungen, Frankfurt a.M. 1982.

Büdenbender, Ulrich: Energierecht, München 1982.

Bull, Hans Peter: Allgemeines Verwaltungsrecht, 5. Auflage, Heidelberg 1997.

Burmeister, Joachim: Der Begriff des „Fiskus" in der heutigen Verwaltungsrechtsdogmatik, in: DÖV 1975, S. 695 – 703.

Claussen, Carsten P.: Kapitalersatzrecht und Aktiengesellschaften, in: AG 1985, S. 173 – 184.

– Die vier aktienrechtlichen Änderungsgesetze des 12. Deutschen Bundestages – Reform oder Aktionismus, in: AG 1995, S. 163 – 172.

Cronauge, Ulrich: Kommunale Unternehmen, 3. Auflage, Berlin 1992.

– Ein untauglicher Lückenbüßer, in: Städte- und Gemeinderat 1993, S. 238 – 244.

– Die Neufassung des Gemeindewirtschaftsrechts, in: Städte- und Gemeinderat 1994, S. 310 – 316.

– Welchen rechtlichen Rahmen braucht die kommunale Wirtschaft von morgen?, in: Der Gemeindehaushalt 1998, S. 131 – 138.

von Danwitz, Thomas: Vom Verwaltungsprivat- zum Verwaltungsgesellschaftsrecht – Zu Begründung und Reichweite öffentlich-rechtlicher Ingerenzen in der mittelbaren Kommunalverwaltung –, in: AöR 120 (1995), S. 596 – 629.

Darsow, Thomas / *Geuter*, Sabine / *Glaser*, Klaus-Michael / *Meyer*, Hubert: Schweriner Kommentierung der Kommunalverfassung des Landes Mecklenburg-Vorpommern, 2. Auflage, Schwerin 1999.

Däubler, Wolfgang: Privatisierung als Rechtsproblem, Darmstadt 1980.

Deilmann, Barbara: Die Entstehung des qualifizierten faktischen Konzerns, Berlin 1988.

Deutscher Städtetag: Möglichkeiten und Grenzen der Privatisierung öffentlicher Aufgaben, Köln 1986.

Dieckmann, Jochen: Unternehmen Stadt, in: Der Gemeindehaushalt 1993, S. 121 – 125.

Dielmann, Heinrich Josef: Die Beteiligung der öffentlichen Hand an Kapitalgesellschaften und die Anwendbarkeit des Rechts der verbundenen Unternehmen, Frankfurt a. M. 1977.

Dierdorf, Josef: Herrschaft und Abhängigkeit einer AG auf schuldvertraglicher und tatsächlicher Grundlage, Köln u.a. 1978.

Dreier, Horst: Hierarchische Verwaltung im demokratischen Staat – Genese, aktuelle Bedeutung und funktionelle Grenzen eines Bauprinzips der Exekutive, Tübingen 1991.

– Grundgesetz, Kommentar, Band 2, Art. 20 – 82, Tübingen 1998.

Dubber, Oliver: Die Funktionen des Eigenkapitals in kommunalen Unternehmen, in: ZöGU 1983, S. 228 – 242.

Ebenroth, Carsten Thomas / *Lange*, Knut Werner: Sorgfaltspflichten und Haftung des Geschäftsführers einer GmbH nach § 43 GmbHG, in: GmbHR 1992, S. 69 – 76.

Ebenroth, Carsten Thomas / *Wilken*, Oliver: Beweislast und Gesellschafterhaftung im qualifizierten faktischen Konzern, in: ZIP 1993, S. 558 – 562.

Ehlers, Dirk: Verwaltung in Privatrechtsform, Berlin, 1984.

– Die Entscheidung der Kommunen für eine öffentlich-rechtliche oder privatrechtliche Organisation ihrer Einrichtungen und Unternehmen, in: DÖV 1986, S. 897 – 905.

– Die wirtschaftliche Betätigung der öffentlichen Hand in der Bundesrepublik Deutschland, in: JZ 1990, S. 1089 – 1100.

– Interkommunale Zusammenarbeit in Gesellschaftsform, in: DVBl. 1997, S. 137 – 145.

Ehlke, Michael: Konzerninduzierter Haftungsdurchgriff auf den GmbH-Gesellschafter?, in: DB 1986, S. 523 – 527.

Eickmann, Dieter / *Flessner*, Axel / *Irschlinger*, Friedrich u.a.: Heidelberger Kommentar zur Insolvenzordnung, 2. Auflage, Heidelberg 2001.

Ellerich, Marian: Zur Bedeutung und den Auswirkungen der aktienrechtlichen Unternehmenseigenschaft der öffentlichen Hand unter Berücksichtigung ökonomischer Gesichtspunkte, Bochum 1980.

Ellerich, Marian / *Küting*, Karlheinz: Zur Widerlegung der aktienrechtlichen Konzernvermutung (§ 18 Abs. 1 Satz 3 AktG) durch den Bund, in: DB 1980, S. 1973 – 1977.

Emmerich, Volker: Das Wirtschaftsrecht der öffentlichen Unternehmen, Bad Homburg – Berlin – Zürich, 1969.

– Die öffentliche Unternehmung im deutschen Konzern- und Wettbewerbsrecht, in: AG 1976, S. 225 – 231.

– Nachlese zum Autokran-Urteil des BGH zum GmbH-Konzernrecht, in: GmbHR 1987, S. 213 – 221.

Emmerich, Volker / *Habersack*, Mathias: Aktien- und GmbH-Konzernrecht, Kommentar, 2. Auflage, München 2001.

Emmerich, Volker / *Sonnenschein*, Jürgen: Konzernrecht, 6. Auflage, München 1997.

Emmert, Edgar: Probleme der Müllbeseitigung, in: BayVBl. 1973, S. 290 – 292.

Energiewirtschaftsgesetz 1998, Erläuterungen, Frankfurt a.M. 1999.

Engel, Wolfgang: Grenzen und Formen der mittelbaren Kommunalverwaltung, Köln u.a. 1981.

Engellandt, Frank: Die Einflussnahme der Kommunen auf ihre Kapitalgesellschaften über das Anteilseignerorgan, Heidelberg 1995.

Engisch, Karl: Die Einheit der Rechtsordnung, Darmstadt 1987.

Erbguth, Wilfried / *Stollmann*, Frank: Erfüllung öffentlicher Aufgaben durch private Rechtssubjekte? – Zu den Kriterien bei der Wahl der Rechtsform –, in: DÖV 1993, S. 798 – 809.

– Zur Rechtsformenwahl bei der kommunalen Aufgabenerfüllung, in: Stadt und Gemeinde 1994, S. 127 – 135.

Erichsen, Hans-Uwe: Die Vertretung der Kommunen in den Mitgliederorganen von juristischen Personen des Privatrechts, Köln u.a. 1990.

– Kommunalrecht des Landes Nordrhein-Westfalen, 2. Auflage, Siegburg 1997.

– (Hrsg.) Allgemeines Verwaltungsrecht, 11. Auflage, Berlin 1998.

Eschenbruch, Klaus: Konzernhaftung: Haftung der Unternehmen und Manager, Düsseldorf 1996.

Everhardt, Karl-Hans / *Gaul*, Herbert: Die Ausnahmen von der Beitragspflicht nach § 17 Abs. 2 BetrAVG, § 186c Abs. 2 Satz 2 AFG, in: JZ 1976, S. 467 – 470.

Evers, Hans–Ulrich: Das Recht der Energieversorgung zwischen Staat, Gemeinde und Wirtschaft, 2. Auflage, Baden-Baden 1983.

– Entstehungsgeschichte, Ziele, Konzeption, Grundsätze und Änderungen des EnWG, in: B. Börner (Hrsg.), Das Energiewirtschaftsgesetz im Wandel von 5 Jahrzehnten, Baden-Baden 1987.

Fees, Karl / *Jäkle*, Eduard / *Brunner*, Erwin: Kommentar zur deutschen Gemeindeordnung, 1936.

Fischer, Robert: Zum VEBA/Gelsenberg-Urteil aus revisionsrichterlicher Sicht, in: ZGR 1979, S. 102 – 105.

– Das Entsendungs- und Weisungsrecht öffentlich-rechtlicher Körperschaften beim Aufsichtsrat einer Aktiengesellschaft, in: AG 1982, S. 85 – 93.

Fischerhof, Hans: Öffentliche Versorgung mit Wasser, Gas, Elektrizität und öffentliche Verwaltung, in: DÖV 1957, S. 305 – 316.

Fleck, Hans-Joachim: Die Drittanstellung des GmbH-Geschäftsführers, in: ZHR 149 (1985), S. 387 – 418.

Fleiner, Fritz: Institutionen des Deutschen Verwaltungsrechts, 8. Auflage, Tübingen 1928.

Flume, Werner: Das Video-Urteil als eine Entscheidung des II. Senats des BGH aus dessen Selbstverständnis der Innehabung gesetzgeberischer Gewalt, in: ZIP 1992, S. 817 – 820.

Forsthoff, Ernst: Die Verwaltung als Leistungsträger, Stuttgart 1938.

Frenz, Walter: KrW-/AbfG, 2. Auflage, Köln u.a. 1998.

Gabler, Manfred / *Höhlein*, Burkhard / *Klöckner*, Werner / *Lukas*, Helmut / *Oster*, Rudolf / *Schaaf*, Edmund / *Stubenrauch*, Hubert / *Tutaschapsky*, Uwe: Kommunalverfassungsrecht Rheinland-Pfalz, Kommentar, Wiesbaden, Loseblattsammlung, Stand: 18. Nachlieferung, September 2001.

Galette, Alfons / *Laux*, Eberhard / *Scheliha*, Kurt Friedrich v.: Gemeindeordnung Schleswig-Holstein, Kommentar, Wiesbaden, Loseblattsammlung, Stand: 25. Nachlieferung März 1997.

Gallwas, Hans Uwe: Die Erfüllung von Verwaltungsaufgaben durch Private, in: VVDStRL 29 (1971), S. 211 – 233.

Gätsch, Andreas: Gläubigerschutz im qualifizierten faktischen GmbH-Konzern, Berlin 1996.

Geisel, Karl-Heinz: Die wirtschaftlichen Gründe für die Umwandlung gemeindlicher Wirtschaftsbetriebe in die Rechtsform der Aktiengesellschaft, Nürnberg 1965.

von Gerkan, Hartwin: Das Recht des Eigenkapitalersatzes in der Diskussion, in: ZGR 1997, S. 173 – 205.

von Gerkan, Hartwin / *Hommelhoff*, Peter: Kapitalersatz im Gesellschafts- und Insolvenzrecht, 5. Auflage, Köln 1997.

Gerke, Jürgen: Die wirtschaftliche Betätigung der Gemeinden, in: Jura 1985, S. 349 – 358.

Gern, Alfons: Kommunalrecht Baden-Württemberg, 7. Auflage, Baden-Baden 1998.

– Sächsisches Kommunalrecht, 2. Auflage, München 2000.

Gersdorf, Hubertus: Öffentliche Unternehmen im Spannungsfeld zwischen Demokratie und Wirtschaftlichkeitsprinzip, Berlin 2000.

Gessler, Ernst: Leitungsmacht und Verantwortlichkeit im faktischen Konzern, in: Festschrift für Harry Westermann zum 65. Geburtstag, Karlsruhe 1974, S. 145 – 165.

Gessler, Ernst / *Hefermehl*, Wolfgang / *Eckardt*, Ulrich / *Kropff*, Bruno: Aktiengesetz, Band I, §§ 1 – 75, München 1984.

Giese, Friedrich / *Schnuck*, Egon: GG für die Bundesrepublik Deutschland, Kommentar, 9. Auflage, Frankfurt a. M. 1976.

Godin, Reinhard von / *Wilhelmi*, Hans: Kommentar zum Aktiengesetz, Band II, §§ 179 – 410, 4. Auflage, Berlin 1971.

Goette, Wulf: Die GmbH nach der BGH-Rechtsprechung, München 1997.

– Einige Aspekte des Eigenkapitalersatzrechts aus richterlicher Sicht, ZHR 162 (1998), S. 223 – 231.

Gönnenwein, Otto: Gemeinderecht, Tübingen 1963.

Grabbe, Jürgen: Verfassungsrechtliche Grenzen der Privatisierung kommunaler Aufgaben, Berlin 1979.

Grabitz, Eberhard: Vertrauensschutz als Freiheitsschutz, in: DVBl. 1973, S. 675 – 684.

Gramlich, Ludwig: „Öffentliche Unternehmungen“ im Verfassungsstaat des Grundgesetzes, in: BB 1990, S. 1493 – 1501.

Gratzel, Dirk C.: Wirtschaftstätigkeit der öffentlichen Hand und Konzernrecht, in: NJW 1995, S. 373 – 375.

– Zur konzernrechtlichen Haftung der Gebietskörperschaften aus Ingerenz, in: BB 1998, S. 175 – 177.

Gromoll, Bernhard: Rechtliche Grenzen der Privatisierung öffentlicher Aufgaben, München 1982.

Großfeld, Bernhard: Transnationale Unternehmensverfassung?, in: ZGR 1987, S. 504 – 520.

Grosskommentar zum Aktiengesetz: Band 1, §§ 1- 14, 4. Auflage, Berlin 1992; Band 2, §§ 54 – 66, 4. Auflage, Berlin 2000; Band 4, §§ 291 – 410, 3. Auflage, Berlin 1975.

Grosskommentar zum HGB: C.-W. Canaris, W. Schilling, P. Ulmer (Hrsg.), Erster Band, Einleitung, §§ 1 – 104, 4. Auflage, Berlin 1995.

Grossmann, Adolf: Unternehmensziele im Aktienrecht, Köln u.a. 1980.

Grömig, Erko: Reform der Verwaltungen vor allem wegen Finanzkrise und überholter Strukturen, in: Der Städtetag 3/2001, S. 11 – 18.

Gröttrup, Hendrik: Die kommunale Leistungsverwaltung, 2. Auflage, Stuttgart u.a. 1976.

Grunewald, Barbara: Gesellschaftsrecht, 4. Auflage, Tübingen 2000.

Grupp, Klaus: Wirtschaftliche Betätigung der öffentlichen Hand unter dem Grundgesetz, in: ZHR 140 (1976), S. 367 – 393.

– Die „Grundsätze der Wirtschaftlichkeit und Sparsamkeit“ im Haushaltsrecht, in: JZ 1982, S. 231 – 237.

Gundlach, Ulf: Die Insolvenzfähigkeit juristischer Personen und Vermögen des öffentlichen Rechts, in: DÖV 1999, S. 815 – 823.

– Die Haftung der Gemeinden für ihre Eigengesellschaften, in: LKV 2000, S. 58 – 64.

Habersack, Matthias: Private public partnership: Gemeinschaftsunternehmen zwischen Privaten und der öffentlichen Hand, in: ZGR 1996, S. 544 – 563.

– Der Finanzplankredit und das Recht der eigenkapitalersetzenden Gesellschafterhilfen, in: ZHR 161 (1997), S. 457 – 490.

– Eigenkapitalersatzrecht im Gesellschaftsrecht, in: ZHR 162 (1998), S. 201 – 222.

Habighorst, Oliver / *Spoerr*, Wolfgang: Treuhandanstalt und Konzernrecht in der Diskussion, in: ZGR 1991, S. 499 – 512.

Hachenburg, Max: Gesetz betreffend die Gesellschaften mit beschränkter Haftung. Großkommentar, herausgegeben von P. Ulmer, bearbeitet von Behrens, Goerdeler, Heinrich, Hohner (unter Mitarbeit von Bommert), Hüffer, Kohlmann, Mertens, Welf Müller, Raiser, Ulmer, Zutt (unter Mitarbeit von Martin Winter), 8. Auflage, Berlin 1990 ff.

Haesen, Wilfried: Der Abhängigkeitsbericht im faktischen Konzern, Köln u.a. 1970.

Hagemeister, Adrian von: Die Privatisierung öffentlicher Aufgaben, München 1992.

Hamer, Eberhard / *Gebhardt*, Rainer: Privatisierungspraxis, 2. Auflage, Essen 1992.

Handbuch der Kommunalen Wissenschaft und Praxis, Hrsg. Hans Peters, Bd. 1 – 3, Berlin 1956, 1957, 1958.

Handbuch der Kommunalen Wissenschaft und Praxis, Hrsg. Günter Püttner, Bd. 1 – 6, 2. Auflage, Berlin u.a. 1981 - 1985.

Harbarth, Stephan: Anlegerschutz in öffentlichen Unternehmen, Berlin 1998.

– Spezifische Anlegerschutzprobleme in gemischt-wirtschaftlichen Unternehmen, in: ZGR 1998, S. 810 – 840.

Hartung, Roland: Verselbständigung kommunaler Dienstleistungen, in: Der Städtetag 1994, S. 691 – 695.

Häsemeyer, Ludwig: Insolvenzrecht, Köln u.a. 1992.

Hassel, Volker: Die Rechte des Rates und seiner Ausschüsse gegenüber den Organen einer kommunalen GmbH, in: Der Gemeindehaushalt 1992, S. 77 – 82.

Häuselmann, Holger: Kommunale Unternehmensformen, in: VBlBW 1983, S. 230 – 235.

Hauser, Werner: Die Wahl der Organisationsform kommunaler Einrichtungen, Köln 1987.

Haverkate, Görg: Die Einheit der Verwaltung als Rechtsproblem, in: VVDStRL 1988 (46), S. 217 – 253.

Hedrich, Carl-Christoph: Die Privatisierung der Sparkassen, Baden-Baden 1993.

Held, Wilhelm / *Becker*, Ernst / *Decker*, Heinrich / *Kirchhof*, Roland / *Krämer*, Franz / *Wansleben*, Rudolf: Kommunalverfassungsrecht Nordrhein-Westfalen, Loseblattsammlung, Köln, 9. Nachlieferung, September 2000.

Henneke, Hans-Günter: Beeilt euch zu handeln, bevor es zu spät ist zu bereuen, Zum Vorentwurf einer sparkassenrechtsändernden Gesetzesvorlage der Niedersächsischen Landesregierung, in: NdsVBl. 2002, S. 113 – 121.

Herdt, Armin: Die Insolvenzsicherungspflicht nach dem Betriebsrentengesetz für öffentlich-rechtliche Arbeitgeber, in: BB 1977, S. 1357 – 1360.

Hess, Harald: Kommentar zur Konkursordnung, 6. Auflage, Neuwied u.a. 1998.

– Kommentar zur Insolvenzordnung mit EGInsO, Band 1: Insolvenzordnung, Heidelberg 1999.

Hesse, Konrad: Grundzüge des Verfassungsrechts der Bundesrepublik Deutschland, 19. Auflage, Heidelberg 1993.

Hidien, Jürgen: Gemeindliche Betätigungen rein erwerbswirtschaftlicher Art und „öffentlicher Zweck" kommunaler wirtschaftlicher Unternehmen, Berlin 1981.

Höfer, Reinhold / *Abt*, Oskar: Gesetz zur Verbesserung der betrieblichen Altersversorgung, Kommentar, Band I: Arbeitsrechtlicher Teil, 2. Auflage, München 1982.

Hoffmann-Becking, Michael: Vorstands-Doppelmandate im Konzern, in: ZHR 150 (1986), S. 570 – 584.

– Gelöste und ungelöste Fragen zum Unternehmensvertrag der GmbH, in: WiB 1994, S. 57 – 63.

– Gesetz zur „kleinen AG" – unwesentliche Randkorrekturen oder grundlegende Reform?, in: ZIP 1995, S. 1 – 10.

Hoffmann-Riem, Wolfgang / Schmidt-Aßmann, Eberhard (Hrsg.), Öffentliches Recht und Privatrecht als wechselseitige Auffangordnungen, Baden-Baden, 1996.

Hofmann, Rainer: Privatisierung kommunaler Verwaltungsaufgaben, in: VBlBW 1994, S. 121 – 130.

Hohrmann, Friedrich Martin: Der Staat als Konzernunternehmer. Die Bundesrepublik Deutschland als herrschendes Unternehmen im Sinne des Rechts der verbundenen Unternehmen, Köln u.a. 1983.

Hommelhoff, Peter: Die qualifizierte faktische Unternehmensverbindung: ihre Tatbestandsmerkmale nach dem TBB-Urteil und deren rechtsdogmatisches Fundament, in: ZGR 1994, S. 395 – 421.

Hoppe, Werner: Zur Diskussion um den Haftungszuschlag für die kommunalen Sparkassen, in: DVBl. 1982, S. 45 – 51.

Hörr, Hanns-Friedrich: Unbegrenzte Haftung von Gemeinden bei Beteiligung an Gesellschaften?, in: Der Gemeindehaushalt 1984, S. 282 – 283.

Hueck, Götz: Gesellschaftsrecht, 19. Auflage, München 1991.

Jauernig, Othmar: Zwangsvollstreckungs- und Insolvenzrecht, 21. Auflage, München 1999.

Kellmann, Christof: Schadensersatz und Ausgleich im Faktischen Konzern, in: BB 1969, S. 1509 – 1518.

Kermel, Cornelia: Steuerungsmöglichkeiten der öffentlichen Hand bei Beteiligung an Aktiengesellschaften der Energieversorgung, Baden-Baden 1994.

Kessler, Manfred H.: Interessen- und Kompetenzkonflikte in einer Aktiengesellschaft aus juristischer und betriebswirtschaftlicher Sicht, in: AG 1993, S. 252 – 273.

Keßler, Jürgen: Der GmbH-Konzern nach dem „Video-Urteil" des BGH: Möglichkeiten einer Haftungsvermeindung, in: GmbHR 1992, S. 249 – 251.

Kiethe, Kurt / *Groeschke*, Peer: Haftungsverstärkung infolge der sog. „Ingerenz" als Anwendungsfall der missbräuchlichen Ausübung der Leitungsmacht im qualifizierten faktischen Konzern, in: BB 1997, S. 1957 – 1959.

Kilger, Joachim / *Schmidt*, Karsten: Insolvenzgesetze / KO / VglO / GesO, 17. Auflage, München 1997.

Kirchhartz, Friedhelm: Organisationsformen und Finanzierungsmöglichkeiten kommunaler Einrichtungen am Beispiel der Abfallbeseitigung, in: Der Städtetag 1984, S. 365 – 369.

Klang, Klaus A. / *Gundlach*, Ulf: Gemeindeordnung und Landkreisordnung für das Land Sachsen-Anhalt, 2. Auflage, Magdeburg 1999.

Klein, Matthias: Die Betätigung der öffentlichen Hand als Aktionärin, Tübingen 1992.

Klein, Hans H.: Die Teilnahme des Staates am wirtschaftlichen Wettbewerb, Stuttgart u.a. 1968.

Kleindiek, Detlef: Kurskorrektur im GmbH-Konzernrecht, in: DWiR 1993, S. 177 – 182.

Kluth, Winfried: Grenzen kommunaler Wettbewerbsteilnahme, Köln u.a. 1988.

Jauernig, Othmar: Zwangsvollstreckungs- und Insolvenzrecht, 21. Auflage, München 1999.

Kellmann, Christof: Schadensersatz und Ausgleich im Faktischen Konzern, in: BB 1969, S. 1509 – 1518.

Kermel, Cornelia: Steuerungsmöglichkeiten der öffentlichen Hand bei Beteiligung an Aktiengesellschaften der Energieversorgung, Baden-Baden 1994.

Kessler, Manfred H.: Interessen- und Kompetenzkonflikte in einer Aktiengesellschaft aus juristischer und betriebswirtschaftlicher Sicht, in: AG 1993, S. 252 – 273.

Keßler, Jürgen: Der GmbH-Konzern nach dem „Video-Urteil" des BGH: Möglichkeiten einer Haftungsvermeindung, in: GmbHR 1992, S. 249 – 251.

Kiethe, Kurt / *Groeschke*, Peer: Haftungsverstärkung infolge der sog. „Ingerenz" als Anwendungsfall der missbräuchlichen Ausübung der Leitungsmacht im qualifizierten faktischen Konzern, in: BB 1997, S. 1957 – 1959.

Kilger, Joachim / *Schmidt*, Karsten: Insolvenzgesetze / KO / VglO / GesO, 17. Auflage, München 1997.

Kirchhartz, Friedhelm: Organisationsformen und Finanzierungsmöglichkeiten kommunaler Einrichtungen am Beispiel der Abfallbeseitigung, in: Der Städtetag 1984, S. 365 – 369.

Klang, Klaus A. / *Gundlach*, Ulf: Gemeindeordnung und Landkreisordnung für das Land Sachsen-Anhalt, 2. Auflage, Magdeburg 1999.

Klein, Matthias: Die Betätigung der öffentlichen Hand als Aktionärin, Tübingen 1992.

Klein, Hans H.: Die Teilnahme des Staates am wirtschaftlichen Wettbewerb, Stuttgart u.a. 1968.

Kleindiek, Detlef: Kurskorrektur im GmbH-Konzernrecht, in: DWiR 1993, S. 177 – 182.

Kluth, Winfried: Grenzen kommunaler Wettbewerbsteilnahme, Köln u.a. 1988.

Knemeyer, Franz-Ludwig: Privatisierung öffentlicher Aufgaben, in: WiVerw 1978, S. 65 – 77.

– Kommunale Wirtschaftsunternehmen zwischen Eigenverantwortlichkeit und Kontrollen, in: Der Städtetag 1992, S. 317 – 322.

– Bayerisches Kommunalrecht, 10. Auflage, Stuttgart u.a. 2000.

Kniesel, Michael / *Scheerbarth*, Walter: Die gemischtwirtschaftliche GmbH im Bereich der Abfall- und Abwasserwirtschaft, in: Der Städtetag 1998, S. 340 – 347.

Koch, Thorsten: Der rechtliche Status kommunaler Unternehmen in Privatrechtsform, Baden-Baden 1994.

– Kommunale Unternehmen im Konzern, in: DVBl. 1994, S. 667 – 674.

– Haftung kommunaler Gebietskörperschaften für insolvente Eigengesellschaften?, in: NdsVBl. 1999, S. 206 – 210.

Kolbe, Lothar: Rechtsformen und Ziele öffentlicher Unternehmen, Bonn 1987.

Kölner Kommentar zum Aktiengesetz, W. Zöllner (Hrsg.): Band 1, §§ 1 – 75 AktG, Band 6, §§ 291 – 328, 2. Auflage, Köln u.a. 1988.

König, Klaus: Entwicklung der Privatisierung in der Bundesrepublik Deutschland – Probleme, Stand, Ausblick, in: VerwArch 79 (1988), S. 241 – 271.

Koppensteiner, Hans-Georg: Zur Anwendung konzerngesellschaftlicher Normen auf die Bundesrepublik, in: ZGR 1979, S. 91 – 101.

Kort, Michael: Der „private“ Großaktionär als Unternehmen?, in: DB 1986, S. 1909 – 1914.

Kowalski, André: „TBB“ – Rückkehr zu „Autokran“ ?, in: GmbHR 1993, S. 253 – 259.

Kraft, Ernst Thomas: Das Verwaltungsgesellschaftsrecht, Frankfurt a.M. 1982.

Kratzmann, Horst: Der Staatsbankrott, in: JZ 1982, S. 319 – 325.

Krebs, Andrea: Rechtliche Grundlagen und Grenzen kommunaler Elektrizitätsversorgung, Köln 1996.

Krebs, Walter: Notwendigkeit und Struktur eines Verwaltungsgesellschaftsrechts, Die Verwaltung Bd. 29 (1996), S. 309 – 321.

Krieger, Gerd: Kann die Praxis mit TBB leben?, in: ZGR 1994, S. 375 – 394.

Krölls, Albert: Rechtliche Grenzen der Privatisierungspolitik, in: Gewerbearchiv 1995 (41), S. 129 – 144.

Kropff, Bruno: Aktiengesetz. Textausgabe des Aktiengesetzes vom 6.9.1965 mit Begründung des Regierungsentwurfs und Bericht des Rechtsausschusses des Deutschen Bundestages, Düsseldorf 1965.

– Das Konzernrecht des Aktiengesetzes 1965, in: BB 1965, S. 1281 – 1289.

– Zur Anwendung des Rechts der verbundenen Unternehmen auf den Bund, in: ZHR 144 (1980), S. 75 – 99.

– Das TBB-Urteil und das Aktienkonzernrecht, in: AG 1993, S. 485 – 495.

– Aktienrechtlicher Geheimnisschutz bei Beteiligung von Gebietskörperschaften, in: Festschrift für Wolfgang Hefermehl, München 1976, S. 327 – 345.

Kübler, Friedrich: Gesellschaftsrecht, 5. Auflage, Heidelberg 1998.

Kübler, Bruno M. / *Prütting*, Hanns (Hrsg.): Kommentar zur Insolvenzordnung, Band I, Stand August 2001, Köln.

Kuhl, Thomas / *Wagner*, Kersten: Das Insolvenzrisiko der Gläubiger kommunaler Eigengesellschaften, in: ZIP 1995, S. 433 – 455.

Kuhn, Ottmar: Strohmanngründung bei Kapitalgesellschaften, Tübingen 1964.

Kunig, Philip / *Paetow*, Stefan / *Versteyl*, Ludger-Anselm: Kreislaufwirtschafts- und Abfallgesetz, München 1998.

Kunig, Philip / *Schwermer*, Gerfried / *Versteyl*, Ludger-Anselm: Abfallgesetz, 2. Auflage, München 1992.

Kunze, Richard / *Bronner*, Otto / *Katz*, Alfred: Gemeindeordnung für Baden-Württemberg, Kommentar, Loseblattsammlung, Stuttgart u.a., Stand: 10. Ergänzungslieferung, Dezember 1995.

Küting, Karlheinz: Der Bund – ein herrschendes Unternehmen, in: DB 1976, S. 2447 – 2451.

Landsberg, Gerd: Privatisierung und Organisationsstrukturen in der Abfallentsorgung, in: Stadt und Gemeinde 1995, S. 203 – 209.

Lange, Christoph: Privatisierung der Rechtsform, Frankfurt a.M. 1984.

Leo, Hans-Christoph: Die Einmann-AG und das neue Konzernrecht, AG 1965, S. 352 – 359.

Lehmann, Jens: Die Konkursfähigkeit juristischer Personen des öffentlichen Rechts, Berlin 1999.

Leisner, Walter: Der Vorrang des Gesellschaftsinteresses bei den Eigengesellschaften der öffentlichen Hand, in: WiVerw 1983, S. 212 – 225.

Loesch, Achim von: Privatisierung öffentlicher Unternehmen, Baden-Baden, 2. Auflage 1987.

Löwer, Wolfgang: Energieversorgung zwischen Stadt, Gemeinde und Wirtschaft, Köln 1989.

Luchterhandt, Hans-Friedrich: Der Begriff „Unternehmen" im Aktiengesetz 1965, in: ZHR 132 (1969) , S. 149 – 174.

Lutter, Marcus (Hrsg.): Die zivilrechtliche Haftung in der Unternehmensgruppe, in: ZGR 1982 (11), S. 244 – 275.

– Das System des deutschen GmbH-Konzernrechts, in: ZGR Sonderheft 6, S. 192 – 218, Berlin u.a. 1986.

– 100 Bände BGHZ: Konzernrecht, in: ZHR 151 (1987), S. 444 – 461.

– Der qualifizierte faktische Konzern, in: AG 1990, S. 179 – 185.

– Gefahren persönlicher Haftung für Gesellschafter und Geschäftsführer einer GmbH, in: DB 1994, S. 129 – 135.

– Holdung-Handbuch, 3. Auflage, Köln 1998.

Lutter, Marcus / *Grunewald*, Barbara: Öffentliches Haushaltsrecht und privates Gesellschaftsrecht, in: WM 1984, S. 385 – 398.

Lutter, Marcus / *Hommelhoff*, Peter: GmbH-Gesetz, 15. Auflage, Köln 2000.

Lutter, Marcus / *Timm*, Wolfram: Zum Veba / Gelsenberg-Urteil des Bundesgerichtshofs, in: BB 1978, S. 836 – 841.

von Mangoldt, Hermann /*Klein*, Friedrich / *Starck*, Christian: Das Bonner Grundgesetz, Kommentar, Band 2, Art. 20 – 78, 4. Auflage, München 2000.

Martens, Klaus-Peter: Aktienrechtliche Probleme eines Ausstiegs aus der Kernenergie, in: Festschrift für Alfred Kellermann, Berlin 1991, S. 271 - 298.

– Die GmbH und der Minderheitsschutz, in: GmbHR 1984, S. 265 – 272.

Matthiesen, Max: Die staatliche Einwirkung zur Sicherung der Energieversorgung und ihre Grenzen, Berlin 1987.

Maunz, Theodor: Grundfragen des Energiewirtschaftsrechts, in: VerwArch 50 (1959), S. 315 – 339.

Maunz, Theodor / *Dürig*, Günter / *Herzog*, Roman / *Scholz*, Rupert (Hrsg.): Grundgesetz, Kommentar, Loseblattsammlung, München 1958 ff., Stand: 37. Lieferung August 2000.

Maurer, Hartmut, Allgemeines Verwaltungsrecht, 12. Auflage, München 1999.

Maußner, Alfred / *Kalusche*, Peter: Kommunale Unternehmen als Instrument der regionalen Strukturpolitik, Baden-Baden 1982.

Mayen, Thomas: Privatisierung öffentlicher Aufgaben: Rechtliche Grenzen und Möglichkeiten, in: DÖV 2001, S. 110 – 119.

Mertens, Hans-Joachim: Verpflichtung der Volkswagen AG, einen Bericht gemäß § 312 AktG über ihre Beziehungen zum Land Niedersachsen zu erstatten?, in: AG, 1996, S. 241 – 249.

Mestmäcker, Ernst-Joachim (Hrsg.): Kommunikation ohne Monopole II, Baden-Baden 1995.

Meyer-Landruth, Joachim / *Miller*, F. Georg / *Niehus*, Rudolf J.: GmbH-Gesetz, Berlin 1987.

Michalski, Lutz / *Zeidler*, Finn: Die Ausgleichshaftung im qualifiziert faktischen Konzern – eine Analyse für die Praxis, in: NJW 1996, S. 224 – 229.

Miedtank, Werner: Die Zwangsvollstreckung gegen Bund, Länder und Gemeinden und andere Personen des öffentlichen Rechts, Göttingen 1964.

Miegel, Meinhard: Der Unternehmensbegriff des Aktiengesetzes 1965, Bad Homburg v.d.H. / Berlin/ Zürich 1970.

Milde, Thomas: Der Gleichordnungskonzern im Gesellschaftsrecht, Berlin 1996.

Möhring, Ludwig: Schutz der Gläubiger einer konzernabhängigen GmbH, Berlin 1992.

Möhring, Philipp: Die gesetzlichen Regeln der Unternehmensverbindungen im neuen Aktiengesetz, in: NJW 1967, S. 1509 – 1518.

Möstl, Markus: Grundrechtsbindung öffentlicher Wirtschaftstätigkeit, München 1999.

Mülbert, Peter O.: Aktiengesellschaft, Unternehmensgruppe und Kapitalmarkt, München 1995.

– Unternehmensbegriff und Konzernorganisationsrecht – Bemerkungen zum BGH-Beschluss vom 17.3.1997 – II ZB 3/96, in: ZHR 163 (1999), S. 1 – 53.

Münch, Ingo von / *Kunig*, Philip (Hrsg.): Grundgesetz, Kommentar, Band 1, Präambel bis Art. 20, 4. Auflage, München 1992.

Münchener Handbuch des Gesellschaftsrechts: Band 4; M. Hoffmann-Becking (Hrsg.): Aktiengesellschaft, München 1988.

Münchener Kommentar zum Aktiengesetz: B. Kropff / J. Semler (Hrsg.), Band 1 §§ 1 – 53, Band 8 §§ 278 – 328, 2. Auflage, München 2000.

Münchener Kommentar zum BGB (K. Rebmann, Hrsg.): Band 5, Schuldrecht, Besonderer Teil III, §§ 705 – 853, 3. Auflage, München 1997.

Muth, Michael / *Plumbaum*, Werner / *Odendahl*, Josef / *Jahn*, Ulrich / *Wendt*, Manfred / *Schulze*, Ulrich / *Berent*, Wolfgang / *Pahl*, Christian / *Ketzer*, Petra / *Flömer*, Volker: Potsdamer Kommentar zur Kommunalverfassung des Landes Brandenburg, Erfurt 1995.

Mutius, Albert von / *Nesselmüller*, Günter: Juristische Personen des öffentlichen Rechts als herrschende Unternehmen i.S. des Konzernrechts?, in: NJW 1976, S. 1878 – 1880.

Mutius, Albert von / *Rentsch*, Harald: Kommunalverfassungsrecht Schleswig-Holstein, Kommentar, 5. Auflage, Kiel 1998.

Naendrup, Peter-Hubert: Privatrechtliche Haftungsbeschränkung und staatliche Verantwortung, Bielefeld 1967.

Nesselmüller, Günter: Rechtliche Einwirkungsmöglichkeiten der Gemeinde auf ihre Eigengesellschaften, Siegburg 1977.

Noack, Ulrich: Gesellschaftsrechtliche Fragen kommunaler Beteiligung an Gesellschaften des Privatrechts, in: Städte- und Gemeinderat 1995, S. 379 – 386.

Obernolte, Wolfgang / *Danner*, Wolfgang: Energiewirtschaftsrecht, Loseblattsammlung, Stand: 38. Ergänzungslieferung August 2000, München.

Oebbecke, Janbernd: Rechtsfragen der Eigenkapitalausstattung der kommunalen Sparkassen, Siegburg1980.

– Die Anstaltslast – Rechtspflicht oder persönliche Maxime, in: DVBl. 1981, S. 960 – 965.

– Die kommunale Beteiligung nach der Reform des nordrhein-westfälischen Kommunalrechts, in: Städte- und Gemeinderat 1995, S. 387 – 393.

– Die unterfinanzierte Kommunalverwaltung, in: Die Verwaltung 1996 (29), S. 323 – 339.

Oettle, Karl: Die ökonomische Bedeutung der Rechtsform öffentlicher Betriebe, in: Oettle, Karl: Grundfragen öffentlicher Betriebe I und II, Baden-Baden 1976.

Ossenbühl, Fritz: Daseinsvorsorge und Verwaltungsprivatrecht, in: DÖV 1971, S. 513 – 524.

– Die Erfüllung von Verwaltungsaufgaben durch Private, in: VVDStRL 29 (1971), S. 137 – 209.

– Öffentliches Recht und Privatrecht in der Leistungsverwaltung, in: DVBl. 1974, S. 541 – 543.

– Staatshaftungsrecht, 4. Auflage, München 1991.

– Mitbestimmung in Eigengesellschaften der öffentlichen Hand, in: ZGR 1996, S. 504 – 518.

Osterloh, Lerke: Privatisierung von Verwaltungsaufgaben, in: VVDStRL 1995 (54), S. 204 – 242.

Paehler, Otto Heinrich: Die Zulässigkeit des faktischen Konzerns. Nachfeststellung gemäß § 311 AktG, Bielefeld 1972.

Pagenkopf, Hans: Kommunalrecht, Band 2, Wirtschaftsrecht, 2. Auflage, Köln u.a. 1976.

Palandt, Otto: BGB, 60. Auflage, München 2001.

Papier, Hans-Jürgen: Staatshaftung, in: J. Isensee / P. Kirchhof (Hrsg.), Handbuch des Staatsrechts, Band VI, Heidelberg u.a. 1989.

Pappermann, Ernst: Privatisierung kommunaler Aufgaben: Möglichkeiten und Grenzen, in: Der Städtetag 1984, S. 246 – 253.

Paschke, Marian: Die kommunalen Unternehmen im Lichte des GmbH-Konzernrechts, in: ZHR 1988 (152), S. 263 – 285.

Peine, Franz-Joseph: Grenzen der Privatisierung – verwaltungsrechtliche Aspekte, in: DÖV 1997, S. 353 – 365.

Pestalozza, Christian: Kollisionsrechtliche Aspekte der Unterscheidung von öffentlichem Recht und Privatrecht, in DÖV 1974, S. 188 – 193.

Pfab, Susanne: Staatshaftung in Deutschland, München 1997.

Pfeifer, Axel: Möglichkeiten und Grenzen der Steuerung kommunaler Aktiengesellschaften durch ihre Gebietskörperschaften, München 1991.

Plagemann, Jürgen: Die erwerbswirtschaftliche Betätigung der Deutschen Bundespost durch Eigengesellschaften, Berlin 1992.

Poll, Jens: Die GmbH als Rechtsform für kommunale Krankenhäuser, in: LKV 1995, S. 176 – 178.

Priester, Hans-Joachim: Die eigene GmbH als fremder Dritter , in: ZGR 1993, S. 512 – 533.

– Die Aufhebung des Unternehmensvertrages – Nagelprobe der Dogmatik des GmbH-Vertragskonzernrechts, in: ZGR 1996, S. 189 – 208.

Pünder, Hermann: Die kommunale Betätigung auf dem Telekommunikationssektor, in: DVBl. 1997, S. 1353 – 1360.

Püttner, Günter: Das Recht der kommunalen Energieversorgung, Stuttgart 1967.

– Die Kunst der Führung öffentlicher Unternehmen im marktwirtschaftlich geordneten Staat, in: ZGR 1977, S. 482 – 494.

– Aktuelle Probleme des Verwaltungsprivatrechts im Organisationsbereich, in: JA 1980, S. 218 – 221.

– Öffentliche Unternehmen als Instrument staatlicher Politik, in: DÖV 1983, S. 697 – 704.

– Die öffentlichen Unternehmen. Ein Handbuch zu Verfassungs- und Rechtsfragen der öffentlichen Wirtschaft, 2. Auflage, Stuttgart u.a. 1985.

– Die Vertretung der Gemeinden in wirtschaftlichen Unternehmen, in: DVBl. 1986, S. 748 – 753.

Püttner, Günter / *Losch*, Berhard: Verwaltung durch Private und in privatrechtlicher Form, in: Kurt G. A. Jeserich u.a. (Hrsg.), Deutsche Verwaltungsgeschichte, Band 5, 1987, S. 368 – 385.

Raisch, Peter: Zu den grundsätzlichen Aufgaben der Rechtswissenschaft gegenüber dem neuen Aktiengesetz. Zugleich ein Beitrag zur Auslegung des § 155 Abs. 1 S. 3 AktG und zum Begriff des Unternehmens im Konzernrecht, in: JZ 1966, S. 549 – 556.

Raiser, Thomas: Weisungen an Aufsichtsratsmitglieder ?, in: ZGR 1978, S. 391 – 404.

– Konzernhaftung und Unterkapitalisierungshaftung, in: ZGR 1995, S. 156 – 169.

– Konzernverflechtungen unter Einschluss öffentlicher Unternehmen, in: ZGR 1996, S. 458 – 480:

Rehm, Hannes: Öffentlich-rechtliche Sparkassen: Privatisierung, weil erfolgreich im Wettbewerb, in: WM 1993, S. 133 - 139

Rehn, Erich / *Cronauge*, Ulrich: Gemeindeordnung für das Land Nordrhein-Westfalen, Kommentar, Loseblatt-Ausgabe, 2. Auflage, Stand: 25. Ergänzungslieferung März 2001, Siegburg.

Reichert, Ulrich: Die besondere Stellung der Vertreter der öffentlichen Hand im Aufsichtsrat einer GmbH, München 1983.

Rittner, Fritz: Der Staat – ein Unternehmen im Sinne des Aktiengesetzes?, in: Festschrift für Werner Flume zum 70. Geburtstag, Band II, Köln 1978, S. 241 – 256.

Rogge, Clemens: Die Haftung im qualifizierten faktischen GmbH-Konzern und ihre Vermeindung, Frankfurt a. M. u.a. 1997.

Röhl, Hans Christian: Verwaltung und Privatrecht – Verwaltungsprivatrecht?, in: VerwArch 1995 (86), S. 531 – 578.

Rowedder, Heinz (Hrsg.): Kommentar zum GmbH-Gesetz, bearbeitet von H. Fuhrmann, H.-G. Koppensteiner, H. Rasner, F. Rittner, H. Rowedder, H.-J. Schaal, C. Schmidt-Leithoff, H. Wiedmann, K. Zimmermann, 3. Auflage, München 1997.

Rüfner, Wolfgang: Formen öffentlicher Verwaltung im Bereich der Wirtschaft, Berlin 1967.

Sachs, Michael: Grundgesetz, Kommentar, 2. Auflage, München 1999.

Säcker, Franz Jürgen: Rechtliche Grundlagen kommunaler Eigengesellschaften, in: Festschrift für Otfried Lieberknecht, München 1997, S. 107 – 132.

Sander, Otfried / *Weiblen*, Willi: Kommunale Wirtschaftsunternehmen, Köln u.a. 1982.

Schäfer, Dietrich: Aktuelle Probleme des neuen Aktienrechts, in: BB 1966, S. 229 – 233.

Schaper, Michael: Die Idee einer Rechtsform „Öffentlicher Betrieb", München 1982.

Schiessl, Maximilian: Die Ersatzpflicht des herrschenden Unternehmens im qualifiziert faktischen Konzern, in AG 1985, S. 184 – 188.

Schmidt, Karsten: Anmerkung zu BGHZ 68, 312 ff., in: NJW 1977, S. 1451 – 1452.

– Abhängigkeit, faktischer Konzern, Nichtaktienkonzern und Divisionalisierung im Bericht der Unternehmensrechtskommission, in: ZGR 1981 S. 455 – 486.

– Zum Haftungsdurchgriff wegen Sphärenvermischung und zur Haftungsverfassung im GmbH-Konzern, in: BB 1985, S. 2074 – 2079.

– Konzernhaftung oder mitgliedschaftliche Haftung des privaten GmbH-Gesellschafters?, in: ZIP 1986, S. 146 – 149.

– Konkursverschleppungshaftung und Konkursverursachungshaftung, in: ZIP 1988, S. 1497 – 1508.

– Zum Stand des Konzernhaftungsrechts bei der GmbH, in: ZIP 1991, S. 1325 – 1330.

– Gesellschaftsrecht, 3. Auflage, Köln u.a. 1997.

– Eigenkapitalersatzrecht und Überschuldungsfeststellung, in: GmbHR 1999, S. 9 – 15.

– Die BGB-Außengesellschaft: rechts- und parteifähig, in: NJW 2001, S. 993 – 1003.

– Gesellschafterhaftung und „Konzernhaftung" bei der GmbH, in: NJW 2001, S. 3577 – 3581.

Schmidt, Reiner: Öffentliches Wirtschaftsrecht, Allgemeiner Teil, Berlin u.a. 1990.

– Der Übergang öffentlicher Aufgabenerfüllung in private Rechtsformen, in: ZGR 1996, S. 345 – 363.

– Kompendium öffentliches Wirtschaftsrecht, Berlin u.a. 1998.

Schmidt, Walter: „Vertrauensschutz" im öffentlichen Recht, in: JuS 1973, S. 528 – 537.

Schmidt-Aßmann, Eberhard: Der Grundrechtsschutz gemischt-wirtschaftlicher Unternehmen nach Art. 19 Abs. 3 GG, in BB 1990, Beilage 34, S. 1 – 14.

– Verwaltungslegitimation als Rechtsbegriff, in: AöR 116 (1991), S. 329 – 390.

– Öffentliches Recht und Privatrecht: Ihre Funktionen als wechselseitige Auffangordnungen, in: W. Hoffmann-Riem / E. Schmidt-Aßmann (Hrsg.), Öffentliches Recht und Privatrecht als wechselseitige Auffangordnungen, Baden-Baden 1996, S. 7 – 40.

– (Hrsg.) Verwaltungsorganisationsrecht als Steuerungsressource, Baden-Baden 1996.

– (Hrsg.) Besonderes Verwaltungsrecht, 11. Auflage, Berlin 1999.

Schmidt-Aßmann, Eberhard / *Ulmer*, Peter: Die Berichterstattung von Aufsichtsratsmitgliedern einer Gebietskörperschaft nach § 394 AktG, in: BB 1998, Beilage 13, S. 1 – 24.

Schmidt-Jortzig, Edzard: Kommunale Organisationshoheit, Göttingen 1979.

– Kommunalrecht, Stuttgart u.a. 1982.

Schmidt-Salzer, Joachim: Tätigwerden des Staates in zivilrechtlichen Handlungsformen im Bereich der Daseinsvorsorge und des Beschaffungswesens, in: WiR 1972, S. 102 – 112.

Schnaudigel, Christoph: Der Betrieb nichtwirtschaftlicher kommunaler Unternehmen in Rechtsformen des Privatrechts, Stuttgart, 1995.

Schneider, Manfred: Die Gebietskörperschaft als Konzernspitze, Frankfurt a.M. 1985.

Schneider, Uwe: Konzernbildung, Konzernleitung und Verlustausgleich im Konzernrecht der Personengesellschaften, in: ZGR 1980, S. 511 - 547.

– Unentgeltliche Zuwendungen durch Unternehmen, in: AG 1983, S. 205 - 216.

Schoch, Friedrich: Privatisierung der Abfallentsorgung. Ein Beitrag zu den rechtlichen Determinanten der Privatisierung kommunaler Aufgaben, Köln u.a. 1992.

– Der Beitrag des kommunalen Wirtschaftsrechts zur Privatisierung öffentlicher Aufgaben, in: DÖV 1993, S. 377 – 383.

– Rechtsfragen der Privatisierung von Abwasserbeseitigung und Abfallentsorgung, in: DVBl. 1994, S. 1 – 12.

– Privatisierung von Verwaltungsaufgaben, in: DVBl. 1994, S. 962 – 977.

Schoepke, Peter: Zur Problematik der Gesellschaftsform für kommunale Unternehmen, in: VBlBW 1994, S. 81 – 87.

Scholler, Heinrich / *Broß*, Siegfried: Wahl der Organisationsform zur Erfüllung öffentlicher Aufgaben – Dargestellt am Beispiel der Abfallbeseitigung, in: BayVBl. 1978, S. 7 – 11.

Scholz, Frank: Kommentar zum GmbH-Gesetz, I. Band §§ 1 – 44 Anh. Konzernrecht, 9. Auflage, Köln 2000.

Scholz, Rupert / *Pitschas*, Rainer: Gemeindewirtschaftsrecht zwischen Verwaltungs- und Unternehmensstruktur, Berlin 1982.

– Kriterien für die Wahl der Rechtsform, in: Handbuch der kommunalen Wissenschaft und Praxis, Band 5, 2. Auflage, 1984, S. 128 – 152.

Schön, Wolfgang: Der Einfluss öffentlich-rechtlicher Zielsetzungen auf das Statut privatrechtlicher Eigengesellschaften der öffentlichen Hand: - Gesellschaftsrechtliche Analyse –, in: ZGR 1996, S. 429 – 457.

Schöneich, Michael / *Dieckmann*, Jochen: Reformen im Rathaus, Köln 1996.

Schramm, Volker: Konzernverantwortung und Haftungsdurchgriff im qualifizierten faktischen GmbH-Konzern, München 1991.

Schulte, Wienhold: Zulässigkeit allgemeiner Haftungsregelungen bei der Benutzung öffentlicher Einrichtungen, 1978.

Schulz, Norbert: Wirtschaftliche, nichtwirtschaftliche und nicht nichtwirtschaftliche Unternehmen, in: BayVBl. 1997, S. 518 – 520.

Schuppert, Gunnar Folke: Die Erfüllung öffentlicher Aufgaben durch verselbständigte Verwaltungseinheiten, Göttingen 1981.

– Öffentlich-rechtliche Vorgaben für die Treuhandanstalt bei der Leistung der Treuhandunternehmen, in: ZGR 1992, S. 454 – 476.

Schwab, Dieter: Einführung in das Zivilrecht, 13. Auflage, Heidelberg u.a. 1997.

Schwark, Eberhard: Die Haftung des herrschenden Unternehmens im qualifizierten faktischen GmbH-Konzern – BGHZ 95, 330 („Autokran“), in: JuS 1987, S. 443 – 451.

Schwintowsky, Hans-Peter:, Verschwiegenheitspflicht für politisch legitimierte Mitglieder des Aufsichtsrats, in: NJW 1990, S. 1009 – 1015.

– Gesellschaftsrechtliche Bindungen für entsandte Aufsichtsratsmitglieder in öffentlichen Unternehmen, in: NJW 1995, S. 1316 – 1321.

Schwirzke, Werner / *Sandfuchs*, Klaus: Allgemeines Niedersächsisches Kommunalrecht, 16. Auflage, Köln 1999.

Siebert, Wolfgang: Privatrecht im Bereich öffentlicher Verwaltung. Zur Abgrenzung und Verflechtung von öffentlichem Recht und Privatrecht, in: Festschrift für Hans Niedermeyer, Göttingen 1953, S. 215 – 247.

Sina, Peter: Grenzen des Konzernweisungsrechts nach § 308 AktG, in: AG 1991, S. 1 – 10.

Sonnenschein, Jürgen / *Holdorf*, Britta: Unbegrenzte Haftung eines GmbH-Gesellschafters im Konzern, in: JZ 1992, S. 715 – 724.

Spanner, Hans: Die verfassungskonforme Auslegung in der Rechtsprechung des Bundesverfassungsgerichts, in: AöR 91 (1966), S. 503 – 536.

Spannowsky, Willy: Die Verantwortung der öffentlichen Hand für die Erfüllung öffentlicher Aufgaben und die Reichweite ihrer Einwirkungspflicht auf Beteiligungsunternehmen, in: DVBl. 1992, S. 1072 – 1079.

– Einfluss öffentlich-rechtlicher Zielsetzungen auf das Statut privatrechtlicher Eigengesellschaften in öffentlicher Hand: - Öffentlich-rechtliche Vorgaben, insbesondere zur Ingerenzpflicht, in: ZGR 1996, S. 400 – 428.

– Öffentlich-rechtliche Bindungen für gemischt-wirtschaftliche Unternehmen, in: ZHR 160 (1996), S. 560 – 592.

Steinbeck, Anja: Zur systematischen Einordnung des Finanzplankredits, ZGR 2000, S. 503 – 522.

Stern, Klaus: Zur Problematik des energiewirtschaftlichen Konzessionsvertrages, in: AöR 84 (1959), S. 137 – 184.

Sterzel, Dieter: Privatisierung im kommunalen Bereich, in: Der Personalrat 1997, S. 380 – 393.

Stimpel, Walter: „Durchgriffshaftung“ bei der GmbH: Tatbestände, Verlustausgleich, Ausfallhaftung, in: Festschrift für R. Goerdeler, Düsseldorf 1987, S. 601 – 621.

– Haftung im qualifiziert faktischen Konzern – Besprechung der Entscheidung BGHZ 107, 7 ff., in: ZGR 1991, S. 144 – 161.

Stober, Rolf: Die privatrechtlich organisierte öffentliche Verwaltung, in: NJW 1984, S. 449 – 457.

– Kommunalrecht in der Bundesrepublik Deutschland, 3. Auflage, Stuttgart 1996.

Stodolkowitz, Heinz Dieter: Die Haftung im qualifiziert faktischen GmbH-Konzern nach der Rechtsprechung des Bundesgerichtshofs, in: ZIP 1992, S. 1517 – 1528.

Strohn, Lutz: Die Verfassung der Aktiengesellschaft im faktischen Konzern, Köln u.a. 1977.

Surén, Friedrich-Karl / *Loschelder*, Wilhelm: Die Deutsche Gemeindeordnung – Kommentar, Band II: Die §§ 60 – 123 der Deutschen Gemeindeordnung (1940), Berlin.

Süß, Siegwin: Eigenbetrieb oder Gesellschaft?, in: BayVBl. 1986, S. 257 – 262.

Tegethoff, Wilm / *Büdenbender*, Ulrich / *Klinger*, Heinz: Das Recht der öffentlichen Energieversorgung, Kommentar, Stand: 13. Ergänzungslieferung Oktober 1993, Essen.

Thode, Bernd / *Peres*, Holger: Die Rechtsform Anstalt nach dem kommunalen Wirtschaftsrecht des Freistaates Bayern, in: BayVBl. 1999, S. 6 – 11.

Tiehle, Robert: Niedersächsische Gemeindeordnung, 5. Auflage, Hannover 1999.

Thiele, Willi: Das Problem der Privatisierung – rechtlich gesehen, in: GewArch 1980, S. 105 – 109.

Thomas, Heinz / *Putzo*, Hans / *Reichold*, Klaus / *Hüßtege*, Rainer: Zivilprozessordnung, 23. Auflage, München 2001

Tiemann, Burkhard: Privatisierung öffentlicher Verwaltungstätigkeit, in: BayVBl. 1976, S. 261 – 268.

Timm, Wolfram: Geklärte und offene Fragen im Vertragskonzernrecht der GmbH, in AG 1987, S. 8 – 19.

Timm, Wolfram: Übersehene Risiken bei der Privatisierung und Betriebsveräußerung durch die Treuhandanstalt, in Festschrift für Johannes Semler zum 70. Geburtstag, Berlin 1993, S. 611 – 630.

Timm, Wolfram / *Schöne*, Torsten: Die Thesen der Treuhandanstalt zu Haftungsfragen – eine kritische Bestandsaufnahme, in: ZIP 1992, S. 969 – 979.

Trott zu Solz, Jost von: Die Staatlich beeinflusste Aktiengesellschaft als Instrument der öffentlichen Verwaltung, Berlin 1975.

Trute, Hans-Heinrich: Verzahnungen von öffentlichem und privatem Recht – anhand ausgewählter Beispiele, in: W. Hoffmann-Riem / E. Schmidt-Aßmann (Hrsg.), Öffentliches Recht und Privatrecht als wechselseitige Auffangordnungen, Baden-Baden 1996, S. 171 – 223.

Ulmer, Peter: Der Gläubigerschutz im faktischen GmbH-Konzern beim Fehlen von Minderheitsgesellschaftern, in: ZHR 148 (1984), S. 391 – 427.

– Gläubigerschutz im „qualifizierten" faktischen GmbH-Konzern, in: NJW 1985, S. 1579 – 1586.

– Verlustübernahmepflicht des herrschenden Unternehmens als konzernspezifischer Kapitalerhaltungsschutz, in: AG 1986, S. 123 – 130.

– Von „TBB" zu „Bremer Vulkan" – Revolution oder Evolution?, in: ZIP 2001, S. 2021 – 2029.

Unruh, Peter: Kritik des privatrechtlichen Verwaltungshandels, in: DÖV 1997, S. 653 – 666.

Vitzthum, Wolfgang Graf: Gemeinderechtliche Grenzen der Privatisierung kommunaler Wirtschaftsunternehmen, in: AöR 104 (1979), S. 580 – 634.

Vogel, Klaus: Öffentliche Wirtschaftseinheiten in privater Hand, Hamburg 1959.

Vogelsang, Klaus / *Lübking*, Uwe / *Jahn*, Helga: Kommunale Selbstverwaltung, 2. Auflage, Berlin 1991.

Waechter, Kay: Kommunalrecht, 3. Auflage, Köln u.a. 1997.

Weiblen, Willi / *May*, Peter: Die Weisungsgebundenheit der Gemeindevertreter in den Organen privatrechtlich geführter wirtschaftlicher Unternehmen, in: Der Gemeindehaushalt 1987, S. 169 – 172.

Weimar, Robert: Treuhandanstalt und Treuhandunternehmen: qualifiziert faktische Konzernverbindungen?, in: ZGR 1992, S. 477 – 498.

– Überwindung der Haftungssperre des § 28a AktG?, in: DZWiR 1993, 441 – 449.

Weimar, Robert / *Bartscher*, Bruno: Treuhandanstalt und Konzernrecht, in: ZIP 1991, S. 69 – 79.

Weitbrecht, Cornelius: Haftung der Gesellschafter bei materieller Unterkapitalisierung, Köln 1989.

Werner, Lutz: Die Wirtschaftstätigkeit der Öffentlichen Hand und das Konzernrecht des AktG, Göttingen 1978.

Wieczorek, Bernhard / *Schütze*, Rolf A.: ZPO und Nebengesetze, Großkommentar, Vierter Band, 2. Teilband, §§ 808 – 915h, 3. Auflage, Berlin 1999.

Wiedemann, Herbert: Gesellschaftsrecht, Band I, München 1980.

Wiedemann, Herbert / *Hermanns*, Marc: Liquiditätszusagen des GmbH-Gesellschafters, in: ZIP 1994, S. 997 – 1002.

Wiedemann, Herbert / *Martens*, Klaus-Peter: Die Unternehmensqualifikation von Gebietskörperschaften im Recht der verbundenen Unternehmen, in: AG 1976, S. 197 – 203 und S. 232.

Wiegand, Bernd / *Grimberg*, Michael: Gemeindeordnung für das Land Sachsen-Anhalt, 2. Auflage, München 1997.

Wieland, Joachim: Besonderheiten der öffentlichen Unternehmen in Deutschland, in: Blaurock (Hrsg.), Recht der Unternehmen in Europa, Baden-Baden 1993, S. 9 – 35.

Wilhelm, Jan: Die Vermögensbindung bei der Aktiengesellschaft und der GmbH und das Problem der Unterkapitalisierung, in: Festschrift für W. Flume zum 70. Geburtstag, Band 2, Köln 1978, S. 337 – 397.

– Rechtsform und Haftung bei der juristischen Person, Köln u.a. 1981.

– Kapitalgesellschaftsrecht, Berlin 1998.

Wilke, Dieter / *Schachel*, Jens: Probleme der fiskalischen Betätigung der öffentlichen Hand, in: WiVerw 1978, S. 95 – 116.

Winter, Martin: Mitgliedschaftliche Treuebindungen im GmbH-Recht, München 1988.

– Eigeninteresse und Treuepflicht bei der Einmann-GmbH in der neueren BGH-Rechtsprechung, in: ZGR 1994, S. 570 – 594.

Wolff, Hans J. / *Bachof*, Otto / *Stober*, Rolf: Verwaltungsrecht I, 11. Auflage, München 1999.

Würdinger, Hans: Aktienrecht und das Recht der verbundenen Unternehmen, 4. Auflage, Heidelberg / Karlsruhe 1981.

– Öffentliche Hand und Unternehmen, in: DB 1976, S. 613 – 616.

Wüst, Günther: Die unzureichende Eigenkapitalausstattung von Beschränkthaftern, in: JZ 1995, S. 990 – 996.

Zeichner, Wolfgang: Die Voraussetzungen für die Beteiligung des Bundes/eines Landes an einem Unternehmen nach § 65 Abs. 1 BHO/LHO und ihre Prüfung durch den Rechnungshof, in: AG 1985, S. 61 – 70.

Zimmermann, Norbert: Zur Grundrechtssubjektivität kommunaler Energieversorgungsunternehmen – BVerfG, NJW 1990, 1783, in: JuS 1991, S. 294 – 300.

Zippelius, Reinhold: Juristische Methodenlehre, 7. Auflage, München 1999.

Zöllner, Wolfgang: Zum Unternehmensbegriff der §§ 15 ff. AktG, in: ZGR 1976, S. 1 – 32.

– Zur aktienrechtlichen Unternehmenseigenschaft der Bundesrepublik Deutschland, AG, 1978, S. 40 – 44.

– Inhalt und Wirkungen von Beherrschungsverträgen bei der GmbH, in: ZGR 1992, S. 173 – 202.

– Qualifizierte Konzernierung im Aktienrecht, in: Gedächtnisschrift für Brigitte Knobbe-Keuk, Köln 1997, S. 369 – 382.